U0504012

云南大学史学丛书

明清民本思想研究

陈碧芬 著

中国社会科学出版社

图书在版编目（CIP）数据

明清民本思想研究／陈碧芬著 . —北京：中国社会科学出版社，2022. 7
（云南大学史学丛书）
ISBN 978 - 7 - 5227 - 0086 - 1

Ⅰ. ①明… Ⅱ. ①陈… Ⅲ. ①民本思想—研究—中国—明清时代
Ⅳ. ①D092. 4

中国版本图书馆 CIP 数据核字（2022）第 061566 号

出 版 人	赵剑英	
责任编辑	刘志兵	
责任校对	王 龙	
责任印制	李寡寡	

出　　　版	中国社会科学出版社	
社　　　址	北京鼓楼西大街甲 158 号	
邮　　　编	100720	
网　　　址	http://www.csspw.cn	
发 行 部	010 - 84083685	
门 市 部	010 - 84029450	
经　　　销	新华书店及其他书店	

印　　　刷	北京明恒达印务有限公司
装　　　订	廊坊市广阳区广增装订厂
版　　　次	2022 年 7 月第 1 版
印　　　次	2022 年 7 月第 1 次印刷

开　　　本	710 × 1000 1/16
印　　　张	28. 5
插　　　页	2
字　　　数	425 千字
定　　　价	158. 00 元

目　　录

导　　论

第一节　选题缘由

　　学术界常说，中国传统社会持续稳定地发展两千余年，这在世界上是绝无仅有的。传统社会延续如此长久，原因是多方面的，众多的原因之间又是相互作用的。而政治上层建筑在维护传统社会进程中所发挥的能动作用，显然不可忽视。中国历朝历代中有抱负、有作为的统治者及思想家，无不重视运用政治上层建筑的力量调整社会内部矛盾，积极探寻治国安邦、经世济民的有效策略，以保持传统社会的稳固与延续。在此过程中，人们积累了丰富的实践经验，也从理论上作了积极的探索，逐渐形成内容丰富、派别不同的政治观点。其中尤以民本政治思想在漫长的传统社会发展进程中，起着经常的、主导的作用，影响中国治国安邦大业达几千年之久。

一　民本思想在中国传统政治文化中的地位

　　"国以民为本，民以食为天"[①]，是中国人皆熟知的政治格言，是中国古代政治智慧的宝贵结晶。人们通过对王朝更迭兴衰历史教训的反思和现实经验的考察，比较清晰地感知到广大民众在国家中的重要地位和政治中的重要作用，那就是民是国家的根基。当社会矛盾尖锐、在局部地区出现"官逼民反"，或人民起义的浪潮已经置一个旧王朝于灭亡的境地，推动一个新王朝崛起时，统治者要治国安民、平

---

① 《三国志》卷61《潘濬陆凯传》，中华书局1959年版，第1406页。

定天下，就会在政治上提出反对残酷专制、提倡重民，在经济上提出养民、富民，在文化思想上提出教民的主张，从不同的角度阐发以民为本的理念，并不断致力于建立一种明君在上、道德完善、公平正义的民本社会，借此引导民心的向背，创造出家给人足、国泰民安的美好局面，这是他们为人类社会寻找到的理想归宿。早在上古时代，就已经有这样一个大同美好社会的描述："选贤与能，讲信修睦。故人不独亲其亲，不独子其子，使老有所终，壮有所用，幼有所长，鳏、寡、孤、独、废疾者皆有所养。"① 要实现此大同理想社会，必须"以民为本"，重视民众，解决民众的生存、发展问题，这是中国传统治国之道的核心。在不断探索和追求理想社会的过程中，滋生了中国政治文化传统中最精粹的部分之一——民本思想。

中国古代政治文明中蕴含着丰富的民本思想及实践，民本思想成为中国古代社会基本的治国方略，成为自西汉中期以后指导整个传统社会发展的主要理论武器，乃中国政治思想之一大特色。② 它是中国传统社会长期存在的政治思想基础，是中国优秀政治文化传统中最基本和最重要的部分之一，也是一笔宝贵的历史遗产和精神财富，它具有超越时代的普遍意义，不仅为开明的统治者所用，也成为人类进步的经久不衰的精神支柱。"凡为生民立命，凡为天下着想之精神，即是地道的民本思想。"③ 它所代表的观点切合中国古代社会的实际，适应中国的统治体系，满足历朝历代统治者治国安邦的需求，成为中国传统社会长期占统治地位的普遍的社会心理和共同的政治追求，长期以来牢固地控制着中国传统社会，在治国实践中发挥理论指导作用，为中国传统社会提供较为稳定的政治和社会秩序，形成中国古代社会历史发展的巨大惯性和推动力，铸造着中华民族性格，影响着中华民族历史，对中国古代社会的发展发挥着不可低估的作用，产生了极其深远的历史影响。

---

① （清）孙希旦：《礼记集解》卷21《礼运第九》，沈啸寰等点校，中华书局1989年版，第582页。
② 梁启超：《先秦政治思想史》，东方出版社1996年版，第2页。
③ 金耀基：《中国民本思想史》，法律出版社2008年版，第6页。

　　中国传统民本思想在两千多年的社会政治实践中，积累了丰富的经验，从先秦到近代，从儒家、道家到法家、墨家，对此都有深刻的见解。它是先秦诸多思想流派的理论之一，其渊源可以追溯到西周初年，"民惟邦本，本固邦宁"的说法广为人知，它出自《古文尚书》中的《五子之歌》。最先是中国古代的明君贤臣们为维护和巩固统治，而提出的一种"以民众为国家之根本、以民众为政权之基础"的统治观，要求统治者顺民之意、从民之欲、博民之心，进而谋求王位的稳固、国家的安宁，后经诸多明君贤臣和思想家的不断阐述、解析，才逐渐形成和发展成为较系统的治国思想。自秦汉以后，天下一统，先秦许多杰出的思想被新的历史形势所淘汰，民本思想却始终得以保存下来，并且，作为统治阶级从政治国的重大政治原则一再显示出它的社会功能。后经过儒家的传承、吸收、总结与发扬，它形成比较系统、完善的思想体系，最终成为儒家学说的精华部分。自汉武帝"罢黜百家，独尊儒术"后，原本处于民间、为诸子百家之一种的儒学，被抬升至庙堂，成为专制王朝唯一的意识形态和最高的统治思想，成为中国传统思想文化之核心，也将以孔子、孟子为代表的儒家民本主张，变成历代统治者治国安邦、约束君权、德化臣民的指导思想，要求统治者"博施于民而能济众"，尊重民，爱护民，养育民，教化民，重视民的价值和主观能动性，最终实现儒家最高政治理想和价值范畴的"王道""仁政"。儒家民本思想成为传统民本思想的典型代表，对中国传统社会的发展进程产生了积极的作用。

　　中国古代民本思想培育了一批懂得"水能载舟，亦能覆舟"道理、重视与民休息的帝王，造就了许多体恤民情、敢于为民请命的贤臣良吏，孕育了众多敢于"为生民立命"、挺身为民众说话的思想家。许多统治者不仅宣扬民本论，还将其转化为施政政策，使之成为我们中华民族的政治向心力，对中国古代政治学说和君主政治实际运作都有深刻的影响。

　　在民本思想和民本社会的指引下，漫长的传统社会发展进程中始终可以看到一种极为和谐的现象，它充满温情的田园牧歌式的仁爱、亲善、安乐和美好。这种现象同中国传统社会相始终，在它的作用下，中国传统社会尽管历经那么多的王朝，更替那么多的皇帝，经历那么多的内难外患，传统政治统治秩序总能顺利重建起来，我们的历史始终没有中断，一直保持着中国社会政治的集权性和社会、文化的统一性。正如金耀基所说："盖中国之政治，自秦汉以降，虽是一个君主专制的局面，但总因有浓厚的民本思想之影响，遂使君主专制的政治弊害得以减轻和纾解。……此盖中国虽为君本位之政治，实具民本位之精神故也。"他进一步引陈顾远的话说："中国的民主政制不过民国以来的事，倘追溯往古数千年间的史实，也无非演变在神权与君主政制中，然而在其政制上，虽为神权而非永为巫觋政治，虽为君主而非即是独裁政治，这就是因为在政理上有一个民本思想巨流，冲洗了实际政治可能发生的弊害，便和他族的神权或君主政制有其分野。"①

现实是历史的延续，"今天的中国是历史的中国的一个发展"②，传统社会的许多印痕一直保持到今天，构成了中国特殊国情的重要方面。古代中国人们面对社会政治生活的历史与现实所作的思考，所提出的民本论断，蕴含着丰富的治理谋略和政治智慧，揭示了深刻的执政规律，且在特定历史阶段客观上发挥了积极的社会作用，至今仍具有鲜活的生命力，为今天的中国继续提供着富有极大启发性的政治智慧。当然，传统民本思想中也有一些属于糟粕性的内容，它们有着时代、地域和阶级的局限性，这也是我们需要注意和总结经验教训的地方。因此，弃其糟粕、取其精华，我们应当挖掘、借鉴传统民本思想中合理、积极、进步的因素，并结合时代特点和新的实践加以发展，推陈出新，赋予民本观念以新的时代内涵，并力求与现代政治理念相结合，这就是历史留给我们的宝贵经验。

二　明清时期的历史转型

关于明清社会历史的研究，一直是学术界关注的重点。中国传统

---

① 金耀基：《中国民本思想史》，第8—9页。
② 《毛泽东选集》第2卷，人民出版社1991年版，第499页。

社会长期延续问题、中国资本主义萌芽问题、中国近代化或现代化问题等史学界讨论的热点问题，都涉及如何看待明清时期（鸦片战争以前）在中国历史上的地位，如何评价明清社会的整体发展水平。史学界对此争论十分激烈，评价不一，认识分歧很大，甚至存在充满矛盾的估价。

长期以来，明清史一直被史学界置于"古代史"之末，明清时期一直被视为"封建社会"的"晚期""衰落期""后期"或者"末世"，是为鸦片战争以后中国落后挨打承担责任的时期。形成这样的认识：明清时期是中国传统社会历史发展的最高峰，而到了清中期，这种发展速度已极度缓慢，政治制度、经济政策等方面趋向稳固和成熟，地主土地所有制发展，专制主义中央集权强化，在自然经济的基础上成长的维持封建社会政治秩序的传统文化也开始走向停滞、僵化、没落，社会没有实质性的进步，陷入故步自封、夜郎自大的封闭保守状态，从而把明清社会视为一个缺乏历史演进活力动力、永恒不变、停滞不前的社会，因此与近代中国是性质和特征截然不同的两个时期。这就是所谓中国社会发展"停滞论"，它曾是西方和中国史学界普遍接受的观点。

从西方史学界来看，提出明清社会"停滞论"，最早可以追溯到18世纪英国的经济学家亚当·斯密，他说："中国一向是世界上最富的国家，土地最肥沃，耕作最精细，人民最繁多而且最勤勉的国家。然而，许久以前，它似乎就停滞于静止状态了。今日旅行家关于中国耕作、勤劳及人口稠密状况的报告，与五百年前视察该国之马哥孛罗的记述比较，几乎没有什么区别。"① 他的观点在西方世界影响很大，基本上是1840年以后西方世界评判中国社会发展的普遍看法。

与明清社会"停滞论"密切相关的，则是探讨中国如何摆脱这种停滞的局面，实现向近代社会的转变。一种看法是：中国传统社会内部没有自身发展起来的动力，要实现向近代社会的转变，只能依靠外

---

① ［英］亚当·斯密：《国民财富的性质和原因的研究》上卷，郭大力译，商务印书馆1972年版，第165页。

来的力量向它提供动力，即依靠外国势力的渗透，才能使这种制度的静止状态归于结束，中国在西方强大的压力之下，只能逆来顺受，被动回应。与此相应，中国诸多的近代性话语和实践就成了一个模仿西方的结果。如"20世纪50—60年代，美国以费正清为首的哈佛学派提出了西方冲击—中国反应的模式。这一模式将近代西方资本主义社会视为一个动态、发展的社会，而将中国社会看作长期处于基本停滞状态的传统社会，在19世纪中叶西方冲击之后，才有可能发生向近代社会的转变。也就是认为中国社会内部不具备走向近代的动力，推动中国走向近代的是外部的动力"①。这种外因论往往忽视了中国传统社会的积极因素。另外一种看法是：排除西方外界因素的强行干扰，中国传统社会顺着其发展轨道，虽速度缓慢，但最终也会走上近代西方式的发展轨道。这两种看法其实都是以近代西方资本主义社会为标杆，认为只有西方模式代表着社会的动态运行与发展方向，是典型的"西方中心论"。

在认同中国传统社会长期延续的基础上，也有中国学者对这种"传统的停滞的"解释模式的回应和质疑。20世纪50、60、80年代，史学界出现的对中国资本主义萌芽问题的研究，即是对"停滞论"的质疑，认为明清社会经济不是停滞的，而是发展的，其标志就是这一时期出现大量具有"资本主义萌芽"性质的"手工工场"和"雇佣劳动"。但是因为资本主义萌芽问题研究中存在的诸多问题，进入20世纪90年代以来，专门论证中国资本主义萌芽产生的论著已比较少见，取而代之的是对资本主义萌芽问题研究的反思，不少学者提出了尖锐的批评意见，比较有代表性的观点可以归结为李伯重先生提出的"资本主义萌芽情结论"、王家范先生提出的"资本主义萌芽死结论"和王学典先生提出的"资本主义萌芽假问题论"等。②

另外，"西方中心论"的观点也受到质疑和批判，主张对明清时期的中国进行重新评价，是近年来西方汉学界研究的热点问题。20

---

① 万明：《明史研究七十年之回眸与再认识》，《学术月刊》2006年第10期。
② 仲伟民：《资本主义萌芽问题研究的学术史回顾与反思》，《学术界》2003年第4期。

世纪70年代以后，西方中心论被柯文所称的"中国中心观"所代替。美国学者柯文和日本学者沟口雄三表达了这样一种观点：中国的近代性并不是西方刺激的结果，而主要是由中国社会内部自我生发出来的。① 中国中心观主张以中国社会内部为出发点，积极挖掘中国传统社会的能动因素来解释中国的前近代和近代社会，探讨中国社会内部的变化动力和形态结构，主张多学科的综合研究。② 如孔复礼指出，清代中叶时期，"新的力量已起着削弱传统中国社会的作用"，显著的因素有"人口增长、物价暴涨、经济上铸币量的增加以及农业社会经济竞争的加剧"等，这些现象超出了人们以往对中国社会特点的认识，因而"需要一种新的历史模式用以说明鸦片战争前中国变化的基本过程"。③ 贡德·弗兰克的研究得出这样的结论："如果说在1800年以前有些地区在世界经济中占据支配地位，那么这些地区都在亚洲。如果说有一个经济体在世界经济及其'中心'等级体系中占有'中心'的位置和角色，那么这个经济体就是中国。"④ 他还用一个很形象的比喻来说明中西方经济地位的升降起伏："西方最初在亚洲经济列车上买了一个三等厢座位，然后包租了整整一个车厢，只是到19世纪才设法取代了亚洲在火车头的位置。"⑤ 彭慕兰的研究认为："在18世纪（含18世纪）以前，东西方处在同样的发展水平上，西方不仅没有任何明显的内生优势，而且在许多方面要落后于中国；18世纪末19世纪初，东西方之间才开始'大分流'，此后差距越来越大，主要原因是美洲的开发使土地的制约解除和英国煤矿优越的地理位置使蒸气为动力的大规模使用成为可能。"⑥ 他们都努力摆脱"西

① ［美］柯文：《在中国发现历史——中国中心观在美国的兴起》，林同奇译，中华书局2002年版；［日］沟口雄三：《中国前近代思想的演变》，索介然等译，中华书局2005年版。
② 万明：《明史研究七十年之回眸与再认识》，《学术月刊》2006年第10期。
③ ［美］孔复礼：《中华帝国晚期的叛乱和它的敌人》，谢亮生等译，中国社会科学出版社2002年版，第6页。
④ ［美］贡德·弗兰克：《白银资本——重视经济全球化中的东方》，刘北成译，中央编译出版社2001年版，第27页。
⑤ ［美］贡德·弗兰克：《白银资本——重视经济全球化中的东方》，第69页。
⑥ 仲伟民：《学术界对前近代中国研究的分歧——以彭慕兰、黄宗智的观点为中心》，《河北学刊》2004年第2期。

方中心论"的影响，试图以一种新颖的方式、客观的态度来探讨明清社会经济的发展，试图说明，直至18世纪中期，中国一直在世界经济中居于支配地位。他们的研究为人们重新认识世界历史提供了新的框架和角度，极大地扩展了学术思考的空间，在国内史学界产生很大的影响，得到众多学者的呼应。

20世纪80年代末，特别是90年代以来，批评、否定"明清停滞论"，提出重新发掘明清中国的真面貌，对明清中国社会的巨大变化进行重新评价、定位的问题，在学术界兴起。认为明清中国社会一直处于动态的发展之中，这种发展论在学术界大有占据主流之势。明清时期，专制主义中央集权达到前所未有的高度，社会经济的发展超过以往的最高水平。在社会生产力发展的基础上，商品经济以前所未有的速度和规模蓬勃发展，推动社会发生了一系列历史性变化。社会内部涌动着变革的潜流，一系列新因素出现。

对于新因素的认识，至今学术界没有取得共识。但是，学者们已经开始注意到，明清中国社会确实展现出与以往不同的一些新的时代特征，这些特征把中国社会的传统同近代有机地衔接起来，有些学者就把它定位为从传统社会向近代社会转型过程来理解，并力倡从中国历史进程的实际出发，寻求中国历史自身发展的客观规律，即所谓"用较符合中国实际的研究范式解释中国社会各项发展"，"确立本土化的理论框架"。① 学者们开始从近代化/现代化的视角对明清时期中国社会出现的诸多具有近代特征的新因素进行积极的探索，把这些新因素作为转型起始的标志。

如傅衣凌先生认为"明自嘉靖、万历以后，进入中国历史上最具有近代气息、值得重视的一个时代"②。他长期致力于明清社会经济史的研究，提出了"明清社会变迁论"③ 和"中国传统社会多元

---

① 胡成：《"资本主义萌芽"与本土化研究的思考》，《史学理论研究》1999年第2期。
② 中国社会科学院历史研究所明史研究室编：《明史研究论丛》第1辑，江苏人民出版社1982年版，第29页。
③ 傅衣凌：《明清社会变迁论》，人民出版社1989年版。

论"①，全面认识明清社会发展和变迁的历史。20 世纪 90 年代末，吴
承明提出，"一国的现代化，在历史上有个开始期，即各种现代化因
素的出现时期"，并把"中国现代化因素的出现定于 16—17 世纪"②。
他认为现代化（近代化）的启动因素是由于思想解放和商业发展，
引起了不可逆转的制度变迁，然后才是工业化。后来，他明确提出，
"在 16 世纪，中国也有了现代化的因子或萌芽。标志是大商帮的兴
起，十大商帮有五个兴于 16 世纪，其余在 17 世纪前期，同时出现工
场手工业和散工制，即所谓资本主义萌芽。同时发生某些经济和社会
制度的变迁，如财政的货币化和白银化，押租制和永佃制的出台，短
工的人身解放，乡绅或社区权力的兴起等"③。万明也明确提出，"以
货币为引擎，以市场经济萌发为背景，晚明整个社会形成了连锁反
应——经济、政治、社会、思想、文化等多元因素综合影响下的传统
向近代的社会转型。16 世纪后的晚明，处于中国乃至全球发生深刻
变革的时期，它与两个划时代意义的开端——中国传统社会向近代社
会转型的开端、世界向近代转型即全球化的开端相联系"。这种开端
是怎么发生的，源自何处呢？她进一步解释："中国走向近代的开端
并不始自西方冲击或者说闯入之时，中国走向近代化的道路，应该在
中国社会内部寻求……应该充分认识到中国近代化不是西方化，中国
古代社会的发展有着自身独特的发展道路。"④

　　中国社会本身规模非常庞大，结构特别复杂，改革和守旧，变化
和稳定，先进和落后，富裕和贫穷等各种异质性因素都经常交织在一
起。在发展、变化的道路上，固有传统的因素有很重要的影响，不应
该被忽视。章开沅指出："从历史本身来说，前后连续的过程是很难
一刀两断的。"⑤ 王日根说："中国传统社会历史发展过程是连续性和

　　① 傅衣凌：《中国传统社会：多元的结构》，《中国社会经济史研究》1988 年第 3 期。
　　② 吴承明：《现代化与中国十六、十七世纪的现代化因素》，《中国经济史研究》1998
年第 4 期。
　　③ 吴承明：《从传统经济到现代经济的转变》，《中国经济史研究》2003 年第 1 期。
　　④ 万明：《晚明史研究七十年之回眸与再认识》，《学术月刊》2006 年第 10 期。
　　⑤ 章开沅：《章开沅学术论著选》，华中师范大学出版社 2000 年版，第 19 页。

间断性、前进性和曲折性的统一。"① 万明也说："新因素是从传统中生发出来，最终经过多种因素发展起来，近代不是与传统的断然决裂。"② 高翔认为，中国史学界关于近代化问题的考察，就是要证明："明清时代的中国社会，并非停止不前，这是一个继承传统，但又蕴含变革的时代。"③

学术界多年的研究努力，无疑已经显示，明清时期的中国社会，较有一致性，沿袭了中国历史自身的发展脉络，继承了唐宋元以来中国社会发展的许多历史线索；同时，这一时期社会生产力的恢复与发展，商品经济的日益繁荣兴旺，出现新情况、新因素的冲击和刺激，引进了社会的全局性变动，创造出更大的发展空间，使得它与之前的社会相比有所变化。在这双重因素作用下，明清社会总的来看，既有对传统的应对，保持传统社会自身的发展，也有向近代的转化，出现近代化的苗头。对于明清社会变迁，更适宜以传统社会向近代社会的转变，即近代化的转变过程来解释。可以把它当作中国近代化的早期阶段或者"近代早期"，是中国历史发展的一个重要阶段，具有特殊的历史地位，有学者把明清时期称为"前近代"时期。④ 尤其是明中叶以后，社会发生了重大变化，是旧秩序解体、新秩序待建立的时期，社会上出现许多新的事物与角色。"明代中期以后的社会，是以极具变化为其特征的"⑤，出现空前的新局面。16 世纪晚期与 17 世纪早期，"是中国社会、文化史最具'活力'和'多样性'的时代"⑥。它并非以往有些学者所说的那样只是"停滞"的社会，而是一个既继承传统社会因素，发展高度成熟，但又蕴含着向近代社会过渡因素的变革时代，是中国社会从传统时代向近代化转型的历史时期，它在

---

① 王日根：《明清民间社会的秩序》，岳麓书社 2003 年版，第 523 页。

② 万明：《晚明社会变迁问题与研究》，商务印书馆 2005 年版，第 29 页。

③ 高翔：《近代的初曙——18 世纪中国观念变迁与社会发展》，社会科学文献出版社 2000 年版，第 583 页。

④ ［日］沟口雄三：《中国前近代思想的演变》，第 45 页。

⑤ 陈宝良：《明代社会生活史》，中国社会科学出版社 2004 年版，第 1 页。

⑥ 陈宝良：《新名词与新生活——晚明社会生活的"活力"与"多样性"》，《中国文化研究》2004 年第 1 期。

事实上已经形成了一种转型的态势，一个无论在经济、政治还是思想文化上都显示出"转折点"的关键时期。并且从根本上说，明清中国社会发生的转变，"是在社会生产力发展基础上发生的，是社会内部自发产生的变迁动力，也就是说，中国社会转型是原生型的，即内力型生发的，而非外力型"①。

因此，考察明清社会的历史，应该注意将这些因素都考虑进来，不但需要采用"变化""发展"的观点，还要考虑其社会固有的"传统"特质。因为历史的发展具有延续性，近代不是与传统的断然决裂，离开传统的支点，我们无法谈论任何意义上的"近代性""近代化"或"社会转型"。更何况，在近代中国的社会变迁历程中，传统与近代是交织在一起的。② 很多明清时期出现的变化，其渊源可以追溯到唐、宋时期甚至更早，当时已经出现的变化端倪，到明清时期才出现飞跃的契机。

三　"新民本"思想的产生

马敏对社会转型的概念进行了详细界定，他说："所谓社会转型，实际上是一种整体性的社会结构变迁。它有两层最基本的涵义：其一，社会转型是一种社会质变过程，通常要延续较长时间，是一个持续性的结构调整、变动过程。社会转型可以用革命的手段来实现，但更多地则体现为社会量变的积累过程，因此在很大程度上是依靠不断的改革和调整来加以完成。其二，社会转型又是一种特殊的结构性变动，与社会发展相联系。它不仅意味着经济结构的转换，同时也意味着其他社会结构层面的转换。转型还意味着从一种稳定结构状态向另一种稳定结构的过渡，呈现出复杂性、不稳定性和阶段性特征。"③

中国传统社会向近代社会的转型是一个系统的、漫长的、酝酿与改变同时进行的复杂历史过程。它包含着社会的诸多方面，多种因素

① 万明：《晚明社会变迁问题与研究》，第 27 页。
② 许纪霖、陈达凯主编：《中国现代化史》第 1 卷，上海三联书店 1995 年版，第 3 页。
③ 马敏：《研究述评：社会转型与文化变迁国际学术研讨会综述》，《历史研究》1996 年第 3 期。

交织互动，旧的因素走向消亡，新的因素逐步显现。在转型起始之时，社会呈现出新旧交织，多元混合，纷繁复杂的历史画面。一方面，传统经济、社会、政治结构和思想观念依然牢固地占据统治地位；另一方面，经过长期的积累和聚集，中国社会自身已经孕育出一些不同于传统社会的、具有近代性质的新的经济、政治、文化和思想因素，社会正在发生整体而深刻的渐进式变动。这样的转型过程，涉及社会的各个领域、各个层面的一系列整体性变迁，包括社会政治结构、经济结构和文化思想的变迁等。任何时候，社会进步都必须通过观念进步体现出来。所以，思想文化的转型与社会变迁有相当的关联，它构成明清社会整体转型的一个组成部分甚至是先导部分，对明清整个社会的发展有明显的影响。因为从理论上看，在社会的整体性变迁中，文化思想变迁具有高于政治、经济结构变迁的独立性和前瞻性。"社会转型必然促使文化变迁，反过来具有前瞻性的社会思潮与文化革新，又往往是社会转型的先导与催化剂。"[①] 张显清也指出：这一时期，"与社会开始起步转型相呼应，思想文化也开始出现由传统儒学向近代思想转型的迹象。这种转型初始阶段的进步思想潮流，可以称之为早期启蒙思潮，或近代思想萌芽"。突出的表现是"提出一些具有近代思想因素的命题"。[②]

总之，思想文化转型是明清社会整体转型的一个组成部分。无论是对政治制度的批判，还是对国计民生实际社会问题的议论，抑或是对传统文化的反思，都可以从中感受到时代变迁对思想变化所产生的影响，可谓中国步入近代的先声，深刻影响着中国的未来，为 19 世纪、20 世纪的社会变迁准备了重要的思想文化基础。那么在这一时期的思想文化转型中，最主要的特征和最关键的因素是什么呢？黄卓越提出："由社会整体转型看，其中出现的一个明显迹象即是社会分层的加速，尤其是处于长期掩抑下的民间社会作为独立客体的渐次浮

---

① 楠升：《多维视野中的社会转型——"社会转型与文化变迁"国际学术研讨会综述》，《华中师范大学学报》（哲学社会科学版）1996 年第 3 期。

② 张显清：《晚明社会的时代特点》，《河南师范大学学报》（哲学社会科学版）2005 年第 6 期。

出水面。而这又必然会反馈到思想文化的层面，引起后者的一系列变化。大致上讲来，这种变化可以包括两个方面：一是民间社会自我意识的提高，从而直接进入一种自述式的文化生产活动之中，并借此表达自己阶层的理念与需求，他们已非过去那种沉默的制度者，而是成为文化的主动制作者。二是仕者阶层中的一些人来自民间社会现状的启发或冲击，开始调整对待这一底层社会的认识，并将新的感受融入文化的阐述、表现等活动之中。而实际上，在民间自述与仕人认知之间又存在着有力的互动。""由于明前期国家机制所造成的对人才与文化等的垄断，通过科举而进入体制的仕者，即所谓的文化精英们，主导了整个社会思想的进程。"① 怎样探讨社会整体变迁中的思想文化因素，葛荣晋认为，"除了'西学'的催化剂作用外，更要从中国传统文化特别是实学体系中去寻找实现中国现代化（近代化）的思想原动力"②。

他们的研究成果为本书的研究开辟了新的思路，在明清思想文化转型的大背景之下，作为中国传统社会内部孕育出来的民本思想，伴随着明清社会发展变化的大趋势，发生了某种形式的变化，并且在这种变化之中，应该有一个群体主导了其发展变化进程。传统民本思想本身有一个发展完善的过程，它萌芽于西周之际，形成于春秋时期，成熟于战国时期，后又经过长期的充实与发展，到明清时期达到顶峰，既有对以往思想的继承，也有历史性的发展和嬗变，并表现出近代化的趋向，"新民本"思想应运而生。

学术界已有学者提出并系统地探讨了"新民本"思想。他们把新民本分为三个层面："第一个层面是其哲学观念，包括自然人性论和自然权利论等"③；"第二个层面是政治观念，它包括激烈抨击君主专制制度，全面限制君主权力"④；"第三个层面是作为政治观念外延的

---

① 万明：《晚明社会变迁问题与研究》，第 568 页。
② 葛荣晋：《中国实学文化导论》，中共中央党校出版社 2003 年版，第 355 页。
③ 冯天瑜、谢贵安：《解构专制——明末清初"新民本"思想研究》，湖北人民出版社 2003 年版，第 2 页。
④ 冯天瑜、谢贵安：《解构专制——明末清初"新民本"思想研究》，第 9 页。

军事思想、经济思想和学术思想"①。本书借用了这一概念，但是在论述具体内容时，又有所不同。本书主要是在传统民本思想所包含的基本内容（重民、养民、富民、教民）之上来对明清民本思想展开讨论，因为它的"新"是在"旧"的基础上发展而来的。然后讨论它与明清之前的民本思想相对照，发生了怎样的变化，最后着重探讨造成这种变化的社会基础。他们把时间界定在"明末清初"，"大致以明万历三十年至清康熙四十年（1602—1701）的100年为其时间段落"，认为这是一个特色鲜明的时间段落。② 本书所涉及的时间范围则是鸦片战争以前的整个明清时代。他们的"新民本"思想中"民"的内涵，"包括三个社会群体，第一是城市手工业商业者，第二是与城市手工商业者相关的商业性地主或经营性地主，第三是基于二者之上形成的以东林党和复社为代表的'新士人'。新士人是在城市工商业者和市民形成后，在地主阶级产生分化，一部分转向经营性或商业性土地耕作之际，产生的代表他们利益的文人士大夫集团"③。而本书"新民本"思想中"民"的内涵，就是富民阶层及"士绅化"的富民阶层。

前面已经说过，探讨明清社会的发展变迁，必须从中国传统社会内部寻找自发产生的变迁动力，而"富民阶层就是中国传统社会后期中国社会内部发展的一股强大的动力。正因有这样一股发展动力的存在，唐宋直至明清时期，中国经济才能够持续发展和繁荣，从而居于世界的领先地位"。明清时代，"富民阶层继续以财富和文化教育雄居于社会"。"中国传统社会向近代的转变、中国科技在近代落后以及近代思想的变迁与发展等许多重大问题，都应从对富民阶层的研究中去寻找历史的答案。"④ 要探讨明清民本思想的发展变迁，也需要找到这一最根本的原动力。

---

① 冯天瑜、谢贵安：《解构专制——明末清初"新民本"思想研究》，第10页。
② 冯天瑜、谢贵安：《解构专制——明末清初"新民本"思想研究》，第2页。
③ 冯天瑜、谢贵安：《解构专制——明末清初"新民本"思想研究》，第25页。
④ 林文勋：《中国古代"富民"阶层研究》，云南大学出版社2008年版，第3、12、13页。

　　学术界关于明清社会整体变迁的理论，为笔者的研究提供了背景支撑；林文勋教授关于明清社会是富民社会的理论，为笔者的研究提供了理论支撑。本书试图将明清时期民本思想置于当时的环境中，置于富民阶层在基层社会谋求话语权的实践活动中，来分析明清民本思想继承、发展、变化的具体特征，找出这种发展变化与富民阶层之间的内在联系，评价富民阶层在其中所起的核心作用，从而去发掘中国民本思想文化中的进步思想因素。

第二节　研究状况

　　民本思想是一项关乎历史和现实的重要课题，它是中国古代占统治地位的政治学说，在中国历史上产生过深远的影响，扮演着极其重要的角色。在建设社会主义民主乃至社会主义市场经济的过程中，如何体现人民是治国的根本，重新挖掘儒家民本思想的合理内核，把它转换为一股强大的思想动力，应该受到重视。所以这一课题很受学界关注，前人已做了较为深入的工作，研究成果颇为丰硕。在写作本书之前，试图对此进行回顾、总结、评析，以资借鉴，从而尝试提出本书进一步研究的设想。

　　本书所涉及的是明清时段的民本思想，国内外学者对中国历史上的民本思想及明清时期出现的诸多社会历史现象进行过积极探索和较为深入的研究，与本书的研究密切相关，使笔者多受启示。下面就分专题介绍一下与本书写作内容相关的一些研究成果。

一　中国民本思想的研究回顾

　　因为民本思想是一个内容宽泛的命题，所以许多学者从政治、哲学、文化、社会、思想等不同角度，从起源、内涵、性质、特征、作用和影响等不同层次，对民本思想进行过比较全面和系统的研究。这些研究几乎涉及民本思想的方方面面，引发了经久不息的学术争论。

　　一是关于民本思想的历史发展演变方面的研究。因为民本思想对中国历史的政治、思想、文化都有着深远影响，所以虽然没有研究其起源、发展、演变等历史线索的专著，但在一些著名学者的政治思想史、思想史、哲学史、文化史、社会史著作中，都把民本思想作为其中的一项重要组成部分来进行探讨，分析其源远流长的发展进程、深入人心的历史印记。① 这些有代表性的著作中，不同程度地对此问题有所涉及，都把民本思想视为中国传统文化中的一笔宝贵财富，放入中国古代长时段的历史发展进程中进行考察。此外，还有几篇专门讨论民本思想渊源的论文，如陈胜粦的《民本主义论纲》② 和允春喜的《民本思想的历史沿革及其评价》③ 等。这些学者的论著，比较有代表性的观点，是认为民本思想萌芽并出现于殷周先秦时期，形成并发展为思想体系是在秦汉唐宋时期，完善并达到极致是在明清时期；鸦片战争之后，它开始与近代民主思想相衔接。

　　二是关于民本思想整体把握和总体评价方面的研究。大多数学者把民本思想同中国传统帝制的存在、中国专制统治方式结合起来进行探讨，把它作为历史时期统治者治理国家的一种重要政治智慧来看待，对民本思想具有的政治、经济、文化、思想、社会等作用作出符合历史实际的评价，认为其客观上显现出对人民愿望和利益的重视，对维护君权稳固和长治久安具有一定的积极作用，即达到所谓"本固邦宁"的统治目的。如韦政通、冯天瑜、张岱年、张分田、刘述先、

---

　　① 如萧公权：《中国政治思想史》，商务印书馆2011年版；陶希圣：《中国政治思想史》，中国大百科全书出版社2011年版；谢扶雅：《中国政治思想史纲》，中正书局1954年版；杨幼炯：《中国政治思想史》，商务印书馆1937年版；刘泽华主编：《中国政治思想史》，浙江人民出版社1996年版；侯外庐等：《中国思想通史》，人民出版社1992年版；张岂之主编：《中国思想史》，西北大学出版社1989年版；任继愈主编：《中国哲学史》，人民出版社1966年版；萧萐父、李锦全主编：《中国哲学史》，人民出版社1982年版；柳诒徵：《中国文化史》，上海古籍出版社2000年版；陈登原：《中国文化史》，辽宁教育出版社1988年版；钱穆：《中国文化史导论》，商务印书馆2003年版；冯天瑜等：《中华文化史》，上海人民出版社2005年版；龚书铎主编：《中国社会通史》，山西教育出版社1996年版；周谷城：《中国社会史论》，齐鲁书社1988年版等。

　　② 陈胜粦：《民本主义论纲》，载《林则徐与鸦片战争论稿》（增订本），中山大学出版社1990年版，第587—599页。

　　③ 允春喜：《民本思想的历史沿革及其评价》，《北京工业大学学报》（社会科学版）2004年第1期。

陈顾远、孙广德、陈胜粦等学者的研究。① 其中，张分田的讨论比较深入和客观，他在书中分析了民本思想与君主制度之间紧密相连的特性，提出中国传统民本思想不仅是重要的官方政治学说，而且是全社会的普遍政治意识，从而使其历史作用既表现出积极的一面，也表现出消极的一面。关于民本思想的历史作用，金耀基提出："盖中国之政治，自秦汉以降，虽是一个君主专制的局面，但总因有浓厚的民本思想之影响，遂使君主专制的政治弊害得以减轻和纾解。"② 从总体上看，对民本思想作用和影响的认识是肯定多于否定。

三是关于民本思想内涵与外延方面的研究。根据张分田、张鸿的看法，古代没有"民本"这个确切的范畴，"'民本'是中国古代固有的'民惟邦本'等思想命题的缩写。现代学术界用它来概括中国古代与这类命题相关的一套政治思想"③。正因为它是一系列相关命题浓缩后形成的概念，所以后来的学者们依据自己的研究命题对其加以解释和界定，从而形成民本思想的不同内涵与外延。如金耀基的《中国民本思想史》是少有的直接以民本思想史命名的著作，他在界定民本思想时，就把民本思想的内涵与外延扩展为六个方面：第一是"以人民为政治之主体"；第二是"君之居位，必须得到人民之同意"；第三是"'保民''养民'便成为人君之最大职务"；第四是"必自然地引起'义利之辨'的问题"；第五是"不能省去'王霸之争'的问题"；第六是"从'君臣之际'的观点予以阐释"。④ 一些

① 韦政通：《中国的智慧》，中国和平出版社1988年版；冯天瑜：《中华元典精神》，上海人民出版社1994年版；张岱年主编：《中华的智慧》，上海人民出版社1989年版；张分田：《民本思想与中国古代统治思想》，南开大学出版社2009年版；刘述先：《文化与哲学的探索》，吉林出版集团有限责任公司2012年版；陈顾远：《中国政制史上的民本思想》，载张其昀《中国政治思想与制度史论集》，"中央文化出版事业委员会"1956年版；孙广德：《我国民本思想的内容与检讨》，《社会科学论丛》（台北）1988年第36辑；陈胜粦：《民本主义论纲》，载《林则徐与鸦片战争论稿》（增订本），中山大学出版社1990年版，第587—599页。
② 金耀基：《中国民本思想史》，台湾商务印书馆1990年版，第7页。
③ 张分田、张鸿：《中国古代"民本思想"内涵与外延刍议》，《西北大学学报》（哲学社会科学版）2005年第1期。
④ 金耀基：《中国民本思想史》，第8—12页。

学者的思路更具全面性、概括性。如刘泽华先生的研究，他把"民本"理论概括为"君以民为本说""民贵君轻说""立君为民说""君养民、民养君说""君不可与民争利说""富民足君说""民弃君说""得民为君说""君为民主说"九个分命题；具体总结为保民、养民、富民、教民四个层次。① 张分田提出，"民本思想的内涵就可以概括为一个核心理念与三个基本思路。核心理念是'以民为本'，基本思路是'立君为民'、'民为国本'、'政在养民'"②。他们的界定对后来的学者影响很大。

四是关于民本论核心关系方面的研究。梁启超是比较早关注民本思想的学者，他指出中国古代传统政治思想的特色之一就是民本思想，以民本为切入点，讨论与之相关的政治思想，他先把民本界定在历史上重民思想的范畴内，然后结合影响民本发展的政治、法律、经济、思想等因素进行综合研究。③ 刘泽华的观点比较有代表性，他指出："民本论是关于君民关系的政治理论，其核心论点是：国家为君主之本，庶民为国家之本，所以安定民生为政治之本。"④ 张分田也有详细的论述："所谓民本，即国以民为本、君以民为本、政以民为本。民本思想的产生和发展来自对民众在政治中的地位与作用的认识。作为被统治者，民既是国家政权赖以存在的基础，又是一支客观存在的制约王权的政治力量。……民本论是由一系列涉及君、国、民的命题组合而成的，其中绝大多数又是以君民关系形式表达的。'天下'、'国'、'国家'、'社稷'或君的代称，或是君与民的中介。所以民本论实际上是君民关系论。"⑤ 他们的主要观点是，"君民关系"是民本论的核心关系，如何处理二者之间的关系是古代政治的一个重

① 刘泽华：《中国传统政治哲学与社会整合》，中国社会科学出版社 2000 年版，第208—218 页。
② 张分田、张鸿：《中国古代"民本思想"内涵与外延刍议》，《西北大学学报》（哲学社会科学版）2005 年第 1 期。
③ 梁启超：《先秦政治思想史》。
④ 刘泽华等：《中国古代政治思想史》（修订本），南开大学出版社 2001 年版，第 350 页。
⑤ 张分田：《中国帝王观念——社会普遍意识中的"尊君—罪君"文化范式》，中国人民大学出版社 2004 年版，第 442、444—445 页。

大问题，古代民本思想就是围绕这一问题的讨论而产生。

五是关于传统民本思想的发展走向及其与民主思想的对比研究。这同样是学者们热衷讨论的一个问题，民本思想从根本性质上来说，与民主思想截然不同。政治学家萧公权早就指出，历史时期孟子的"民贵君轻"学说与近代兴起的"民权"学说，实有千差万别，他说："孟子贵民，不过由民享以达民有。民治之原则与制度皆为其所未闻。"① 研究民本思想颇有建树的金耀基说："中国的民本思想毕竟与民主思想不同，民本思想虽有 of the people，for the people 的观念，但总未走上民治（by the people）的一步。"② 明确指出民本思想与民主思想完全不同，它只有为民的含义，达不到民治的境界。冯天瑜提出，"民本学说在本质上不是民本位理论，而是君本位理论一种明智的，眼光远大的君本位理论"③。它的"君本"根源和性质，导致它无论怎样发展，都不可能成为民主主义。俞荣根认为，儒家民本思想在近代社会中通过民权学说，中转、接引了西方民主思想，他提出："民本思想是儒家文化的精华所在，但它是一种'子民'文化，而不是'公民'文化，造就的是'主民'政治而不是民主政治，与现代民主思想有质的不同。近代思想界在引进西方民主文化时，首先倡言民权学说，并认为民权与民主是相对立的，这正是用民本思想诠释民主的结果。直到五四运动时期，中国思想的前锋才进至民主领域。"④ 由此看来，大部分学者认为传统的民本思想与现代的民主思想有着本质上的不同。

还要提到一套关于民本思想研究的丛书，就是韩喜凯总主编的六卷本《民惟邦本丛书》，它们分别是《民本·概论篇》《民本·贵民篇》《民本·爱民篇》《民本·利民篇》《民本·安民篇》《民本·为

---

① 萧公权：《中国政治思想史》，辽宁教育出版社1998年版，第87页。
② 金耀基：《从传统到现代》，时报出版公司1978年版，第60页。
③ 冯天瑜：《近世民主的民族文化渊源》，载《人文论衡》，武汉出版社1997年版，第279页。
④ 俞荣根：《民权：从民本到民主的接转——兼论儒家法文化的现代化》，《学习与探索》1999年第1期。

民篇》。这套丛书对民本思想的起源、发展、性质、特征、作用等方面进行了评价,各卷本从不同的角度进行探讨,从中可以"完整地了解古代先贤在治国理政时贵民、爱民、利民、安民、为民的一些思想和主张,从一些生动通俗的事例中汲取传统文化的营养"①。

总的来说,民本思想作为中国政治思想史关注的热点问题,学术界对它的认识已达到一定的水平,不同的学者从不同的角度,或梳理中国历史上民本思想的源流和发展,或探讨民本思想的性质和特征,或诠释民本思想的内涵和作用,从而为本书的研究奠定了坚实的基础。

二 明清民本思想的研究

民本思想有一个历史发展演变过程,因而许多学者对不同时期民本思想的属性有不同的评价,明清民本思想尤其受到学者们的格外关注。尤其是 20 世纪 80 年代以来,围绕明清社会经济变迁而展开的多视角的研究,推进这一领域研究的深化,明清民本思想发展变化的研究也走上一个新阶段。

一是关于明清民本思想发展历史地位的研究。大多数学者认为,明清民本思想是中国古代民本思想发展的成熟阶段,有些甚至把它提高到"民主思想"的高度。如萧公权认为,"就大势言,明清两代政治思想之贡献,即在逐渐放弃专制天下之观念,而达到近代民族国家,民主政治之境地"②。朱日耀认为,春秋时期的"民本思潮本身并不带有民主性质";而明清时期的民本思想,被"赋予了新涵义,增添了新的内容",它与反专制思想相互呼应,因而"具有民主因素"③。吕振羽、侯外庐等一批著名学者将明清时期的思想趋势与资本主义萌芽联系在一起。吕振羽将黄宗羲、王夫之、唐甄、朱舜水、戴震、龚自珍、魏源等人的政治思想定性为"市民民主思想的萌芽"④。

---

① 韩喜凯主编:《民本·概论篇》,齐鲁书社 2000 年版,第 5—6 页。
② 萧公权:《中国政治思想史》,第 865 页。
③ 朱日耀:《中国古代政治思想史》,吉林大学出版社 1988 年版,第 29、449、450 页。
④ 吕振羽:《中国政治思想史》,生活·读书·新知三联书店 1955 年版,第 583 页。

侯外庐认为，资本主义的萌芽、社会形态的演进推动了市民运动和启蒙思潮，这是黄宗羲等人的"近代民主思想"产生的社会背景和阶级基础①。这个思路曾经在学术界产生广泛的影响。曹德本把民本思想看作宋元明清政治思想发展的一条基本线索，进行专门的探讨，将宋元明清一批著名思想家的民本思想分别定性为"具有反专制的思想倾向""反专制思想""具有民主因素的反专制思想""已经成为民主思想的先声"②。认为宋元明清时期的民本思想，"作为代表中小地主和下层民众利益要求的思想，是一种进步的思想"③。唐凯麟认为，明清之际，形成了一股新的社会伦理思潮。其中就包括"从民本主义到民主主义的突破性尝试"，具有"萌芽的性质"。④

　　二是关于明清重要代表人物民本思想的研究。明清民本思想的研究，具体到个人而言，集中在黄宗羲的民本思想研究上。因为他能代表明清民本思想发展的最高水平。如谢贵安认为："明末清初以黄宗羲、唐甄为代表的思想家提出的进步思想，属于'新民本'思想，将传统民本思想'重民—尊君'模式发展为'重民—限君'的政治思想模式。这种思想来源于传统，趋向于近代，与西方民主思想同'科'不同'种'，在近代中国思想界迎进西方民主时，成为天然的嫁接砧木。"⑤ 沈善洪认为，黄宗羲"在一定程度上已具有了公权意识和民主意识，从而把一只脚迈进了近代民主主义的门槛"⑥。秦晖认为，"黄宗羲实际上是以先秦法家专制形成之前的民本思想资源，作了独创性的、几乎可以说是准近代化的发挥"，"成为后世人们融会西儒、从'民本'到'民主'的桥梁"⑦。李存山说："在黄宗羲

---

① 侯外庐：《中国早期启蒙思想史》，人民出版社 1956 年版。
② 曹德本：《宋元明清政治思想研究》，辽宁大学出版社 1987 年版。
③ 曹德本：《宋元明清政治思想研究》，第 90 页。
④ 唐凯麟：《中国明清时期伦理思潮的早期启蒙性质论纲》，《道德与文明》2000 年第 2 期。
⑤ 谢贵安：《试论明末清初"新民本"思想》，《江汉论坛》2003 年第 10 期。
⑥ 沈善洪：《黄宗羲的真实价值》，《浙江学刊》2005 年第 4 期。
⑦ 秦晖：《从黄宗羲到谭嗣同：民本思想到民主思想的一脉相承》，《浙江学刊》2005 年第 4 期。

的《明夷待访录》中，传统的民本思想不仅充其极，而且它越过传统的极限，开始考虑如何以权力制约权力的问题。"因此他认为，"黄宗羲的思想是从民本走向民主的开端"。① 吴光认为："黄宗羲最有特色的思想是他的新民本思想。之所以称为'新民本'，就因为他已经超越了自《尚书》《孟子》以来在君主专制制度下传统儒家重民、爱民、为民请命的旧民本范式，而开始走向民治、民有、民主的新范式。"② 赵园探讨了明清之际黄宗羲等人对于君主、君臣关系的诸种议论。③ 陈清概述了以黄宗羲为代表的明儒发展民本思想的重民观及其进步意义。④ 程志华认为，黄宗羲的政治主张"终结了儒学的民本思想"，他进一步得出结论："黄宗羲对民本思想进行了深层次的开发，使其达到了所能达到的高度，在历史上展示了儒学民本思想的终极视域。黄宗羲的政治思想与民主思想仅一步之遥，再前进一步，它就会突破儒学的樊篱，进入民主思想的堂奥。"⑤

除黄宗羲外，还有一些其他代表人物民本思想的研究，如明、清帝王的民本思想；顾炎武、王夫之、王艮、唐甄等思想家的民本思想；罗汝芳、陈宏谋等地方施政官员的民本思想及民本实践等。

三是关于明末清初民本思想的研究。明末清初被称为"天崩地裂"的时代，中国历史发生剧烈震荡，时人在反思历史巨变时，也推动了民本思想的发展。有学者认为明末清初民本思想的发展已完全超越前人，成为"异端"，这一思潮讨论的"时代主题"是"限制君主的权力"⑥。同时，也有学者认为民本思想的"异端"发展仍渊源于传统民本思想，根源在于它"不否定君主专制制度，而只追求君主制

① 李存山：《从民本走向民主的开端》，《浙江学刊》2005 年第 4 期。
② 吴光：《"以力行为工夫"：黄宗羲新民本思想的哲学基础》，《浙江学刊》2005 年第 4 期。
③ 赵园：《原君·原臣——明清之际士人关于君主、君臣的论述》，《中国文化研究》2006 年第 2 期。
④ 陈清：《论明儒的重民观》，《中国文化研究》2001 年第 3 期。
⑤ 程志华：《儒学民本思想的终极视域——卢梭与黄宗羲的"对话"》，《哲学研究》2004 年第 2 期。
⑥ 孙晓春：《明末清初民本思潮初论》，《史学集刊》1994 年第 4 期。

下的理想君主原型"。① 还有一些学者把明清民本思想直接定义为"新民本"思想或"新民本主义",并指出其在中国近代化过程的重要地位和作用。如谢贵安说:"中国虽有'原始民主',但并无民主主义;传统的民本思想不是民主思想;另一方面,中国的近代民主思想,又是中国传统民本思想发展到'新民本'阶段后,与西方民主意识相互激荡后氤氲而生的结果。明末清初(17 世纪前后),传统的民本思想演化更革,走到近代民主的边缘",从而将其定义为"新民本"思想。② 吴松等学者提出:"在中国近代化过程中,明清实学中的新民本主义具有传统民本思想向近代民权思想过渡的性质,它是中国近代化的重要标志。它不仅成为近代民主运动的思想先导,也成为近代民权运动的理论武器。"③

　　冯天瑜、谢贵安所著《解构专制——明末清初"新民本"思想研究》是研究明清之际民本思想的集大成者,他们关于"新民本"思想概念的提出,提供了一个考察中国近世社会的新视角。他们在书中指出,元明清时期,旧民本思想已经走向末路,这一事实,"激发了正义思想家进行改造的志向","他们或把民本思想从'民本—尊君'的体系中剥离出来,全面倒向左翼,强烈抨击君主专制制度,否定君主存在的合理性";"或者在民本思想的基础上,加以全面的改造和创新,既肯定君主制度的存在,又反对任何专制君主,如黄宗羲、唐甄等在抨击君主专制、强调万民地位中形成的'新民本'思想"④。谢贵安还进一步把明末清初的"新民本"称为"晚明的一束亮光",他说:"'新民本'思想具有鲜明的新时代印迹,从而具有某种'近代性'特征",产生这一特征的历史背景,就是"世界历史从陆地向海洋、从农业向手工商业的急剧转变"⑤。

----

① 允春喜:《明末清初民本思潮探微》,《北京工业大学学报》(社会科学版)2004 年第 4 期。
② 谢贵安:《试论明末清初"新民本"思想》,《江汉论坛》2003 年第 10 期。
③ 吴松、黄海涛:《明清实学经济伦理的近代性嬗变》,《贵州财经学院学报》2007 年第 1 期。
④ 冯天瑜、谢贵安:《解构专制——明末清初"新民本"思想研究》。
⑤ 谢贵安:《明末清初"新民本"思想——"晚明的亮光"之二》,《博览群书》2019 年第 11 期。

总的来看，关于民本思想尤其是明清民本思想的研究，成果引人注目，深刻揭示了民本思想的发展演变、内涵及其历史和现实意义。这些研究为考察明清民本思想提供了良好的条件，特别是冯天瑜、谢贵安等人的研究让笔者对"新民本"概念的理解获益匪浅。

但是，以往的研究成果还存在一些不足。一是在研究视角上，许多相关研究成果把一些思路和主张归属于某个学派或某个个体，得出的结论往往不够全面、不够系统，在总体上对民本思想的历史走向、整体把握有明显的不足。二是在研究内容上，以往的研究注重中国传统民本思想的历史发展进程、内涵、核心内容、影响、意义等各方面具体内容的探讨，主要是在政治思想史、思想史、政治史、文化史、哲学史等方面的著作中有所体现，还缺乏一些对中国民本思想全方位的透视和价值评估，专题性、断代史的民本思想研究也尚不多见。尤其是对民本思想如何实现从传统向近代的过渡、如何实现同民主之间的对接等问题关注不够。三是在研究目标上，以往的研究更多的是借用历史上的民本思想为当今现实服务，其实用目的太强，在研究中以议论为主，缺乏一些实例佐证，应该把它同当时的历史发展实际情况结合起来，进行历史评价和逻辑分析，挖掘民本思想背后的社会历史发展特征和发展趋势。

鉴于此，学界有必要加强民本思想的研究。具体到明清民本思想而言，除冯天瑜、谢贵安的《解构专制——明末清初"新民本"思想研究》之外，并无其他整体性、专题性的明清民本思想著作。其他著作或论文虽有论及，但主要集中在个别人物以及明末清初这一特殊的历史发展时期，对明清社会整体发展变迁在民本思想领域内的一些突破性发展关注不够。所以，有必要从新的视角、新的内容、新的目标对明清民本思想的整体发展状况做系统研究，对影响明清民本思想发展的一些重要理念和核心命题进行深入挖掘，客观评价其历史地位，总结其发展特征，尤其要把思想与社会的互动结合起来，将当时的国家制度、治理方略、施政行为、精英思想、民众心态等都纳入研究视野，对"民本思想"中"民"的地位、价值、内涵进行明确界定，多层次、多视角、全方位对明清民本思想进行系统研究。

第三节　本书的基本思路

在讨论展开以前，需作出以下说明。

一　民本思想的界定

何谓"民本"？"以民为本"，到底是以哪些"民"为本？到底是以"民"的什么为本？它在中国历史发展的长河中有无变化？

人们对"民本"这个概念的解释至今尚无一个普遍认同的定义，大体而言，所谓民本思想，即认为民众是国家之根本的思想。其内涵相当丰富，主要讨论君主与民众、国家与天下相互依存、相互制约的关系问题，把"国"与"民"统一起来，阐明民众对于治理国家、巩固政权的极端重要性。它通常表述为"民惟邦本"，最早见于《尚书·夏书·五子之歌》中的"民惟邦本，本固邦宁"，是民本思想的标志性命题。"在我国古代，君、臣、民构成了基本的社会框架，三者之间的关系基本上涵盖了各方面的社会关系。"① 君是发布命令的最高统治者，臣是把君的命令传达于民的居中统治者，民是从事各种具体农工商活动的底层劳动者。正如韩愈在《原道》中所说："是故君者，出令者也；臣者，行君之令而致之民者也；民者，出粟米麻丝、作器皿、通货财，以事其上者也。"他认为："君不出令，则失其所以为君；臣不行君之令而致之民，则失其所以为臣；民不出粟米麻丝、作器皿、通货财，以事其上，则诛。"② 三者各尽其责，各守其职，民本就是按照这一原则处理三者关系并在此基础上维系中国传统社会的秩序。

对于君主而言，它是内圣外王的统治之道。国家由君主来统治，"君"临天下，势位独尊，权力独操，是全社会的最高权威和主宰，在理论上君权具有绝对化的属性。君权的扩张和强化，决定了中国古

---

① 李亚彬：《对我国古代德治的分析》，《哲学研究》2002 年第 4 期。
② 《韩昌黎文集》卷 1《原道》，马其昶校注，古典文学出版社 1957 年版，第 9 页。

代国家的性质是君主专制之下的官僚等级制。但在现实政治生活中，君权受到各种政治因素的制约。中国组成等级的各个阶层并不是彼此隔绝的，而是互相制约、互为依赖的，"群之可聚也，相与利之也"①，君民之间形成独特的既可以载舟、亦可以覆舟的"舟水现象"。因此居最高等级者并不能完全无视民，"君依于国，国依于民"，要求统治者从事治国活动时，一定要考虑、尊重民众的意志、诉求，满足、达成民众的愿望、需求，尽可能使二者之间的利益和目标趋向一致。即《尚书》所说，民之所欲，天必从之。君主即使拥有绝对权力，也不能太过，"君大奢侈，过度失礼，民叛矣。其民叛，其君穷矣"②。君权要有所制约，以此达到国家整体的平衡。约束君权的一支重要力量，即来自民。民心的向背直接关系到君主权力的盛衰存亡，关系到社稷的安危，关系到社会稳定和长治久安，是立国兴邦之根本。没有民的服从，君主统治的合法性也就宣告失去。所以，立君为民，不可以无民，也不可以无君，民是重要的，君也是重要的，这是君民之间的张力关系。君主治国应以民为本，代表公众利益，安定天下，养育民众，为大众谋福祉。君能尽其为君之责，能勤民事，则君不忘民，民亦不忘其君，这样君位就可以维持下去。张分田认为，民本思想围绕着"君为民主—民惟邦本"③的命题展开，"民本论的最终取向不是通过赋予民众政治权利而否定君权至上，而是通过规范君主对民的政治行为实现国泰、君尊、民安"④。民本思想讲的就是君和民的关系，即统治者和广大民众的关系。以民限定君，以君治理民，通过"得民"以达到"治民"。"君"和"民"构成了传统社会相互对立而又相互依存的一对矛盾统一体，二者被巧妙地圆融于同一理论体系之中。

剖析民本思想，有必要对民本之"民"的概念进行解释。传统的

---

① 《吕氏春秋》卷20《恃君》，廖名春、陈兴安译注，巴蜀书社2004年版，第566页。
② （清）苏舆撰：《春秋繁露义证》卷13《五行相胜》，钟哲点校，中华书局1992年版，第369—370页。
③ 张分田：《中国帝王观念——社会普遍意识中的"尊君—罪君"文化范式》，第437页。
④ 张分田：《中国帝王观念——社会普遍意识中的"尊君—罪君"文化范式》，第453页。

"民本"思想，是从广义上来对"民"进行理解。这时的"民"，又称"庶民"，是一个历史范畴，它并不是一个阶级的概念，而是一个依照政治地位划分社会等级的概念。它并非独立的个体概念和个体存在，而是社会中居于特定位置的群体。它是相对于君、官等统治者、执政者而言的社会群体概念，被当作一个整体来对待，泛指社会阶层中除君主和大臣之外，处于统治视野之下的一切普通民众。它包括那些不当官不在位的各阶层人民，也包括那些不当官的豪强大姓、富商巨贾。他们纵然富甲一方，除非设法获得政治功名，否则也会被列入庶民。在统治阶段的政治体系中，民只是一个无政治地位的"群"和阶层。《管子·小匡》称"士农工商"为"四民"，荀子说："大儒者，天子、三公也；小儒者，诸侯、大夫、士也；众人者，工农商贾也。"①"工农商贾"为四民，为"众人"，民就是众庶百姓。庶民是政治、经济和社会地位低下的劳动者群体，只能以其劳作奉养君子。

但民的地位又很独特。一方面，他们是上天生就的、自然存在的"生民"，是普通的社会劳动者，是分散的，经常被视为愚昧无知的一群，被称为"小人""野人""黔首""愚氓""庶人""草莽之臣"等。另一方面，作为与统治者相对的阶层，他们是统治者赖以生存的政治基础；绝大多数是劳动者，又是统治者财用的来源，其生产劳动在国家存在中具有基础性的作用，承担着向国家缴纳贡赋的责任；同时，他们还提供约束君王任意行为的强大道义力量，民安才能国安，任何时候不能忘记"民"，"民"的生存状况及"民力""民意"的正负作用，是政治的成功或失败、统治的巩固或崩溃关键之所在，是人们借鉴历史经验之所在。总而言之，民众又是国家政权之根基。

关于民本思想中的"本"，则有"基础""根本""主体""依靠的对象"等意思，国之有民，犹如树之有根、木之有干，用来强调民在国家政治生活中举足轻重的作用，是国家政治生活的基础。

---

① 《荀子》卷4《儒效》，张觉校注，岳麓书社2006年版，第81页。

　　然而，民本思想所包含的内容远远超出君民政治关系论的范围。从"以民的什么为本"这一问题来看，对民本思想的认识，视野应更为宽广一些，对其内涵与外延要有更为全面的审视。基于对以往研究成果的总结和笔者的认识、理解，应该把民本看作一个多层次、全方位的概念，民本思想就是一个完整的、系统的思想体系，它既包括"以民为本"这一核心理念，又包括在认识到民心向背重要性的基础上，统治者实行的"政在养民""先富后教""施德于民"等一系列治民政策，这是民本思想在治国层面上的具体体现，是统治者施行"仁政"的主要内容。其中重民思想是中国民本思想的主流和核心，它强调民众是国家之本，其他层次的意义都是围绕这一核心展开的，是从不同的层面来说明民本的宗旨与内容。具体而言，就是主张在"重民"基础上，由统治者推行以"养民""富民""教民"为主要施政内容的"仁政""德治"，使民有所养且能致富。简括言之，就是孔子所举之三种治术：曰养、曰教、曰治。"养民""富民""教民"成为"民本"在治国管理层面上的具体体现。它们之间协调统一，借助"民众"这个媒介，通过统治者的治国理政，落到实处，把所谓的"仁政""德治"由抽象的理论指导变为具体的实践操作，收到实效。所以，中国古代的民本思想既包括政治伦理思想，还包括经济伦理思想，它并不只是一种单纯的政治主张，其中还包含着一种真正的经济学意义上的关怀。它从不同角度来强调民众在政治生活、经济生活、社会文化生活中重要的乃至决定性的作用，而君主的主要职责就是管理群众、养育庶民、教化百姓，是这个意义上的"以民为本"。中国传统民本思想基本上就是沿着这条思路传承下来。这一思想在《周易·系辞传》里有清晰的表述："天地之大德曰生，圣人之大宝曰位，何以守位曰仁，何以聚人曰财。"

　　从具体内容上看，"以民为本"包括一系列的重民、养民、富民、教民思想以及其政治实践行为。

　　一是重民。这是民本思想的第一层面问题，它强调的就是民众是国家之根本，是政权统治的基础，是社会发展的基本动力。得民者昌，失民者亡，民众的力量和民心的向背决定着政治兴败，君主要尊重民意，重视人民地位，重视民众对于社稷江山的捍卫作用，妥善处理民众与自己、与国家的关系，它是对民在国家政权和社会发展中主体作用与地位的肯定。"敬天保民""民惟邦本""立君为民""民贵君轻"等古训就是对民众重视的表现。

二是养民。如何驾驭民心，归根结底在于解决民生最基本的问题，它直接关系国家盛衰，生民休戚，是传统民本的重要特点和内容。民生问题即人民的生计、生活问题，就是要肯定人性中的自然欲望，解决人民食、衣、住、行等生活基本问题，改善人民物质生活，实现生产者的自给自足。在整个人类发展历史上，自社会产生以来，民生就是社会发展矛盾的集中反映，因为人人都必须有食才能生存，只有人民安居乐业，社会才能稳定。所以安定民生是国家的基本职能，养育民众是君主的主要职责。养民来源于统治者自身的责任意识，它不是说由政府来养活人民，而是指君主节制个人欲望，尽量减少对生产的干扰和对民众的赋敛，给民众以适宜的生存条件，实行使民众有适当生活手段来养活自己的政策，满足民众起码的物质生活需要。这是民众得以生存的基础，是社会存在和发展的前提，是维系统治稳定的根本。在养民体系中，尤其要着力解决一部分人的生计、生活问题，如对鳏、寡、老、弱、病、残者，人之贫穷无亲属依倚、不能自存者，国家要实行给予衣粮或收养的政策与制度，使其皆有所养，给予基本的生活保障；同时，古代社会生产力低下，灾害经常发生，人们抗灾能力很小，给人民的基本生存带来极大苦难，救民水火，赈灾济贫，也成为养民的一项重要内容。总而言之，本书所涉及的养民内容，主要是针对困而无靠、困而无助的人进行社会救助，实现人人有以为生、家家有以为养的太平景象。古人早在《周礼·地官·大司徒》中总结出的"保息六政"（"慈幼、养老、振穷、恤贫、宽疾、安富"）①，基本包括养民体系中关于社会救助层次的主要内容。

三是富民。养民是经济活动的最初目标，紧接着是"富民"，它

---

① 《周礼·地官·大司徒》，林尹注译，书目文献出版社1985年版，第99页。

是一种更高层次的要求，即要使人民富裕起来，生活资料充足，生活质量优越。在解决基本生存问题的前提下富裕，是人类社会发展的根本趋向，对富裕的追求、对幸福的渴望是人生的基本目标，更是人民生存、发展的自然权利。物质利益是社会生活的基础，也是人的生活第一需要，是一个时时需要面对的问题，这个问题解决得好与坏，直接关系到国家的稳固与否。中国历史上数千年来频繁更迭的暴力政权革命，无一不是希望解决民众的生活与幸福问题。而且，民众的富足是国家财政收入的重要保障，也是实施教化的基础。所以，统治者要维护统治，必须在"养民"的基础上实现"富民"，实现所谓的"家给人足"，使人民享有幸福生活，这才是真正的长治久安之道。

四是教民。养民、富民是统治者施政的必要举措，教化则是统治者施政的最高举措。《小雅·绵蛮》曰："饮之食之，教之诲之。"教之，即美教化，移风俗，为统治者创造良好的思想意识环境。传统中国是一个非常注重教化的国家，传统民本思想很重视在满足人民物质生活的基础上，来满足人们的精神需要，提出对民众进行教化、增进德性，通过教育使其明是非善恶，知人伦道德，有完美的道德品质、行为和精神寄托。在一定的物质基础上，对民进行文化教育，培养高尚的道德情操，树立良好的社会风气，以使天下归顺，使民众认同并自觉服从统治者的统治，既得民心，又树立君主权威；既协调人际关系，又稳定社会秩序，具有十分重要的意义。正如《淮南子·泰族训》所言："民无廉耻，不可治也，非修礼义，廉耻不立。民不知礼义，法弗能正也。"

本书所界定的"民本思想"，包括的就是一系列"重民""养民""富民""教民"思想以及其政治实践行为。要使民有所养、有所教，得民心、致民富，以求得经济文化的繁荣昌盛和人民大众的安居乐业。这四个环节是统治者实践仁政的最高境界，它们在"治国"和"治民"之间搭起一座桥梁，是统治者达到仁政最高境界的必需通道。所以，民本思想的逻辑起点、基础是"重民"，"养民""富民""教民"则是其在治国管理层面的具体体现和特点。它们有机地结合在一起，相互关联，结为一个整体，构成"民本思想"的基本内质和基本内容，亦成为中华民族传统价值观和优良文化的精髓，是中国古代政治思想中的积极因素，为中国古代大多数人所倡导和认同，推动和影响中国古代许多政策的产生与实施，在社会整合中发挥着重要的作用。

二　研究的角度

正如商周时期的社会大变动，孕育了最初的中国传统民本思想。明清时期的社会大变动，则孕育出了"新民本"思想。思想作为时代的产物，在社会中植有深根，其产生与传播，都必须借助某一社会群体的普遍意识乃至全社会的普遍意识。本书认为，明清民本思想的发展、嬗变借助的社会群体就是地方基层社会中富民阶层的发展壮大。

前面已经提到过，明清时代是中国历史上一个激烈变革的时代，整个社会以变革为基本取向。明清社会一系列发展变化背后的最大动力来自当时蓬勃发展的富民阶层。这就是林文勋教授所指出的：明清时期，经济社会的发展变化与富民阶层的成长以更加强劲的势头相互促进。他论述说："近年来的大量研究表明，直到明清时期，中国经济社会发展仍保持强劲的势头，其经济发展水平居于世界领先地位。这使我们不得不对过去的诸多认识进行反思"，而"富民阶层就是中国传统社会后期中国社会内部发展的一股强大的动力。正因有这样一股发展动力的存在，唐宋直至明清时期，中国经济才能够持续发展和繁荣，从而居于世界的领先地位"；"通观中国历史，从汉唐间的'豪民'到唐宋以来的'富民'再到近代以来的'市民'，构成了一条'编户齐民'演变的清晰历史线索。'富民'上承'豪民'，下启'市民'。就如不研究汉唐间的豪民就不能准确把握汉唐历史发展的演变，不研究市民就不能理解近代社会的发生发展一样，不研究富民，就不可能把握中唐以来，历宋、元、明、清几朝中国社会的发展变化。"因此，"富民是解开唐宋以来中国社会特别是乡村社会发展变迁的一把钥匙"。[①] 这不仅为我们提供了探索中国历史独特性的一

———————

① 林文勋：《中国古代"富民"阶层研究》，第6、12、13页。

个有益的理论框架，更重要的是从方法论的角度对一些传统问题进行新的思考。

循着这一思路，本书把富民作为解开明清民本思想发展变化的"一把钥匙"，在"富民社会"这一新的理论框架下对明清民本思想进行新的思考。明清时期，富民阶层不仅"继续以财富和文化教育雄居于社会"，在推动经济、发展文化教育方面发挥着重大作用，而且富民阶层也产生了高度的政治主体意识，尤其是地方基层社会，富民已成为国家重要的依靠对象，"随着富民阶层参与到乡村控制之中，国家对基层社会的控制已由直接控制转变为间接控制"①，"以良民治良民"便是其最显著的标志。这是自富民阶层崛起以来多种因素共同作用造成的。

明清民本思想发展、嬗变的过程中渗透了各种复杂而具体的因素，要全面了解这个问题，除了从政治、经济、文化、世界背景角度探讨其成因外②，也要从明清时期最能促进这一变化的富民阶层去分析。因为在明清民本思想发展、嬗变的过程中，富民阶层发挥了"动力层"③的作用。如对于黄宗羲《明夷待访录》中提出的"有生之初，人各自私也，人各自利也"，沟口雄三就评论说，所谓自私自利的民，当然是以这些主张私的权益的广泛舆论为背景而居于其前列的民，再准确一点说，这个民不是所谓的一般民，而是被当时视为有力量的、包括自耕农在内的地主阶层与它的伙伴都市工商业者，亦即富民阶层。明清新民本思想中，有很多类似议论，它们所强调的"民"，都是明清时期的富民阶层。

本书的研究内容，除从历史的角度，追溯中国传统的民本思想，论及以"重民""养民""富民""教民"为中心的民本思想在明清时期的演变过程，描述它们的表现形态，探寻其中出现的新因素外，又特别就富民及士绅化的富民阶层在地方政治、经济、文化、社会等方面所发挥的重要作用进行观察，以推断明清民本思想新基调与富民

---

① 林文勋：《中国古代"富民"阶层研究》，第10页。
② 冯天瑜、谢贵安：《解构专制——明末清初"新民本"思想研究》，第61—94页。
③ 林文勋：《中国古代"富民"阶层研究》，第10页。

阶层之间的内在联系，进而说明明清民本思想在近现代政治、社会秩序的重建方面可能发挥什么样的效用。这些内容互相关联，共同透露出明清时期民本观念的转变及中国传统社会延续发展的内在动力。所以，关于明清民本思想基调的转变这一部分构成了本书的切入点，明清"新民本"思想的表现构成了本书的核心内容，而与明清民本思想发展、嬗变密切相关的富民阶层就构成了本书的骨架。本书研究的思路就是将明清民本思想的发展、嬗变与富民阶层的作用结合起来，进行互动考察，力求对明清以重民、养民、富民、教民为中心的民本思想做较为完整的研究，以便更深入地了解明清时代的社会发展变化。

三　本书的框架及基本观点

针对所要探讨的问题，结合民本思想自身的特点和研究现状，本书形成了如下的写作框架。

第一章是对中国传统民本思想核心内容、本质特征的总体考察。民本思想的形成源远流长，它的内涵随着历史的发展不断丰富、完善，在"重民""养民""富民""教民"等方面形成"民为邦本、本固邦宁""德惟善政、政在养民""民贫难治、民富易治""富而后教、为政以德"等核心理念，成为后世民本论的普遍思路。在这些理念的背后，"君""民"关系是一组既相互对立又相互依存的重要范畴，所有民本的讨论基本上是围绕这一范畴展开，使得传统民本思想的本质特征表现为"君民之间的对立统一"以及"君权至上的绝对维护"，"君权至上"的本质占主导地位，影响着传统社会政治的发展走势。

第二章是关于明清重民思想的考察。"重民"思想始终是中国传统民本思想中的核心内容，明清政治家、思想家们提出了"以民为本"的一系列观点和命题。但是，随着君主专制走向极端和社会矛盾日益激化，思想界的精英对历史和现实展开了激烈、深刻、无情的反思和批判，形成一股影响深远的批判思潮，他们的批判作为与重民思想嬗变相辅相成的一个环节而出现。在这样的过程中，明清重民思想发生了嬗变，主要表现为"公天下论""平等论""限君论""'以民治民'论"几方面。

第三章是关于明清养民思想的考察。民所最急者，就是先要解决吃、喝、住、穿等基本生存问题，人的生存权很重要。因为"养民"是统治者争取民心的重要手段，是安定社会的有效方法，所以，它得到统治者和思想家的认同和重视。同时，明清时期，经济日趋繁荣，农业、手工业高度发达，生产水平较之前代进一步提高，社会分工扩大，商品经济异常活跃，带来社会生活的深刻变化。专门探讨一个个具体家庭的养家问题、经营家业问题的所谓"治生之学"被提上了日程；社会上士、农、工、商井然有序的社会分工和行业情趣发生了更加明显的变化。另外，为解决社会财富占有不平等的现实问题、缓解社会矛盾、解决民众生计，当时社会极力主张"以民养民"。

第四章是关于明清富民思想的考察。追求富贵，乃人之本性。人要生存，图谋自身的发展，要抚养子女和赡养老人，都离不开财富，所以对财富的追求是民众所具有的自然经济权利。要重视和满足民众追求富贵的欲望，关键就在于富民。明清高度发展的商品经济，开拓了时人的视野，引发了观念的更新，传统的富民思想发生了剧烈的变化。这时所提倡的富民，更多的是以个人为本位，放任私欲的无限膨胀，放任对物质利益的热烈追逐；所重视的富，已经是那些从事手工业或商品生产、商品流通的"末富"；所同情、关心的民，已不只是从事农业耕作的普通民众，还包括"富民"。总之，"崇私论""义利并重论""工商皆本论""保富论"，构成了明清富民思想嬗变的有机组成部分。

第五章是关于明清教民思想的考察。政以治民，礼以教民，是中国专制统治的特点之一，先富而后教的教民思想，是传统社会维护统治者长远根本利益的有力保证。"治国以教化为先，教化以学校为本"，是明清传统教民思想的经典表达。明清时期，社会经济的发展变化影响到社会生活的各个层面，同样，它也渗透到社会教化体系之中并对之产生影响，随着新的教化内容的渗透和社会经济生活新需求的出现，社会教化在形式、内容、方法上开始夹杂一些新的内容，传统的教民思想发生的变化主要有二：一是"以民教民"成为主要的教化趋势；二是不再单纯地以儒家的伦理道德教化为教育的重心，开始出现对知识的重视和教育的普及。

第六章是对明清民本思想作一个总体的分析和评价。首先是对明清民本思想作一个历史定位，它继承了中国传统民本思想的核心内容，同时又伴随着明清社会的变化而发生了历史性的嬗变。其次是对明清"新民本"思想中"民"的内涵进行分析，进而阐述富民阶层的发展、壮大与新民本思想形成之间的内在联系，凸显富民阶层在明清社会所发挥的重大作用。最后讨论新民本思想所承担的历史重任和所发挥的重要作用，就是成为连接传统民本思想与近代西方民主思想的"桥梁"；同时也指出，明清新民本思想的思维逻辑并没有超出民本论固有的框架，所以，它既不是"启蒙思想"，更没有直接导向西方民主思想。

上述六个章节具体的研究目的都在说明一个观点：明清时期，中国传统民本思想中的精华部分仍然存在，但它们很多时候只是流于形式，并没有成为统治者的政治实际；相反，它发生嬗变的部分——"新民本"思想更能反映当时的实际状况，并且对中国历史发展起到一定的积极作用，它所带来的"清新"之风为近代西方民主观念的传入并为世人所接受奠定了一定的基础，提供了本土的思想资源和历史脉络。而在其中，处于急剧变化中的富民阶层功不可没，他们的主体性在经济、政治和意识形态及社会文化生活诸方面日益觉醒，他们充满实践精神，积极参与到各种社会实践活动中，独立寻求新思想、新认识的真切表达，使传统纯理论意义上的民本观念受到冲击，引发民本思想的嬗变，他们确实是中国从传统社会迈向近代社会的内在"动力层"。

第一章　中国传统民本思想概述

中国传统民本思想作为古老的东方大地上自我生长和发展起来的优秀传统文化，是中国古代政治家、思想家所共同推崇的行政价值观，是古代中国人政治实践的智慧结晶，它的形成源远流长，它的内涵随着历史的发展不断演变、丰富。一般认为，中国传统民本思想的形成和发展经历了先秦的萌芽和形成时期、秦汉至明清的丰富和发展时期、近代的变革时期、新中国的历史性超越时期。[①]

殷商至西周时期出现了民本思想的萌芽，其词源肇始于"皇祖有训：民可近，不可下。民惟邦本，本固邦宁"[②]，以及"民者，君之本也"[③] 等古训。"民惟邦本，本固邦宁"这一经典名句，讨论的是君民关系以及社会历史的主体力量，一语道出了民本思想核心内涵，即民众为国家统治之根本、民众对国家存亡至关重要。先秦时期，以民为本已经受到高度重视和注意，出现一股波澜壮阔的、普及当时各国的民本社会思潮。在诸子百家中，尤以孔子、孟子、荀子等儒家学派的开创者所提出的民本论最为突出，他们提出了中国传统民本思想的一切基本论点和基本命题，形成了完整、系统而又典型的理论框架，并使其成为中国传统社会占主导地位的统治思想和历代统治者普遍采取的治国之术，这是中国传统民本思想的滥觞时期。秦汉至明清时期，随着先秦各种民本思想的整合、中国传统政治体制范型的确立、儒家思想主流地位的巩固，民本思想在秦

---

① 韩喜凯主编：《民本·概论篇》，齐鲁书社 2000 年版，第 2 页。
② 《尚书·夏书·五子之歌》，李民、王健译注，上海古籍出版社 2004 年版，第 93 页。
③ 《春秋穀梁传·桓公十四年》，承载译注，上海古籍出版社 2004 年版，第 92 页。

汉至唐宋时期不断得到充实与发展而趋于成熟，这是中国传统民本思想的定型时期。到了明清时期，传统民本思想发展达到顶峰，并且开始出现对传统民本思想的批判、改造、制作，形成所谓的"新民本"思想，它掀起中国传统民本思想演变的波澜，显露出中国传统民本思想向近代转型的曙光。到了近代，随着社会历史条件的剧变，中国传统民本思想从形式到内容都发生了变化，一些先进、开明的思想家在接受明清"新民本"思想的基础上，吸收和借鉴西方民主思想，推动民主思想在中国发展，形成近代"民权"思想，为维新变法运动的开展奠定了思想基础。中国共产党登上历史舞台后，树立起为人民服务的根本宗旨，批判地继承传统的民本思想，真正实现对它的历史性超越。

第一节　传统民本思想的核心内容

民本思想在历史长河中一直获得社会的广泛共识，历朝历代诸多明君贤臣和思想家从王朝更迭兴衰的历史事实中，越来越强烈地感受到民众的作用，他们从不同的角度阐发、解析以民为本的道理，并不断地对其进行理论加工，经过改造、提炼、发展、弘扬，民本思想被强化、充实、丰富，伴随着中国社会历史的发展进程，它逐渐形成和发展成为系统化、哲理化的国家治理思想，其基本思路被纳入君道之中，"重民、养民、富民、教民"成为历代王朝名义上或实际上的基本政治原则之一，许多帝王阐发自己的民本主张并尽量付诸实践，康国济民，实施大治。所以，它已不再仅仅是一种意识观念，而是上升为一种治国安邦的根本理论和指导思想，用以规范统治者的思想及行为，在一定程度上影响了中国传统社会的政治进程，并且成为贯注在中华民族肌体中的一股强劲的文化血液。

民本思想一直强调在君民相互依存中对君进行约束，提醒统治者要重视民的社会地位与作用。除此之外，民本思想还强调要对民众的生活状态给予一定的关切，十分强调从民所欲、去民所恶，并以之为治国兴邦之道，"王者以民为基，民众以财为本，财竭则下叛，下叛则上亡，是以明王爱养基本，不敢穷极，使民如承大祭"①，对百姓利之富之且教之，恤民与惠民，由"养民"达到"保民"，从而平治天下。以此为出发点，君主应该"养民如子"②，"视民如子"③，从而爱民、重民、亲民、恤民、养民、教民，"民"应该受到尊重，"民"应该成为制定政策的出发点。主张君主不仅要从情感上，而且要从政策上真正地关切人民；既要用德义教化人民，也要厚其民生，给人民提供一定的物质生活保障。总之，统治者治理国家要把民众摆在重要的位置上，勤政爱民，取信于民，仁爱百姓，关心民生，即重民要"爱"，治民要"宽"，"宽则得众"④；养民要"惠"，"因民之所利而利之"⑤；富民而后教民，才能增强民众的向心力。这成为后世民本论的普遍思路。所以民本思想自产生之初，就一直围绕着重民、养民、富民、教民等民本思想的核心内容展开议论。

一　民惟邦本，本固邦宁

历代杰出的思想家、政治家从王朝的更迭及现实的斗争中，看到民众在社会经济生产和政治生活中的力量、作用和重要地位，认识到只有民众才是立国之根本，统治者是"以小民受天永命"⑥，把得到民心、尊重民意、获得民众的拥戴视为天下得失之根本，君位是由民来决定的，所以要重视民众，只有根本稳固，国家才会安宁，即"固本"以"宁邦"，高扬"民为国本"的旗帜，强调统治者必须重视民众，国家才会长治久安，这是民本思想最核心的内容。

《尚书》作为我国最早的一部政治史料汇集，记载着大量的"重民"言说，如"重我民"⑦；"天视自我民视，天听自我民听"⑧；"欲

---

① 《汉书》卷85《谷永杜邺传》，中华书局1964年版，第3462页。
② 《春秋左传·襄公十四年》，杨伯峻注，中华书局1981年版，第1016页。
③ 《春秋左传·襄公二十五年》，第1108页。
④ 《论语·阳货》，杨伯峻注，中华书局1980年版，第183页。
⑤ 《论语·尧曰》，第210页。
⑥ 《尚书·召诰》，第292页。
⑦ 《尚书·盘庚》，第148页。
⑧ 《尚书·泰誓》，第199页。

至于万年，惟王子子孙孙永保民"①等，都是"国应以民为本"这种意识形态的表达，强调要重视民众的作用，要注意民众的意愿和情感，处理好与民众的关系。这些观点成为后世民本思想的主要渊源，开启民本思潮的先河。之后，"民本"观念获得历朝历代众多思想家的认同，他们普遍认为民是国家的根本，是决定国家命运的基本力量，民心的向背为国家的安危所系，只有重视民众、爱护民众，国家才能太平，才能长治久安，即"民以君为心，君以民为本"，"君以民存，亦以民亡"②。民为政治之本，民的地位迅速上升，君主的绝对权威下降，以民来解释君，以民来规范君，大大提升了民在政治思维中的价值。

其中一些"重民论"的典型表述，更为大家所津津乐道。

如：孟子提出的"民为贵，社稷次之，君为轻"，这里的"贵"指的是重要性，就是说在社会政治生活中，民、国家（社稷）、君三者的关系，民最重要，是国家的根本，处在最上位，国家处在第二位，而君主处在最下位，有民才有国，有国才有君主。他把民众摆在首位，认为从统治者的长远利益来说，民的问题是最重要的，它是国家政权和君主权位的重要基础，得到民众的拥护才可以当天子，因此，"得乎丘民而为天子"③，更加深刻地阐明了君依于国、国依于民的民为邦本的思想。

又如荀子提出的"君者，舟也；庶人者，水也。水则载舟，水则覆舟"④这一形象比喻，他认识到人民的巨大力量，把君王与民众的关系视为行驶的舟船与水的关系，水主宰了船的命运，所以民众力量是君主权力得以存在的前提条件和运行保障，民众一旦因某种目标聚集起来，必将形成一股强大的力量，它既可能是动力，顺水推舟，使其勇往直前，也可能是旋涡，倾覆船只，使其陷入困境，两者形成紧

---

① 《尚书·梓材》，第283页。
② （汉）郑玄注，（唐）孔颖达等正义：《礼记正义·缁衣》，上海古籍出版社2008年版，第2121—2122页。
③ （清）焦循：《孟子正义》卷28《尽心下》，中华书局1987年版，第973页。
④ （清）王先谦：《荀子集解·王制》，中华书局1988年版，第152—153页。

密相连的对立统一关系。民的重要性就在于它是君的载体，即使具有无上权力的君主，为了巩固君位，也必须争取人民的拥护和支持，如果不能驾驭人民的力量，就有被推翻的危险。因此君主平政爱民、得民则会王天下；反之，逆民、失民则会亡天下。民在这里虽然仍处于从属于君的地位，但毕竟承认了民众力量和作用是不可轻视的。

不仅思想家、政治家看到了民心对于巩固统治的作用，高扬民本思想的旗帜，最高统治者也一直公开强调民本理念，宣扬民本政治，"民惟邦本，本固邦宁"①"水能载舟，亦能覆舟"②"君依于国，国依于民"③等类似的论述不断涌现，并把它们贯彻到政治实践当中。历史上民众推翻君主统治的事实，使统治者普遍认识到民是一支令人敬畏的政治力量。正是有了"以民为本"的认识，所以才有从民欲、顺民心、重民生，与民生息、使民安乐、使邦安宁等一系列政策和措施的制定和实施，这成为传统社会盛世局面和安定局面出现的重要因素。时代的不同，治国的具体措施会有所不同，但"安民立政"一直是统治者维护统治不变的准则。这是因为，在中央王朝强大的专制主义集权体制下，虽然统治者可以随意剥削和压迫民众，甚至对民众握有"生杀予夺"的大权，但是一旦民众忍受不了统治，必将揭竿而起、铤而走险，曾经强大的王朝也可能土崩瓦解，中国历史上无数次大小规模的农民起义所构成的力量，已足够让统治者引以为戒、吸取教训。稍微明智一些的帝王都深刻认识到民众在国家政治生活和经济生活中的重要地位和作用，深知民是"治乱之本源"，他们鉴于历史教训和亲身体验，都力图把自己打扮成民众的保护者。因而，重民思想的发展不仅赢得了民众，而且直接影响了帝王的"治民""治国"，他们借鉴前朝灭亡的教训，在为政的过程中非常重视民众的作用，制定并推行重民爱民的民本政策，借以夺取政权、巩固政权。他们既在政治实践中积累了丰富的经验，又为民本论的发展提供了事实

① 《尚书·夏书·五子之歌》，第93页。
② （唐）吴兢：《贞观政要》卷4《论教戒太子诸王第十一》，上海古籍出版社2008年版，第91页。
③ 《资治通鉴》卷192《唐纪八》，中华书局1956年版，第6026页。

根据和思想材料。凡是较开明的君主都意识到并强调"民"的重要性，"苟无民，何以有君"① 的观念，已成为人们的共识。通过把民众视为邦国之本，希望民众能够安居乐业，统治者和被统治者之间能够和睦相处，从而维持国家的长治久安。

二　德惟善政，政在养民

以民为本不能空谈重民、爱民，而应把民和一定的社会经济生活联系起来考虑。历朝历代的统治者在自身能够生存的同时，也要让民众能够生存下去。所以，应以民为念，先解决民众的衣食等基本生存和生活问题，天下的民众才会归顺，"百姓不养，则众散"②。落实到实践中，首要的就是"养民"，重视民众的生存，解决民众的温饱问题，给民众以宽松的生活环境、充足的物质基础，化及万民，推动社会生产的协调发展，进而维持国家的长治久安。"王者以民人为天，而民人以食为天。"③"天"是依靠对象、基础的意思，"食"即生计活动，在养民之中，"食"在民众生活中极为重要。把养民思想具体化，就是统治者要重视民生，在经济上采取一系列稳定百姓生产和生活秩序的有为措施，"薄赋敛，省徭役，以宽民力"，使民众生活上"财内足以养老尽孝，外足以事上共税，下足以蓄妻子极爱"④。民众生活富足，社会自然就会发展，国家自然就会安定。实行"养民之政"，还要关心民众的疾苦，尤其是要关注灾荒发生时的民生问题以及社会上的弱势群体。

《尚书》中早已提出，"德惟善政，政在养民"⑤，明确统治者的"养民"责任，首先就是要安顿好广大民众的日常生产、生活、生存问题，要"闻小人之劳"，"知稼穑之难"⑥，关心百姓的疾苦，使之

① （汉）刘向：《战国策·齐策四》，上海古籍出版社1985年版，第418页。
② （唐）房玄龄注，（明）刘绩补注：《管子·枢言》，上海古籍出版社2015年版，第65页。
③ 《史记》卷97《郦生陆贾传》，中华书局1959年版，第2694页。
④ 《汉书》卷24《食货志》，第1137页。
⑤ 《尚书·大禹谟》，第26页。
⑥ 《尚书·无逸》，第314页。

过上温饱的生活。统治者也认可这种观点，商汤时，就已注重"夷兢而积粟，饥者食之，寒者衣之，不资者振之"，于是"天下归汤若流水"，取桀而代之。① 周代统治者以夏、商覆亡为鉴，反复告诫子弟、臣僚不要贪图安逸、恣意妄为，作怨于民，而应体察民情，"先知稼穑之艰难，乃逸，则知小人之依"，"爰知小人之依，能保惠于庶民"，力行仁政，"用咸和万民"②，获得民心，得到民众的拥护，为翦灭商朝奠定了坚实的基础，从而获得天命。周代在历史上首次提出了系统的养民政策和制度。史载：西周王朝以六项保安蕃息的政策养护万民，专门设"大司徒"负其责："一曰慈幼，二曰养老，三曰振穷，四曰恤贫，五曰宽疾，六曰安富。""慈幼"即爱护幼小的儿童；"养老"是指尊重年高德望之人和善待鳏寡老人；"振穷"即救助困穷者；"恤贫"乃周济贫苦者；"安富"是安定富裕之人，安富才能恤贫。此外，还载有"荒政"十二条，专门提出要重视救灾，以救民于水火，即："一曰散利，二曰薄征，三曰缓刑，四曰弛力，五曰舍禁，六曰去几，七曰眚礼，八曰杀哀，九曰蕃乐，十曰多昏，十有一曰索鬼神，十有二曰除盗贼。"③ 就是灾荒之年，要贷给民众谷种和粮食、减轻他们的各种租税、宽缓刑罚、免除为公家服务劳役、开放关市山泽的禁令、免除市场货物的稽查、简化吉礼与丧礼的礼仪、收藏乐器不奏、简化婚礼以增加民众的结婚机会、求索重修旧有而已废的祭祀、铲除盗贼等，从各种不同角度强调解决民生问题的重要性。

孟子为传统社会构想出一幅男耕女织、自给自足、安居乐业的理想生活图景，为统治者设置具体化的养民总目标，就是"黎民不饥不寒"和"使民养生丧死无憾"。他说："五亩之宅，树之以桑，五十者可以衣帛矣。鸡豚狗彘之畜，无失其时，七十者可以食肉矣。百亩之田，勿夺其时，数口之家可以无饥矣。谨庠序之教，申之以孝悌之义，颁白者不负戴于道路矣。……七十者衣帛食肉，黎民不饥不寒，

---

① （唐）房玄龄注，（明）刘绩补注：《管子·轻重甲》，第 450 页。
② 《尚书·无逸》，第 315 页。
③ （清）孙诒让：《周礼正义·地官·大司徒》，中华书局 1987 年版，第 741 页。

然后不王者，未之有也。"民众由此而得以"谷与鱼鳖不可胜食，材木不可胜用，是使民养生丧死无憾也。养生丧死无憾，王道之始也"。① 养民目标的实现是要为"民"提供基本的生产、生活资料，创造一个经济优裕的生活环境。一个几口人组成的家庭，通过夫妻双方的辛勤劳作，可以为整个家庭提供衣食的生活来源，上能供养父母，下能抚育子女；国家层面要做的，就是保证每一个家庭能养畜"鸡豚狗彘"，有时间耕种"百亩之田"，有"树桑"的"五亩之宅"，"谨庠序之教"使百姓受教育。此外，还应减少政府干预，从政策上确保民众丰年衣食有余，灾年不发生饥馑。在不饥不寒的基础上，实现养生丧死无憾的社会管理目标，维护人民的基本生存权和社会的安定，这才是"王道"的要旨，即切实关心百姓生计，能够使民有所养，能够满足民的衣、食、住、行、教等基本欲望和生存需要的人才可以成为统治者。这可以说是传统民本思想在养民问题上的具体直观反映，君主以仁爱之心养民，把养民定为治理国家的根本目的，实施一系列养民政策和措施，急民之所急，帮民之所需，解民之所困，对民众广施善惠，使社会上不再有饥民、寒民，统治才能稳定。

　　统治者对此也持认同态度，因为中国历代由盛而衰的历史，已说明了"为君之道，必须先存百姓"② 的道理。最重要的"为君之道"，就是保证百姓生活的安定，这是国家安定的前提，是维持长治久安的根本。如武则天同时以几个"本"来说明为政应满足民众的物质生活需求。她说："夫衣人食者，人之本也，人者，国之本。人恃衣食，犹鱼之待水；国之恃人，如人之倚足，鱼无水则不可以生，人无足则不可以步。故夏禹称：'人无食则我不能使也。功成而不利于人，则我不能劝也。'是以为臣之忠者，先利于人。"③ 就是说，穿衣吃饭是人生存的最根本需求，而人又是国家的最根本。就像鱼需要水才能生存一样，人需要穿衣吃饭才能活着；就像人要靠双脚才能行走一样，

---

① （清）焦循：《孟子正义》卷2《梁惠王上》，第55页。
② （唐）吴兢：《贞观政要》卷1《君道第一》，第1页。
③ （唐）武则天：《臣轨·利人章·五六》，中华书局1985年版，第59页。

国家也要依靠人才能兴盛强大。鱼如果离开了水就不能生存，人如果没有了双脚就不能迈步。所以要得到民众的支持，维护统治，就必须保证民众丰衣足食。治理国家的首要问题是理顺民心，爱惜民力，重视厚生利民，使民众生活基本有保障，民心才能稳定，国家才能得到充分治理。

三 民贫难治，民富易治

追求财富是人的自然本性，充分肯定民众这种欲望的客观存在，满足民众的物质生活需求，并且鼓励民众谋取物质利益，谋求民众的发展权，使人民生活富裕，这是当政者的重要任务。"利"成为调整君民关系的杠杆之一，"民贫则难治""民富则易治"①。统治者在决策过程中，要"富民""利民"，充分考虑民心向背的因素，努力兼顾民众的利益，使民众乐于参与君主的事业，保证统治者与被统治者在治国问题上有比较一致的目标，争取民心，利用民力，最大限度地调动民众参与发展社会经济的积极性，保证民众有足够的财富予以支配和使用，自然就会获得民众的拥戴。为了使民众归心于国家君主，民本思想在富民方面，提出统治者应从维护民众的福祉出发，重视发展农业生产，保障民众创造出更多的物质财富，使民众富足起来，遵纪守法，既为政府提供财源，又为道德教化提供基础。这就要推行一整套行之有效的"富民利民"政策，使民众有田可耕，并有充裕的时间种田，获得丰厚的收成，达到"足食""足用""足财"，寄希望于"有贤君作，能致小康"，过上富裕的生活。②

孟子一直强调明君要"制民之产"，使人民都有固定的产业，能够家给人足，民康物阜，民才能服从统治，社会才能稳定。"是故明君制民之产，必使仰足以事父母，俯足以畜妻子，乐岁终身饱，凶年免于死亡。然后驱而之善，故民之从之也轻。"③ 如果到了

---

① （唐）房玄龄注，（明）刘绩补注：《管子·治国》，第323页。

② （宋）程颢、程颐：《河南程氏遗书》卷11《明道先生语一》，《二程集》第1册，中华书局1981年版、第414页。

③ （清）焦循：《孟子正义》卷3《梁惠王上》，第94页。

老百姓"仰不足以事父母，俯不足以畜妻子，乐岁终身苦，凶年不免于死亡"①的地步，统治者的统治危机就要发生。因为物质生活对人们的道德修养有很大影响："富岁，子弟多赖；凶岁，子弟多暴。"②无恒产的人没有恒心，有恒产的人才有恒心，只有解决民的土地等财产问题，才能维系民心，把他们固定在土地上，他们才不会触犯刑律、犯上作乱，人民富足了，社会就没有"不仁"的人，从而实现社会稳定；若民缺乏土地和收入，没有生活来源，就会人心不稳，犯上作乱，从而导致天下大乱，君失其国。人们有了稳定的产业、百姓达到富裕的地步之后，情况则正好相反："民非水火不生活，昏暮叩人之门户，求水火，无弗与者，至足矣。圣人治天下，使有菽粟如水火。菽粟如水火，而民焉有不仁者乎？"③要是粮食像水火那么多，民众怎么可能还不讲仁义道德呢？

民之贫富与君之危安、国之衰强被有机地、辩证统一地结合在一起。国家之财，君之所用，皆出自民，民对君有着根本制约，君对民有着最终依赖。"（民）若匮，王用将有所乏"。若百姓贫困，国力衰弱，君主所用自然就减少，同时君主离亡国也不远了："民乏财用，不亡何待？"④君主应当利民，而民众的富裕对国家统治至关重要，利民就是为了利君，最终目的是使君主"王天下"，君主获取最大利益。如此说来，君主应使民有道，取民有度，使民富裕，与民众分享物质利益，民众才会劳而无怨，最终实现民安而君尊，民富而国强。"民富则安，贫则危"⑤，"既庶而安"⑥，富民直接决定着君主的统治地位。统治者要赢得民众的支持，治理好国家，就必须以仁政调整君民之间的利益分配，从经世济民的高度，尽可能地满足民众对物质的欲望、对利益的追求，让利于民，藏富于民，富民足君，富民富国。

① （清）焦循：《孟子正义》卷3《梁惠王上》，第95页。
② （清）焦循：《孟子正义》卷23《告子上》，第759页。
③ （清）焦循：《孟子正义》卷27《尽心上》，第912页。
④ 《史记》卷4《周本纪》，第145页。
⑤ （清）严可均：《全晋文》卷48《傅玄·傅子安民》，商务印书馆1999年版，第495页。
⑥ 《通典》卷185《边防典·序》，中华书局1988年版，第4979页。

"民富，则君不至独贫；民贫，则君不能独富。"① 正因为物质财富是君国社稷的基础，民富是国富的前提和基础，所以民为国本，民富国也才能富，民众富裕是国家富裕的根本，"下贫则上贫，下富则上富"②。富民与富国之间存在相互影响的辩证关系，其经典表述就是孔子所说："百姓足，君孰与不足？百姓不足，君孰与足？"③ 这句话成为一句广为引证的名言，说明许多人已认识到：统治者要与人民共同富裕，不要只顾自己发财，不顾百姓受穷。唯有富民，才能富国足君，富民的最大受惠者是国家和君主，两者是统一的，而不是对立的，富民是足君的先决条件，没有民的富，就没有君的足，这是维持君民关系、维护君主统治的最基本底线。"因民之所利而利之，斯不亦惠而不费乎。"④ 强调食禄者"不得与下民争利"⑤。反对把财富聚于国家，明确主张藏富于民，向民众转让一部分利益。"夫人之于君，犹子于父母，未有子贫而父母富，子富而父母贫。故人足者，非独人之足，国之足也；人匮者，非独人之匮，国之匮也。"⑥ 民众和君主的关系，就像子女和父母的关系一样密切，世界上既没有子女贫穷而父母富裕的，同样也没有父母贫穷而子女富裕的。因此，民众富足，国家也就富足了；民众贫乏，国家也就贫乏了。统治者的重要责任，就是"共养黎元"，进而满足百姓的需用，增加百姓的财产。民富有利于生产，生产越发展，国家也越富。正因为如此，在处理国家与人民的财富关系上，应当先藏富于民，并最终达到"上下俱富""兼足天下"的目的。如果民众的财富受到损害，最终动摇到的是国家统治的根基。"民者，邦之本；财者，民之心。其心伤，则本伤；则枝干凋瘁而根柢蹶拔矣。"⑦

---

① （宋）朱熹：《四书章句集注·论语集注·颜渊》，中华书局1983年版，第135页。
② （清）王先谦：《荀子集解·富》，第194页。
③ 《论语·颜渊》，第127页。
④ 《论语·尧曰》，第210页。
⑤ 《史记》卷119《循吏列传》，第3101页。
⑥ （唐）武则天：《臣轨·利人章·五九》，第62页。
⑦ （宋）朱熹：《晦庵先生朱文公全集》卷16《奏推广御笔指挥二事状》，《朱子全书》第20册，上海古籍出版社2002年标点本，第743页。

四　富而后教，为政以德

中国传统社会在强调民为邦本，养民、富民的同时，亦强调教民、化民，重视"教民"与"富民"之间的关系。对民众的教化要建立在物质生活富裕的基础上。只有在此基础上，才谈得上办学校、兴教育，对广大民众进行教化，提高他们的道德品质；也只有在人们的物质生活得到满足的基础之上，人民才有闲暇来治礼义，才可能接受国家的教化而走向国泰民安的目标。如果说"富民"只是物质刺激层面上的要求，那么"教民"更注重唤醒人们的精神动力。从周朝统治者开始，就非常重视德治与教化，由政府制礼作乐，兴学设教，形成"以教育德"的局面。"大司徒以乡三物教万民。""三物"就是"六德"（知、仁、圣、义、忠、和）、"六行"（孝、友、睦、姻、任、恤）、"六艺"（礼、乐、射、御、书、数）。[1] 这些教育内容都是为统治者的"以德治国"方略服务。一方面培养了统治阶级所需要的治理人才，即所谓"崇四术，立四教，顺先王诗书礼乐以造士"[2]。另一方面也加强了对庶民的道德行为规范教育，以化民成俗。周代统治者同样要求庶民按规范行事，通过上倡下导、行礼习风、化民成俗的社会教化，来稳定社会秩序，完善对国家的治理。

孔子明确提出"为国以礼"[3]，"为政以德"[4]，认为治理社会要用道德教化、道德管理，感化民众，争取民心，自然能达到治理天下的目的。统治者只要实行仁政德治，治民以道德教化为根本，以德服人，便会像北极星受到其他众星环绕那样，得到臣民的拥戴，天下才能安定，"为政以德，譬如北辰，居其所而众星共之"[5]。也会像清风拂草那样，草随风刮，民随君走，"君子之德风，小人之德草，草上

---

① （清）孙诒让：《周礼正义·大司徒》，第756页。
② （汉）郑玄注，（唐）孔颖达等正义：《礼记正义·王制》，第546页。
③ 《论语·先进》，第119页。
④ 《论语·为政》，第11页。
⑤ 《论语·为政》，第11页。

之风必偃"①。尤其值得注意的是,孔子的教民思想是建立在"富而后教"的政治思想基础之上,即提倡在人们经济富足的基础上实施道德教化。应在努力发展生产、满足人们日益增长的物质需求的前提和基础上实施教化,政令才能行得通,民众才能听命于君。教化的基础是"富之",而"教之"是"富之"的更高层次。② "富之,既富,乃教之也,此治国之本也。"③ 在富民的基础上注重对民众的道德教化,民众就不会萌发犯上作乱之心、非分逾越之想,就会在各自的社会位置上各守其位、各尽其责,社会也就不会出现上下失序、贵贱失常的混乱局面。

对于孔子的"富而后教"主张,朱熹解释道:"庶而不富,则民生不遂,故制田里,薄赋敛以富之。……富而不教,则近于禽兽。故必立学校,明礼义以教之。"④ 因为民力可畏,民在本质上是与君主对立的异己力量,必须通过教化使其避恶而趋善,从而很好地对民心加以控制,所谓治国"不务治民事而务治民心"⑤,而治心之要当以教化为大务,所以统治者和思想家都极力提倡教化民众,主要目的在于通过意识形态的灌输和控制,提高民众的思想道德素质,维护统治集团的利益。"不富无以养民情,不教无以理民性。"⑥ "富而后教",把物质生活、物质利益置于道德规范、道德教育之先,正是民本思想"德化"的体现,民以食为天,若民食不饱腹、衣不遮体,温饱都谈不上,又如何谈得上教化。"先富后教"的思想不仅反映了民本思想家对经济与政治、物质与文化、富民与教民关系的深刻认识,而且为推行道德教化奠定了坚实的政治思想基础,它们之间相互促进发展,是保障民众发展权的重要内容,是治理国家的根本,对它们都应予以高度的重视。

---

① 《论语·颜渊》,第129页。
② 《论语·子路》,第137页。
③ (汉)刘向:《说苑校证·政本》,中华书局1987年版,第73页。
④ (宋)朱熹:《四书章句集注·论语集注·子路》,第143—144页。
⑤ (汉)王符:《潜夫论》卷8《德化》,上海古籍出版社1978年版,第443页。
⑥ (清)王先谦:《荀子集解·大略》,第498页。

第二节 传统民本思想的本质特征

我国民本思想从萌芽、产生到发展、完善，一直是影响社会发展的一股重要思潮，受到社会的广泛关注。这些思想言论，深刻地反映了治理国家必须以"民众""民意""民心"为本，都是对民众力量的一种肯定，都是呼唤对民众价值的尊重，都是从不同侧面为创建一个合乎理性和正义的社会而提出的政治伦理方面的建议，这是为政的前提和对执政者的基本要求，有利于协调统治者与被统治者之间的关系。它强调的"重民""养民""富民""教民"，当然比"轻民""弃民""瘠民""愚民"要进步得多。由于它正好适合中国传统社会中央集权君主专制制度的需要，得到历代统治阶级的利用和推行，并能在一定程度上减少人民的痛苦，所以它成为我国古代政治思想的精华，成为中国传统社会长期占统治地位的社会意识和影响整个中国传统社会经济、政治和文化生活的"民族魂"。在一定程度上，正是由于民本思想的贯彻和实行，总体上保证了中国传统社会的稳定和延续，铸造了中国长达两千年之久的大一统盛运，使得中华民族在相对稳定的社会环境里创造了灿烂的古代文明。综观明以前中国传统民本思想的发展历史，可以看出它具有以下本质特征。

一 君之民与民之用：君民之间的对立统一

中国传统的民本思想，不仅表现在民众与国家的关系上，而且表现在民众与最高执政者——君主的关系上。如何认识民众的地位和作用是中国传统社会执政者必须面对的一个十分重要而棘手的问题。从殷周以来政权的嬗变显示出民众在社会政治变动中所具有的巨大潜力，到春秋时期涌起的民本主义思潮更是昭示了"得民得天下、失民失天下"的真理性认识；从"民为贵，社稷次之，君为轻"到"君者，舟也；庶人者，水也。水则载舟，水则覆舟"；从秦汉时期的"文景之治"，再到唐宋时期的"贞治之治"，都引起有识之士对"民惟邦本"的思考，从而注重吸取历史上的经验教训，致力于阐发为君之道，力图指导君权正确运作而实现长治久安。

在总结历史经验教训的基础上，思想家和政治家看到了民众在改朝换代过程中显示出的巨大力量，看到人心的向背决定天下的得失，从而着重阐述"民为邦本""民为君本"的道理，充分肯定广大民众对政权的巩固、经济的繁荣与社会的发展所起到的举足轻重的作用，强调民众是国家政治、社会的基石，认识到民众对君所具有的重要反作用，意识到"立君"的目的在于"为民"，主张重民、养民、富民、教民，重视民众在国家中的重要地位，重视民众的生存权、发展权、教育权，使民能足食、丰衣、安居、有教。民本思想就是要求统治者治理国家和民众时，要以民为本，安抚百姓，只有管理好民众，国家才能稳定，君主才能凝聚民心；要关心民众的疾苦，提高民众的生活水平，加强对民众的教化，民众生活稳定，民心顺从，国家才能兴旺，社会才能安宁，君主的统治才能维系。

历代思想家、政治家从民本角度对这一问题进行论述时，更多的是基于君对民的依存关系的思考。典型的表述有孟子的"民贵君轻""苟无民，何以有君"①"君为民而设"，荀子的"民水君舟""君依于国、国依于民"等，将"民"的重要性高高地置于君主的地位之上，承认君的最高权力来自民，即荀子说的"天之生民，非为君也，天之立君，以为民也"②。只有得到人民的拥护才能成为君主，"是故得乎丘民而为天子，得乎天子为诸侯，得乎诸侯为大夫"③。要获得和维护君主之位，首要的就是要为民，要使民成为"君之民"，因为在丘民、天子、诸侯这种决定与被决定的价值序列中，诸侯只决定大夫，天子只决定诸侯，而丘民才最终决定天子，所以民的价值地位、历史作用得以最充分的彰显。

更进一步地讲，即便是已在君主之位，如果这个君主横征暴敛，残酷统治，不为民众谋福利，丧失民心，民怨累积而集中爆发，最终

① （汉）刘向：《战国策·齐策四》，第418页。
② （清）王先谦：《荀子集解·大略》，第504页。
③ （清）焦循：《孟子正义》卷28《尽心下》，第973—974页。

必将推翻他的统治，"夫民今而后得反之也"①。"君者，舟也；庶人者，水也。水则载舟，水则覆舟"这句话，被很多人很多次重复使用，它说明君主对民众的依赖关系，民众可以维护君主的统治，也可以推翻暴君的统治，并且这种推翻是合理的，民众具有最终的裁判权。对于那些不利于民的君主，可让其"易位"。孟子说："君有大过则谏，反复之而不听，则易位。"② 君主如果犯了大错又执迷不悟，不思悔改，他就可能丧失其统治地位。君主虽然可以随他所需来替换他的大臣官吏，却无法变换自身乃至国家所赖以生存的国民。从这个层面来讲，可以说，民的地位甚至比君主的地位更为重要、更为突出，江山社稷可以变换，帝王君主可以变换，只有民是不可以变换的。

　　但重民最终是手段而不是目的。因为统治者重民是为了用民，民为君主之用具。如管子就说："凡牧民者，欲民之可御也。"③ 又说："计上之所以爱民者，为用之爱之也。"民要听从君主的命令，为君主效忠，君主借此实现国家的富强。民为君所用，则君之所图可成。所以说："凡大国之君尊，小国之君卑。大国之君所以尊者，何也？曰：'为之用者众也。'小国之君所以卑者，何也？曰：'为之用者寡也。'然则为之用者众则尊，为之用者寡则卑，则人主安能不欲民之众为己用也？"④ 民的作用就是这样，"为之用"。

　　由此可见，民本思想是一种所谓的"明君"情怀，"君"和"民"，应该是对立统一的两个方面，二者相互制约、相互依存。一方面，君治民，君临天下是传统社会的基本现实；另一方面，民制君，"民在君先"牢牢地植根于中国古代早期的民本意识之中。君主只是国家的管理者和领导者，他的权力是由上天为了民众才授予的，他必须"保民而王"，才能真正立于不败之地。君权的至上性与民众对君权的制约作用二者相互补充，共同构成中国传统稳固的

①　（清）焦循：《孟子正义》卷4《梁惠王下》，第105页。
②　（清）焦循：《孟子正义》卷21《万章下》，第728页。
③　《管子·权修》，第15页。
④　（唐）房玄龄注，（明）刘绩补注：《管子·法法》，第101页。

根本保障。

二 君为本与民为本：君权至上的绝对维护

传统民本思想不可能从根本上保障民众的政治权、生存权、发展权、教育权。其中的"民本"总是与"君本"紧密相连，它是在承认专制君主权威至上的前提下，才把"民"视为"本"，其本质是以君王为根本，目的是维护君权的稳固。有学者就指出："由于时代及阶级的局限，古代统治者推崇民本思想的根本目的和价值追求是为了维护、巩固及强化皇权，'民贵君轻'的宣言难以掩饰'君贵民轻'的本质，'君本'为实而'民本'为虚。"① 刘泽华也说："君本与民本互相依存，谈到君本一定要说民本；同样，谈到民本也离不开君本，但君本的主体位置是不能变动的。"②

民本思想产生的根源，就是因为统治者意识到民众具有推翻君主的巨大力量，是威胁君主统治的最大祸根，那么从巩固自身的统治出发，君主就应该妥善处理好与民众的关系，自觉地以民为本，节制贪欲，关爱众生，养护众生，杜绝残暴和害民的行为，尽量不要激起民众的反抗。传统民本思想的基本功能是在肯定君主统治的合法性的前提下，通过寄希望于拥有绝对权力的君主自我觉悟或对其行为提出适当的限制、要求和义务，实现君与民双方的互利互惠。

所以，民本思想不是从主动维护民众权利和利益的角度提出的。"畏民"只是出发点，"防舟覆"才是最终的归宿，对"民"的地位的强调、对"民"的生存和发展的关注，只是献给君主的一服"清醒剂"，是用来让君主统治民众、对付民众的手段，最终目的是保证君主的长期统治和王朝的持续强盛。历代思想家、政治家虽然高唱民本的调子，尽管动听，但其实质只是君主专制统治的安全阀和缓冲器，变成统治者的统治策略，在"朕即国家"的大一统和正统思想

---

① 陈文、谢振才、黄卫平：《"民本"与"人本"论析》，《社会科学》2005 年第 4 期。

② 刘泽华：《中国思想与社会互动研究笔谈——传统政治思维的阴阳组合结构》，《南开学报》（哲学社会科学版）2006 年第 5 期。

下，民本思想的归宿点永远都在于维护皇权专制制度。从一定意义上说，民本思想之所以能一直在君主专制的土壤里发展壮大，就是因为它的重心在君，因为君的问题才涉及重视民的问题。民本思想就其本质而言，不过是君主专制制度的补充，可以将其概括为一句话："为民作主。"

在整个传统社会，君主始终拥有不受制约的特权，无论民本思想中各自的侧重点有多么大的差异，但都是以肯定君权为先决条件的，且这个特权并没有因朝代的更迭而减弱，反而总是在不断地强化。因为民本思想使人们把整个社会解决社会问题、改善生活境遇的注意力放在对所谓"圣王明君"的呼唤上，而不是对社会制度的改造上，即便发生社会问题，也不是从制度上找原因，而是寄希望于"圣君""贤君""明君"的出现，认为他能宽厚仁德，为民做主，爱民如子，体恤民众，民众自然也愿意服从他的统治，这无形中强化了民众对君主的依赖性。此外，即便遇到昏君和暴君，民众想到的也不是推翻君主，自己当家做主，而是另立圣明君主，由新的君主来改变自己的际遇。在这样的过程中，君权被强化，君的作用更加显现出来，成为高高凌驾于民众之上的独立客体。"君子者，天地之参也，万物之总也，民之父母也。无君子，则天地不理，礼义无统。"① 把君主抬高到至高无上的地位，君主把握、代表着天理，民众服从于君主就等同于服从天理，民众的生死祸福全仰赖于作为"父母"的君主的开明和恩惠，君权绝对至上。

相反，民众的作用却被虚化，成为无足轻重的一个群体，只被当作政治的客体，不能成为政治的主体，没有自己的声音，在社会生活中的地位和作用也不可避免地被忽略，根本没有个人独立的人格和尊严，也谈不上个人的权利和利益。正因如此，民本思想对民的重视并不是全方位的，它主要倡导的是在民本的旗号下对民众进行道德教化，顺民心，收民心，培养全社会的忠君思想，让君主更好地"使民""用民"。孔子说："君子怀刑，小人怀惠"，"君子喻于义，小人

---

① （清）王先谦：《荀子集解·王制》，第163页。

喻于利"①，"惠则足以使人"②，就是说，老百姓只要让他们吃饱用足后加以教化引导，就能让他们甘心接受君主的驱使、自觉维护君主的权威。荀子在要求君主重民、亲民、爱民时，其目的也不过是"求其为己用、为己死"以求"兵之劲、城之固"③。教民也是如此，教民的目的，并不是要开启民智，而是要使民"不犯上作乱"，"有子曰：'其为人也孝弟，而好犯上者，鲜矣。不好犯上而好作乱者，未之有也'"④；使民"易使"，"君子学道则爱人，小人学道则易使"⑤。民就成为顺民。说到底，就是为统治者服务。这些突出反映了在传统民本思想中，民并非真正的"本"，不过是"用"的工具。从根本上说，统治者重民、养民、富民、教民都是为了"用民"，而不是为了把民置于君之上，并不是为了真正确定民众在国家和社会生活中的主体地位。传统民本思想一直得以延续和发展的根源就在于"重民"的前提是"尊君"，"民本"的归宿是"君本"，二者相互补充、相互促进，完美统一于君主专制制度之下。"所以中国传统文化中的'民本'不是民自为本，而是君以民为本；所谓的'民贵君轻'，也不是民自贵，而是君使民贵；所谓的民主，更不是民自为主，而是君为民作主。"⑥

综观历史发展进程，应该说，中国传统民本思想一直表现出明显的双重性特征：一方面，它认识到人心的向背决定着一个朝代的强弱、治乱、兴衰和存亡，从而明确君主的权力来源和强调君主的政治责任，要求在执政时注意顺民心、从民欲；另一方面，它认为君主是代天牧民的天子，民众是君主役使的对象，并不能从制度上建立对君主权力必要的制约，并不能真正地保证君主以民为本，民众只被认为是一种值得重视和利用的政治资源，其本质还是为了维护君主的专制

---

① 《论语·里仁》，第 39 页。
② 《论语·阳货》，第 183 页。
③ （清）王先谦：《荀子集解·君道》，第 235 页。
④ 《论语·学而》，第 2 页。
⑤ 《论语·阳货》，第 181 页。
⑥ 刘汶：《新民本——邓小平政治哲学的灵魂》，《广西大学学报》（哲学社会科学版）2005 年第 1 期。

统治，维护家天下和君主的利益，维护君权至上的状况。但从总体上来说，它是有利于中国传统社会政治发展的一种思想，民众在统治者释放的这样一种怀柔声音当中，创造出一个又一个"太平盛世"，使之成为历代有识之士的政治信条，一代一代地传承下来。

第二章　明清民本思想·重民篇

"重民"是中国传统民本思想中最光彩夺目的地方，它制约君主行为，强调温情政治，被一部分统治者采纳和贯彻后，在某些社会历史时期，对促进生产、安定生活、保障民生、稳定秩序、缓和社会矛盾、维护社会和谐有序的状态确实起到一定的积极作用。明清时期，大凡君主及其统治集团慑于民众的巨大威力，善于总结历史的经验教训，同时对民众的生存状况寄予深切关注，能做到"重民亲民"的，不仅政治比较清明，社会经济也得到较快发展；相反，如果君主及其统治集团"失德失民"，不仅社会经济得不到发展，还往往会加速王朝的衰亡。

第一节　继承传统的明清重民思想

应该说，"重民"思想始终是中国传统民本思想中的核心内容，通过对民众在国家政治生活中地位的概括，强调"以民为本"，阐述没有民众的支持就很难安邦定国的道理。它同样成为明清帝王的行政价值取向，他们在加强君主专制的同时，也重视民本思想，以此为治国、治民的基本出发点。政治家、思想家提出了"以民为本"的一系列观点和命题。

一　重视民众，顺应民心

在明清帝王那里，大多认为君是民之"父母"，承认民是国家之本、统治之本，本安则国治。出身农家，从社会底层上升为统治者的

56

明朝开国皇帝朱元璋，根据亲身体验，知道民众的支持对于国家政权的建立和存在至关重要，了解"军国之费所资不少，皆出于民"①，所以他对于"国以民为本"的古训以及传统政治文化中的君民之道，有更为深刻的理解。他说："人君父天母地而为民父母者也。"②"朕闻天生民而立君，君为民而立命。"③ 君主作为民众的主人，就必须"思修德致和以契天地之心，使三光平，寒暑当，五谷熟，人民育，为国家之瑞"④。他还说："君舟民水，载覆不常，可不畏哉。"⑤ 基于这样的认识，他在明初采取了许多重民的政策。

朱棣说："朕为天下主，所务在安民而已。民者国之本，一民不得其所，朕之责也。故每岁遣人巡行郡邑，凡岁之丰歉，民之休戚欲周知之。"⑥

清前中期的统治者亦如此，尤其是康雍乾三帝，他们深知民众是国家的根基，强调以民为本，重视安定民生，稳定国家的根本，注重发展农业生产，从而造就中国古代的最后一个盛世，也是中国古代历史上持续时间最长的一个盛世，政治安定，经济发展，财政储备雄厚，国力鼎盛，社会稳定，民生安乐，文化成就也达到新的高度。如康熙认为："民为邦本，必使家给人足，安生乐业，方可称太平之治。"⑦ 他反复向群臣宣谕"爱民""重民""安民"的道理，要求各级统治者奉公守法、克尽职守、清正廉明、兴利除弊，不能扰民害民，同时，还配之于一系列有利于民生安乐、社会稳定的措施，这种做法无疑与其以民为本、重视民众力量的政治思想息息相关。

民众对于国家存在的重要作用，杨士奇有形象的比喻："国之有

---

① 《明太祖实录》卷19，洪武丙午春正月辛卯，"中央研究院"历史语言研究所1962年校印本，第259页。

② 《明太祖实录》卷80，洪武六年三月癸卯，第1447页。

③ 《明太祖集》卷6，黄山书社1991年版，第91页。

④ 《明太祖实录》卷41，洪武二年夏四月癸巳，第825页。

⑤ 中国野史集成续编编委会、四川大学图书馆：《中国野史集成续编：先秦—清末民初》，巴蜀书社2000年版，第9册，第742页。

⑥ 《明太宗实录》卷129，永乐十年六月甲戌，第1602页。

⑦ （清）章梫：《康熙政要》卷1《论君道》，中州古籍出版社2015年版，第15页。

民，犹鱼之有水，火之有膏，木之有根，人之有元气。"①

张居正继承传统的本固邦宁的思想并加以阐发。他说："臣闻帝王之治，欲攘外者，必先安内。《书》曰：'民为邦本，本固邦宁。'自古极治之时，不能无夷狄盗贼之患。唯百姓安乐，家给人足，则虽有外患，而邦本深固，自可无虞。唯是百姓愁苦思乱，民不聊生，然后夷狄盗贼，乘之而起。盖安民可与行义，而危民易与为非，其势然也。"② 他认为民众是国家的根本，要想治国安邦，必须安定民众，安定民众首要的问题就在于关心民众疾苦，爱惜民生，使百姓能够生活下去，这样，虽然有夷狄盗贼之患，国家也可以保持安定的局面。

明代朱学家程敏政以《尚书》"天子作民父母，以为天下王"为"庶民称赞之词"，释曰："'父母'，是亲之之意；'王'，是主之之意。庶民感戴皇极之君教导他成人，极其称赞，说天子真是恩育我民的父母，真是君长我民的帝王。若人君不能建极以化民，则是有其位无其德，庶民岂肯亲之尊之？故人君不可不究心于皇极之学。"他据之希望君主对"茕独"即"庶民中最微弱的"与"高明"即"为官的、最尊显的"一视同仁，既不要因前者"微弱"而"凌弱他"，也不可因后者"尊显"便"严惮他"。③

刘宗周也强调"立政为民"的思想。"立政凡以为民耳。食以养民，兵以卫民，信以教民。而先王之道不外是矣。"④ 王者要以道德、法律、政治等各种措施统驭之，使天下万民安居乐业，勿使受动乱骚扰之苦。

王夫之目睹了明末统治者不以民为本、对民众实施重压政策、最后葬身于农民起义风浪中的事实，认真总结历史经验教训后提出：

---

① （明）黄淮、杨士奇：《历代名臣奏议》卷108《仁民》，上海古籍出版社1989年版，第1444页。

② （明）张居正：《陈六事疏》，《明经世文编》卷324《张文忠公集一》，中华书局1962年版，第3454页。

③ （明）程敏政：《篁墩文集》卷3《青宫直讲·尚书》，文渊阁《四库全书》，台湾商务印书馆1986年影印本，集部，第1252册，第40—41页。

④ （明）刘宗周：《刘子全书》卷30《论语学案》，华文书局1968年版，第2576页。

"君以民为基……无民而君不立。"① "高以下为基，鸿以纤为积，君以民为依，理以事为丽。"② 他对民众的力量有更加清楚的认识，把君与民的关系看成紧密相连的关系，君主应以民众为根基，民心是否稳定，关系根基是否坚固。他肯定民的"视听明威"作用，认为要使社会进步，"人君之当行仁义，自是体上天命我作君师之心，而尽君道以为民父母，是切身第一当修之天职"③，即君主应把关心民众的问题作为"第一天职"来对待。他还提出"即民见天"的思想。王夫之认为君相和民众所创造的历史活动是有区别的，君相所创造的历史活动、所代表的利益是他们自身少数人的，可称之为"己之天"，而大量民众所创造的历史活动、所代表的利益则与之相反，可称之为"民之天"。人数占比较少的君相虽然自己可以创造历史，掌控王朝的命运，但王朝的发展最终离不开占人口绝大多数的普通民众，他们才能真正创造历史，推动人类历史的发展，维护人类社会的安定。所以"圣人所用之天，民之天也；不专于己之天，以统同也；不滥于物之天，以别嫌也；不僭于天之天，以安土也"④。圣人所重视和依赖的，应该是大多数民众所创造的"民之天"，唯此才能一统民众，才能治平天下。"尊无与尚，道弗能逾，人不得违者，惟'天'而已。……举天而属之民，其重民也至矣。虽然，言民而系之天，其用民也尤慎矣。"要从"民之天"中发现"天"，即历史发展的客观规律是从民众创造的历史活动中寻找到的，一定要谨慎地对待、治理民众。"由乎人之不知重民者，则即民以见天，而莫畏匪民矣。由乎人之不能审于民者，则援天以观民，而民之情伪不可不深知而慎用之矣。"⑤ 王夫之主张的"即民以见天""援天以观民"等观点，相对于传统民本思想来说，完全是一个新的发展高度。在当时的社会历史条件下，他已经认识到"民之天"的重要性，已经看到大

---

① （清）王夫之：《周易外传》卷2，中华书局1977年版，第71页。
② （清）王夫之：《诗广传》卷5《商颂》，中华书局1964年版，第173页。
③ （清）王夫之：《读四书大全说》卷8，中华书局1975年版，第504页。
④ （清）王夫之：《尚书引义》卷1《皋陶谟》，中华书局1976年版，第36页。
⑤ （清）王夫之：《尚书引义》卷4《泰誓中》，第92页。

多数民众才是历史的创造者，并且提出要在民众创造的历史活动中发现历史发展的客观规律，这是相当难能可贵之事。

唐甄也亲眼看到明末农民大起义所形成的巨大威力，特别强调民的重要，他说："众为邦本，土为邦基，财用为生民之命。"① "是故明德之君，不侈其尊富强大也。以为我实民之父母，民实我之男女。"② 同样强调民是国的基础，国必须以民为本。他还以"财用为生民之命"为前提，重点谈到"国无民，则无政"的问题，他说，国有"四政"："政在兵，则见以为固边疆；政在食，则见以为充府库；政在度，则见以为尊朝廷；政在尝赏罚，则见以为叙官职。"而"四政"的基础则在民："国无民，岂有四政！封疆，民固之；府库，民充之；朝廷，民尊之；官职，民养之，奈何见政不见民也！"③ 正因为民在国家政治生活中占有重要地位，所以，没有民，也就没有政，无论是疆土的巩固、府库的充实，还是尊朝廷、养百官，都离不开民，要想国家富强，必须使民足食，这是最根本的。民众是财富之源，是君主政治赖以生存和发展的基础。

以民为本，重视民众，就得从民之欲、顺民之情、得民之心，即保证决策合乎民情、民欲，当者行之，不当者更之。因为"君者，主令者也；臣者，行君之令而致之民者也"④，如果君不知情，其所下之令只会害民。统治者对此深有体会，朱元璋说："天下所以不治者，皆由上下之情不通故也。若使君德下流，民情上达，有不便利，即与更张，天下岂有不治？"⑤ 所以他对留心民情的官员予以褒奖。"行人高积陕西巡察私茶回，备言道路人民疾苦。太祖喜曰：'古之使者，以览观风俗咨询民情为务，今积可谓能利国富民矣。'擢鸿胪寺丞。"相反，对罔情不闻者，则要予以处罚。洪武二十年（1387 年），"青

---

① （清）唐甄：《潜书·卿牧》，中华书局 1963 年版，第 129 页。
② （清）唐甄：《潜书·厚本》，第 202 页。
③ （清）唐甄：《潜书·明鉴》，第 108 页。
④ （明）张居正：《陈六事疏》，第 3452 页。
⑤ 《皇明宝训·明太祖宝训》卷 3《勤民》，"中央研究院"历史语言研究所 1962 年校印本，第 221 页。

州旱蝗，民饥有司不以闻，有使者奏之。太祖谓户部臣曰：'代天理民者君也，代君养民者守令也。今使者言青州民饥，而守臣不以闻，是岂有爱民之心哉！其亟遣人赈之，就逮治其官吏。'"① 他通过这些措施督促官员必须尊重民意、体恤民情，然后行顺民情之政。这样，民遂得安，国遂得治。唐甄希望君主懂得民众的价值取向，尊重民意，"群尚则爱，群弃则恶……群尚则贵，群弃则贱"②。戴震也认为"圣人治天下，体民之情，遂民之欲"③，才能实现民安国治。清末的王韬深刻地指出："天下何以治？得民心而已。天下何以乱？失民心而已。"④

二　设官治吏，安定民众

"君者，主令者也，臣者，行君之令而致之民者也"⑤，官吏的职责就是要协助皇帝管理好各地具体事务，并且官吏与民最为接近，所以，明清时期，统治者非常强调设吏安民，整顿吏治，让官吏能以完善的道德意识规范自己的行政行为，主持正道，为民做主，使遂民生，也可为自己赢得美誉，"县官之职，最亲于民，古之称循吏者多由此出。苟有善政及民，而民称之美名即传于远迩"⑥。

朱元璋认为，"州县之官于民最亲，其贤不肖，政事得失，视民之安否可见"⑦，他经常直接训谕各级官员，对他们施加行政压力。他要求官吏要知道报民，因为其所享用的俸禄皆出自民，他说："臣所以特报民为何？谓禄出于民。……若不知廪禄出焉而报民，则非为民于天下。"⑧ 朱棣亦有此认识，他告谕地方官说："君国之道以民为本，故设官分职简贤用能，惟求安民而已。为臣能体其君爱民之心，

---

① （明）余继登：《典故纪闻》卷5，中华书局1981年版，第80页。
② （清）唐甄：《潜书·卿牧》，第129页。
③ （清）戴震：《孟子字义疏证》卷上《理》，中华书局1961年版，第9—10页。
④ （清）王韬：《弢园文录外编》卷1《重民》，中华书局1959年版，第20页。
⑤ （明）张居正：《陈六事疏》，第3452页。
⑥ 《皇明宝训·明太祖宝训》卷6《谕群臣》，第471页。
⑦ 《明太祖实录》卷161，洪武十七年夏四月壬午，第2496页。
⑧ 《明太祖御制文集》，台湾学生书局1965年版，第158页。

推而行之，斯天下之民举得其所。尔文武群臣受国家委任，宜操节励行，尽诚竭虑，治民者专务恤民……察其饥寒，体其劳勤，为之除害兴利，教之务本业，孝悌忠信，尊君亲上，敦行礼义，无作衍非，庶克永享太平之福。……夫文官之禄皆出于民……能推仁恤之心，盖亦报老之意。"① 对各级地方官吏提出施政的具体要求，借此来安定民众的生活。他们还规定用考课之法督促地方官吏重视民生。朱元璋说："任官之法，考课为重。唐虞成周之时，所以野无遗贤，庶绩咸熙者，用此道也。若百司之职贤否混淆，无所惩劝，则何以为政？"② 宣宗也说："治本于任官，任官贵乎责实考课黜陟之法，所谓责实也。……考察以验其功过，黜陟以示劝惩。"③ 通过严格的考核来兴利除弊，"凡军民有利当兴者即当举之，有害当除者即当革之"④。他们认为，"治民不可扰，扰之则不治"⑤，严禁各级官吏扰民。为防止各级官员扰民，鼓励官员善政，甚至给予民众缉拿扰民官吏的权力。如朱元璋下令："十二布政司及府州县，朕尝禁止官吏、皂隶，不许下乡扰民，其禁已有年矣。有等贪婪之徒，往往不畏死（罪），违旨下乡扰民。今后敢有如此，许民间高年有德耆民，率精壮拿赴京来。"⑥ 还赋予民保全官员之权，对那些清廉正直、治民有方的官吏，若被诬陷或因犯小罪被逮，都可以因有民众的保全而免罪复官。"今后所在布政司、府州县，若有廉能官吏，切切为民造福者，所在人民必深知其详。若被不才官吏、同僚人等捏造排陷……许本处城市乡村耆宿赴京面奏，以凭保全。"⑦ 可见，统治者为了自己的长治久安，确实重视对基层社会的统治，严格官吏的选拔，从行政、监察、司法等各个方面整顿官吏治绩，肃清官吏作风，对侵渔民众的贪

① 《皇明宝训·明太宗宝训》卷4《谕群臣》，第272—273页。
② 《皇明宝训·明太祖宝训》卷3《任官》，第172页。
③ 《明宣宗实录》卷38，宣德三年二月"御制帝训·序"，第947页。
④ 《明宣宗实录》卷63，宣德五年二月己丑，第1485页。
⑤ （明）余继登：《典故纪闻》卷5，第87页。
⑥ 《大诰续编·民拿下乡官吏第十八》，《续修四库全书》，上海古籍出版社2002年版，史部，第862册，第275页。
⑦ 《大诰·耆民奏有司善恶第四十五》，第256页。

官污吏，动用酷刑，严惩不贷。明初几位皇帝对新任官员和朝觐官经常予以面谕，教育他们爱民如子，用心抚民，尽职尽责。如洪武十三年（1380 年）十月，吏部选国子学生 24 人命为府州县官。太祖召至御前而谕之曰："诸生皆学古入官。夫为臣之职事，事君抚民二者而已。然能尽抚民之心，即所以尽事君之道。故贤臣之事君也，视君如亲，视国如家，视民如子。苟可以安国家利人民者，知无不为。若避难而惮劳，则事不立矣；事不立则民失望，国何所赖焉。尔等尚服朕言，必思尽其职也。"①

许多思想家也认为官吏是君的助手，君主治民有赖于各级官吏，强调治吏的重要性。然而经常会有官吏扰民、侵民和欺压民众的事件发生，造成官民矛盾激化，从而导致民乱，甚至还会危及政治稳定。所以，他们从维护君主统治的角度出发，都要求君主注意调整官民关系，正确处理官民矛盾；同时要求官吏秉公守法、清正廉明、爱民如子。还有人专门为地方官吏施政著书立说、献计献策。

如吕坤强调朝廷设立官职，就是要官员顺从民众的意愿去做事，而不是强迫民众顺从官员的意愿去做事，官员顺从民众的意愿治理一方，与民众同心同德就能出现好的治理政绩。他说："朝廷设官，本以我从民，非强民从我，故曰从欲以治，又曰同民心而出治道。"②他还说："朝廷张官置吏，凡以安民。且环郡邑士民，无贵贱大小，妇人孺子，皆称之曰父母公祖，谓其子孙我也。为有司者，果能视小民如儿女，知痒知痛，见饥寒困苦者，酸鼻痛心，如自家子孙失所；见昏愚凶悍者，抚膺顿足，如自家子弟颛蒙。汲汲遑遑，既有此美意，昼思夜想，何患无良法？"③朝廷设置官职并任人为官，其目的就在于安定民众。作为州郡县邑的民众，没有贵贱、大小的不同，不管是妇女还是儿童，同样都称着父母、公祖，或者是叫着儿子、孙子。如果当官之人真正能把管辖范围内的民众视同自己的儿女一般，知道他们的快乐与痛苦、喜好与厌恶，看见他们饥寒困苦，就觉得鼻

---

① 《皇明宝训·明太祖宝训》卷 6《谕群臣》，第 470 页。
② 章言、李成甲注译：《为政恒言》，三秦出版社 1998 年版，第 236 页。
③ 章言、李成甲注译：《为政恒言》，第 240—241 页。

子发酸、内心疼痛，像是自家的子孙流离失所一样感到难过；看见昏庸凶悍的恶人，就不由得顿足捶胸、怅恨慨叹，像是自家的子孙愚昧无知一样感到不安。当官之人若都能用如此善良好意去真正关切民众，而且为此昼思夜想，难道还愁没有解决问题的良计好策吗？他对官吏提出施政的具体要求："一切举动，须先谋及士夫，谋及闾阎，必众谓当为，然后修举；必众谓当革，然后改图。又权利害之大小，念兴废之始终。"① 官吏为政的一切举动，都必须先征求身边谋士们的意见和计谋，然后要征求民众的意见和计谋，一定要在众人都说应当做的前提下，再去兴修举办；一定要在众人都说应当改革的前提下，再去改革而另谋出路。同时还要权衡做这件事弊利得失的大小程度，并把这一点始终贯穿在是兴办还是废弃中。他还批判那些所谓的"喜事官吏"和"木瘠官吏"。他说："若意虽爱民，而不合人情，拂众以始祸，心实为善，而不谙事势，妄动以扰民；或信堪舆祸福，辄与不急土木，罔恤从事之劳；或因一二诡隐，便欲概县清均，又滋无穷之弊。诸如此类，不可殚述。虽于品格无亏，实于生民有损，是曰喜事之吏。"② 那些为官之人，本意是爱护民众，但事实上不符合民情民意，不懂得审时度势，采取一些胡乱举动骚扰民众，比如轻率兴建不急用的各项工程，或者是因为个别人隐瞒田产逃避赋税差役，便在全县甚至更大的范围内清理土地，从而滋生无穷无尽的弊端。诸如此类的事情，事实上已对民众的生计造成损失，这样的官吏叫作喜事官吏。更为恶劣的是"近日有司，见百姓困穷，盲尔全不动声色；闻民间抑郁，褒然了不关心。所谓君民一体，好恶同情者，岂徒泰然尊于民上而已哉？是曰木瘠之吏"③。那些当官的人看到民众困苦贫穷，却装作看不见、听不见，丝毫也不关心。人们常说君主与民众同为一体，喜好与厌恶的观念相同，而为官之人又怎能如此心安理得地将自己置于民众之上而独尊呢？这样的官吏叫作木瘠官吏。无论是喜事官吏还是木瘠官吏，对治理一方百姓来说，都是有害的。

---

① 章言、李成甲注译：《为政恒言》，第 236 页。
② 章言、李成甲注译：《为政恒言》，第 236 页。
③ 章言、李成甲注译：《为政恒言》，第 240—241 页。

薛瑄说："所谓王道者，其实爱民如子，孟子所谓'老吾老，以及人之老；幼吾幼，以及人之幼。'上以是施之，则民爱之如父母者，有必然矣。"① 所谓仁义治天下的王道，那便是君主真正的爱护民众应如同子女一般。如果官员都能遵照这样的规则行事，那么民众敬爱官员也必然就像敬爱自己的父母一样。相反，"爱民而民不亲者，皆爱之未至也。《书》曰：'如保赤子。'诚能以保赤子之心爱民，则民岂有不亲者哉？"② 如果当官的人关心爱护民众而民众却不同他亲近，这说明他对百姓还关心爱护得不够。当官的人若能像母亲爱护幼儿一样细密地去关心爱护民众，哪还会有民众不亲近他的道理呢？所以，"圣人子民之心，无时而忘"③。圣明的统治者应当有以民为子的爱民之心，并且要时时刻刻牢记这一点。

清人许乃普辑录《宦海指南》，为地方官员传授为官之道和做官经验时就说："亲民之官，莫如州县。使州县皆得人，则政简、刑清、民安、物阜，又何有兵革之患哉？故州县造福易，作孽亦易，其造端甚微，而身家民命皆系。"④ 作为"亲民最要之官"的州县官，对民众的关切是他们施政的核心，应把是否遵从民意、民心作为衡量州县官之政绩得失的标准，因为他们品绩的好坏直接关系到普通民众的身家性命。

同样，李颙辑《司牧宝鉴》时，也对州县官同僚提出在处理地方事务时要行"四事"、去"十害"，以此互相勉励。要做的"四事"具体指："律己以廉、抚民以仁、存心以公、莅事以勤"，不能为的"十害"具体指："断狱不公、听讼不审、淹禁囚系、惨酷用刑、招引告讦、重复催税、科罚取财、纵吏下乡、低价买物、泛滥追呼。"⑤ 他所提出的"四事"和"十害"为州县官吏直接面对民众、处理具

① 章言、李成甲注译：《为政恒言》，第 228 页。
② 章言、李成甲注译：《为政恒言》，第 202 页。
③ 章言、李成甲注译：《为政恒言》，第 232 页。
④ （清）许乃普：《宦海指南·序》，元周《政训实录》，中国戏剧出版社 2001 年版，第 6 册，第 2117 页。
⑤ （清）李颙：《二曲集》卷 28《司牧宝鉴·真公论属》，中华书局 1996 年版，第 371—373 页。

体问题提供了参考和标准，要努力做"为民"的正确之事而尽量避免"扰民"的错误之事。总之，"为政者，当体天地生万物之心，与父母保赤子之心。有一毫之惨刻，非仁也；有一毫之忿疾，亦非仁也"①。这正是传统的以民为本、爱民如子的行政价值取向最典型的表述。

陈宏谋以"民本思想"为其为官原则和行为规范，他提出为官应"本爱民之实心，行惠民之实政"，官吏应尽职尽责，视爱护百姓、造福于民为自己的义务，也就是须爱民如子。他认为居官治政之道的核心内容是："有司牧之责者，益当从根本上讲求教养之方，为民生久远之计，以善其措施，则宜民善俗，以上符圣训，下符民望。"②要从根本上讲求教民养民之方，为民图永久之计，这样才能上不愧对圣上的训诫，下不辜负民众的厚望。他把这样的认识贯彻到自己的实际施政过程中，诚心爱民，实在惠民，济世救民。正因为他奉行"居庙堂之高，则忧其民，处江湖之远，则忧其君"的为官原则③，一直心系天下大众，达到"为官一任，造福一方"的社会效果，最终赢得民众的厚爱和当朝者的重用。

汪辉祖认为，为政须爱惜民力。他说："先儒有言，一命之士，苟留心于爱物，于物必有所济。身为牧令，尤当时存此念。设遇地方公事，不得不资于民力，若不严察吏役，或又从而假公济私，扰累何堪？故欲资民力，必先为民惜力，不惟弭怨，亦可问心。"④就是说，一个朝廷的命官，如果能在珍惜财物上用点心，肯定会对国家的收入有益。以此类推，身为州牧县令一类的地方官，尤其应当时刻存有这种观念。假如有时遇上地方上的公事，不得不向民众征收赋粮、征派徭役，如果不严格监督胥吏差役的行为，他们会从中趁机假公济私，民众就会不堪众扰。所以州县官吏想要借助民众的力量来维持统治，

① （清）郑端等：《为官须知外五种》，岳麓书社2003年版，第29页。
② （清）陈宏谋：《从政遗规·序》，《五种遗规》，中国华侨出版社2012年版，第406页。
③ （宋）范仲淹：《范文正公文集》，中华书局1985年版，第19页。
④ 章言、李成甲注译：《为政恒言》，第325页。

首先必须懂得爱惜民众的力量，这样不但可以消除民众的怨恨，也可以使自己问心无愧。

包世臣从维护民众利益的立场出发，写诗痛斥当政者的苛政："官民日交争，时论喻卵石。从知酿不阳，长吏难辞责。抚我与虐我，仇后在自择。官本来自民，何为互相迫？……多君仁者赠，雅言如经翼。坚我守初心，矢不与民敌。"① 就是说，根本不奢望官吏能为民众做些什么，只是希望他们不要骚扰民众就庆幸了。他在提醒当政者处理好官民关系的同时，也表明自己要与民众友好共处的心迹。

类似的劝诫还有许多，如林浚说："历代以还，英君贤佐，凡有志于仁民爱物者，莫不随时渐为之制。"② 薛应旗说："为民牧者，以子弟视其民，则民未有不以父母视之者也。以生徒视其民，则民未有不以师长视之者也。以鱼肉视其民，则民未有不以虎狼视之者也。"③

王夫之也提出"宽以养民，严以治吏"的看法，他说："严者，治吏之经也；宽者，养民之纬也；并行不悖，而非以时为进退者也。……故严以治民，宽以养民，无择于时而并行焉，庶得之矣。"④ "夫为政者，廉以洁己，慈以爱民，尽其在己者而已。宽严之间，治吏、治民之道得以彰显。"⑤

唐甄认为，为官者居于君主和民众之间，朝廷即便能施善政，而民众却得不到实际利益和好处，就是因为各级有司违法乱纪，从中干扰和阻拦政令的推行，社会风气不正、是非颠倒、黑白不分。那些贪官反被社会上视为"能吏"，"市人慕之，乡党尊之，教子弟者劝之"；而那些廉吏反被社会上视为"无能"，"市人贱之，乡党笑之，教子弟者戒之"⑥。最后，他总结说："天下难治。人皆以为民难治也，不知难治者，非民也，官也。凡兹庶民，苟非乱人，亦唯求其所

---

① （清）包世臣：《包世臣全集——管情三义齐民四术》，黄山书社1997年版，第144页。
② （明）林浚：《传奉敕谕查勘畿内田地》，《明经世文编》卷88《林贞肃公集三》，第1册，第790页。
③ （明）薛应旗：《薛方山纪述》卷3，中华书局1985年版，第11页。
④ （清）王夫之：《读通鉴论》卷8《恒帝》，中华书局1975年版，第539页。
⑤ （清）王夫之：《读通鉴论》卷19《隋文帝》，第1447页。
⑥ （清）唐甄：《潜书·富民》，第107页。

乐，避其所苦，曷尝好犯上法以与上为难哉！论政者不察所由，以为法令之不利于行者，皆枉于民之不良，释官而罪民。此所以难以言治也。"① 所以，治民必先治官。他严厉谴责那些"虐于天民"的贪官污吏，认为他们比穴墙而入的盗贼、群刃而进的暴徒、御旅于途的道划、寇至而诛的伙寇都要凶狠得多，因为他们"既亡于上，复于天下，转亡转取，如填壑谷"。他说："天下之大害莫如贪，盖十百于重赋焉。穴墙而入者，不能尽人之密藏。群刃而进者，不能夺人之田宅，御旅于途者，不能破人之家室，寇至诛焚者，不能穷山谷而偏四海。彼为吏者，星列于天下，日夜猎人之财。所获既多，则有陵己者负簏而去。既亡于上，复于天下，转亡转取，如填壑谷，不可满也。寇不尽世，而民之毒于贪吏者，无所逃于天地之间。"②

第二节　明清重民思想的嬗变

明清时期，君主专制制度登峰造极，宰相制度被取消，皇权进一步向绝对化发展，许多帝王强调"乾纲独断"，权力更加集中。随着君主专制走向极端和社会矛盾日益激化，思想界的精英在承受很大压力和险恶政治环境之中，对历史和现实展开了激烈、深刻、无情的反思和批判，言辞相当激烈，有的甚至被视为"悖逆狂噬之词"③，形成一股影响深远的批判思潮，反映出鲜明的时代特点。这种思潮在明末清初时达到高潮，剧烈的社会动荡，尖锐的社会矛盾、民族矛盾，"天崩地解""国破君亡"的政治大变局，推动黄宗羲、顾炎武、王夫之、吕留良、方以智、傅山、唐甄等一大批士人，以民本主义为武器，公开怀疑、限制和否定传统的政治思想和政治体制，他们或批判君主专制制度，或呼唤"天下为公"，或主张明道救世，或提倡经世致用，或强调规范君主、限制君权，都表现出一种求真务实、主体自觉的理性精神。他们的这些观点，是作为与重民思想嬗变相辅相成的

---

① （清）唐甄：《潜书·柅政》，第154页。
② （清）唐甄：《潜书·富民》，第106—107页。
③ 辜鸿铭、孟森：《清代野史》，巴蜀书社1998年版，第607页。

一个环节而出现的，因为重民思想的转型事实上与明代以来士人对君主专制的直接体验与回应有关，他们通过批判已经达到顶峰的君主专制，借助限制、削弱君权的议论，来提高民众和自身的地位。在这样的过程中，明清重民思想的嬗变主要表现为以下几方面。

一　"公天下论"

公私之心，公私之念，自古有之，关键看统治者怎样考虑和处理。吕留良说："古今来人主为天下之心，有公有私。"[1] 所以，一直以来，学术界对中国传承已久的"公""私"观念都有研究，认为先秦各家对"公""私"基本含义的理解大体一致。"公"具有某种普遍准则、一视同仁、无偏无私的公平、公道之意，并引申为忠于或维护国家、"社稷"共同体利益的含义，与之相反者则为"私"。[2] 是公天下还是私天下，就是国家究竟归谁所有？所谓的"公天下"，是指万民所共有的天下，而"私天下"则是指专制君主一人一家独有独享的天下，把国家和国家权力视为个人和某个家族的私产，具有明显的独占性和私有性。本书这里所要讨论的问题，就是从这个角度对君主专制时代的公、私观念进行界定。

中国传统君主专制制度之下，一直强调的就是"朕即国家"和"家天下"，国家、民众、利益等皆由君主所代表的一家一姓所私有、掌控、世袭，君主具有至高无上的绝对权力，不受任何力量的约束和限制。这是"私天下"的典型表现。有学者指出："这种'私天下'精神、这种维护一人和一家一姓利益的'私'性，乃是中国君主专制制度的'本色'或'第一设计原理'。"[3] 中国自传子不传贤的君主制确立以后，关于国家为"一家一姓"所世袭的看法就根植于传统政治文化的土壤之中，这既符合统治者的愿望和利益，又便于控制和

---

[1]　（清）吕留良：《吕晚村先生四书讲义》卷34，《吕留良全集》，中华书局2015年版，第590页。

[2]　［日］沟口雄三：《中国的思想》，中国财富出版社2012年版，第64—74页。

[3]　张星久：《帝制中国的两种基本"公""私"观及其制度表现——一个从制度回溯观念的尝试》，《武汉大学学报》（哲学社会科学版）2006年第6期。

奴役民众，统治者在思想教化中自然而然地把"家天下"观念和"一姓之私"价值取向作为舆论的导向，使普天之下都顺理成章地接受这一事实。

正因为中国君主专制体制形成过程中，已经形成"私天下"的事实，所以，君主专制制度一直以来也引起许多思想家的尖锐批评。自秦汉以来，每个时期都有思想家在力图淡化、突破"家天下""私天下"的格局，而反对"天下为公""王道无私""以天下为心"的原则，强调诸如"君道，公而已矣""主公道者，天子之事""在政不私公位称之曰帝"之类的观念。① 这种批评之声在明清时期更是不绝于耳，从而形成一股强大的思想氛围和反传统的力量。他们把统治者是否顺乎民心，是否体现重民、爱民、保民的治国宗旨，是否清心节欲，是否为百姓提供起码的生存条件，是否信守"公平正义"的规则等，作为判断"公天下"还是"私天下"的标准。

（一）天下为公，立君为民

明清新民本思想家在批判君主专制制度时，总是借用"公天下"观念，抨击专制君主视天下为"自己一家之产业"的"私天下"思想，强调"天下是天下人的天下"。万历朝吕坤就说过："天之生民非为君也，天之立君以为民也。……岂其使一人肆于民上，而剥天下以自奉哉！"② 陈龙正也说过类似的话："天为民而立君，士为民而事君。"③ 傅山说："天下者，非一人之天下，天下之天下也。"④ 李贽把"与天下为公"称为"道"："夫以率性之真，推而广之，与天下为公，乃谓之道。既欲与斯世斯民共由之，则其范围曲成之功大矣。"⑤

---

① （元）马端临：《文献通考》卷54《职官考八》，中华书局1986年版，第489页；（宋）文天祥：《文山先生全集·对策》，商务印书馆1936年版，第70页；（宋）李昉：《太平御览》卷76《皇王部》，中华书局1960年版，第354页。

② （明）吕坤：《呻吟语》卷5《治道》，岳麓书社2002年版，第336页。

③ （明）陈龙正：《几亭外书》卷1《齐治平》，《续修四库全书》，子部，第1133册，第214页。

④ （清）傅山：《霜红龛集》卷32《读子一·老》，山西人民出版社1985年版，第856页。

⑤ （明）李贽：《焚书·续焚书》卷1《答耿中丞》，中华书局1975年版，第16页。

李塨由"公、私"而论及同姓、异姓，他说："古云：'天下惟有德者居之'，未闻曰'天下惟同姓者居之'也。师旷曰：'天之立君以为民也'。未闻曰'天之立君以为其子孙'也。"① 说的也是天下并非只为了一姓君主或其子孙而建立。吕留良说："天生民而立之君臣，君臣皆为生民也。"但是，"自秦汉以后，许多制度，其间亦未尝无爱民泽物之良法，然其经纶之本心，却纯是一个自私自利，惟恐失却此家当"。② 黄道周说："传曰：为百姓立君。为百姓，非以为君也。故百姓存则与存，百姓亡则与亡，存百姓者所以自存也。"③ 肯定为民设君的积极目的。崔述也主张"公天下"，反对以天下私一人。他提出，"天下者，天之天下"，"天下诸侯自择有德之人而归之，天子不能以天下传之一人也。不惟无传子者，亦并无传贤者"④。完美的政治体制应是天下为公，不应存在一人一姓对国家最高权力的垄断，也不应存在君权的世袭。

明末清初的黄宗羲、顾炎武、王夫之等一大批思想家，纷纷高举"公天下"的大旗，批判暴君暴政，以"公私"之辨为理论基础，把"公天下论"发展到极致。

明末清初的学者群体中，奏出时代最强音的是黄宗羲，他在其最著名的政治思想史代表作《明夷待访录》中，主张以"天下"为根本的价值出发点，以"天下为公"为追求的终极目标。他说："二帝、三王知天下之不可无养也，为之授田以耕之；知天下之不可无衣也，为之授地以桑麻之；知天下之不可无教也，为之学校以兴之；为之婚姻之礼以防其淫，为之卒乘之赋以防其乱。"⑤ 为了万民能维护生存、接受教育、规范伦理秩序，需要提出和制定各种措施，达到"藏天下于天下者也"的理想境界。⑥ 他严厉抨击两千年来的中国政

---

① （清）李塨：《平书订》卷2《颜李遗书》，中华书局1985年版，第15页。
② （清）吕留良：《吕晚村先生四书讲义》卷34、43，第120、511页。
③ （明）黄道周：《黄漳浦文集》卷12《为君之道必须先存百姓论》，华文国际出版社2006年版，第152页。
④ 高翔：《论清前期中国社会的近代化趋势》，《中国社会科学》2000年第4期。
⑤ （清）黄宗羲：《明夷待访录·原法》，中华书局1981年版，第5—6页。
⑥ （清）黄宗羲：《明夷待访录·原法》，第6页。

治实践把一朝一姓君主的私利当作全天下的公利，把天下民众和万物当作君主一家一姓的私产，把维护自己的专制统治当作天地间历久不变的常道。他进一步明确提出："盖天下之治乱，不在一姓之兴亡，而在万民之忧乐。"① 中国政治与中国社会的治乱与兴衰，不能着眼于一姓王朝的兴亡，而应着眼于天下万民的忧乐，即一个王朝的兴盛，如果带给万民的是愁苦，那就是乱，而不是治；一个王朝的灭亡，如果带给万民的是快乐，那就是治，而不是乱，万民的忧乐实重于朝代之更迭。在他这里，皇权低于万民，万民的忧乐和利益远远高于君主的忧乐和利益，这一思想表达在中国历史上是空前绝后的。他猛烈抨击那些视天下人民为自己"囊中之私物"的君主、臣子，反对君主本位，强调天下本位，大声疾呼："岂天地之大，于兆人万姓之中，独私其一人一姓乎！"② 在他看来，臣子也应当"以天下万民为起见"，以万民的苦乐感受优先于一姓一朝的君臣之义，他们的政治正义感必须体现在万民之劳忧、民生之憔悴上，而决不能以一姓皇权的利益和兴亡为正义的标尺。"今以四方之劳扰，民生之憔悴，足以危吾君也，不得不讲治之牧之之术。苟无系于社稷之存亡，则四方之劳扰，民生之憔悴，虽有诚臣，亦以为纤芥之疾也。"③

黄宗羲还说："有生之初，人各自私也，人各自利也，天下有公利而莫或兴之，有公害而莫或除之。有人者出，不以一己之利为利，而使天下受其利；不以一己之害为害，而使天下释其害，此其人之勤劳必千万于天下之人。"④ 他认为，从君主最早产生的历史来看，"天下为公"的政治设置才是天经地义，最初人类社会只是需要设置君主调解自私自利的混沌状况，从而为天下兴利除害，人人受益，并不是为一己谋求私欲私利。但后来情况发生变化，"后世骄君自恣，不以天下万民为事"，"私天下"的君主专制政治，不再考虑为民、为天

---

① （清）黄宗羲：《明夷待访录·原臣》，第4页。
② （清）黄宗羲：《明夷待访录·原君》，第3页。
③ （清）黄宗羲：《明夷待访录·原臣》，第4页。
④ （清）黄宗羲：《明夷待访录·原君》，第1—2页。

下，而是考虑为己、为子孙，把"天下之利尽归于己"①。他们用天下万民所赋予的权力来谋一己之私利，剥夺了万民"各得自私、各得自利"的天然基本权利，把君主自己的利益置于万民利益之上，君主一己一姓得以安逸享乐，而天下万民的利益却得不到保障，这在根本上违背了天下为公的原则。黄宗羲对皇帝个人这种行为予以批判："以为天下利害之权皆出于我，我以天下之利尽归于己，以天下之害尽归于人，亦无不可。使天下人不敢自私，不敢自利，以我之大私为天下之大公。"② 他强调君要视天下为国人公有，这从一定程度上肯定了万民的重要作用，贬低了君主的地位，体现了新民本主义的政治观念，要保证所有天下人之"私"，才是真正的"公"。

从"天下为公"的角度出发，黄宗羲批判"一家之法"，主张以"天下之法"取而代之。如何做到，就是要"有治法而后有治人"，因为法治具有巨大的约束力，通过法制可以把君主专制制度纳入"公天下"的运行轨道。尽管他所讲的"法"并不具有近代意义，但它是一种朴素的民治思想反映。黄宗羲认为，自古以来就有"法"，统治者制定"法制"的目的，就是要为天下万民谋利，其制度"未尝为一己而立"。可是后代的君主却出于一家一姓的考虑，以"一家之法"代替"天下之公法"，可称"三代以下无法"。他的这种批判，触及专制"王法"的本质。因为历代君主以一家之法，"得私于我"，其目的是保护君主既得利益和维持"家天下"统治的长治久安，"唯恐其祚命之不长也，子孙之不能保有也，思患于未然以为之法"。③结果却适得其反，这样的法必然要把臣民作为防范对象，本质上是敌视民众，"后世之法，藏天下于筐箧者也。利不欲其遗于下，福必欲其敛于上；用一人焉则疑其自私，而又用一人以制其私；行一事焉则虑其可欺，而又设一事以防其欺"④。政治制度的设置、国家权力的分配本应该要互相牵制、互相监督，但只为一家一姓之王权祚命而设

---

① （清）黄宗羲：《明夷待访录·原臣》，第5页。
② （清）黄宗羲：《明夷待访录·原君》，第2页。
③ （清）黄宗羲：《明夷待访录·原法》，第6页。
④ （清）黄宗羲：《明夷待访录·原法》，第6页。

的"家天下人之法"，为了防止王位被夺取，经常要设置严法酷刑，结果是法设置得越严密，越容易激起民众的反抗，成为天下大乱的根源。"天下之人共知其筐箧之所在，吾亦鳃鳃然曰唯筐箧之是虞，故其法不得不密。法愈密而天下之乱即生于法之中，所谓非法之法也。"正是因为专制君主之法本质上是维护利欲，所以从法的创立者、守成者或者破坏者来说，最终损害到的都是天下万民。"坏之者固足以害天下，其创之者亦未始非害天下者也。"① 由此，黄宗羲从理论上彻底否定了专制君主"家天下"之法存在的合理性。

"天下为公"的思想是王夫之政治观的根本出发点和立足点，它的核心就是重民思想。他认识到民众是变革历史的巨大力量，从而对传统的君权无限论提出挑战，明确提出"天下者，非一姓之私也"②的观点。他说："一姓之兴亡，私也；而生民之生死，公也。"③ 君主虽位尊权重，其个人意志仅是一人之义，属于"私"；只有大多数人的利益、天下之大公才是真正的"公"。他将这种大公称为天下之通义："有一人之正义，有一时之大义，有古今之通义，轻重之衡，公私之辨，三者不可不察。以一人之义，视一时之大义，而一人议私矣"。"公者重，私者轻矣，权衡之所自定也。""不可以一时废千古，不可以一人废天下。"④ 他主张以"生民之生死"为准则的"公天下"代替以"一姓之兴亡"为准则的"私天下"。君主个人只是一人之私，天下国家不应私于一姓，而应为广大民众所共有，不能把天下国家与君主个人等同看待。所以，君主一家一姓的兴亡只是私事，而广大民众的生死存亡问题才是国家的公事。故"以天下论者，必循天下之公，天下非夷狄盗逆之所可尸，而抑非一姓之私也。惟为其臣子者、必私其君父，则宗社已亡，而必不忍戴异姓异族以为君。若夫立乎百世以后，持百世以上大公之论，则五帝、三王之大德，天命已

① （清）黄宗羲：《明夷待访录·原法》，第6页。
② （清）王夫之：《读通鉴论》卷11《晋泰始元年起》，第779页。
③ （清）王夫之：《读通鉴论》卷17《敬帝》，第1358页。
④ （清）王夫之：《读通鉴论》卷14《孝武帝》，第1052页。

改，不能强系之以存"①。正因为"天下非一姓之私"，所以天下"易姓"，较之天下民众的生存、生活来说，反而居其次。他说："天下者，非一姓之私也，兴亡之修短有恒数，苟易姓而无原野流血之惨，则轻授他人而民不病。魏之授晋，上虽逆而下固安，无乃不可乎！"②依据这个标准，他批判自秦汉以来"家天下"的尊君观念，揭露因"君主之私"而导致的各种弊法、暴政，发出"帝王私天下""岂天下之大公"的质问，说："国祚之不长，为一姓言也，非公义也。秦之所以获罪于万世者，私己而已矣。斥秦之私，而欲私其子孙以长存，又岂天下之大公哉！"③指出秦汉以来的郡县制虽然在客观上实现了"天下大公"，但君心之私仍为天下之大弊，最终也必会造成国运不长的结局。在此基础上，王夫之提出了君权并不神圣，"可继、可禅、可革"④，这是一种相对君权论。

那么，君主为保住君位，就必须遵循"天下为公"的法则。具体应该如何做呢？首先，君主虽然可以统治天下万民，但要把天下的土地归天下人所有，而不应将其据为一己一家之私有，即"王者能臣天下之民，不能擅天下之土"⑤。其次，君主要把天下的财富归天下万民所共用，而不能把天下的财富全部聚集、储藏起来，将其占据为一己一家之私有，即"以天下之财，供天下之用"⑥。最后，君主应该选拔有才有德有能之人，让他们同自己分享统治天下的权力，一起来治理国家和民众，而不应将天下的禄位、天下的权力占据为一己一家之私有，即"以天下之禄位公天下之贤者"⑦。总之，君主只有遵循上述原则，充分利用中国优越的社会条件，"中国财足自亿也，兵足自强也，智足自名也"，"不以一人疑天下，不以天下私一人，休养

---

① （清）王夫之：《读通鉴论》卷末《叙论一》，第 2538 页。
② （清）王夫之：《读通鉴论》卷 11《晋泰始元年起》，第 779 页。
③ （清）王夫之：《读通鉴论》卷 1《秦始皇》，第 4 页。
④ （清）王夫之：《黄书·噩梦》，中华书局 1956 年版，第 3 页。
⑤ （清）王夫之：《读通鉴论》卷 14《孝武帝》，第 996 页。
⑥ （清）王夫之：《读通鉴论》卷 27《懿宗》，第 2195 页。
⑦ （清）王夫之：《读通鉴论》卷 3《武帝》，第 148 页。

厉精，士佚粟积，足以固其族而无忧矣"①，才能成为真正"循天下之公"的圣明君主，这样才可能保存或延续其帝王之位，也才能保证整个天下国家的发展繁荣，否则，他就会理所当然地被别人取而代之。

这些新民本思想家所持的"天下为公"之论，旨在反对暴君政治，反映一种积极进取的精神。一直由儒家传统文化塑造的君主专制制度，受这种"公天下"意识和精神的浸润和影响，在一定程度上会对君权运行的随意性形成束缚，对君权转移的承继性形成冲击。他们所表达的价值观念"就是要使君主能够尽量突破'家天下'的格局而以'斯民'、'天下国家'等公共利益为念"②。

（二）以天下之是非为是非

中国传统社会判断政治是非的标准一直都是以皇帝的"是非"为"是非"，"上之所是必亦是之，上之所非必亦非之"③。但自明中期，伴随着社会的发展变迁，一些学者开始提出"以天下之是非为是非"和"公其是非于学校"的主张。

归有光是较早对是非问题进行争辩的学者，如隆庆元年（1567年），他在代浙江乡试的主考官拟定科举考试的示范文章时，曾提出"廷议说"的建议，即"国有大事必合天下之议"，"'议，其尽天下之公乎？'……不专于一人，不询于一说，惟其当而已……汉制，大夫掌论议事，有疑未决，则合中朝之士而杂议之。自两府大臣，下至博士议郎，皆得尽其所见，而不嫌于以小臣与大臣抗衡，其道公矣"④。其宗旨就是应该由"天下之议"来决定国家大事。他把这一论题用在乡试的策论中，是希望通过知识分子的辩论，引起大家对这一问题的重视，希望知识分子进入官场后，能贯彻这一原则，不是以

---

① （清）王夫之：《黄书·噩梦》，第17页。
② 张星久：《帝制中国的两种基本"公""私"观及其制度表现——一个从制度回溯观念的尝试》，《武汉大学学报》（哲学社会科学版）2006年第6期。
③ （清）毕沅校注：《墨子·尚同》，上海古籍出版社2014年版，第45页。
④ （明）归有光：《震川先生集》卷2《隆庆元年浙江程策四道》，上海古籍出版社1981年版，第752—754页。

统治者一个人的是非标准来行事，而是以占多数人的"天下之议"来行事，这样才可能使实际效果与预期效果一致。

《顾端文公年谱》中记载了这样一件事，万历时期，顾宪成与王锡爵曾对政治中心的北京地区和经济中心的江南地区对"是非"的不同判别有过热议。王锡爵说，北京是"庙堂所是，外人必以为非；庙堂所非，外人必以为是"；顾宪成说，东南是"外人所是，庙堂必以为非；外人所非，庙堂必以为是"①。两人各自说完，心照不宣，会心一笑。说明当时的江南地区，因为经济、文化、思想观念的发展与领先，并不以统治者所认可的"庙堂之是非"为"是非"，而是有了自我的一些价值判断和"是非"观念，即所谓"外人之是非"，这是有别于"庙堂"的"是非"。顾宪成进一步阐述："是非者，天下之是非，自当听之天下"②，在"是非"问题上，不应该只听从"朝廷之是非"，而应该遵从"天下之是非"，后者才是民众的意愿。但当时"是非"的决定权力在高居"庙堂"的朝廷，而不在民众聚居的"天下"，所以即便东林党人以"天下"自居，在没有权力、作为"外人"的情况下与"庙堂"争是非、表意愿时，必然失败，清议越激烈，抗争越激烈，遭祸越惨重。

刘宗周认为，作为英明的君主，他着重要考虑处理好与天下万民的关系，因为君主与天下万民是利害相关、休戚与共的利益共同体，是亲密的一家人，只有"共成其安富尊荣之业"，王者才能建立"以天下为家"的理想政治。③ 要达到这一良好效果，必须广泛听取各方面的意见，"以天下人之是非为是非""以天下人之好恶为好恶"，才能有效地维护统治。他说："以天下之是非为真是非，斯以天下之聪明为大聪明，广开言路，合众论之用，建用中之极。""今日天下第一义，在皇上开诚布公，先豁疑关，公天下为好恶，合国人为用舍。"④ 相反，

① （明）顾宪成：《顾端文公年谱》卷上《三十七岁·九月补吏部验封司主事》，《续修四库全书》，史部，第553册，第377页。
② （明）顾宪成：《顾端文公年谱》卷下《六十一岁·刻以俟录序》，第403页。
③ （明）刘宗周：《刘子全书》卷25《王者以天下为家》，第2123页。
④ （清）黄宗羲：《子刘子行状》，《清代诗文集汇编》，上海古籍出版社2010年版，第32册，第617—618页。

如果君主不以万民为念，背离天下万民的利益，不懂得"以天下人之是非为是非""以天下人之好恶为好恶"的道理，恣意妄为，纵情享受，肆意剥削、压迫天下万民，导致"箠楚之日烦而曰白骨委于原野，征敛之无艺而府库虚于外藏，雕墙峻宇以为观而苦盖绝于间阎；鸿集泽中，燕归春树，天下茕茕然始失其为家"。天下万民必然揭竿起义，最终是让专制君主家破身亡，"而卒亦掉臂一呼，斩木揭竿，即人主自谓金城千里，子孙万世为业焉，而忽已无家矣"。①

黄宗羲提出"天子之所是未必是，天子之所非未必非"，因为君主的设立是全体民众的意图，民众需要作为君主的代表来表达意见和完成愿望，在此视角下，"天下之是非，自当听之天下"，不应当由君主个人来决定。那么，是非应该由谁来定呢？他进一步明确了一个议论、表达和判别是非的公正机构，即把"学校"作为判断是非的唯一机构，"天子亦遂不敢自为非是，而公其非是于学校"。他认为，学校不仅应该养士，更应该"公其是非"，他把决定"是非"的权力从"庙堂"转移到"学校"，由庶人来评断是非、批评政治得失，从而发挥言论对君主权威的制约作用。这一思想是黄宗羲从总结历史经验中得到的教训。他说："三代以下，天下之是非一出于朝廷。天子荣之，则群趋以为是；天子辱之，则群趋以为非。"自秦汉确立君主专制制度以来，君主就把个人的意志凌驾于天下万民之上，把君主个人的是非确定为天下之是非，群起而响应，结果造成天下没有是非。要改变这种局面，只有"公其非是于学校"。到了后来，书院代替学校，曾一度掌握了天下是非权，"有所非也，则朝廷必以为是而荣之；有所是也，则朝廷必以为非而辱之"。② 书院和朝廷的是非发生严重冲突，朝廷开始禁毁书院、打击学者，"必欲以朝廷之权与之争胜"，务必重新用"朝廷之是非"统一"天下之是非"，结果是"不特不能养士，且至于害士，犹然循其名而立之何与"。明朝灭亡的惨痛历史教训，就是镇压书院，取缔其"是非"权，最终走向灭亡，他从中

① （明）刘宗周：《刘子全书》卷25《王者以天下为家》，第2122 页。
② （清）黄宗羲：《明夷待访录·学校》，第10 页。

总结经验说："使当日之在朝廷者，以其所非是为非是，将见盗贼奸邪慑心于正气霜雪之下，君安而国可保也；乃论者目之为衰世之事，不知其所以亡者，收捕党人，编管陈、欧，正坐破坏学校所致，而反咎学校之人乎？"① 可见，是非决定权至关重要，后继者必须引起重视，把它赋予学校是一种正确的选择。

关于政治的是非得失，顾炎武发出与黄宗羲相似的声音，他提出以"庶人清议"的方式来评论政治，即"天下有道，则庶人不议。然则政教风俗，苟非尽善，即许庶人之议矣。故盘庚之诰曰'无或敢伏小人之攸箴'，而国有大疑，卜诸民之从逆。子产不毁乡校，汉文止辇受言，皆以此也"②。天下有没有道，决定庶人议不议政，如果天下无道，庶人可以通过议政的政治生活实践发挥作用，他们作为推动历史和社会发展的主体力量，通过舆论监督，评说政治得失，引导教化风俗，使"君子有怀刑之惧，小人存耻格之风"。顾炎武借此表达了由民众百姓来决定国家大政方针的要求。

（三）天下兴亡·匹夫有责

这是强调万民"以天下为己任"的社会意识。早在明中期时，泰州学派的王艮，就从"万物一体之仁"的角度展示出"为天地立心，为生民立命"的救世意识。他说："夫仁者以天地万物为一体，一物不获其所，即己之不获其所也，务使获所而后已。是故人人君子，比屋可封，天地位而万物育，此予之志也。"就是说，人人都可成为"仁人君子"，都可以胸怀此志。他进一步举例说："观其汲汲遑遑，周流天下，其仁可知矣。文王小心翼翼，视民如伤，望道而未之见，其仁可知矣。尧、舜兢兢业业、允执厥中，以四海困穷为己责，其仁可知矣，观夫尧舜文王孔子之学，其同可知矣。其位分虽有上下之殊，然其为天地立心，为生民立命，则一也。"③ 这些仁者"'位分虽有上下之殊'，其仁则一的救世精神，也正是后儒'天下兴亡，匹夫

---

① （清）黄宗羲：《明夷待访录·学校》，第 11 页。

② （清）顾炎武：《日知录集释》卷 19《直言》，上海古籍出版社 2006 年版，第 1085 页。

③ （明）王艮：《王心斋先生遗集》卷 1《勉仁方书壁示诸生》，《王心斋全集》，江苏教育出版社 2001 年版，第 31 页。

有责'的社会使命感的先声"①。泰州学派后起的殿军罗汝芳提出这样的使命，希望有"首柱天""足镇地"的"全人"，能"为万世开太平"，发挥救世的作用。他说："夫所谓立身者，立天下之大本也。首柱天焉，足镇地焉，以立人极于宇宙之间。所谓行道者，传天下之达道也，负荷纲常，发挥事业，出则治化天下，处则教化万世，必如孔子大学，方为全人而无忝所生。"②

晚明时期，君主怠政、宦官专权、财政危机、矛盾激化，一批江南学者胸怀天下，忧国忧民，讲学议政，对抗积弊。其创办者顾宪成就说："生平有二癖，一是好善癖，一是忧世癖，二者合并而发，勃不自禁。"③ 在他的号召下，响应者纷纷汇聚，由文化团体发展为政治团体。他们以东林书院为基地，名义上是讲学，实际上是密切关注时世，强调明辨是非，主张济物利人，讲求经世致用。"讲习之余，往往讽议朝政、裁量人物。朝士慕其风者，多遥相应和。"④ 那副著名的书院对联"风声雨声读书声，声声入耳；家事国事天下事，事事关心"，成为他们忧世救世情怀的典型写照。另一著名人物高攀龙也认为，能否"治国平天下"是学问是否有用的标准，他说："《大学》之道，先致知格物，后必归结于治国平天下，然后始为有用之学也。"他还主张"学即是事，事即是学，无事外之学、学外之事"，呼吁广大士人把从书本上学到的"治国平天下"之术运用到政治实践中去，即"学问必须躬行实践"。⑤ 总之，他们要求学问要实用于国家、实用于百姓、实用于国计民生。士大夫则要通达世务，为民众兴实事、办实事。顾宪成说："士之号为有志者，未有不汲汲于救世者也。夫苟汲汲于救世，则其所为必与世殊。是故世之所有余，矫之以不足；

---

① 闵乐晓：《左派王学与儒学的近代转型》，《华南农业大学学报》（社会科学版）2003 年第 2 期。

② （明）罗汝芳：《孝经宗旨》，中华书局 1985 年版，第 2 页。

③ （明）顾宪成：《以俟录·序》，《顾端文公年谱》卷下《六十一岁》，《续修四库全书》，史部，第 553 册，第 403 页。

④ 《明史》卷 231《顾宪成传》，中华书局 1974 年版，第 6032 页。

⑤ 《东林书院志》整理委员会整理：《东林书院志》卷 5《东林论学语上》，中华书局 2004 年版，第 100 页。

世之所不足，矫之以有余；矫之中也，待夫有余不足者也。是故其矫之者，乃其所以救之也。……夫救世者有二端：有矫之于上，有矫之于下；上难而下易，势使然也。"① 高攀龙也说："居庙堂之上则忧其民，处江湖之远则忧其君。居君堂之上，无事不为吾君；处江湖之远，随时必为吾民：此士大夫实事也。实念实事，在天地间，凋三光敝万物而常存。其不然者，以百年易尽之身，而役役于过眼即无之事，其亦大愚也哉！"② 他们提倡应时刻事事以君民为念、以君民为事。所以，他们讲学有深刻意图，希望通过讲学来表达对政治的关心和参与，心挂万民，心挂天下。这一理念贯彻到具体的政治实践中，就是"有益于民而有损于国者，权民为重，则宜为民；至无损于国而有益于民，则智者不再计而决，仁者不宿诺而行矣"③。既然以万民为重，当国家利益与民众利益发生冲突时，应该优先考虑民众利益。更为重要的是，东林人士本着"士之号为有志者，未有不惄惄于救世者也"④ 的社会责任感，严厉谴责朝政的腐败黑暗，反对阉党及其爪牙的专权乱政，要求整饬吏治、惠商恤民、减轻赋税等。他们"争国本""争京察"，参加和领导反矿税的民变斗争，为此与宦官、权臣产生激烈冲突，甚至深深地卷入朝廷内部的权力斗争。他们最大的特色，是把讲学同政治活动紧密地联系起来，把关心国事当作自己的座右铭，身体力行，甚至以自己的鲜血践行着自己的政见。可见，东林党人的"家事国事天下事，事事关心"和顾炎武的"天下兴亡，匹夫有责"的观点是一脉相承的。

顾炎武则通过辨析"天下""国家"的概念，把"天下为公""一家一姓为私"的观念发展到一个新的高度。在他看来，君主的"国"和天下人的"天下"具有不同的政治内涵。他说："有亡国，有亡天下。亡国与亡天下奚辨？曰：易姓改号，谓之亡国；仁义充

---

① （明）顾宪成：《泾皋藏稿》卷8，《四库明人文集丛刊》，上海古籍出版社1993年版，第102页。

② （明）高攀龙：《高子遗书》卷8，《四库明人文集丛刊》，第486页。

③ （明）高攀龙：《高子遗书》卷8，《四库明人文集丛刊》，第508页。

④ （明）顾宪成：《泾皋藏稿》卷8，《四库明人文集丛刊》，第102页。

塞，而至于率兽食人，人将相食，谓之亡天下。……是故知保天下，然后知保其国。保国者，其君其臣肉食者谋之；保天下者，匹夫之贱，与有责焉耳矣。"① 这就是说，"国"是君主的"国"，指一家一姓的王朝，特指某一具体的政权；"天下"则是指天下人的天下。易姓改号称为"亡国"；道德沦丧、民生不保、民众不存称为"亡天下"。他认为，王朝更替，旧王朝要保"家"卫"国"，那是旧王朝君臣的事情，与天下民众无关。而"亡天下"则意味着社会的解体乃至民族文化的灭亡，天下乃天下人的天下，救天下之危亡，虽"匹夫之贱"也"有职有责"。维护伦理纲常与民众生命、生存是捍卫国家社稷的基础，政权属于"其君其臣"，政治统治是朝廷之事，而天下属于天下大众，"天下"是最高的价值所系，关乎人人，"亡天下"是绝对不能接受的，所以，维护纲常伦理和民众生存、生命是天下之事，天下明显高于一家一姓的王朝。为了唤起广大社会民众对天下政治和前途命运的关切，激发起他们的社会责任感，顾炎武喊出"天下兴亡，匹夫有责"这一句千古名言，强调"匹夫"（每个人）不应当只是充当君的奴仆，为君的"国"效劳、奉命，而应当以天下为怀，承担救天下于危亡之中的社会责任，凸显了个体的地位和社会价值。这也表现出要将上层社会的天理世界、伦理纲常向下层社会扩张的趋势。

二 平等论

明中叶以后，政治局势严峻，商品经济发展，占正统地位的程朱理学应对不了社会的急剧变化，发展式微，阳明心理思潮得以勃兴。以此为契机，泰州学派兴起，他们以平民儒者为主体，崛起于社会底层，了解社会状况，提倡"百姓日用之道"，致力于解决现实问题，庙堂儒学发展为平民儒学，意在解决普通民众面临的各种实际问题。这一儒学世俗化、平民化的趋势反映到重民思想领域内，就是以王阳明、王艮、颜山农、何心隐、李贽等人为代表，他们以独特的哲学运

①（清）顾炎武：《日知录集释》卷13《正始》，第756页。

筹方式和思考判断，反思传统儒家思想和经典的权威，揭示现实社会中存在的不合理现象，否定道学家所捏造的人的先天差别，改变社会上所固有的决定人们尊卑上下的等级关系，倡言圣凡平等、贵贱平等、君民平等、君臣平等、四民平等等。这些思想明显地体现了他们对民、对人的主体地位的认知，具有一定规模和代表性，从而建立起具有平等观念、个性自由等特点的思想体系。这些观念和思想具有"世俗性、合理性、平民性"①等特征，与平民大众有更多的联系，能引起他们的共鸣。

在这些观念中，最典型的表述就是王阳明"天下一家"的"亲民论"。他认为，圣学的真旨是"无人己，无内外，一天地万物以为心"②。圣人则是圣学的人格化，"其心之仁本若是"，只有圣人治天下，才会"视天下犹一家，中国犹一人焉"③，没有内外远近之分。"凡有血气，皆其昆弟赤子之亲，莫不欲安全而教养之，以遂其万物一体之念。"④要实现"天下一家"，则必须"明明德"和"亲民"。所谓"明明德者"，"立其天地万物一体之体也"；所谓"亲民者"，"达其天地万物一体之用也"。"故明明德必在亲民，而亲民乃所以明其明德也。"⑤他所要表达的，就是让万众都能有光明之德，而光明之德，又是人心之德，即每个人都应该具备的道德修养。上升到君主，则是"仁"，君主要把自我修炼的"明明德"与治理天下、教化百姓的"亲民"政治行为合而为一。这种主张是以他的"天地万物一体"论为出发点的，"君臣也，夫妇也，朋友也，以至于山川、鬼神、鸟兽、草木也，莫不实有以亲之，以达吾一体之仁，然后吾之明德始无不明，而真能以天地万物为一体矣"⑥。如果每个人都能按照这一方法明其"明德"，推广吾心之良知，各尽其能，各守其职，各

---

① 陈来：《中国近世思想史》，商务印书馆 2003 年版，第 126 页。
② 《王阳明全集》卷 7《重修山阴县学记》，上海古籍出版社 1992 年版，第 257 页。
③ 《王阳明全集》卷 26《续编一·大学问》，第 968 页。
④ 《王阳明全集》卷 2《传习录中·答顾东桥书》，第 54 页。
⑤ 《王阳明全集》卷 26《续编一·大学问》，第 968 页。
⑥ 《王阳明全集》卷 2《传习录中·答顾东桥书》，第 54 页。

安其所，借此消融社会矛盾，就能形成人人相亲的理想社会。"天下之人，熙熙皞皞，皆相视如一家之亲。其才质之下者，则安其农工商贾之分，各勤其业以相生相养，而无有乎希高慕外之心；其才能之异，若皋、夔、稷、契者，则出而各效其能。"① 他认为既然天地万物为一体，君主就应该用"一体之仁"的仁者之心教诲民众，使民众最终都成为"心体之同然"的"大人"。因为天地间存在的万物皆有良知，所有的"良知"是等同的，没有"大人"与"小人"的区别，没有"高尚"与"隘陋"的界限，"苟无私欲之蔽，则虽小人之心，而其一体之仁犹大人也；一有私欲之蔽，则虽大人之心，而其分隔隘陋犹小人矣"②。他进一步阐述："我这里言格物，自童子以至圣人皆是此等功夫。但圣人格物，便更熟得些子，不消费力。如此格物，虽卖柴人亦是做得。虽公卿大夫，以至天子，皆是如此做。"③ 这些论说中包含着广泛的平等意识，他力图用道德亲和与平等的原理来改造现实社会中的各种社会关系，让人们从心理上对它认同，他说："事君、处友、仁民、爱物，与凡动、静、语、默间，皆只是致那一念事亲从兄真诚恻怛的良知。"④

在李颙那里，同样表现出这种不分圣凡、不分贵贱的平等思想。李颙编《观感录》，目的就是为那些职业平凡甚至卑贱，但是"能自奋自立，超然于高明广大之域，上之为圣为贤，次亦获称善士"的平民儒者立传。不管是执业低下的田夫、樵子、牧人、织工、陶工、网匠、盐丁，还是被缙绅所轻贱的戍卒、皂吏、卖油佣、鬻帽商，只要他们能留下"惊世骇俗"之论，李颙都专门为他们书写传颂，甚至"奉为圣贤"。因为他认为，凡夫俗子的身上人人有良知，人人闪耀着时代的光彩。李颙说："先儒谓'个个心中有仲尼'，盖以个个人心有良知也。良知之在人，不以圣而增不以凡而减，不以类而殊，无圣凡、无贵贱，一也。试征之，孩而知爱，长而知敬，见孺子之入井

---

① 《王阳明全集》卷2《传习录中·答顾东桥书》，第54—55页。
② 《王阳明全集》卷26《续编一·大学问》，第968页。
③ 《王阳明全集》卷3《传习录下》，第120页。
④ 《王阳明全集》卷2《传习录中·答聂文蔚二》，第84—85页。

而知恻；一切知是知非、知好知恶之良，凡与圣、贵与贱，有一之弗同乎？同则何圣何凡、何贵何贱？而圣凡贵贱之所以卒分者，立志与不立志异也。立则不昧本良，顺而致之，便是天则，火然泉达，凡即为圣；否则，乍起乍灭，情移境夺，反复桎亡，圣即为凡。而真贵真贱之实，在此不在彼，区区贵贱之迹，非所论也。"① 不论圣凡贵贱，人人心中都具有"良知"，人人心中都知是知非、知好知恶，只要心本善良，只要立有志向，顺其自然之性，最后必将由凡发展为圣；与此相反，心中"良知"如果忽有忽无，忽变忽换，反复桎亡，圣也会落败为凡。贵贱之人同样可以如此转变社会地位，在他的著作中，这类人比比皆是，其中最著名的就是王艮，本来只是一个盐丁，在山东贩盐，最后却"登孔庙而毅然思齐，沿前启后，师范百世"。其他的还有："小泉先生，本一戍卒也；守墩兰州，闻论学而慷慨笃信，任道担当，风韵四讫；他若朱光信以樵竖而证性命，韩乐吾以陶工而觉斯人，农夫夏云峰之表正乡间，网匠朱子奇之介洁不苟：之数子者，初曷尝以类自拘哉！彼其时身都卿相，势位赫烜而生无所闻、死无可述者，以视数子，其贵贱何如耶？谨次其履历之，为以类自拘者镜。窃意观则，必感，感则必奋，奋则又何前修之不可企及。有为者亦若是，特在乎勉之而已矣。"② 尤其是身处下层社会的"平凡"或"卑贱"之人，更不应该被原来的社会地位所束缚，即不"以类自拘"，只要能够自强不息、积极向上、奋发图强，就可以修炼成为"圣贤"或"善士"。这一论断体现出他对平民大众的重视，倡导他们的主体自觉和主观能动性，承认他们的存在价值和地位，从而使其思想体现出一定的平等性。

（一）圣凡平等

民本思想虽然缺乏近代"人权"观念，但其人格价值观念和意义一直都有体现，它认为"人皆可以为尧舜"，承认每一个人都具有加强道德修养的必要性和成为圣人的可能性；认为"圣凡平等"，没有

---

① （清）李颙：《二曲集》卷22《观感录自序》，第273页。
② （清）李颙：《二曲集》卷22《观感录自序》，第273页。

特权、没有尊贵地位的平民，也可以成为与圣人一样平等的人，充分肯定每一个人在道德生活中的主体能动性及人格修养上的平等性。它包含对世俗和平民地位的重视，从而给人们一个向真、向善、向美发展的驱动力。

民本思想中一直包含人格平等的思想。它发端于先秦时期，孔孟相信"人皆可以为尧舜"①，"孟子道性善，言必称尧舜"②，荀子说过"涂之人可以为禹"③，发展至宋代，周敦颐提出"圣可学而至"④。它的发展过程中，在明中叶以前，虽然从理论上来讲，思想家们可能承认圣人与凡人在人格上是平等的，但从历史事实来看，却是社会现实中的不平等。一直到"阳明心学"提出"满街都是圣人"，以及"阳明后学"推动的"儒学平民化、世俗化趋势"，理学才真正从庙堂之学变为平民之学，在思想家的眼里，圣、凡才逐步走向一致和平等。

从历史渊源来看，"阳明的圣凡平等观源于儒家的圣人崇拜和对平等化人格理想的追求"⑤。王阳明认为"圣人"是人人心中自有的，并且是人人都可以做到的，"人胸中各有个圣人，只自信不及，都自埋倒了……此是尔自家有的……众人皆有之"⑥。圣贤标准如何确定，很简单，就是"良知"。不管圣愚，不管古今，人人心中都有。他说："良知之在人心，无间于圣愚，天下古今之所同也。"⑦ "良知良能，愚夫愚妇与圣人同；但惟圣人能致其良知，而愚夫愚妇不能致，此圣愚之所由分也。"⑧ 良知人人所有，关键是如何追求，所以"致良知"才是成圣的根本所在。他说："须要时时用致良知的功夫，方才活泼泼地，方才与他川水一般；若须臾间断，便与天地不相似。此

① （清）焦循：《孟子正义》，中华书局 1987 年版，第 810 页。
② （清）焦循：《孟子正义》，第 315 页。
③ （清）王先谦：《荀子集解·性恶》，中华书局 1988 年版，第 442 页。
④ （宋）周敦颐：《周子通书·圣学第二十》，上海古籍出版社 2000 年版，第 38 页。
⑤ 刘宗贤：《试论王阳明心学的圣凡平等观》，《哲学研究》1999 年第 11 期。
⑥ 《王阳明全集》卷 3《传习录下》，第 93 页。
⑦ 《王阳明全集》卷 2《传习录中·答聂文蔚》，第 79 页。
⑧ 《王阳明全集》卷 2《传习录中·答顾东桥书》，第 49 页。

是学问极至处，圣人也只如此。"① 良知人人都有，但每个人的良知有不同表现，因为每个人的自我意识与独立人格不同，所以"致良知"就是把每个人的"自我"充分发挥和展现出来。个体通过不同手段发挥自我意识和能动性来实现"良知"，可以把他们区分为"圣人""贤人""愚不肖者"，"心之良知是谓圣。圣人之学，惟是致此良知而已。自然而致之者，圣人也；勉然而致之者，贤人也；自蔽自昧而不肯致之者，愚不肖者也"②。然而即便是"蔽昧之极"的"愚不肖者"，也同样存有良知，并且他只要能致"良知"，就可以达到与圣人"无差别"的境界，即"此良知所以为圣愚之同具，而人皆可以为尧舜者，以此也"③。如此一来，圣人与凡人之间并没有遥远的距离，关键看自己能不能达到内心深处的良知，即便是大字不识的"愚夫愚妇"，只要能想尽办法"致良知"，最终也能成为同圣人一样的人，能不能致良知的主动权完全掌握在每个人自己的手里。为了让那些不识字和识字不多的"愚夫愚妇"能致良知，他特别强调要采用他们感到亲切和易于接受的方式和手段，借此，他的良知论在逻辑上便很自然地推出"满街都是圣人"的结论。据《传习录》载："一日，王汝止出游归，先生问曰：'游何见？'对曰：'见满街人都是圣人。'先生曰：'你看满街人是圣人，满街人到看你是圣人在。'又一日，董梦石出游而归，见先生曰：'今日见一异事。'先生曰：'何异？'对曰：'见满街人都是圣人。'先生曰：'此亦常事耳，何足为异？'……洪与黄正之、张叔谦、汝中丙戌会试归，为先生道途中讲学，有信有不信。先生曰：'你们拿一个圣人去与人讲学，人见圣人来，都怕走了，如何讲得行。须做得个愚夫愚妇，方可与人讲学。'"④ 王阳明与弟子的对话从不同角度表达同一个观点，即众生平等。在他的"良知"思想体系中，"人人同具良知"，阐述的是在人格道德意义上，圣人与凡人是平等的；"满街都是圣人"，进一步揭示在现实社会生活中，同

---

① 《王阳明全集》卷3《传习录下》，第103页。
② 《王阳明全集》卷8《书魏师孟卷》，第280页。
③ 《王阳明全集》卷8《书魏师孟卷》，第280页。
④ 《王阳明全集》卷3《传习录下》，第116页。

有良知的圣人与凡人是平等的；"须做得个愚夫愚妇，方可与人讲学"，强调的则是要以完全平等的态度来对待天下众生，切忌自以为是，如果以居高临下、高人一等的态度来讲学，既讲不成学，也违背"万物一体"的基本原则和"亲近民众"的基本原理。

王畿的主要思想是"见在良知"说："良知在人，本无污坏，虽昏蔽之极，苟能一念自反，即得本心……云雾一开，明体即见，原未尝有所伤也。此原是人人见在具足，不犯做手本领工夫。"① 他认为人人都有现成的良知，"一念自反"即可以得到，良知是"见在具足"的，根本不用花很大的本领和工夫去得到，只需要"一念灵明识取"的工夫。他说："千古圣学，只从一念灵明识取。当下保此一念灵明便是学，以此触发感通便是教。"他强调用一念识取的工夫"致良知"，是为了去掉王阳明"致良知"中"致"字上存在的差别等次，不要枉费工夫在此，愚人的良知与圣人天生相同，不用修整就可以很容易地得到。他提倡"见在良知"，就是强调自己要对良知有充分的自信。他对现实生活中人自身所具有的价值予以充分重视，借此把"良知"推向更普遍的平等，更拉近圣与凡之间的距离。他说："良知在人，百姓之日用，同于圣人之成能，原不容人为加损而后全。"② 百姓日用即良知，不用人为增减。"良知一点虚明，便是入圣之机。时时保任此一点虚明，不为旦昼牿亡，便是致知。"良知如此容易得到，吸引了更多的凡夫俗子，譬如，他在太平创立的"九龙会"，初时只有习举业的子弟参与其间，后来各行各业的人都参与进来，"既而闻人皆可以学圣，合农工商贾皆来与会"。③

关于天赐良知，王艮同样认为普通民众都有，即"良知天性，往古来今，人人具足，人伦日用之间举措之耳"④。他最具新意和特色

<hr>

① （明）王畿：《龙溪王先生全集》卷6《致知议辨》，明万历四十三年张汝霖校刊本。
② （清）黄宗羲：《明儒学案》卷12《浙中王门学案二》，中华书局1985年版，第247页。
③ （明）王畿：《龙溪王先生全集》卷7《书太平九龙会籍》，明万历四十三年张汝霖校刊本。
④ （明）王艮：《王心斋先生遗集》卷2《答朱思斋明府》，第47页。

88

的是提倡"百姓日用之学"，借此将"凡"与"圣"沟通起来。在他眼里，"道"的中心内容和检验"道"的标准无他，就是"百姓日用"，是"圣人之道"的宗旨所在。他说："愚夫愚妇，与知能行便是道。圣人经世只是家常事。百姓日用条理处，即是圣人之条理处。圣人知，便不失；百姓不知，便会失。圣人之道无异于百姓日用。凡有异者，皆谓之异端。"①　王艮把检验"圣人之道"的准则、判别是非善恶的尺度，确定为是否合乎"百姓日用条理"，与此不同，就是"异端"。"百姓日用"如此重要，不仅存在于学者的治学之道中，而且存在于统治者的治国之道中，无形中普通百姓得以增加了价值、提高了地位。他的圣凡平等观念，肯定自然人性，强调个体价值，使得儒家原先高高在上的圣人人格变成普通人格，日益平民化、世俗化，更接近现实社会、现实人性，适应向下层百姓传播心学的需要。泰州学派囊括来自社会不同阶层的成员，既有士绅官僚，也有大量普通民众，如"牧童樵竖、钓老渔翁、市井少年、公门将健、行商坐贾、织妇耕夫、窃屦名儒、衣冠大盗"②　等。所以，王艮的"百姓日用之学"进一步推动儒学的世俗化。陈来指出："王艮的这些思想更接近于'世俗儒家伦理'的特征，因而，从文化的角度来看，王艮的这些思想不应被视为理学的'异端'，而是作为精英文化的理学价值体系向民间文化扩散过程中发展出来的一种形态，其意义应当在'世俗儒家伦理'的意义上来肯定。"③　陈寒鸣也说："王艮及其所开创的泰州学派在中国思想史上的特色，在于其以阳明心学为契机，将儒学由庙堂之学变而为民间之学、由经院之学变而为大众之学。"④

　　因为对传统礼教的猛烈攻击，李贽被时人称为"异端之尤"，成为明代最具叛逆精神的思想家，他不仅批判社会存在的不合理，而且揭穿道学的虚伪，甚至公开嘲弄儒家经典和所谓的"圣人"。在他的观念主张中，表现出对个性自由、思想平等的强烈追求。他提出良知

---

① （明）王艮：《王心斋先生遗集》卷1《语录》，第5、6、10页。
② （明）李贽：《焚书·续焚书》卷3《罗近溪先生告文》，第124—125页。
③ 陈来：《宋明理学》，辽宁教育出版社1991年版，第321页。
④ 陈寒鸣：《论明代中后叶的平民儒学》，《河北学刊》1993年第5期。

是人与生俱有、先天带来，人人亦是，是心的本体，"天下无一人不生知，无一物不生知，亦无一刻不生知者，但自不知耳，然又未尝不可使之知也"①，只要修心自悟，体认这个良知，就人人有佛性，人人都是圣人，满街都是圣人。他反对神化圣人，认为圣人并非万能，孔子亦有不能。从这一认识出发，李贽进一步阐述了"天下之人，本与仁者一般，圣人不曾高，众人不曾低"②的观点。既然圣人并非万能，并非事事都能臻于理想境界，既然众人不比圣人低，故人贵自立，不可依附。"夫天生一人，自有一人之用，不待取给于孔子而后足也。若必待取足于孔子，则千古以前无孔子，终不得为人乎！"③在李贽看来，人人具有生而知之的认识能力，人人具有独立自主的思想和人格，人人具有自身的价值，不需要盲目信仰圣贤，不应该受到束缚，哪怕是来自大圣人孔子的束缚。他把那些"以孔子之是非为是非"的假道学家，直斥为"阳为道学，阴为富贵"④的伪君子，因为孔子亦"未尝有是非耳"。为对抗这种情形，他主张因人而异，思考具有独立性，是非具有不确定性，从而提出是非"无定质""无定论"的新解，旨在强调不能在任何时代都以一个定论为判断是非的标准。"人之是非，初无定质。人之是非，人也，亦无定论，无定质则此是彼非，并育而不相害，无定论，则是此非彼，亦并行而不相悖矣。"⑤是与非是相对的，两者没有固定的本质，可以随着时代的变迁而改变或互相转化，是非不定，才可以并存不悖。

李贽还具有圣凡平等的价值取向。在吸取王阳明"万物一体"精髓的基础上，他加以发挥，提出"我与圣人天地万物本无别"，主张圣人与凡人亦应等同视之，升华为"圣凡一体"观。他说："人但率性而为，勿以过高视圣人之为可也。尧舜与途人一，圣人与凡人一。"⑥"天

① （明）李贽：《焚书·续焚书》卷1《答周西岩》，第1页。
② （明）李贽：《焚书·续焚书》卷1《复京中友朋》，第21页。
③ （明）李贽：《焚书·续焚书》卷1《答耿中丞》，第16页。
④ （明）李贽：《续焚书》卷2《三教归儒说》，中华书局1974年版，第200页。
⑤ （明）李贽：《藏书·世纪列传总目前论》，中华书局1974年版，第17页。
⑥ （明）李贽：《道古录》卷上，《李贽文集》，社会科学文献出版社2000年版，第7册，第361页。

下之人，本与仁者一般，圣人不曾高，众人不曾低，自不容有恶耳。"① 表达强烈要求个性平等的信念，因此，他强调知己则可知圣，知圣则可圣凡无别、万物一体。

其他类似的言论还有，如罗汝芳认为，无论衙役、门子、皂隶，只要真心向学，均可以成为圣贤。② 龙溪门人徐渭说："自上古以来，圣人者不少矣，必多矣。自君四海、主亿兆，琐至治一曲一艺，凡利人者，皆圣人也。"③ 他以"利人"为目标，把马医、酱师、木工、铁匠等凡是掌握一曲一艺的普通劳动者都抬上"圣人"的宝座，从而填平圣贤君主与黎民百姓之间的鸿沟。刘宗周也提出"非以圣凡歧"的观点。他说："须信我辈人人是个人，人便是圣人之人。圣人人人可做，于此信得及，方是良知眼孔。""学者第一义在先开见地，合下见得在我者，是堂堂地做个人，不与禽兽伍，何等至尊且贵！盖天之所以与我者如此，而非以圣凡歧也。圣人亦人，尔学以完其所为人即圣矣。偶自亏欠，故成凡夫，以我偶自亏欠之人，而遂谓生而非圣人之人可乎？"④ 人人只要自重自信、自尊自贵，堂堂正正做人，不与禽兽为伍，便都可以做圣人。清初唐甄亦认为凡人与圣人在道德上完全是平等的，"圣人与我同类者也。人之为人，不少缺于圣人"，不必把圣人视为"如天之不可阶而升"⑤。所以，他肯定地说："皂人可以为圣人，丐人可以为圣人，蛮人可以为圣人，皆可以得志于所生，岂一朝贫贱而遂自薄乎！"⑥

（二）君民平等

中国传统政治一直关注的焦点，既有君权的强化，又有君臣关系、君民关系的调整。随着对人主体地位认知的提升，君民平等思想在这一时期也有很大发展，其中还包含着倡导君臣平等的理念。

---

① （明）李贽：《焚书·续焚书》卷1《复京中友朋》，第21页。
② （明）陶奭龄：《小柴桑喃喃录》卷上，明崇祯八年李为芝刻本，第25—26页。
③ （明）徐渭：《徐渭集》卷17《论中·三》，中华书局1983年版，第489页。
④ （明）刘宗周：《刘子全书》卷13《证人会约·约言》，第754—755页。
⑤ （清）唐甄：《潜书·居心》，第28页。
⑥ （清）唐甄：《潜书·格定》，第56页。

　　王艮依据《大学》的"自天子以至庶人，壹是皆以修身为本"，强调"安身立本"，因为身修即可安身，而"安身者，立天下之大本也"。在他的"安身立本"论中，蕴含着人与人之间，甚至天子与庶人之间的对等关系，他认为这种平等关系是道德实践的前提条件。他说："我不欲人之加诸我，是安身也，立本也，明德止至善也。吾亦欲无加诸人，是所以安人安天下也，不遗末也，亲民止至善也。"①即个人的意志、欲求不可强加给别人，同样，别人也不能把意志、欲求强加给"我"，都要保持一定的独立性和平等性，则可以达到至善之德的光辉顶点。如此一来，身与道就可以处于同等地位，"圣人以道济天下，是至尊者道也；人能宏道，是至尊者身也"；身与道也同等尊贵，"道尊则身尊，身尊则道尊"②。把这样的认识用于政治实践，则吾身为"矩"，天下国家是"方"，可以用吾身来裁量天下国家，"矩正则方正矣，方正则成格矣"③，这是一种高于国家和君主权威的政治人格，这样的"大丈夫"甚至可以成为"帝者师""万世师"："大丈夫存不忍人之心，而以天地万物依于己，故出则必为帝者师，处则必为万世师"④，突出个人在政治生活中的主导地位和主导价值。

　　传统儒学认为仁的社会实践必须遵循等级原则，从亲亲、仁民、爱物而归结为爱君。何心隐从"仁无不亲"的命题出发，认为仁义的内涵等同于泛爱，人与人之间不应过分强调亲疏贵贱之分或上下尊卑之别，不应过多受等级规范的约束。他说："仁无不亲也，惟亲亲之为大。非徒父子之亲亲已也，亦唯亲其所可亲，以至凡有血气之莫不亲，则亲又莫大于斯。亲斯足以广其居，以履天下之居，斯足以象仁也。"这就是说，"亲亲"固然重要，但"亲亲"不能只局限在与自己有血缘关系的亲人范围内，而应亲近所有的人，这才足够"象仁"。他进一步说："义无有不尊也，惟尊贤之为大，非徒君臣之尊

---

① （明）王艮：《王心斋先生遗集》卷1《答问补遗》，第36页。
② （明）王艮：《王心斋先生遗集·年谱》，第75页。
③ （明）王艮：《王心斋先生遗集》卷1《答问补遗》，第34页。
④ （明）王艮：《王心斋先生遗集》卷1《语录》，第13页。

贤已也，亦惟尊其所可尊，以至凡有血气之莫不尊，则尊又莫大于斯。尊斯足以正其路，以达天下之路，斯足以象义也"。① "尊贤"固然重要，但"尊贤"也不能只限于有政治关系的君臣，而应尊敬所有的人，这才能足够"象义"。总之，应以"亲亲""尊贤"等仁义道德为起点，在社会政治实践和实际生活中，超越政治和血缘的约束，结成彼此亲密无间的平等关系，达到人己一体的境界。基于这样的认识，何心隐从理论上打破传统社会不平等的君臣、父子、兄弟、师友、夫妇等"五伦"关系，对它们重新进行排序。他认为"师友"关系是最高层次的社会关系，把它置于最突出、最重要的位置，因为"天地交曰泰，交尽于友也"。君臣、父子、兄弟、夫妇"或交而匹，或交而昵，或交而陵而援"，属于"小乎其交者也"。② 这四伦或受政治、权力、经济因素影响，或受血缘、情感、社会因素干扰，是不平等、不对等的交际往来关系，并且被局限在固定狭小的圈子范围之内。而只有"师友"一伦符合平等之义，交往的范围超出狭小的家庭、家族范围，可以把全体社会成员广泛联系起来。这样，师友关系就可以统率其他四伦人际关系，把它们融入其中。李贽这样评论何心隐："人伦有五，公舍其四，而独置身于师友贤圣之间。"③ 何心隐希望通过这样的联系使各类人都能平等地相交相处，建立起融洽和美、彼此相爱、相互尊敬的平等关系。"老者相与以安，朋友相与以信，少者相与以怀。"④ 他还从师友关系论及君臣关系，他说："君臣友朋，相为表里"⑤，人们相互交往为朋友，治学行道为师生，"以仁出政"为君臣。"君臣相师，君臣相友"⑥，通过这种平等的相互交往，君主不再是集揽大权于一身的专制统治者，而是一个理想的政治领袖，代表着仁爱与公平。因为"臣民亦君也。君者，均也；君者，群

① 《何心隐集》卷2《仁义》，中华书局1960年版，第27页。
② 《何心隐集》卷2《论友》，第28页。
③ （明）李贽：《焚书·续焚书》卷3《何心隐论》，第90页。
④ 《何心隐集》卷3《邓自斋说》，第48页。
⑤ 《何心隐集》卷3《与艾冷溪书》，第66页。
⑥ 《何心隐集》卷2《宗旨》，第37页。

也。臣民莫非君之群也，必君而后可以群而均也。一身，则心为君也。君呈象于四体百骸，则元首为君也"①。这种"臣民亦君"的论说对传统的伦理道德观和等级森严的社会政治制度形成一定的冲击作用，是对传统君权、礼制的批判和对抗，他的阐述表明：原来被尊卑秩序阻隔的君臣、父子，被职业高低区分的士农工商，他们在人格道德上处于平等地位。

李贽力主社会平等，强调统治者与民众的地位平等，没有什么差别，没有"所谓高下贵贱者"②。并且，普通民众与天子也是平等的。"天下人之身，即吾一人之身，我亦人也。上自天子，下至庶人，通为一身。"③ 在他看来，人与人之间就没有高低贵贱之分，因为从古至今，人的心都是息息相通的，"一时之民心，即千万世之人心，而古今同一心也"④。他把这种平等思想用于政治实践，提出"致一之道"。他说："侯王不知致一之道与庶人同等，故不免以贵自高。高者必蹶下其基也，贵者必蹶贱其本也。何也？致一之理，庶人非下，侯王非高。"⑤

在黄宗羲的思想中，一直突出强调"万民"才是社会、国家的价值主体，他提出"贵不在朝廷，贱不在草莽"⑥，"朝廷"即是君，"草莽"即是民，他希望破除"朝廷"与"草莽"之间的贵贱之别，已经包含人人乃至君民平等的思想。他对君、臣、民的关系做出全新的解释，认为君、臣都为民役，君、臣的职责集中到"为天下""为万民"的基点上是一样的，都要为天下万民办事。"缘夫天下之大，非一人所能治而分治之以群工。故我之出仕也，为天下，非为君也；为万民，非为一姓也。"这就是要求从社会政治秩序上确认民众是社会历史的主体。但现实的情况却是："世之为臣者昧于此义，以谓臣

① 《何心隐集》卷2《论中》，第32页。
② （明）李贽：《李氏丛书·老子解·下篇》，《李贽全集注》，社会科学文献出版社2010年版，第14册，第61页。
③ （明）李贽：《道古录》卷上，第351页。
④ （明）李贽：《道古录》卷下，第369页。
⑤ （明）李贽：《李氏丛书·老子解·下篇》，第61页。
⑥ （清）黄宗羲：《明夷待访录·原法》，第6页。

为君而设者也。君分吾以天下而后治之，君授吾以人民而后牧之，视天下人民为人君囊中之私物。"所以，他对传统的君臣之道进行了淋漓尽致的批判，斥责那些神化君权的小儒说："小儒规规焉以君臣之义无所逃于天地之间，至桀、纣之暴，犹谓汤、武不当诛之，而妄传伯夷、叔齐无稽之事，使兆人万姓崩溃之血肉，曾不异夫腐鼠。"① 对君臣关系来说，"臣之与君，名异而实同"，所谓"名异"，就是君与臣"共治天下"，各有其职分，分工有不同；所谓"实同"，就是君与臣之间是平等的，没有尊卑之分，臣并不是君主的"奔走服役之人"，而是与君主共同承担着治理天下的职责，为天下兴利除害。"夫治天下犹曳大木然，前者唱邪，后者唱许。君与臣，共曳木之人也。"因此，君主就不应该高高在上，处于独尊的地位。他还要求臣谋求政治地位上的平等和独立的人格、意识，"吾以天下万民起见，非其道，即君以形声强我，未之敢从也，况于无形无声乎！非其道，即立身于其朝，未之敢许也，况于杀其身乎！"他又据之而作"臣不臣之辩"，说："以君之一身一姓起见，君有无形无声之嗜欲，吾从而视之听之，此宦官宫妾之心也；君为己死而为己亡，吾从而死之亡之，此其私匿者之事也。"他厌恶"臣子"之称，认为君民关系应该是以"天下之责"即"以天下为事"为纽带而结成的"路人关系"或平等的"师友关系"，而不能以血亲为纽带而形成"父子关系"。他说：父与子是"子分父之身而为身"的血缘关系，自然相近，而"君臣之名，从天下而有之者。吾无天下之责，则吾在君为路人。……以天下为事，则君之师友也"。② 这对于传统的"君为臣纲""君要臣死，臣不得不死"的伦理纲常来说，无疑是有力的冲击。

顾大韶也对君臣关系等同于父子关系进行反思性的批判。他说："或问：君臣、父子并大于域乎？曰：何可并也！父子以身属者也。一成乎身，则父子之位定矣，至于终身焉已矣。终身者，非父母之身，终吾身也。君臣以义起、以利合者也，未成乎利、未行乎义，则

---

① （清）黄宗羲：《明夷待访录·原法》，第3页。
② （清）黄宗羲：《明夷待访录·原臣》，第5页。

君臣之位未定也。"①

　　吕留良认为，"天生民而立之君，君臣皆为生民也"②，否认君对民、君对臣、臣对民的特权、强权和所有权。他说："代耕之义上通于君公，直到天子，亦不过代耕之尽耳。天生蒸民，俱合一夫百亩，特人各致其能以相生，故有君卿大夫士大夫之禄。君卿大夫士俱合一夫之食，特其功大者其食倍耳，皆所谓代也。"③ 这一"代耕之说"，大有天地之间、众生平等之意，强调"天生"和"各致其能以相生"，说明从君主到卿大夫、到士、到庶民，对天来说，他们的义务和所得在性质上是一样的，所以他们都是平等的。他还提出君臣之间应是"同志"关系，而不应是"主仆"关系，因为"君臣之分虽严，其情实亲近"。④ 他说："君臣以义合……但志不同，道不行，便可去。……只为后世封建废为郡县，天下统于一君，遂但有进退而无去就。嬴秦无道，创为尊君卑臣之礼，上下相隔悬绝，并进退亦制于君而无所逃，而千古君臣之义为之一变。"⑤

　　唐甄也主张君民平等，反对"君亢"。"君不下于民，是为君亢。君亢则臣不忠，民不爱上。"⑥ 他认为君是心，民是身，君应当像"心爱身"那样去爱民："君之爱民，当如心之爱身也。非独衣服饮食为身也，牢厩门庭，田园道路，凡有所营，皆为身也。非独农桑蠲贷为民也，上天下地，九夷八蛮，诸司庶事，内宫外庭，凡所有事，皆为民也。"⑦ 他主张"抑尊"，一方面，君主虽身尊位高，但要"处天下之下"，他说："位在十人之上者，必处十人之下；位在百人之上者，必处百人之下；位在天下之上者，必处天下之下。……海唯能下，故川泽之水归之；人君唯能下，故天下之善归之；有乃所以为尊

---

① （清）黄宗羲：《明文海》卷99《顾大韶·放言一》，中华书局1987年版，第970页。
② （清）吕留良：《吕晚村先生四书讲义》卷6，第120页。
③ （清）吕留良：《吕晚村先生四书讲义》卷39，第667页。
④ （清）吕留良：《吕晚村先生四书讲义》卷6，第120页。
⑤ （清）吕留良：《吕晚村先生四书讲义》卷37，第626页。
⑥ （清）唐甄：《潜书·守贱》，第88页。
⑦ （清）唐甄：《潜书·明鉴》，第109页。

也。"① 他规劝君主要自觉地放低身价，只有这样，才能拉近与民的距离，使民乐于归顺，也才能得到和保持他的尊贵地位。另外，他要求君主在生活上注意节约，应该像尧舜之君那样，"与民同情"，生活平民化，"虽贵为天子，制御海内，其甘菲食，暖粗衣，就好辟恶，无异于野处也，无不与民同情也"②。虽"贵为天子，亦可以庶人之夫妇处之。缝纫庖厨，数妾足以供之；洒扫粪除，数婢足以供之。入则农夫，出则天子，内则茅屋数椽，外则锦壤万里，南面而临天下，何损于天子之尊，而吾以为益显天子之尊也"③。

（三）四民平等

受政治等级观念束缚、经济发展水平限制、社会分工职能划分、劳动价值高下差别、家庭供养能力强弱等因素的影响，中国社会传统的"四民观"是以"士农工商"四种职业顺序来排列的，士居首位，最为尊贵，农居二位为本位，工商居后为末位，从事各种职业的人就按此来排序。

对此，林文勋教授指出："士、农、工、商既是一种职业划分，又是一种社会等级。"到了宋代，士、农、工、商等级制在贵者贫和贱者富的上下对立运动中被财富力量摧毁了，他们已经"同是一等齐民"。④ 16 世纪以来，随着商品经济的发展以及富民势力的日渐壮大，传统的"士农工商"社会等级观念受到更加严峻的挑战，社会流动十分频繁，个人品德、才能、财富等在社会流动中起着重要作用，平等观念开始大量出现，传统的因职业而划分的四民界限和排列顺序已被打破。最突出地表现在商贾身上，处于社会最底层的商贾开始与社会最上层的士人一争高低，喊出了"良贾何负闳儒"⑤ 的呼声，他们在拥有大量社会财富后，特别活跃，已不再安于"四民之末"的地

---

① （清）唐甄：《潜书·抑尊》，第 68 页。
② （清）唐甄：《潜书·抑尊》，第 67 页。
③ （清）唐甄：《潜书·去奴》，第 169 页。
④ 林文勋：《唐宋时期财富力量的崛起与社会变革》，载《云南大学建校八十周年史学论文选》，云南大学出版社 2002 年版，第 284—285 页。
⑤ （明）汪道昆：《太函集》卷 55《诰赠奉直大夫户部员外郎程公暨赠宜人闵氏合葬墓志铭》，《徽学研究资料辑刊》，黄山书社 2004 年版，第 1146 页。

位。他们对博取功名、提高文化水准产生了浓厚兴趣，要么延师督促子弟研习举业，要么直接以金钱打通与官场的关节。同时，整个社会对商贾的态度也有所改变。伴随着富民阶层的发展壮大和富民阶层的士绅化，士、农、工、商之间的等级界限已经越来越不明显，社会各个阶层的流动性、交汇性大大加强，主张"四民平等""四民不分"的新思想大量应运而生。说明在当时人们的心目中只存在所从事职业的不同，人们根据自己的意愿选择的治生道路不同，而不存在身份上的高低贵贱之分，对于从事士、农、工、商各行业的人来说，他们在人格地位上是平等的。可见，传统的价值观念已经发生巨大变化。

按照"人人皆有良知"的理论，士、农、工、商也具有同等良知，应该对他们重新作出评价，针对这一问题，王阳明提出"新四民论"。他说："古者四民异业而同道，其尽心焉，一也。士以修治，农以具养，工以利器，商以通货，各就其资之所近，力之所及者而业焉，以求尽其心。其归要在于有益于生人之道，则一而已。……自王道熄而学术乖，人失其心，交骛于利以相驱轶，于是始有歆士而卑农，荣宦游而耻工贾。"① 反馈的最重要信息，就是他所说士、农、工、商"四民异业而同道"，已经突破"歆士而卑农、荣游宦而耻工贾"的传统偏见，作为社会存在的人，尽管社会职业分工不同，但因为在"同道"面前完全平等，不应该再有尊卑之别、荣耻之分。每个人只要在自己的职业分工范围内竭尽全力、尽职尽责、发挥职能、经营生产、处理得当，就具有同等的价值，就有益于生人之道，也就是致良知，皆可进入圣贤之域。他说："所以为圣者，在纯乎天理而不在才力也。故虽凡人而肯为学，使此心纯乎天理，则亦可为圣人。"② 士、农、工、商都成为圣人，实现了人格上的平等。这种见解，打破士庶不可逾越的界分。王学的信徒们则坚持在社会下层民众中传道授业，"以化俗为任，随机指点农工商贾，从之游者千余。秋成农隙，则聚徒讲学，一村毕，又之一村"③。他们对士农工商同等

① 《王阳明全集》卷25《外集七·节庵方公墓表》，第941页。
② 《王阳明全集》卷1《传习录上》，第28页。
③ （清）黄宗羲：《明儒学案》卷32《泰州学案》，第720页。

对待，使得从事各行各业的人，如农民、樵夫、佣工、陶匠等，都成为门下弟子，形成一种风气，形成冲击社会僵化思想的新思潮。

何心隐从他的自然人性论出发，认为士、农、工、商"四民"在人格上乃至社会生活中都应是平等的，不应有贵贱之分，因为他们都可以为士、为圣贤。在他看来，"农工之超而为商贾，商贾之超而为士"，"士之超而为圣贤"①。农工、商贾，原本社会地位低下；士人、圣贤，原本社会地位高上，被安排平起平坐，处于同等地位。他进一步指出："如身在农、在工、在商，身在卑也，不保，未有不殆其身者也。"② 农工、商贾与士人、圣贤取得名义的平等后，要真正实现平等，还必须靠自己的实力去争取，"不凭人之议，不凭人之求"才是最重要的方面，倘若自己懈怠，不加努力，不仅名义上的平等会失去，甚至可能身陷困境。随着商品经济的发展和富民力量的增强，何心隐不仅肯定商贾的社会地位比农工高，而且力主可以在四民之间实现相互转化，人人皆是主人，人人皆可以为圣贤。在这种情况下，为保障生存状况、维护发展权利、提升社会地位、谋求自身利益，农工、商贾必须自己斗争。何心隐着重强调，"农工欲主于自主，而不得不主于商贾；商贾欲主于自主，而不得不主于士"，只有自己去抗争、去奋斗，才可以由农工超而为商贾、由商贾超而为士、由士超而为圣贤，从而一步一步地改变自己的社会地位，这是"必实超之而实为之"。③

对于如何看待士农工商的问题，北方的颜李学派虽然不同于身处商品经济发达地区的南方思想家，但他们也提出一些自己的思想观点。颜元谈到"士农工商罔敢愆于职中、逸于职外者，惟吾上是神是严也"。④ 说的是士、农、工、商四民应当严格履行各自的职责。王源则把民重新按人们从事的职业进行划分，他把传统的士、农、工、

---

① 《何心隐集》卷3《答作主》，第53页。
② 《何心隐集》卷3《修聚和堂上永丰大尹凌海楼书》，第72页。
③ 《何心隐集》卷3《答作主》，第54页。
④ （清）颜元：《存学编》卷4《性理评》，《颜元集》（上），中华书局1987年版，第99页。

商"四民"新分为士、农、军、商、工"五民",他们之间的职责分工是:"士食于官,农、军授之田,商、工食其力,工半食于官。"当时兵、农已分离,"军"为一种专门的职业,他把它单独列为一民。他认为"商"的作用较"工"更重要,从而改变商居末的传统,把商排在工之前,这是商品经济发展,商人经济、社会地位提高的结果,流通开始比生产更受重视。李塨与王源又有不同,他尽管认识到各行各业的社会价值,但不同意提高"商"的地位,并且还坚持兵农合一。他说:"古称四民,《公羊专》曰'德能居位曰士,辟土植谷曰农,巧心劳手成器物曰工,通财货曰商。'军即在农内,无所谓五民也。……古四民,工居三,商末之。盖士赞相天地之全者也;农助天地以生衣食者也;工虽不及农所生之大,而天下货物非工无以发之、成之,是亦助天地也;若商,则无能为天地生财,但转移耳,其功固不上于工矣。况工为人役,易流卑贱;商牟厚利,易长骄亢,先王抑之处末,甚有见也。今分民而列商于工上,不可。"①

清人沈垚有一席话非常著名:"宋太祖乃尽收天下之利权归于官,于是士大夫始乃兼农桑之业,方得赡家,一切与古异矣。仕者既与小民争利,未仕者又必先有农桑之业,方得给朝夕,以专事进取。于是货殖之事益急,商贾之势益重。非父兄先营事业于前,子弟即无由读书,以致身通显。是故古者四民分,近世四民不分。古者士之子恒为士,后世商之子方能为士。此宋元明以来变迁之大较也。"② 明清时期,商品经济的发展造成士与商贾家庭的合流,商人家庭出身的士比比皆是,以致士商的界限已经不能划分得很清楚,所以四民已不分。

毛奇龄也作过如下论述:"挢枉之徒复又尚农田、抑商士。夫四民皆民也。自不学之者为政,只以农为民,士商工作不与之。初视商政为肤膜,既为赘疣。以农校士,则士绌;以士工校商,则商绌。……公鉴其弊,每挥戈倒挽之……使四民同情,无所畸。恤其商

---

① (明)李塨:《平书订》卷1《分民》,第4页。
② (清)沈垚:《落帆楼文集》卷24《费席山先生七十双寿序》,《清代诗文集汇编》,第598册,第311—312页。

之苦，甚于自恤其肌肉。"① 士、农、工、商四民都是具有平等地位的 "民"，"挢枉之徒" 才会对他们有所偏颇，让他们互相排斥；有识之士则对四民同等看待，甚至会更同情商贾的辛苦。

三　限君论

中国历史上的王位继承制度，自禹传位于启开启 "家天下" 先河，父死子继、兄终弟及遂成为传统。到秦始皇承富强之余荫，完成统一大业，开创专制天下的新局面，也形成君主专制集权的政治理论。先秦时期有很多的言论，如商鞅早就提出，"权者，君之所独制也"②，"君尊则令行"③。法家托名的《管子》一书，在君权理论方面有更大的建树。它同样强调 "君尊令行"，由君主来掌控权势。如何掌控？"君主之所操者六：生之夺之富之贫之贵之贱之"，"主之所处者四：一曰文，二曰武，三曰威，四曰德"④。后来的韩非也对君权理论作出重大发展，他的尊君理论强调君主必须集擅势和权力于一身。他说："势重者，人主之渊也"⑤，"主之所以尊者，权也"⑥。一直到唐代，还在强化君主的这种地位和权力，如《唐律疏义》就说："王者居宸极之至尊，奉上天之宝命，同二仪之覆载，作兆庶之父母。为子为臣，惟忠惟孝。"⑦ 君主至尊，主宰天下，为民父母，成为君民之间不可移易的绝对关系。甚至连东林士人，都还说："窃惟生杀予夺，帝王御世之大权也"⑧；"皇上为天之子，万邦黎民皆皇上之子。惟子为能感父，惟父为能率子"⑨。中国传统君主专制的政治特

---

① （清）毛奇龄：《西河文集·碑记九·都转运盐司运使李公赐御书记》，《清代诗文集汇编》，第 87 册，第 564 页。

② 《商君书·修权篇》，高亨译注，中华书局 1974 年版，第 185 页。

③ 《商君书·君臣篇》，第 121 页。

④ （唐）房玄龄注，（明）刘绩补注：《管子》，上海古籍出版社 2015 年版，第 315 页。

⑤ 《韩非子·内储说下》，上海古籍出版社 1989 年版，第 83 页。

⑥ 《韩非子·心度》，第 165 页。

⑦ （唐）长孙无忌等：《唐律疏义·名例》，中华书局 1983 年版，第 6—7 页。

⑧ （明）杨涟：《杨忠烈公集》卷 1《止内批屡降疏》，华文书局股份有限公司 1968 年版，第 247 页。

⑨ （明）赵南星：《赵忠毅公文集》卷 12《覆陈侍御整颓纲疏》，《乾坤正气集》，同治五年影印本，第 69 册，第 11 页。

征，就是君主集权，君主在国家政治、经济、法律、文化乃至日常社会生活中，享有至高无上的权力，这些权力不受任何因素的限制和约束。整个国家、整体臣民都被君主视为囊中之物，可以随意支配与使用。臣、民对于君主，有的只是绝对服从，君权是神圣不可侵犯的。在传统民本思想家那里，一直承认君主的这种特殊权力以及与民的这种特殊关系，总是"论说如何使君民双方各得其所，和睦相处。民本思想为民众提供的是安其业和守其分，为君主提供的是邦宁和主尊，而实现这一切又有赖于君主这个最高行政主体"①。

明清时期，沿袭近两千年的专制制度达到登峰造极的程度，皇帝大权独揽，威权日重，其弊端已暴露无遗，它蔑视民众的生存权利与价值，造成社会的极端不平等。在这种氛围中，至万历中后期，出现一个值得玩味的现象，就是激进的思想家们反观历史，在"民本"论的语境下，批评时政，反对权威，从尊君到抑君，对传统君主专制制度进行全面而深刻的批判。这一时期，主张限制君权、反对君主独裁的声音不绝于耳，这种揭露和抨击的严厉程度，远非以往一般思想家可比拟，尤其是明清之际更为活跃，掀起一股猛烈抨击、限制君主的思潮，提出一系列抑制君主专权的设想。这正是明清新民本思想的一个突出特征。

当时对于绝对君权的批判，在多种论述脉络中展开。除较为直接的"非君论""民主君客论"外，还有主张分割君权的"置相论""学校论""封建、郡县论"等。这些论述对传统的君权提出新的看法，认为君主极端专权，把所有国家权力据为一己私有，是朝政混乱、统治无道的根源，是社会黑暗、政治恶劣的缘由；认为分权是治理国家的可靠方法，从而反对君主专制制度和君主个人专权，主张分权，以适应当时的社会发展状况。

（一）批君非君

众所周知，中国历史上占统治地位的政治思想一直是儒家的"尊

---

① 刘泽华主编：《中国政治思想史·隋唐宋元明清卷》，浙江人民出版社 1996 年版，第 30 页。

君"观念，但民间时而会发出"非君"的呼声。在明代以前，最有代表性的是孟子的"民贵君轻论"、鲍敬言的"无君论"、邓牧的"君为害论"等，其从不同角度抨击"君主专制"，是与此相悖的进步言论。如鲍敬言著《无君论》指出，"曩古之世，无君无臣"，人们"不相并兼""不相攻伐"，过着桃花源式的乌托邦生活。自有君之后，世上便产生灾难和祸乱，君主对民"闲之以礼度，整之以刑罚"，甚至"剖人心，破人胫，穷骄淫之恶，用炮烙之虐"，"肆酷恣欲，屠割天下"。通过"有君之苦"和"无君之乐"的对比，他最后得出结论："古者无君，胜于今世。"①

明清时期，面对社会的糜烂和政权的腐朽，非君思潮开始大量涌现。尤其是明亡之后，由于禁忌解除，对君主专制的揭露和批判更为大胆和深刻，主要表现在两个方面：一是对"专制君主"的揭露和批判；二是对"专制君主制度"的揭露和批判。

他们有些把批判的矛头直接指向当时的君主。如东林人士李三才请罢矿监税使时上疏说："陛下爱珠玉，民亦慕温饱；陛下爱子孙，民亦恋妻孥。奈何陛下欲崇聚财贿，而不使小民享升斗之需；欲绵祚万年，而不使小民适朝夕之乐。自古未有朝廷之政令、天下之情形一至于斯，而可幸无乱者。"② 他责骂皇帝敲剥天下、不乱不止。类似直斥皇帝昏庸无道、专制残暴，公然形于谏牍者不在少数。

面对百孔千疮的社会和生活于困苦之中的民众，颜钧把斗争矛头直接指向最高统治者。他说："近代专制，黎庶不饶"，"责在君臣"。因而他提出"大赍以足民食，大赦以造民命，大遂以聚民欲，大教以复民性"③ 的建议，以救民于水火。

又如针对明末的腐败政治，刘宗周直接对当朝的崇祯皇帝独断专行的政治举措提出不客气的批评指责，严厉斥责种种弊政乱政。他说："独任之不已，势必至于急持；急持之不已，势必至于阴匿。阴而匿之，人反得窥吾意；急而持之，人反得以伺吾缓究。且假借之途

---

① （晋）葛洪：《抱朴子·诘鲍篇》，上海古籍出版社1990年版，第314页。
② 《明史》卷232《李三才传》，第6062页。
③ 《颜钧集》卷6《耕樵问答》，中国社会科学出版社1996年版，第53页。

反出，而人主至一之大权四裂而不可收。"① 因为崇祯皇帝刚愎自用、专制独断，将权力过分集中到自己身上，一切由个人独断，只会造成君臣相隔、君权虚悬，还容易导致大臣们懈怠推诿、阳奉阴违等恶习的形成。一方面，崇祯皇帝对大臣的言论疏于考察而急于作出判断；另一方面，他急于判断后如果有错误，又尽量去隐瞒真相、掩盖事实。而大臣害怕担责，必会揣测圣意、相互推诿，结果造成朝政种种弊端，政治权力得不到正确、有效行使。所以刘宗周提出，权力需要适当加以分散，廷见士大夫，倾听他们的意见；同时，"以票拟归阁臣，以庶政归部、院，以献可替否予言官"②，不专断独行，才能正确地处理国事，也才有利于发挥群臣参政的主动性和积极性。

君主一直喜欢对臣僚严密控制，雍正帝也是如此，所以谢济世在对乾隆帝进谏时，就特别告诫他不要像他父亲一样实施独裁统治，而要"以博览广听为求言，以察言观色为知人，以亲庶、理庶务、折庶狱为勤政，臣恐其为汉唐杂霸之治，而非二帝三王之治也"③。有的则直接指责君主为"独夫"。邱濬说："君失人心，则为独夫，独夫则愚夫愚妇一能胜我矣。"④ 以此"警戒"来正君心，规范君主行为。在傅山看来，最高统治者"尽独夫"，"若草芥寇仇则后世之大人矣，小人焉能爱之？"⑤

李贽对专制君主独裁同样提出严厉批评，在他看来，君主、圣人也是寻常人，"不能高飞远举"，一般"夫妇所不能者，则虽圣人亦必不能"，在有些时候他们甚至同大众一样常怀"势利之心"，所以李贽劝导人们"勿以过高视圣人之可也"⑥。这种"贬尊抑圣"的做法在当时确实难能可贵。

---

① （明）刘宗周：《刘子全书》卷17《征臣草莽有怀诣阙所及入告圣明疏》，第2132页。

② 《明史》卷255《刘宗周传》，第6576—6577页。

③ （清）谢济世：《谢梅庄先生遗集》卷1《论开言路疏》，《清代诗文集汇编》，第266册，第118—119页。

④ （明）邱濬：《大学衍义补》卷13《总论固本之道》，京华出版社1999年版，第119页。

⑤ （清）傅山：《读子四》，《傅山全书》，山西人民出版社1991年版，第2册，第971页。

⑥ （明）李贽：《道古录》卷上，第361页。

嘉靖时翰林王立道不再把君视为神圣。他认为君主掌管天下的政务，更需要通过学习才能知道。他将君主分为上、中、下三类，指出：其"下者则又溺于声色田游之娱，驰于土木神仙甲兵之好"。他批判君主的昏庸，称政治昏暗乃君主"不学之弊也"①，然后说人君亦应明大学之道，否则就会缺少君德，不能承担统治天下的重任。他还公然提出反对君尊臣卑，说："人主之欲卑其臣而求自尊者，亦弗思之甚矣。夷其陛而求其堂之崇，世果有是礼哉！"②

因为明朝亡国、异族入主的痛定思痛，有识之士在亡国之痛的反思中看到以一人私天下的专制弊害，群起而攻之，其中较为激烈者首推黄宗羲、唐甄。

黄宗羲直接提出"君为害"论。他在总结历史经验的基础上，又亲历明末的社会历史现状，对君主专制制度造成的危害有亲身感受，认为当时的政治腐败和百姓灾难就根源于此。他说："屠毒天下之肝脑，离散天下之子女，以博我一人之产业，曾不惨然！曰'我固为子孙创业也。'其既得之也，敲剥天下之骨髓，离散天下之子女，以奉我一人之淫乐，视为当然，曰'此我产业之花息也'，然则为天下之大害者，君而已矣。"为人君者，都是些极端自私自利的人，他们把天下看作莫大的产业，可以传之子孙、受享无穷。于是，为了夺得和保住这份产业，过奢侈无度的生活，他们便不惜伤害天下之民，离散天下之家庭，使人民陷于痛苦之中。因之，黄宗羲自然得出"为天下之大害者，君而已矣"的论断。君既视天下为其私产，"人之欲得产业，谁不如我"？为了防止别人得此产业，设置种种法度加以维护。争夺君权成为国家祸乱之源。尽管这时的君主居于王位之上，但他们已不具备"王"者、"圣"人的条件，所以人民"怨恶其君，视之如寇仇，名之为独夫"。③ 他认为对这种暴君，是可以诛之的。

黄宗羲对君主专制也进行了尖锐的批判，他说："嗟乎！天之生

---

① （明）王立道：《具茨文集·遗稿·帝王应天下之务》，《四库全书》本，集部，第1277 册，第876—877 页。

② （明）王立道：《具茨文集》卷8《廉远堂高》，第858 页。

③ （清）黄宗羲：《明夷待访录·原君》，第2—3 页。

斯民也，以教养讬之于君；授田之法废，民买田而自养，犹赋税以扰之；学校之法废，民蚩蚩而失教，犹势利以诱之。是亦不仁之甚，而以其空名跻之曰'君父，君父'，则吾谁欺！"① 他还说："向使无君，人各得自私也，人各得自利也。"② 无疑，黄宗羲已承认并肯定"自私""自利"乃人的本性，论证使"人各得自私也，人各得自利也"是"君之职分"，进而把君主的个人权力看成万恶之源，在他看来，如果"设君之道"就是"为天下之大害"，那么还不如"向使无君"，从而彻底否定"使天下之人不敢自私，不敢自利"的君主专制制度。他的这些议论是当时知识分子批评极端君权的杰出代表，旨在揭露专制制度、限制专制特权，要求法律平等和赋税改革，保护民众的利益。

唐甄的"非君"思想很有特点。他强调"治天下者惟君，乱天下者惟君"，把社会治乱兴亡的责任全部归咎于君主，说明他把君主奉为天下国家的最高政治主体。但他认为历史上乱世多、治世少，暴君多、贤主少。为什么呢？他说："天之生贤也实难。博征都邑，世族贵家，其子孙鲜有贤者，何况帝室富贵，生习骄恣，岂能成贤！是故一代之中，十数世英明二三贤君，不为不多矣。其余非暴即暗，非暗即辟，非辟即懦。此亦生人之常，不足为异。"王位的世袭导致贤君少、庸主多，绝大多数继位之君不是残暴就是昏庸，不是昏庸就是邪僻，不是邪僻就是懦弱，由他们治理天下，最后只会造成乱世。"惟是懦君蓄乱，辟君生乱，暗君召乱，暴君激乱，君罔救矣，其如斯民何哉！"③ 所以，他强调君主必须自律，凡事以身作则，成为臣民表率，才能治理好国家，否则会给民众带来更大的灾难。"人无贤不贤，贤不贤惟君；政无善不善，善不善惟君。君惟有道，虽恒才恒法，可以为治；君惟无道，虽有大贤良法，亦以成乱。是故明哲之君，无所为恃，必责于己，知天子于民庶，过及十一，祸倍百千。"④

他对暴君、暴政的批判，言辞尤为激烈、尖锐。他突破以往"唯

---

① （清）黄宗羲：《明夷待访录·学校》，第 11 页。
② （清）黄宗羲：《明夷待访录·原君》，第 2 页。
③ （清）唐甄：《潜书·鲜君》，第 66 页。
④ （清）唐甄：《潜书·远谏》，第 127 页。

君独尊"的传统价值观念，提出"抑尊"观念。他认为君主虽形有"君主"之名，实乃"一匹夫耳"①。相反，要把君主看作公仆，把匹夫看作上帝。"（君主）接贱士如见公卿，临匹夫如对上帝，礼之实也。"② 君主不应妄自尊大，因为他只是人类中的一员。在唐甄看来，"天子之尊，非天帝大神也，皆人也"③。要对君主实行"抑尊"，使他"存心如赤子，处身如农夫，殿陛如田舍，衣食如贫士"④，"贵为天子，亦可以庶人之夫妇处之"⑤。如果君主高高在上，结果只能是"自蔽"亡国。"人君之尊，如在天上，与帝同体，公卿大臣罕得进见，变色失容，不敢仰视，跪拜应对，不得比于严家之仆隶。……臣日益疏，智日益蔽……而国亡矣。"⑥ 唐甄把君主从"九重之尊"拉到与普遍民众同一的位置，说明他对"君权神授"的神话不以为然。

唐甄更为过人之处，还在于他把从秦以来的帝王都称为"独夫民贼"。他提出："自秦以来，凡为帝王者，皆贼也。"他的理由是："杀一人而取其匹布斗粟，犹谓之贼，杀天下之人而尽有其布粟之富，而反不谓贼乎？"⑦ "是故'人君之患'莫大于自尊；自尊则无臣，无臣则无民，无民则为独夫。"⑧ 君主处于至高无上的尊贵地位就会胡作非为，胡作非为就得不到民众的拥护和支持，得不到民众的拥护和支持就成为独夫。如果君主恣意妄为，民不乐其生，民众必然盼望"世无君"。"君之无道也多矣，民之不乐其生者久矣，其如彼为君者何哉！……世无君矣。"⑨ 唐甄把君主的存在看作一切罪恶之源，非常大胆、深刻。

（二）民主君客

秦汉以后，"君为民主——民为邦本"说是统治思想和主流文化

---

① （清）唐甄：《潜书·明监》，第109页。
② （清）唐甄：《潜书·善施》，第82页。
③ （清）唐甄：《潜书·抑尊》，第67页。
④ （清）唐甄：《潜书·尚治》，第105页。
⑤ （清）唐甄：《潜书·去奴》，第169页。
⑥ （清）唐甄：《潜书·抑尊》，第68页。
⑦ （清）唐甄：《潜书·室语》，第196页。
⑧ （清）唐甄：《潜书·任相》，第124页。
⑨ （清）唐甄：《潜书·鲜君》，第66页。

的有机构成之一，这种"设君之道"几成公论。明清时期，"民主君客"说发展起来，这是黄宗羲关于君民关系最具代表性的观点，他旨在把"以君为主，天下为客"的君天下、家天下，改变成为"以天下为主，君为客"的民天下、公天下。

黄宗羲从民本思想中君民关系问题出发，大胆抨击专制制度颠倒天下万民与君主的关系："古者以天下为主，君为客，凡君之所毕世而经营者，为天下也。今也以君为主，天下为客，凡天下之无地而得安宁者，为君也。"[①]"天下"的概念，古已有之，意思较丰，既有国家统治地理范围的基本含义，同时还有国家统治范畴内"民众"的含义。"天下为主"也包含以"民众（百姓）为主"的意思，"以天下为主，君为客"就可以表述为"民主君客"。"主"和"客"本是中国传统家庭文化中的一对概念，但"家国同构"的传统社会特征，使君主和民众衍生出"主客"关系。黄宗羲"天下为主君为客"的意思可理解为：民众才是这个国家的主人，君主不过是国家的过客，客随主便，客人应该依随主人的方便、意愿、安排来行事，才是正常的顺序，而不是颠倒过来、反客为主。上升到国家统治的层面来说，就是天下是民众的，不是君主个人的。如果这种主客地位颠倒，君主把"天下和万民"视为自己私财，会造成主客关系，即君民关系的紧张对峙和全面恶化，最严重的后果就是主人"翻脸"，驱逐客人，也就是天下万民行动起来，推翻君主的统治，导致王朝的灭亡。"既以产业视之，人之欲得产业，谁不如我？摄缄縢，固扃鐍，一人之智力，不能胜天下欲得者之众，远者数世，近者及身，其血肉之崩溃在其子孙矣。"[②] 这样君主非但不能成为社会历史前进的主体力量，反而会是阻碍社会历史前进的祸害。在黄宗羲看来，秦汉以来天下久乱不治的根本原因，就在于君主与天下万民的关系发生反客为主的逆转。君民之间的正常关系应当是"天下为主，君为客"，即君主是为天下万民服务的。把君主看成为天下万民服务的"客"，这是对几千

---

① （清）黄宗羲：《明夷待访录·原君》，第2页。
② （清）黄宗羲：《明夷待访录·原君》，第3页。

年君权之否定。总之，承认天下万民才是社会历史的主体，"以天下为主，君为客"，可以得民心，遂得天下；"以君为主，天下为客"，则会失民心，遂失天下。这可以说是一种"君权民授"的国家观，它比起中国几千年来所奉行的"君权神授"思想，是巨大的进步。

从"君为民主""君主民客"论到"民主君客"论，这是超越中国传统民本思想而发展起来的"新民本"思想的典型命题。它把传统民本思想中君主为主人，君民相互依存、相互协调、相互制约的关系，转变为万民为主人、君主为客人的主客关系、主从关系；它从传统民本思想"君为民主"把天下万民看作君主的载体，发展到"民主君客"把天下万民看成社会历史的主体以及政治生活的主体，表现出在对天下万民力量和作用的认识上，传统民本思想是不断向前发展的，此时已经发生嬗变而为"新民本"思想。甚至有学者把它拔高到与"西方民权学说相媲美"的高度："梨洲以前关于君民关系的学说中，影响最为深远的有孔子、荀子的'民水君舟'说、孟子的'民贵君轻'说，这些都在民本主义思想框架之内。有一种观点，认为'天下为主君为客'已超越民本成为民主启蒙命题，说它可与西方卢梭的民权学说相媲美。"①

（三）限制与分割君权

权力作为人类社会发展的产物，自它产生后，就涉及权力的集中与分配这对重大矛盾问题。中国传统社会也是如此，自夏朝建立起，君主和王朝一直面临如何处理集权与分权的问题，总的来看，它包括两方面的内容，一是如何处理中央朝廷中君权与相权（将权）的矛盾和君主与朝臣的关系，二是如何处理王朝中央政府与各个地方政府之间的协调关系和潜在矛盾。应该说，中国历朝历代的政治实践中，最高统治者围绕这些关系和矛盾，进行了一系列尖锐复杂而血腥残酷的政治斗争，过程艰辛曲折，总的趋势是中央权力不断发展与巩固，君主权力不断扩充与强化，最后形成以皇帝独裁为核心的中央专制集权制度。

---

① 俞荣根：《黄宗羲的"治法"思想再研究》，《重庆社会科学》2006 年第 4 期。

为改变这一状况，处理好集权与分权的矛盾，处理好君主与朝臣、中央与地方的政治关系和权力分配问题，明清时期"新民本"提出一系列分权主张和具体的政治设计蓝图，试图限制、分割君主的权力。

如邱濬提出"君不可独治"。他主张在政治权力的配置上必须实行"君总治于上，臣分治于下"。他认为虽然从义理上讲权力应"统宗会元"于中央，集中于君主手中，但从实际情势来说，天下之大，万民之众，事机之繁，"非立官以分理之不能得也"①。原因就在于："夫人君以一人之身，虽曰居尊以临卑，然实以寡而御众，以理言固可以以一人统，以势言则不能以一人周也"，因此必须设官分职、划分郡邑，"分而理之"②。设置各种朝臣后，君主应注重"敬大臣之礼"。他批评后世之君因为没有正确处理好君臣关系，在政治治理方面反而不如以前成功："后世人君之于臣下，不过于严，则过于渎，此上下之还必须所以不孚，而治功之成恒不若于古欤！"所以他认为，要"君臣道近，相须而成"，以实现"君臣一心，上下忘势"。③

傅山对君主的危害进行猛烈的抨击，提出"非圣人能王"的主张，公开主张"市井贱夫治天下"④。甚至还有人提出"予夺之权，自民主之"的主张⑤，这是对专制君权的根本否定，与传统的"民本"思想已有重大区别。

东林士人在坚持和崇拜君权至上的前提下，也主张对君主和君权进行某种制约，如顾宪成说："夫人主之耳目唯一，而天下之耳目于人主也，且万万也。（人主）虽甚神圣也，其聪明宜未足以遍，将必有所寄之。"⑥ 徐如珂说："天下大矣，人主不能自理，分而寄之一相。相臣者，君所共与其天下也。"⑦ 傅朝佑说："伏愿陛下……毋以

①　（明）邱濬：《大学衍义补》卷5《定职官之品》，第43页。
②　（明）邱濬：《大学衍义补》卷19《分民之牧》，第185页。
③　（明）邱濬：《大学衍义补》卷6《敬大臣之礼》，第54页。
④　（清）傅山：《杂著录·圣人为恶篇》，《傅山全书》，第7册，第540页。
⑤　（清）张岱：《四书遇·孟子丘民章》，浙江古籍出版社1985年版，第562页。
⑥　（明）顾宪成：《顾端公文集》卷20《先弟季时述》，明崇祯刻本，第6册。
⑦　（明）徐如珂：《徐念阳公集》卷3《无欲然后可与言王佐》，《乾坤正气集》，第77册，第18页。

人言为不足恤，毋以群小之逢迎为必可任，毋以一己之精明为必可恃。"① 陈龙正说："天下之大，非一人所能周，必分而治之，要使同归于大顺。"② 刘宗周认为，皇帝独断专行，必然导致统治危机，他问道："夫天下可以一人理乎？恃一人之聪明而使臣下不得尽其忠，则陛下之耳目有时而壅矣；凭一人之英断，而使诸大夫国人不得衷其是，则陛下之意见，有时而移矣。"③ 对于皇帝来说，英明的做法就是充分利用群臣的才智，听取群臣的建议，调动群臣的主动积极性，群策群力，处理各种大小政治事务，从而创造有序、宽松、和谐的政治环境。这些议论概括起来，表明一个观点：天下太广大，仅靠皇帝一个人的聪明才智难于治理好。他们反对只尊君而不重臣，主张对权力分配体制进行调整，保障君臣享有不同权力，争取臣僚在政治生活实践中有一定发言权。他们甚至还试图控制舆论、左右政府。如史孟麟说："自臣通籍以来，窃见阁臣侵部院之权，言路希阁臣之指，官失其守，言失其责久矣。"他认为，明初太祖废丞相、升六部，为的是防范奸臣擅政，使官各有其责。"盖以一事任一官，则不为害。"但现在的情况是"事虽上裁，旨由阁拟"。如果阁臣擅政弄权，"脱有私意奸其间，内托上旨，外诿廷言"，那么由谁来承担这个责任？于是他提出"政事归六部，公论付言官"的政治设计，从权力分配或制度建设方面约束君主的宠臣，实则是对君权进行制约。④ 刘一燝也提出类似见解。他说："善治天下者，俾六官任事，言路得绳其愆，言官陈事，政府得裁其是，则天下治。"⑤ 他们设想实现君主的治理、六部的治事和言官的舆论监督这三者之间的政治权力均衡。

到明清之际，士人们表达的分权要求，提出的分权办法，要比之前更广泛、更具体，主要有以下几种比较有代表性的观点。

---

① 《明史》卷258《傅朝佑传》，第6664页。
② （明）陈龙正：《几亭外书》卷1《齐治平》，第220页。
③ （明）刘宗周：《刘子全书》卷15《面恩陈谢预矢责难之义以致君尧舜疏》，第930页。
④ 《明史》卷119《史孟麟传》，第6045页。
⑤ 《明史》卷240《刘一燝传》，第6240页。

一是君臣共治。

为保证"天下为公"设想的实现，黄宗羲提出君臣共治原则。他说："缘夫天下之大，非一人之所能治，而分治之以群工。""原夫作君之意，所以治天下也。天下不能一人而治，则设官以治之。是官者，分身之君也。"① 设立君主是为了治理天下，但仅靠君主一人独裁不能治好天下，必须设置官吏，使其有职有权，建立一种君臣之间的分工合作关系，对天下分而治之。他试图借"分治""共治"来削弱君主的权力。

在"君臣共治"原则之下，关键点是早在先秦时期就已设置的宰相（丞相），能很好地发挥分割君权的功能。但自秦汉建立大一统专制王朝以来，君权日益强化，相权日益削弱。明清之际的思想家们认为，这正是君主专制统治日益黑暗的根源之一。所以，为改良政治，他们寄希望于宰相制度的恢复，以此变革君主制、限制君主权力。其中以黄宗羲的主张最为切中要害。

黄宗羲认为，从制度层面来说，宰相的设置本身就是为了弥补父子相传的君主制度的不足，"相"的选任标准，主要是贤者、能者、智者，他可以很好地辅助"君"实施"善政"，相权可以分割、制衡君权，对君主专制体制形成制约作用。"古者不传子而传贤，其视天子之位，去留犹夫宰相也，其后天子传子，宰相不传子，天子之子不皆贤，尚赖宰相传贤足相补救，则天子亦不失传贤之意。宰相既罢，天子之子一不贤，更无与为贤者矣，不仅并传子之意而失者乎？"② 他指出："有明之无善治，自高皇帝罢丞相始。"明朝政治最大之"非"就是明太祖罢宰相。有这样的认识，黄宗羲提出不仅要恢复之前的宰相之制，而且要进一步扩大宰相之权，使宰相能够"摩切其主，其主亦有所畏而不敢不从也"。借此，他进行了制度层面的设计，即建立"便殿议政"和"宰相设政事堂"等制度，分割、限制君主之权。所谓"便殿议政"，是凡遇国家大事，由君主亲自主持，吸纳朝廷中的宰相、谏官、六卿等重要大臣共同参与、共同商议、共同决

---

① （清）黄宗羲：《明夷待访录·置相》，第7页。
② （清）黄宗羲：《明夷待访录·置相》，第8页。

策，最后确定实施与否。"每日便殿议政……凡章奏进呈，六科给事中主之，给事中以白宰相，宰相以白天子，同议可否。天子批红。天子不能尽，则宰相批之，下六部施行。更不用呈之御前，转发阁中票拟，阁中又缴之御前，而后下该衙门，如故事往返，使大权自宫奴出也。"① 宰相恢复参与议政、批阅章奏的职权，可以在朝廷中发挥重要作用，避免君主事事独断，以及宦官利用君主独断而上下其手。所谓"宰相设政事堂"，是建立一个以宰相为主的国家行政机构"政事堂"，政事堂下分设"五序"，"分曹以主政务"，分理日常政治生活中的各项事务。这项重要措施保证宰相法定制度和办事机构的确立，有利于巩固和扩大相权，达到"四方上书言利弊者及待诏之人皆集焉，凡事无不得达"的良好政治效果。②

　　王夫之针对中央集权的利弊得失，也主张健全官制、强化相权，君臣共同分级而治。他认为历代宰相无权，会造成很大的恶果。他说："宰相无权，则天下无纲，天下无纲而不乱者，未之或有。"辅政大臣无权，就不能积极主动地施政，而是"奉行条例，画敕以行，莫违其式而已"。下面的各级官吏则层层效仿，其结果一是"兵窳于边，政弛于廷，奸匿于侧，民困于野，莫任其咎，咎亦弗及焉"，上下一片混乱；二是"上揽权则下避权，而权归于宵小"，即权力反被"宵小"所掌控。③ 所以说"天下可无相也，则亦可无君也。相轻于鸿毛，则君不能重于泰山也"④，把相提高到与君同等的地位和作用。但他担心只设一名宰相可能导致宰相擅权，因而主张在中央机构内部实行逐级负责制，君主不任独断，把主要精力用于选择宰相；宰相亦无"独驭之权"，事务由百官分掌；"官常数定，官联相属，法纪豫立"，"六卿百执之可否，三公酌之；而三公唯参可否，不制六卿百执以行其意"⑤。如此，使职官各尽其责，则天下得治。

-----

① （清）黄宗羲：《明夷待访录·置相》，第9页。
② （清）黄宗羲：《明夷待访录·置相》，第9页。
③ （清）王夫之：《读通鉴论》卷26《宣宗》，第2161—2162页。
④ （清）王夫之：《读通鉴论》卷28《五代上》，第2372页。
⑤ （清）王夫之：《读通鉴论》卷13《明帝》，第913页。

二是学校议政。

黄宗羲思想中最有特色的是把"学校"设计成教育兼议政的机构，让学校成为参与政治、舆论监督、培养士人之中心，兼有多方面的作用。这是他从宋、明两代"伪学之禁""书院之毁"的沉痛历史教训中得出的结论，朝廷处处与舆论作对，"欲以朝廷之权与之争胜"，会使学校丧失议政的功能，而且会成为害士的地方。所以，他说："学校所以养士也，然古之圣王，其意不仅在此也。必使治天下之具皆出于学校而后设学校之意始备。"即让学校不仅是"养士"（培养官吏）的场所，同时也是"治天下之具"，成为反映民意、决定政策、监督行政官吏的机构。

具体的设计是：在中央设"太学祭酒，推择当世大儒，其重与宰相等。或宰相退处为之。每朔日，天子临幸太学，宰相、六卿、谏议皆从之。祭酒南面讲学，天子亦就列弟子之列，政有缺失，祭酒直言无讳"。在地方设"郡县朔望，大会一邑之缙绅士子。学官讲学，郡县官就弟子之列，北面再拜。师弟子各以疑义相质难。其以簿书期会，不至者罚之。郡县官政事缺失，小则纠绳，大则伐鼓号于众"。京城和地方的学校都要设置专门的学官、确定具体的时间、安排具体的事项、制定明确的规则来开展工作和实施管理，如京城"太学"设权力"与宰相等"的"祭酒"，每月初一，君主率领群臣来到学校，"就弟子之列"，听取祭酒讲解，评判政治得失，审议政务大事；地方的府州县学，每月初一和十五，也由学官在学校主持大会，郡县官"就子弟之列"，接受师生对郡县政事得失的质询，并且必须出席，不到的要受到处罚。郡县官有轻微的过失要受到批评和纠正，有严重的过失则要被声讨而公之于众。并且，为了保证学官确实能公正地发挥职能，规定郡县学官不得出自朝廷任命，而必须"郡县公议，请名儒主之，自布衣以至宰相之谢事者，皆可当其任。……其人稍有干于清议，则诸生得共起而易之"。

这样，太学、学校等代议机构，打破历来所谓"庶人不议"的传统，其旨在削弱君权、张扬民权，表达知识分子参与政治的强烈愿望：一方面促使社会上下形成良好的风尚，"使朝廷之上，闾阎之细，渐摩濡染，莫不有诗书宽大之气"；另一方面则形成强大的舆论力量设法左右政局。只有这样，才能使"盗贼奸邪，慑心于正气霜雪之下，君安而国可保也"①。黄宗羲的这一设想，虽然在当时不可能实现，却是难能可贵的。

顾炎武也提倡由"庶人议政"，他主张充分发挥士大夫的"清议"作用，以整治官僚腐败，扭转无官不贪、无守不盗的颓风。他提出，风俗者天下之大事，治乱之关必在人心风俗，而士大夫群体的"清议"是"正人心，厚风俗"的关键之一。他说，天下风俗最坏之地，清议尚存，犹足以维持一二，至于清议亡，而干戈至矣。他认为历代风俗之变与士大夫的"清议"有密切联系，因此主张"立闾师，设乡校，存清议于州里，以佐刑罚之穷"。所谓"清议"，即通过舆论监督来评说政教风化得失。

三是地方分权。

针对君主不能独治、权力不应全部揽于人主之手，新民本思想提出应实行地方分权的众治。

这以顾炎武的论说最称精辟。顾炎武反对"独治"，提倡"众治"，合理配置天下大权与地方权力，以限制乃至削弱专制主义的君权，实现天下国家的长治久安。他说："所谓天子者，执天下之大权者也。其执大权奈何？以天下之权，寄之天下之人，而权乃归之于天子。自公卿大夫至于百里之宰、一命之官，莫不分天子之权，以各治其事，而天子之权乃益尊。"② 天子是天下一切政治权力的归结点，他提出的"以天下之权寄天下之人"是一个极大胆的设想，他要求天子把手中的权力合理配置给公卿大夫、百里之宰，充分发挥他们的作用，最后还是天子总揽天下大权，并且地位还显得愈加尊贵。所以，"人君之于天下，不能以独治也，独治之而刑繁矣，众治之而刑措矣"③。君主个人专权有很大的危害，"后世有不善治者出焉，尽天

①　（清）黄宗羲：《明夷待访录·学校》，第10—11页。
②　（清）顾炎武：《日知录集释》卷9《守令》，第541页。
③　（清）顾炎武：《日知录集释》卷6《爱百姓故刑罚中》，第366页。

下一切之权，而收之在上。而万几之广，固非一人之所能操也"①。
他认为中国是一个幅员广阔、人口众多的国家，这样复杂繁多的政
务，靠君主一人治理不好，后世出现统治不善的情况，都是因为把天
下一切权力都"收于上"。

针对地方没有实权、不利于富国裕民，他进一步提出切实下放权
力，使地方上拥有一定自主权，消除地方统治的弊端。"夫辟官、莅
政、理财、治军，郡县之四权也，而今皆不得以专之……是以言莅
事，而事权不在于郡县，言兴利而利权不在于郡县，言治兵而兵权不
在于郡县，尚何以复论其富国裕民之道也哉!"② 应该把辟官、莅政、
理财、治军四权下放给郡县，使郡县既有其责又有其权，真正实施
"富国裕民"之道。

但并不是下放权力到地方就可以实现善治，因为封建制和郡县制
都存在弊端。封建是"古之圣人，以公心待天下之人，胙之土而分之
国"，它的弊端是地方权力过大，常常尾大不掉，造成群雄割据、社
会分崩离析，"诸侯之于其国，自君其人，自有其土矣。非甚有罪，
天子不得而夺之；非大有功，天子不得而进之。不得而夺之，则忘乎
畏；不得而进之，则忘乎求"③。所以说，即"封建之失，其专在
下"。郡县制的缺点是君主为了专其家天下之大利而不受其害，便
"人人而疑之，事事而制之。科条文簿日多一日，而又设之监司，设
之督抚"，造成过分的君主专制，并且地方官吏只为"求无过而已"，
不能为民谋福利。所以说，"郡县之失，其专在上"。为保证能真正
分权众治，解决封建制和郡县制两者的弊端，顾炎武提出"寓封建于
郡县"的政治设计方案。"有圣人起，寓封建之意于郡县之中，而天
下治矣。"④

要真正贯彻"以天下之权寄天下之人"的理念，顾炎武还提出必

---

① （清）顾炎武：《日知录集释》卷9《守令》，第541页。
② （清）顾炎武：《日知录集释》卷9《守令》，第543页。
③ （清）王夫之：《诗广传》卷3《小雅》，第78页。
④ （清）顾炎武：《亭林文集》卷1《郡县论一》，《清代诗文集汇编》，第43册，第
8页。

须向基层社会分权：一是要加强乡村自治。"人聚于乡而治，聚于城而乱。聚于乡则土地辟，田野治，欲民之无恒心，不可得也；聚于城则徭役繁，狱讼多，欲民之有恒心，不可得也。"① "小官多者其世盛，大官多者其世衰。"所谓"小官"，指乡村自治单位的主事者，主要由当地的耆老、富民担任。"大率十里一亭，亭有长。十亭一乡，乡有三老，有秩、啬夫、游徼。三老掌教化，啬夫职听讼，收赋税游徼循禁贼盗。"② 二是实施宗法自治。"宗法立而刑清，天下之宗子，各治其族，以辅人君之治，罔攸兼于庶狱，而民自不犯于有司，风俗之醇，科条之简，有自来矣。"③ 如此完善、细密的设置，使乡里社会的统治有条不紊，最终实现"天下之治"。"惟于一乡之中官之备而法之详，然后天下之治，若网之在纲，有条而不紊。"④

王夫之也认为，在保证中央集权的前提下，对各级地方政府要实行必要的分权。有鉴于历史经验教训，王夫之设想在地方上建立天下一统的分级政治统治，他认为"上统之则乱，分统之则治"。他首先肯定"天下之治，统于天子者也"；但他又反对天子越级行权，也反对其他各级行政机构越级行权。虽然君主和中央朝廷总揽天下大权，但不应任意侵夺各级地方长官的权力，应该让各级地方政府都具有自己范围内的实权。他说："封建之天下，分其统于国；郡县之天下，分其统于州。""统者，以绪相因而理之谓也，非越数累而遥系之也"，"故天子之令不行于郡，州牧刺史之令不行于县，郡守之令不行于民，此之谓一统。""以天子下统乎天下，则天下乱。"如果各级不遵守分级而治的原则，则会造成各级统治的混乱，天子越级而治，则天下乱；州牧刺史越级而治，则一州乱；郡守越级而治，则一郡乱。因为上级官员经常不清楚下级机构情况的复杂性，直接插手下级机构的政务，往往会导致政令有错，而且会使下级地方长官因感到自己没有实权而怠于政务、不负责任，这样做的结果必定是"奸民益

---

① （清）顾炎武：《日知录集释》卷12《人聚》，第721—722页。
② （清）顾炎武：《日知录集释》卷8《乡亭之职》，第470页。
③ （清）顾炎武：《日知录集释》卷6《爱百姓故刑罚中》，第366—367页。
④ （清）顾炎武：《日知录集释》卷8《乡亭之职》，第471页。

逞，懦民益困"，最后是"天下乱"，"国必亡"。总之，"上侵焉而下移，则大乱之道"。①

在中央与地方的关系上，黄宗羲主张实行郡县和方镇两种体制。他分析唐代的盛衰，认为"唐之所以亡，由方镇之弱，非由方镇之强也"，并且"今封建之事远矣，因时乘势，则方镇可得也"。他又分析封建与郡县的利弊，指出："封建之弊，强弱吞并，天子之政教有所不加；郡县之弊，疆场之害苦无已时。"所以，为了兴利除弊、巩固边防，他认为"欲去两者之弊，使其并行不悖"，最好的办法就是实行沿边之方镇。②

这种分治分权、合封建郡县之利治理地方社会的言论、思想，在清初也得以继承。如清初李塨有以下主张："天下不能独理也。三代以封建，后世以郡县。封建之利在藩屏天子。分理其政事，势可以长久，害在世守强……郡县之利，在守令权轻易制，无叛乱之忧，害在不能任事……兼收二者之利而辟其害，使其害去而利独存，斯可以为治矣。若分四方缘边之地为藩，以同姓为藩王守之，分内地为州，以异姓为州牧守之，天子建都于天中，以统于上，藩王州牧各守其土，以卫于下……藩王州牧（同）以三载考绩，贤则留，不肖则黜，不世守也。予夺之权，自上操也，是又绝封建之害，兼郡县之利矣。且夫守令，惟任之不专不久，故不足以为股肱，不足以卫心腹。若任之专，利可兴害可除，便宜行事，无顾忌，无掣肘，惟大纲总于上，细目悉任于下，不似近代纤微不得有为于其土，又必久任而责成功，是去郡县之害兼封建之利乎。"③

崔迈则认为"前者不必有，而后起者无穷"的政治变革必将到来，提出未来的政治体制有可能既不是封建制，也不是郡县制，而是其他一些新的发展趋势。他说："然则郡县之制何以历唐、宋、元、明而不变？曰：封建之设，不知所起，其可考者自黄帝迄周二千四百余年而后废。始非不可废也，弊未极也。自秦以来二千年，郡县之法

① （清）王夫之：《读通鉴论》卷16《齐高帝》，第1199页。
② （清）黄宗羲：《明夷待访录·方镇》，第21页。
③ （明）李塨：《平书订》卷2《分土第二》，第11页。

日弊矣，安知后世不复为封建也？然天下世变多端矣：封建，一变也；郡县，一变也；群雄割据，南北分治，藩镇拒命，皆变也。变故之来，前者不必有，而后起者无穷。封建之时，不知有郡县，后世或更有出于封建之外者，未可知也。吾又乌知郡县极弊之日，其势何所趋也？"[1]

总之，他们通过总结历史教训，强调以"公天下"的原则建立新的政治秩序和政治形式。在他们的制度设计里，我们可以看到，他们试图把以往对君王的道德约束转变为权力制衡，这种权力制衡既包括重视相权一类的统治者内部权力分工关系，也包括"使治天下之具皆出于学校"的参政议政、实施舆论监督的体系，还包括对地方社会力量与能力的倚重。他们力图将各种力量、各种因素整合起来，使其足够强大，确实起到限制君权的作用，实现政治的清明、有序。

四　"以民治民"论

在历史发展的长河中，中国传统社会一直存在国家统治与民间社会两个相对独立的领域，国家统治既有对民间社会干预的一面，又有对民间社会宽松的一面，更多时候，是民间社会的相对独立性表现得尤为突出。所以，传统基层行政体制建设中，基层自治的成分一直都有。明清时期，一方面，专制中央集权不断得到加强；另一方面，仍给基层社会留下了较大的自我发展、自我治理空间，形成所谓"皇权不下县，县下惟宗族"这一常见的基本治理模式。在基层社会，村民大多聚族而居，里甲制或保甲制同宗族制互为表面、互相配合，一直得以保持某种程度的地方自治，基本上是由地方社会力量自己完成丁口统计、土地登记、赋役征收、税粮押运、地方治安、民间争讼、办学兴教等公共行政事务。王日根指出，明清基层社会管理组织系统的宏观模式有里甲制度、老人制度、保甲制度、宗族（家族）、乡约组织、会社、会馆组织等，由于这些自设社会管理组织多有着

---

① （清）崔迈：《尚友堂文集》卷上《封建论》，崔述《崔东壁遗书》，上海古籍出版社1983年版，第848页。

与国家政治统治相一致的目标，故多能得到政府的默许、承认乃至提倡和鼓励。① 明清时期，民间社会一直能保持相对有序的状态，得益于官方和民间社会都认可民间自我管理空间的存在，在广大的农村，宗族、乡约、会馆等民间组织充分发挥自我管理作用，它们致力于解决基层社会中的矛盾和冲突，得以在官府控制的薄弱地带发挥社会管理的功能。更多时候，因掌管这些组织的地方力量往往交叉互动，他们通过彼此合作，加强势力，扩充范围，日常管理的范畴甚至可以推广至原本属于官方事务的范围，呈现出"地方自治实力"扩张的趋势。

明清时期，随着统治者"以民治民"理念的强调以及民间社会力量谋求自身发展的需要，这种地方基层社会的自我管理趋势越来越明显。中国传统社会的初级政府虽然只设到县级，但是县以下的乡村社会并非散沙一盘，而是由各种民间自治社会组织编织起来。国家巧妙地利用民间组织的功能和作用以及民间社会的重要力量，把国家的统治理念和地方社会的实际状况结合起来，同样实现了对民间社会的治理和有效整合。

从明初开始，这种状况就已经形成。朱元璋痛恨元朝胥吏鱼肉百姓的行为，实行"以民管民"的政策，在乡村设立粮长、里长、老人制度。正如苏州府人王鏊所说："我太祖患有司之刻民也，使推殷实有行义之家，以民管民，最为良法。"② 即中央政府采取"以民治民"职役模式，任用家境富裕、人丁众多、富有才干的富民充任里正、户长、耆长、都副保正、大小保长、甲头等乡役，实现对于乡村社会的控制和有效管理，在"天高皇帝远"的广大基层社会，他们就是国家的象征，在乡村社会中起着中下等民户所不能起到的作用，使基层社会出现比较安定、富庶、秩序良好的局面，连顾炎武都赞誉道："太祖损益千古之制，里有长，甲有保，乡有约，宽有老，俾互相纠正，当时民醇俗美，不让成周。"③

---

① 王日根：《明清基层社会管理组织系统论纲》，《清史研究》1997 年第 2 期。
② 《王鏊集》卷 36《吴中赋税书与巡抚李司空》，上海古籍出版社 2013 年版，第 513 页。
③ （清）顾炎武：《天下郡国利病书·山西二·风俗》，上海古籍出版社 2012 年版，第 1859 页。

下面所要讨论的就是最能体现"以民治民"理念和明清地方基层社会自治特征的粮长制、老人制、宗族、乡约。

（一）粮长之设，以良民治良民①

朱元璋建立明政权后，他对待富户的政策有打击和依靠两个不同方面。

一方面，朱元璋用防范和高压的办法来对付富民。他认为富者经常兼并穷者，一点也不忠厚，会影响到社会风俗，他说："近世教化不明，风俗颓敝，乡邻亲戚，不相周恤。甚者强凌弱，众暴寡，富吞贫，大失忠厚之道。"② 在他的心目中，富民豪强往往是欺负小民、横行乡里的罪魁祸首，对他们必须严加提防："富民多豪强，故元时此辈欺凌小民，武断乡曲，人受其害。"③ 所以他采取强行迁徙富民实中都（凤阳）或南京的举措。如吴元年（1367 年）击破张士诚以后，将支持张士诚的富民徙往濠州居住④。洪武元年（1368 年）以苏、松、嘉、湖诸郡多豪右不法，命大理卿胡槊等按治之，一时被没者凡数十家。⑤ 洪武二十四年（1391 年）令选取各处富户 5300 户以充实南京。⑥ 洪武三十年（1397 年）徙富民 14300 余户于南京。⑦ 这一措施对富民确实打击很大，削弱了他们在地方上的势力，使他们在经济上也遭到破产，沦为普通人甚至丧失生命。"太祖高皇帝……疾兼并之俗，在位三十年间，大家富民，多以逾制失道亡其宗。"⑧ "于是，一时富室，或徙或死，声销影灭，荡然无存。"⑨

---

① 梁方仲：《明代粮长制度》，上海人民出版社 2001 年版，第 14 页。

② （明）余继登：《典故纪闻》卷 5，第 93 页。

③ 《明太祖实录》卷 49，洪武三年二月庚午，第 966 页。

④ 《明太祖实录》卷 26，吴元年冬十月乙巳，第 383 页。

⑤ （明）吕毖：《明朝小史》卷 6，《四库禁毁书丛刊》，北京出版社 1997 年版，史部 19，第 538 页。

⑥ 《明太祖实录》卷 210，洪武二十四年秋七月庚子，第 3128 页。

⑦ 《明太祖实录》卷 252，洪武三十年夏四月癸巳，第 3643 页。

⑧ （明）方孝孺：《逊志斋集》卷 22《故中顺大夫福建布政司左参议郑公墓表》，宁波出版社 2000 年版，第 742 页。

⑨ （明）吴宽：《匏翁家藏集》卷 51《跋桃源雅集记》，《四库全书》本，集部，第 1255 册，第 468 页。

另一方面，朱元璋一直强调富民对国家的重要性，需要依靠富民来实现对基层社会的控制。《孟子》中有关"有恒产者有恒心"的议论，曾被朱元璋多次提起，因为富民是"有恒产者有恒心"的典型代表，要拉拢、亲近他们，鼓励他们参加政权。如他下令"业农而有志于仕，才堪任用者，俱官给廪传遣之"①。他还说："孟子曰：'有恒产者有恒心。'今郡县富民多有素行端洁、通达时务者，其令有司审择之，以名进。"② 他认识到富民熟知地方社会的农事、民事，如果善于利用其中的佼佼者，让他们为统治服务，就能很好地治理乡村社会。直到晚年他仍对朝中大臣说："人有恒产斯有恒心，今天下富民生长田里之间，周知民事，其间岂无才能可用者？其稽诸户籍列名以闻，朕将选用焉。"③

粮长制的设立，就是朱元璋在保证经济上的赋税征收外，还要争取富民阶层支持来维持基层社会统治所采取的一项优待政策。他选择担任粮长的是"有恒产有恒心"的"乐为己用者"，希望他们成为良民，"毋凌弱、毋吞贫、毋虐小、毋欺老，孝敬父母，和睦亲族，周给贫乏，逊顺乡里，如此则为良民"④，实现以"良民治良民"。宣宗也同样对户部尚书夏原吉说："卿等宜令有司，凡设粮长必择有恒产之家，有廉耻之人。"⑤ 富民则积极响应号召，向"良民"靠拢。明初粮长多由具备这些条件被称为"良民"的富民担任。这些人，正如刘基所言，是"积而能散，散而得其道者"⑥，"其道"，就是能使众服，能担负起税粮征收乃至治理一方的重任。

虽然粮长论其地位与职务实与"吏"颇近，而与"官"相去甚远。但是粮长比一般老百姓要高出一筹，粮长的称呼也与众不同，"民有无官称官者……市乡多如此。……庶民擅官称，擅官称且无赦，

---

① 《明太祖实录》卷64，洪武四年夏四月丙午，第1221页。
② 《明太祖实录》卷101，洪武八年冬十月丁亥，第1708—1709页。
③ 《明太祖实录》卷252，洪武三十年夏四月癸巳，第3643页。
④ 《明太祖实录》卷49，洪武三年二月庚午，第966页。
⑤ 《明宣宗实录》卷27，宣德二年夏四月丁丑，第718页。
⑥ （明）刘基：《诚意伯文集》卷4，商务印书馆1936年版，第106页。

岂不由是而根祸？朕谕之后。乡民曾充粮里甲者，则以粮里甲称；非粮里甲，则以字称；无官者毋敢擅称！称者、受者，各以罪罪之。果顽而违令，迁入遐荒，永为边卒，是其禁也。听戒之，毋犯！"① 并且，粮长的任务除负责征收（催征、经收和解运）田赋外，还有许多附带任务和法外特权。后两种往往与前者分不开。更由此而发生粮长非法越权的行为，造成粮长在乡村的优越地位和相当大的对农民的统治力量。② 富民就是借助粮长制度，得以控制基层社会。

　　赋税是国家的经济命脉，粮长最主要的任务是征收赋税，它是这一政策实施的主要目的。洪武四年（1371 年），朱元璋因为郡县官吏在征收赋税时，经常会侵渔于民，让户部命令有关部门按照民所占有的土田，"以万石为率，其中田土多者为粮长，督其乡之赋税"。他对朝廷大臣说："此以良民治良民，必无侵渔之患矣。"③ 粮长由政府委派民间粮多的富户担任，由他们督促当地民户完粮纳赋。粮长制度设立之时，强调的就是它能"以良民治良民"，排除有司的侵扰。设立粮长的目的，就是希望能"利便官民"。"粮长之设，本便于有司，便于细民。所以便于有司，且如一县该粮十万，止设粮长十人，正副不过二十人，依期办足，勤劳在乎粮长，有司不过议差部粮官一员赴某处交纳，甚是不劳心力。……便于细民之说，粮长就乡聚粮，其升合斗勺，数石、数十石之家，比亲赴州县所在交纳，其便甚矣。"④ 洪武十九年（1386 年）亦说："往为有司征收税粮不便，所以复设粮长。教田多的大户管着粮少的小户。想这等大户肯顾自家田产，必推仁心，利济小民。"⑤ 从"便于有司"来说，是把田赋征收的责任推给粮长，令其如数如期缴纳，既可以省去官府分别征收的劳费，又因为田多之户亦是粮多之户，让他们直接对政府负责，他们有能力完成本地区征粮的任务。从"便于细民"来说，一般粮户可以就近向粮

---

　　① 《大诰续编·民擅官称第六十九》，第 297 页。
　　② 梁方仲：《粮长制度》，第 40—41 页。
　　③ 《明太祖实录》卷 68，洪武四年九月丁丑，第 1279 页。
　　④ 《大诰·设立粮长第六十五》，第 262 页。
　　⑤ 《大诰续编·水灾不及赈济第八十五》，第 304 页。

长缴纳，不用再远赴县府，所以应当有便利之处。而对粮长来说，他们可以进京觐见皇帝，借此可获取良好的政治声望，可荣耀乡里。对于那些如期如数将税粮解运到京的粮长，朱元璋往往亲自召见，并加以礼待，甚至还进行赏赐。如洪武十四年（1381 年），仅浙江、江西两省输粮至京的粮长就有 1325 人，"将还，上召至廷，谕劳之，赐钞为道里费"①。尽管赏赐的"道里费"只具有象征意义，却能给予富民极大的荣誉感。

除了催征、经收、解运三大正常任务以外，粮长还有许多临时任务和附带任务，基本是把政府的赋役摊派和乡村公共事务都交由粮长代办，从而使他们的经济生活充满政治色彩，成为基层社会最重要的角色。何良俊说："忆得小时见府君为粮长日，百姓皆怕见官府，有终身不识城市者，有事即质成于粮长，粮长即为处分，即人人称平谢去。"② 概括起来，粮长平时在地方社会应负责以下四个任务：第一，闲中会集乡里的"长者、壮者"，向他们解说京师以至州县设立社稷坛场，春秋祭祀，无非为民"造福"。第二，劝导那些富有田产的人，不可再"交结有司，不当正差"。凡是"于差靠损小民，于粮税洒派他人，买田不过割，中间恃势，移丘换段，诡寄他人；又包荒不便，亦是细民艰辛。你众粮长会此等之人使复为正，毋害下民"。且应"画图贴说"。第三，"若区内果有积年荒田，有司不行除豁，其刁顽之徒，借此名色包荒，虐吾民者，尔粮长从实具奏，以凭除豁积荒，召民佃种。凡有水旱灾伤，将所灾顷亩人户姓名从实报官，凭此赈济"。第四，"粮长依说办了的是良民；不依是顽民。顽民有不遵者，具陈其所以"。"若科粮之时，民有顽者故不依期，刁顽不纳，粮长备书姓名，赴京面奏，拿与粮长对问。非是粮长排陷，实是顽民故违，阖家迁于化外。粮长捏词朦胧奏闻，罪如之。"③ 以上四项任务自然是为保证税粮征收总任务的完成而规定，但论其性质与范围却已超过单纯的征收税粮任务。说明粮长还附带担负对老百姓进行劝导

---

① 《明太祖实录》卷 135，洪武十四年二月丁巳，第 2144 页。
② （明）何良俊：《四友斋丛说》卷 13《史九》，中华书局 1959 年版，第 110 页。
③ 《大诰续编·议让纳粮第七十八》，第 301 页。

教化及检举不法官吏和"顽民"的任务。在初期有些粮长几乎可以与地方官吏分庭抗礼，俨然成为皇帝维护中央集权统治与社会秩序的有力助手。选用"来自民间"的粮长以监督地方官吏和豪强，正是明太祖建立这一制度的目的之一。为了加重粮长的责任，洪武十八年至二十年（1385—1387 年）间又先后规定粮长需要参加赋役黄册与鱼鳞图册的编制工作。连里甲、耆民都在粮长领导之下进行丈量和制图工作。关于粮长的临时任务，最突出的莫过于管领乡民往他处开荒的事宜。除临时任务和附带任务以外，粮长往往又扩大或滥用原有的职权。例如对于乡村诉讼案件，粮长初时似乎只有参加会审的权利；其后，竟独揽裁判权；更进一步还干预地方事务，包揽打官司。除非法扩充权力外，粮长还享有法定特权，最主要的就是粮长如果犯罪，即便是严重情况，都可以通过纳款来赎罪。[1] 如洪武八年（1375 年），朱元璋就对御史台的大臣说："比设粮长，令其掌收民租，以总输纳，免有司科扰之弊，于民甚便。自今粮长有杂犯死罪及流、徒者，止杖之，免其输作，使仍掌税粮。"御史台的大臣又问："粮长有犯，许纳钞赎罪"，也得到了皇帝的认可。[2]

为拉拢、利用粮长，朱元璋还采取所谓"荐举"的方式，让朝廷大臣或地方官吏推荐，吏部加以选任，直接任粮长为官。如洪武八年（1375 年），命户部开列上等粮户之有"素行"者的名单，以备选官。[3] 洪武十九年（1386 年），命直隶应天诸府州县选送富民子弟赴京补吏，当时与选者共 1460 人。[4] 洪武三十年（1397 年），户部奏除云南、两广、四川不取外，"稽籍得浙江等九布政司直隶应天十八府州田赢七万顷者万四千三百四十一户，列其户以进，命藏于印绶监，以次召至，政才用之"[5]。这些被荐举的名单中，大部分是办理征收税粮得力的人员即粮长。他们有做知县、知州、知府的，有做布政使

---

① 梁方仲：《粮长制度》，第 43、46、47 页。
② 《明太祖实录》卷 102，洪武八年十二月癸巳，第 1724—1725 页。
③ 《明太祖实录》卷 101，洪武八年冬十月丁亥，第 1709 页。
④ 《明太祖实录》卷 179，洪武十九年八月辛卯，第 2704 页。
⑤ 《明太祖实录》卷 252，洪武三十年夏四月癸巳，第 3643 页。

乃至朝廷九卿的。朱元璋甚至还直接委任粮长为官。如期解送税粮至京的粮长，往往得蒙皇帝召见，问答投契的，立即可以做官。① 所以，洪武一朝，粮长往往能够达官显宦，比较著名的有：洪武初年，浦江义门郑濂"以赋长至京，太祖问治家长久之道，语合，欲官之，以年老辞"②；洪武十四年（1381 年）擢濂从弟湜为福建布政司参议③；三十年（1397 年），濂弟沂便由税户人才起家为礼部尚书。④ 乌程严震直"以富民择粮长，岁部粮万石至京师，无后期，帝才之"，洪武二十三年（1390 年）特授通政司参议，仅三年之内便升至尚书。⑤ 又如上海夏长文，以税户人才举用为监察御史，洪武二十三年（1390年）超升左金都御史。⑥ 此外还有苏州富民沈万四之孙蚧，亦以税户人才擢户部员外郎。⑦ 富民通过经济上的优势谋求到了政治上的利益。张和平就指出，粮长制度造就了一个实实在在的结果，富民"开始对各种政治荣誉产生了巨大的兴趣，并为追求这些荣誉而不辞辛劳甚至不计得失"。⑧

当然，粮长制度在实际运行过程中出现了许多问题，粮长舞弊的情况很多，并且征收赋税成为粮长的义务，完不成任务则要包赔，充任粮长所要承担的经济负担、经济风险变得越来越大，富民应承此役者往往因亏空而破产倾家，"江南赋税必责粮长，粮长承役必至破家"⑨。甚至还要冒生命危险，粮长之役已经变成人人避之唯恐不及的重难之役。如"江南岁输白粮于京师，例用富民主运，名曰粮长，往往至破产。官为五年一审实，先期籍富人名。诸富人在籍中者，争

---

① 《明会典》卷 29《户部十六·征收》，中华书局 1989 年版，第 216 页；《明史》卷 78《食货志二》，第 1899 页。

② 《明史》卷 296《郑濂传》，第 7584 页。

③ 《明太祖实录》卷 135，洪武十四年二月甲子，第 2145 页。

④ 《明史》卷 71《选举志三》，第 1713 页。

⑤ 《明史》卷 151《严震直传》，第 4174 页。

⑥ 《明太祖实录》卷 204，洪武二十三年九月丙午，第 3056 页。

⑦ 梁方仲：《粮长制度》，第 40 页。

⑧ 张和平：《粮长之役与明中前期社会风气的崇俭黜奢》，《中国社会经济史研究》2001 年第 3 期。

⑨ 《明世宗实录》卷 504，嘉靖四十年十二月壬戌，第 8320 页。

衣褴褛衣，为穷人状，哀号求脱"①。江阴县有关于粮长之役的民歌，是对这一现状的客观反映："弘治年人人营着役，正德年人人营脱役。近年着役势如死，富家家业几倾圯。"② 明中叶以后，这成为严重的社会问题，致使嘉靖皇帝在诏书中也不得不痛陈此弊："粮长之役专为征收解纳钱粮，先年人多乐当。近来一当粮长无不破家荡产。"③《吴县志》亦记载粮长一役的苦乐变迁过程："明太祖念赋税关国家重计，以殷实户充粮长，督其乡税，多者万石，少者数千石，部输入京，往往得召见，问民间疾苦，一语称旨，辄拜官。当时以能充粮长为贤，有相承不易者。永乐以后渐用岁更。宣德初，户部言，粮长岁更，顽民玩之，故多负租，请如旧役。至嘉靖中为抑强扶弱之法，粮长不得专任大家，以中户轮充。初轮充者如得美官，已而纳粟于仓，投银于柜，老人概斛法令一新。粮长大抵破家，则轮充又为朋充。朋充有三四人或五六或七八，而民间以粮长为大害。奸民报役者因以为利，盖粮长既不论丁粮，而论家资，家资高下无凭，故每岁夏秋之际，千金之家无宁居者。"④ 担任粮长者已由"贤民"变为"顽民"，已由"殷实户"变为"中户"最后为"破家"，已由"大利"变为"大害"，问题众多，弊端丛生。

针对这种情况，时有要求体恤粮长的建议，如嘉靖六年（1527年），兵部尚书李承勋说："粮长之家既破，国课何由得充？数十年来各州县逋动数十万，多由此。伏乞通行两京内府及兑运等官，同恤民隐。本分之外，毋肆虚索。有司不得科派粮长。敢有故违，听抚按科道查参。"⑤ 顾宪成也要求改革长期压在江南地区广大民户头上苛重的徭役，指出"江南之役最重且艰者，无如粮长。粮长之役最重且

---

① （清）顾公燮：《消夏闲记摘抄》，《吴中文献小丛书·消夏闲记选存》，江苏省立苏州图书馆 1940 年版，第 21 页。

② 嘉靖《江阴县志》卷 5《食货志第四上·徭役》，上海古籍出版社 2011 年版，第 111 页。

③ 《皇明诏令》卷 20《宽恤诏》，《续修四库全书》，史部，第 457 册，第 453 页。

④ 《吴县志》卷 49《田赋六·签点粮长》，转引自《梁方仲经济史论文集集遗》，广东人民出版社 1990 年版，第 138—139 页。

⑤ 《明会要》卷 51《民政二》，中华书局 1956 年版，第 956 页。

艰者，无如白粮"①。王士性亦讲："然吴人所受粮役之累，竟亦不少。每每佥解粮头，富室破家，贵介为役，海宇均耳，东南民力，良可悯也。"② 粮长在不能摆脱困境的情况下，便开始设法逃脱。何良俊家即是其例："自祖父以来，世代为粮长垂五十年，后见时事渐不佳，遂告脱此役。后余兄为博士弟子，郡县与监司诸公皆见赏识，此役遂不及矣。"③ 或者在官府的威逼下，去"威制小民"，保证自己的利益。宣德五年（1430年），南京监察御史李安奏："各处粮长皆殷实之家，以永充之故，习于横豪，威制小民，妄意征求，有折收金银缎匹者，有每石征二三石者，有准折收子女畜产者，任情费用，或纵恣酒色，或辗转营私有余，输官不足，稽其递年税粮完者无几。"④

从设粮长到废粮长，富民都是其中的核心因素，凸显富民在基层社会中重要的经济、政治作用，从发展经济到赋税征收再到包揽地方事务，富民都在其中扮演着极为重要的角色。粮长制度在实施之初，确实起到积极作用，它以保证赋税征收为基础而全面展开对乡村社会的统治，并使之稳定了相当长的时间，国家的赋税征收有较可靠的保障，统治的威望得以树立，富民得到政治地位和荣誉，维持乡里社会的稳定，人们安居乐业，社会风气淳朴，所以，社会上皆以能当粮长为荣。史载："高皇帝念赋税关国重计，凡民'既富方谷'，乃以殷实户充粮长，……部输入京，往往得召见，一语称旨，辄复拜官。当时父兄之训其子弟，以能充粮长者为贤，而不慕科第之荣，盖有累世相承不易者。官之百役以身任之，而不以及其细户。细户得以父子相保，男乐耕耘，女勤织纺，老死不见县门。故民淳事简。"⑤ 但它在实施过程中存在的诸多问题，也使它最终退出历史舞台。

（二）耆老之设，佐州县之政事

明代还在地方基层社会建立与里甲制度相配套的"老人制度"。

---

① （明）顾宪成：《泾皋藏稿》卷10，《四库明人文集丛刊》，第137页。
② （明）王士性：《广志绎》卷2《两都》，中华书局1981年版，第32页。
③ （明）何良俊：《四友斋丛说》卷13《史九》，第109—110页。
④ 《明宣宗实录》卷74，宣德五年闰十二月己亥，第1721页。
⑤ （清）顾炎武：《天下郡国利病书·苏松》，第579—580页。

老人制，也称里老制。它的建立，有几方面的原因。一是尊老敬老是中华民族传统的优秀美德，其思想源远流长。西汉时，就开始选择一些年高有德的老人来辅助乡治，"举民年五十以上，有修行能率众为善，置以为三老，乡一人。择乡三老一人为县三老"①。三老的权力很大，不仅可掌管乡里，而且可直接关心甚至干预国家大事。② 朱元璋继承中国传统的这一重老思想。他认为："古之老者虽不任以政，至于询咨谋谟，则老者阅历多而见闻广，达于人情，周于物礼有可资者。"③ 他还说，"从古至今，所在有司，凡公事有大者，非高年耆宿不备"，原因是，"以其高年，历事也多，听记也广，其善恶、易难之事无不周知，以其决事也必当"。所以他主张地方官，遇到"公事疑难"，应当与当地耆宿"会而请决之"。④ 要让老人充分发挥在地方公共事务中的作用。二是元代以来地方社会一些恶俗的存在，正所谓"纪纲粗立，故道未臻，民不见化，市乡里间，尚循元俗"，胥吏阶层把持地方衙门，贪赃枉法，鱼肉百姓，并且新任之官也不知是否清正廉明，如此造成民间社会的健讼。朱元璋说："自古人君，代天理物，建立百司，分理庶务，以安生民。当时贤人君子，惟恐不为君用；及为君用，无不尽心竭力，效其勤劳。奈何所任之官多出民间，一时贤否难知。儒非真儒，吏皆猾吏，往往贪赃坏法，倒持仁义，殃害小民，致令民间词讼皆赴京来，如是连年不已。"⑤ 民间社会本身也存在健讼、越诉的风气，如此则会增大政府的负担，所以要扼制这种风气。"州县小民，多因小忿，辄兴狱讼，越诉于京。及逮问，多不实。上于是严越诉之禁，命有司择民间耆民公正可任事者，俾听其乡诉讼。"⑥

---

① 《汉书》卷99《高帝纪第一》，中华书局1964年版，第33页。

② 赵秀玲：《中国乡里里制度》，社会科学文献出版社1998年版，第9—10页。

③ （明）廖道南：《殿阁词林记》卷21《荐举·耆俊》，转引自周荣《明清社会保障制度与两湖基层社会》，武汉大学出版社2006年版，第66页。

④ 《大诰续编·耆宿第八》，第272页。

⑤ （明）张卤：《皇明制书》卷9《教民榜文》，北京图书馆古籍出版社编辑组《北京图书馆古籍珍本丛刊》，书目文献出版社1998年版，第46册，第287页。

⑥ （清）顾炎武：《日知录集释·日知录之余》卷4《老人》，第2013页。

为减少地方官特别是胥吏、衙役等擅权弄法的机会，减轻政府的负担，将一些琐碎的民间纠纷就地解决，明代需要一种新的方式来管理地方社会。在此背景下，朱元璋倡设老人制度。在他看来，老人谨言慎行，德高望重，能够为基层社会的民众所服膺，从而充当一乡之表率，达到醇化乡里风尚、辅助治理乡里社会的效果。他认为："若欲尽除民间祸患，无若乡里年高有德等，或百人，或五六十人，或三五百人，或千余人，岁终议赴京师面奏，善者旌之，恶者移之，甚至罪之。"① 在地方社会采取"里设老人，选年高为众所服者，导民之善，平乡里争讼"② 的方式，通过"老人"教导乡里百姓，达到"孝顺父母，尊敬长上，和睦乡里，教训子孙，各安生理，毋作非为"③，"岁天下太平矣"的理想境界。如此一来，老人制的设置，可以在基层社会树立起一个权威中心，以民管民，将官吏一手执掌的业务由编户齐民自己来进行，依靠地方社会自身的力量来维持乡村社会的秩序。

正因为朱元璋如此看重老人的作用，所以选任老人的门槛相当高，十分看重德行、名望、见识、公正、经验等，一般选年高德劭、为众人所服者充当，故"老人"又有"耆民""耆老""里老人"之称。如洪武二十七年（1394 年），朱元璋"命有司择民间高年老人，公正可任事者，理其乡之词讼"。④ 明代闽人何乔远记："老人之役：凡在坊在乡，每里各推年高有德一人，坐申明亭，为小民平户婚、田土、斗殴、赌盗一切小事，此正役也。"⑤ 明代闽人蔡献臣《里老总保》记："国朝民差有正有杂。里甲、老人谓之正差。……《大明律》载，合设耆老，须于本乡年高有德、众所推服内选充。《教民榜文》云：民间婚姻、田土、斗殴、相争一切小事须要经本里老人、里

① 《大诰·耆民奏有司善恶第四十五》，第 256 页。
② 《明史》卷 77《食货一·户口》，第 1878 页。
③ 《明太祖实录》卷 255，洪武三十年九月辛亥，第 3677 页。
④ （清）刘淇：《里甲论》，贺长龄等编《清朝经世文编》卷 74《兵政五》，中华书局 1992 年版，第 1818 页。
⑤ （明）何乔远：《闽书》，福建人民出版社 1994 年版，第 1 册，第 961 页。

甲决断。若系奸盗、诈伪、人命重事，方许赴官陈告。而户部申明老人、里甲合理词讼条目，即斗殴、争占、窃盗、赌博、私宰、邪术，里老亦得与闻。"① 明初以来的"老人之役"，在清代也得到法律确认，清之户律规定："凡各处人民，每一百户内，议设里长一名，甲首一十名，轮流应役，催办钱粮，勾摄公事。……其合设耆老，须由本乡年高、有德，众所推服人内选充。不许罢闲吏卒，及有过之人充任。"② 总之，"众所推服"乃是老人资格认定的基本原则，老人被赋予管理民间社会各项具体事务的权力，甚至还让老人监督地方有司。老人凭借其对当地情况的非常了解，凭借其为"众人所服"的有利条件，在处理这些事务时更具有主导性，从而实现对基层社会的控制。

下面具体看一下老人辅佐州县之政事、管理地方基层社会之职责。

一是理讼之责。负责解决乡里纠纷，这是老人最重要的职责，也是设立老人制的初衷。"老人居申明亭……听一里之讼"③，"今出令昭示天下，民间户婚、田土、斗殴相争一切小事，须要经本里老人里甲断决，若系奸盗、诈伪、人命重事，方许赴官陈告"④。朱元璋在《教民榜文》中，明确提出要减少民间词讼，防止乡民越诉，让老人专事调解乡民、族众之间的婚姻、田宅、斗殴等各种民间纠纷。因为"老人里甲与邻里人民，住居相接，田土相邻。平日是非善恶，无不周知"⑤，所以既能"周知邻里"，又能公允执断。如果违反这一规定，则"不问虚实，先将告人杖断六十，仍发回里甲老人理断"。《教民榜文》第二条还对老人需要处理的各类民间诉讼案件做出详细的规定，凡"户婚、田土、斗殴、争占、失火、窃盗、骂言、钱债、赌博、擅食田园瓜果等、私宰耕牛、弃毁器物稼穑等、畜产咬杀人、卑幼私擅用财、亵渎神明、子孙违犯教令、师巫邪术、六畜践食禾稼等、均分水利"等共十九项民间词讼均交由"老人里甲合理"。就是

---

① （明）蔡献臣：《清白堂稿》卷17，福建省图书馆藏本，第13页。
② 戴炎辉：《清代台湾之乡治》，联经出版公司1979年版，第168页。
③ （明）叶春及：《惠安政书》，福建人民出版社1987年标本点，第328页。
④ （明）张卤：《皇明制书》卷9《教民榜文》第二条，第287页。
⑤ （明）张卤：《皇明制书》卷9《教民榜文》第二条，第287页。

当里甲出现纠纷案件时，一般均由老人会同里长裁决，那些里社处理不了或案情重大的刑事案件，也要经老人同意，才能到衙门告官申理。若"不由里老处分而径诉州县者，即谓之越诉"①。对于相对重大一些的案件，只要"本乡本里内自能含忍省事不愿告官"，也可交给里老人处理。同时明确老人也有处理各类案件的义务，要"听其所以，不许推调不理"。老人作出裁决后，要用法律保障老人的地位和其裁判的权威性，"民间词讼已经老人里甲处置停当，其顽民不服，辗转告官，捏词诬陷者正身处以极刑，家迁化外"。"老人里甲剖决词讼，本以便益官府。其不才官吏敢有生事罗织者，罪之。"② 永乐初，老人理讼的权力已不复存在。到永乐三年（1405 年），监察御史洪堪又上书请恢复老人理讼："乞令有司今后词讼除奸盗、诈伪、人命外，若户婚、田土、斗殴相争一切小事，依洪武年间教民榜例付该管老人、里长从公剖决。"上纳之。③

二是教化之责。（这一内容放在后面的"以民教民"部分讨论。）

三是处理地方社会公共事务之责。老人可以以《乡约》《教民榜文》及有关政令为依据，与里长一道在里内负责处理诸如劝督农桑、管理地方治安等方面的事务，从而在基层社会中发挥重要的治民作用，如《教民榜文》中规定老人有劝农之责，他们要督促民众进行农业生产，必须"时常劝谕小民趁时耕种"；广种各种经济作物、养蚕等，"每户务要照依号令，如法栽种桑株、枣、柿、棉花，每岁养蚕"。此外还规定里老有组织里众兴修水利的职责。对那些不听老人劝督、不勤耕作之人，老人有决责权，甚至可以让违抗者全家迁往"化外之地"。如《教民榜文》规定"今出号令：此后止是各该里分老人，劝督每村，置鼓一面。凡遇农种时月，五更擂鼓，众人闻鼓下田。老人点闸不下田者责决，务要严督见丁著业，毋庸惰夫游食"；"里甲老人如常提督点视，敢有违者，家迁化外"。这也是老人必须履行的一项职责，如果没有好好劝督农人，老人就算有罪，"若是老

① （清）刘淇：《里甲论》，第 1818 页。
② （明）张卤：《皇明制书》卷 9《教民榜文》第十二条、第六条，第 288—289 页。
③ 《明太宗实录》卷 39，永乐三年春二月丁丑，第 654 页。

人不肯劝督农人，穷窘为非、犯法到官，本乡老人有罪"①。维护乡里社会的正常秩序是老人管理地方社会事务的另一项重要任务。《教民榜文》从四个方面规定老人管理地方治安的责任：其一，对本乡无赖泼皮严加惩罚。对于横行乡里影响治安之人，有司不得释放，否则老人允许向上检举。其二，对于抢劫强盗之徒，老人负责组织乡民进行缉捕。其三，核查户籍，监督、防止外地犯罪逃到本里或本里人被处罚充军、工役后逃回家，如果有此等事情发生，老人须到相关人家，"叮咛告诫，里内人等，毋得隐藏，将此等军囚，送赴官司……免致连年勾扰邻里亲戚受害"。其四，加强对本乡流动人口的管理，要知道这些外出者到何处、做何事。《大诰》规定："有出外，要知本人下落，作何生理，干何事务。若是不知下落，及日久不回，老人邻人不行赴官首告者，一体迁发充军。"② 老人通过这些措施加强对本地区内社会治安的管理和控制。

四是察举监督之责。老人制还赋予老人察举、监督地方官和乡民的责任，故有"方巾御史"之誉。③ 如对于里长、甲长在乡里社会的所作所为，老人可以随时向官府汇报，如果里长、甲长有犯法的行为，准许"老人指实"，老人甚至可以把他们捆绑起来"赴京具奏"。④《大诰》和《教民榜文》都设专条明确规定老人对里甲的监督职能。其中规定，"朝廷设官分职，本为安民，除授之际，一时不知贤否，到任行事方见善恶。果能公勤廉洁、为民造福者，或被人诬陷，许里甲老人等依《大诰》内多人奏保，以凭辩理。如有贪赃害民者，亦许照依先降牌内事例再三劝谏。如果不从，指实迹绑赴京以除民害。"⑤ 即授予老人监督地方官员的权力，在一定程度上可以约

---

① （明）张卤：《皇明制书》卷9《教民榜文》第二十四条，第291页。
② 《南京刑部志》洪武二十七年三月初二日榜文，黄彰健《明清史研究丛稿》卷2，台湾商务印书馆股份有限公司1977年版，第246页。
③ （明）章潢：《图书编》卷92，转引自张建民《湖北通史·明清卷》，华中师范大学出版社1999年版，第29页。
④ （明）申时行：《明会典》卷20《黄册》，第132页。
⑤ （明）熊鸣岐：《昭代王章》卷4《老人里甲合理词讼》，转引自罗冬阳《明太祖礼法之治研究》，高等教育出版社1998年版，第130—131页。

束地方官员的行为。这一规定在永乐十九年（1421 年）时还被重申：
"自今官吏敢有不遵旧制，指以催办为由，辄自下乡科敛害民者，许
里老具实赴京面奏，处以重罪。"① 察举乡民主要体现在旌表孝子顺
孙义夫节妇上面。《教民榜文》说："本乡本里，有孝子顺孙义夫节
妇，及但有一善可称者，里老人等以其所善实迹，一闻朝廷，一申上
司，转闻于朝。……此等善者，每遇监察御史及按察司分巡到来，里
老人等亦要报告，以凭核实入奏。"② 朱元璋时常把老人们请到南京，
向他们咨询乡里社会状况。老人还可以奏请减免赋税。如宣德二年
（1427 年），顺德府平乡县老人奏本县民逃徙者 429 户，田地荒芜，
粮草代输为难，乞除豁。③

　　正因为老人在地方社会具有如此众多职责，所以州县官非常尊重
他们。史称："里老岁时谒县庭，知县必接之以礼貌，不遽贱辱而答
骂之也。"④ 所以老人承担的职责相当广泛，使其具有一定的"自治
性"特征。在维护地方基层社会的整体秩序、保障乡民的生产生活方
面，老人制确实对基层社会起过较大作用，能"佐州县之政"⑤。时
人称："圣制老人之设，一乡之事，皆老人之事也。于民最亲，于耳
目最近。谁善谁恶，洞悉之矣。尤择一醇谨端亮者为之。以年则老，
识则老，而谙练事务则又老。有渠人，因构一亭书之曰申明亭。朔望
登之以从事焉。是不计仇，非不避亲，毋任口雌黄，不凭臆曲直。善
则旌之，恶则简之。引亦风俗之大机括，而乡落无夜舞之鳅鳝矣。"⑥
老人以年高、德重、善才、名望而对基层社会起到很好的示范、督导
作用，醇化着社会风尚，曾名盛一时。但是，这是一项"理想化"
的基层政治制度，在明初中央控制力量较强的情况下，它能发挥一定

---

　　① 刘海年、杨一凡：《中国珍稀法律典籍集成·乙编》，科学出版社 1994 年版，第 3
册，第 176 页。
　　② （明）申时行：《明会典》卷 79《旌表》，第 457 页。
　　③ 《明宣宗实录》卷 28，宣德二年五月乙未，第 726 页。
　　④ （清）刘淇：《里甲论》，第 1818—1819 页。
　　⑤ （明）吕坤：《实政录》卷 5《乡甲约》，《北京图书馆古籍珍本丛刊》，第 48 册，
第 162 页。
　　⑥ （明）海瑞：《参评·老人》，《海瑞集》上册，中华书局 1962 年版，第 149—150 页。

作用，随着中央权威的弱化，"老人"之前的身份地位和荣誉感也慢慢丧失，甚至成为他们不能承受的职役，真正有德行、有影响力的老人不愿再担任这一职位；加上本身就是德行、儒行象征的一些"老人"自己也腐败至极，导致他们威信越来越低、影响越来越坏，老人制度终将走到历史尽头。海瑞说："乃今老人以钱神为使鬼，希图差勘，瞒官作弊，以肥私囊。间有投诉，此行酒食，曰吾饱吾腹矣；彼私贿赂，曰吾私吾袖矣。至两词俱备，孤疑莫决，彷徨四顾，不能出一语以相正焉。嗣是公道不昭，贞邪莫辨。"① 宣德以后，建于民间的申明亭、旌善亭相继被损坏，"小事不由里老则赴上司"，各地粮长趁机"包揽词讼，把持官府……惟老人则名存而实亡矣"②。宣宗就谓户部大臣曰："比年所用，多非其人。或出自仆隶，规避差科，县官不究年德如何，辄令充应，使得凭藉官府，肆虐间阎，或因民讼，大肆贪饕，或求公文，横加骚扰，妄张威福，颠倒是非，或遇上司官按临，巧进谗言。"③ "祖宗之世立老人正如古乡师党，正以教小民决小讼，必须年高有德者为之。近闻此辈多不出于推择，悉是以贿求妄计上官，侵害下民，以私灭公，无所不至，诚如县令所言。其令布政司治之以法，庶儆其余。"④ 老人丧失其权威性，由"人所敬重"变为"人所耻辱"，"老人名色近皆归于里甲催科及仆隶顶当，朝捶暮楚人皆为耻"。⑤ 各级官府对他们的倚重越来越少，地方民众对他们的信赖越来越弱，他们在乡村社会的地位不再牢固，他们的职权渐为其他基层组织所替代，他们的作用渐为其他精英力量所取代。

（三）宗族自治，补官治之不足

秦晖曾经对国内外学术界普遍流行的有关秦汉以来中国乡村基层控制的模式化认识给出如下极其精彩的概括：国权不下县，县下惟宗

① （明）海瑞：《参评·老人》，第150页。
② （清）顾炎武：《日知录集释》卷8《乡亭之职》，第476页。
③ （清）顾炎武：《日知录集释》卷8《乡亭之职》，第475页。
④ 《明宣宗实录》卷47，宣德三年九月乙亥，第1148页。
⑤ （明）吕坤：《实政录》卷5《乡甲约》，第162页。

族，宗族皆自治，自治靠伦理，伦理造乡绅。① 中国传统社会是宗法社会，宗族一直是传统社会结构的基础，人们大多是聚族而居，宗族组织具有强固的内部凝聚力。曾任江西巡抚的陈宏谋说："直省中惟闽中、江西、湖南皆聚族而居，族皆有祠。"② "今强宗大姓，所在多有，山东西江左右，及闽广之间，其俗犹重聚居。"③ 明清时期是宗族形态发展演变的重要历史时期，新宗族形态形成并普及开来。之前宋明理学家所倡导的"敬宗收族"得到更深层次、更广泛意义上的提倡，通过族谱、宗祠、族田、族长、族学五大核心要素，以血缘为纽带，以伦理为引导，将全宗族力量凝聚起来，共同发展生产，共同抵御灾害，共同解决宗族社会出现的各种问题，在宗族的责任感与使命感下互帮互助，在群体的归属感与认同感下团结族众，实现宗族的稳定传承和繁荣发展。

这一时期宗族组织发展成熟，在宗族发达的地区，伴随着政府乃至内部绅士与首领大力推行乡约、制定族规、设立族长，宗族被组织化，对基层社会治理的能力大大加强。"宗族组织化的实质是宗族乡约化，对基层社会的影响重大，而且加强了宗族与官府的互动关系。明代的宗族乡约化，也是以宋儒重建乡里社会秩序、移风易俗的主张深入基层社会为历史背景的。"④ 宗族实现组织化，一方面是受政府控制乡里社会政令影响，使中央政权、地方政权与基层社会之间的联系得到强化；另一方面是宗族为了约束族人、维护本宗族范围内社会秩序的需要，从而响应官府所推行的乡约，借鉴政府里老制度实行族正制，制定宗族的各项制度，其主旨是强化宗族内部的自我管理和增强宗族内部的凝聚力。所谓"家族自治，足补官治之不足。岩中各族姓，均立有族规，籍以约束子弟"⑤。这样，政府与宗族有较为一致

① 秦晖：《传统中华帝国的乡村基层控制：汉唐间的乡村组织》，《中国乡村研究》第1辑，商务印书馆2003年版，第1—3页。

② （清）陈宏谋：《寄扬仆园景素书》，《近代中国史料丛刊》第74辑，《皇朝经世文编》卷58《礼政》，台湾文海出版社1973年版，第2159页。

③ （清）张海珊：《聚民论》，《皇朝经世文编》卷58《礼政》，第2136页。

④ 常建华：《明代徽州的宗族乡约化》，《中国史研究》2003年第3期。

⑤ 民国《龙岩县志》卷29《杂录》，福建省龙岩市新罗区地方志编纂委员会2003年版，第515页。

的目标，尤其是在维持基层社会秩序方面，双方达成一定共识，互相依存、互相协调、互相支持，推动宗族组织化，促使宗族在基层社会的治理力度越来越大。宗族组织化的目标就是"实现宗族的自治"，如永嘉王氏"察举淑慝，有不率者遵族约以听于祠，一不闻于有司"。乐安董氏族正"正家族之不正之"。商山吴氏宗正副具有审判族人的司法权。淳安洪氏设立"宗约堂"，为约正副的负责词讼之所，约正副会同家族长处理族人投诉的田土争执之事。在家庙重治、惩罚行为不轨的族人，并将不服者送官惩治。① 在某种程度上，宗族、家族组织是发挥地方自治作用的区域社会共同体。

这个时期的宗族不但越来越有规范、有组织，而且通过订族规、设族田、立族长等方式，联合甚至控制地方上的里甲、保甲，逐渐演变为基层政权组织，负担起赋税徭役征派、争端诉讼解决、户籍财产管理、社会治安维护等基层政权的行政管理职能，承担着思想教化、文化教育、社会公益、地方基础设施建设等自治职能，成为基层社会主要的、强有力的实际控制力量，实现对基层社会政治、经济、思想、文化等领域的全面渗透，日益保持着基层社会内部结构的稳定。郑振满对此评论道："家族组织已直接与里甲制度相结合，演变成基层政权组织。……'私'的统治体制不断得到了强化，乡族组织与乡绅集团空前活跃，对基层社会实现了全面的控制。"②

宗族的权威，在很多情况下得到官府的认可，对于统治者来说，其有利于统治基础的扩大和更新，缓和矛盾，稳定秩序。所以，宗族得以把持基层社会的多项公共事务，与此相反，原先属于里甲或保甲的权力则有所削弱，它们的作用日益弱化。进一步来看，这种权威背后因为有血缘关系的束缚、思想言论的控制和经济实力的支撑，还得到地方社会的普遍认可。宗族中的一些社会精英主要是利用积累起来的财富积极兴办各项宗族活动，以经济利害关系来吸引、束缚族人，使他们心甘情愿接受宗族组织上、言论上、思想上、行动上的安排。

---

① 常建华：《明代宗族研究》，上海人民出版社 2005 年版，第 305 页。
② 郑振满：《明清福建家族组织与社会变迁》，湖南人民出版社 1992 年版，第 242—257 页。

宗族通过修建祠堂、编纂族谱、祭祖团拜、购买族田、设立义学等方式，强化宗族力量，维护地方秩序，规范人们行为，控制本族社会政治、经济、文化生活的方方面面，连人们的日常生活基本上离不开宗族。

比如政治方面，宗族"力图在它的成员中维持法律和秩序，不让它们的纠纷发展成为牵动官府的诉讼"①。为维持宗族内部的良好秩序，宗族经常利用家法（民间法或习惯法）来代替国法，对不法子弟予以惩罚。因为"家乘原同国法，家法章足国宪。况国法远，家法近，家法森严，自有以助国法所不及"。②宗族甚至还可以审理各种案件，《汉阳朱氏宗谱》规定："倘有不法之徒，不遵约束，轻则由该族长治以家法，重则许投鸣地保，送县惩办，决不姑宽。"明中叶浙江温州府《王氏族约》规定："凡族中忿争，不关白族长及听断未决，辄赴官扰者，罚于祠。"该族王东崖建祠，"著族约，立约正，司讼司纠，旌察淑慝，有陵噬忿争者则遵约听之，不使烦有司"。"每岁之春，祭毕大会族众，欢以酒食，申以训辞，衣冠来集者几千人，肃肃雍雍也。"③凭借血缘及地域上的自然亲近，家法族规甚至比国法更能发挥作用。所以，宗族可以通过"家法""族规"抑制宗族成员的违规行为，调节宗族成员及宗族之间的矛盾纠纷，达到维护基层社会秩序的目的。冯桂芬指出，族中尊长凭借家法族规能有效地解决族内的各种事端，"牧令所不能治者，宗子能治之"，因为"牧令远而宗子近也"④。

比如经济方面，宗族可以管理市场，并解决本乡与他乡在商业中可能出现的矛盾问题。在宗族组织比较发达的福建地区，一些宗族甚至专门订立建立墟市的《合同》："立合同人胜公子孙同曾侄孙礼崇

---

① 费正清：《剑桥中国晚清史》上册，中国社会科学出版社 1994 年版，第 13 页。
② 同治十年《武陵熊氏四修族谱》卷首《宗法十则》，转引自王日根《"官民相得"传统与现代社会治理》，《社会治理》2016 年第 2 期。
③ 王日根：《明清时期社会管理中官民的"自域"与"共域"》，《文史哲》2006 年第 4 期。
④ （清）冯桂芬：《显志堂集》卷 11《复宗法议》，《清代诗文集汇编》，第 632 册，第 673 页。

公子孙御祖、洪生、熊云、中彦、雄彦、一彦、圣乾、微耀等，为本乡之水口新起公平墟，老少欢悦，俱各齐心踊跃，各出自己粮田以作墟场，共建造店宇并小庄，皆照八股均派。"① 上杭蛟洋和新坊的集镇，也基本上掌控在地方宗族手中。② 针对市场上可能出现的本族人与外乡人之间的纷争，永定古竹墟市这样规定："倘苏姓与外乡人争斗，则苏之老成必呵责族人而好言以安外人，其有外人实系无礼，亦必以理劝释之。"③ 宗族受地方官府大力提倡的一个重要原因，还在于它在经济方面有确保国家赋役正常征收的重要作用，因为许多宗族的"族规"、"宗谱"或"家法"都有严格规定，要求族人必须"完纳钱粮，成家首务，必须预为经画，依期完纳"④。宗族通过"守望相助，疾病相扶持"和"同族相恤"，在一定程度上可以缓解农村贫困和抵御天灾人祸。

比如文化方面，宗族对教育十分重视，希望族人能够科举中第，光大本族，保持家族的声望经久不衰，许多宗规鞭策族人通过科举考试跻身官场，强制把部分族产留作族内子弟读书赶考的专门经费。如：浙江后岸柯氏《族训》规定："奖励科贡诸生，有花红银两等事。"江西婺源芳溪潘氏的族规同样规定："诸废并兴，聚书千家，择善而教，弦歌之声不弛昼夜。"在徽州地区，这种现象更比比皆是，或设置家塾、义学，或购买书籍，或予以物质帮助，或提供科考经费，或实施科举奖励，凡是与族中子弟求学、科考有关的事项基本被囊括在内。如："族内子弟有器宇不凡、资禀聪慧而无力从师者，当收而教之，或附之家塾，或助以膏火。""子姓十五以上，资质颖敏、苦志读书者，众加奖劝，量佐其笔札膏火之费。另设义学以教宗党贫

① 长汀县《范阳邹氏族谱》卷29，转引自郑振满《明清福建家族组织与社会变迁》，湖南教育出版社1992年版，第105页。
② 长汀县《范县邹氏族谱》，转引自张侃《从宗族到国家：中国共产党早期的基层政权建设——以1929—1934年的闽西赣南为中心的考察》，《福建论坛》（人文社会科学版）2002年第5期。
③ 道光《永定县志》卷16《风俗志》，清道光十年刻本。
④ 钱杭、谢维扬：《传统与转型江西泰和农村宗族形态》，上海社会科学院出版社1995年版，第116页。

乏子弟。""广储书籍于济美祠中黄山楼上以惠宗族。""俟本祠钱粮充足之时，生童赴试，应酌给卷赀；孝廉会试，应酌给路费；登科、登甲、入庠、入监及援例授职者，应给发花红，照例输赀。倘再有余，应于中开支修脯，敦请明师开设蒙学，教育各堂无力读书子弟。"① 在各宗各族鼎力支持下，整个明清时期，徽州地区的文化教育事业十分发达，诵读之风、科考之风盛行。

比如社会公共事务管理方面，宗族承担事关族人基本生活保障的大部分社会救助活动。如在江西的瑞金，"每姓必建立祠堂，以安先祖，每祠必公置产业，以供祭祀，名曰公堂。其公堂，合族公举一二人司其出入，四时祭祀外，有赢余则惠及族之鳏寡孤独，量给养赡，子姓有登科甲入乡校者给予花红赴城，助以资斧，略做范文正公义田之意"②。徽州的宗族更是提倡"骨肉亲情，同族为一家"，族中一人地位下降可得到同族的佐助，即："人身之疾在乎一肢也，而心为之烦，貌为之悴，口为之呻，手为之抚，思乎一身之化为十百也，何忍自相戕刺而不顾乎，何忍相视如途之人乎！"③ 尤其是发生天灾人祸时，对贫乏的族人来说，义仓、义宅就显得尤为重要。很多宗族积极设义仓，保障族众安然渡过灾荒；置义宅，保障族中贫者有安身之处，不至于饿死、冻死沟壑。如安徽歙县黄天寿，"割田百余亩以赡族之贫者，故建义仓以为出入之所。且请于官，别立户收税，以为永久之计。有司上其事，抚台锡扁嘉奖，鼓乐导送，以为里俗之劝"④。这一义行使族众受益，他也得到族人的敬重与礼遇，在他死后，族人甚至在义仓内为其塑像，过年过节时祭祀跪拜。其他如修桥，修路，修筑、养护水利设施等各项工程，宗族组织动员全村甚至数村人的力量共同参与；在解决水利纠纷等事务中，也靠宗族来组织协调、发挥

---

① 雍正《歙县潭渡孝里黄氏族谱》卷6《康熙己亥公立德庵府君祠规·议鼓励教育子弟》，卞利《明清徽州族规家法选编》，黄山书社2014年版，第300页。
② 道光《瑞金县志》卷1《舆地志·风俗》，清道光二年刻本。
③ （明）方孝孺：《逊志斋集》卷1《宗仪》，《四库全书》本，集部，第1235册，第8页上栏。
④ 《潭滨杂志》中编《义仓》，转引自陈瑞《明清徽州宗族的内部救济》，《中国农史》2007年第1期。

作用。

　　宗族对基层社会的各种控制，具体是通过族长、族正来实现。为了有效管理宗族事务，每一宗族都要推举负责人。明清时期大的宗族一般设总管一人，族长一人或多人，管理日常事务。族长通常是德才兼备的长者，"族长齿分居尊，统率一族子姓，评论一族事情，公平正直，遇事辄言，乃其职也"①。族长是家族的权威，对外见官，交涉与其他宗族的关系，对内管理家族内部事务。陈宏谋在《谕议每族各设约正》中对族正的权力有详细描述："如族中某房有不孝不弟习匪打降等事，房长当即化导，化导不遵，告知族长，于祠中当众劝戒，如有逞强不率，许其报官惩处。不许擅自处死。至于口角争斗，买卖田坟，族房长秉公处断。即为劝释。如与外姓争斗者，两造族长、户长秉公会议，应劝释者劝释。如经官司，两造族长房长当堂公言，偏袒者分别罚戒。族中有孝弟节义之善事，亦许报官请奖。族长、房长身故，公举报官承替。……至于地方承缉逃盗，拘拏案犯，承应官府原乡地保甲之事，概不责之族长。"从中可以看出，族长治理地方基层社会时，具有司法、教化、察举孝义、处理日常纠纷等方面的权力。以族长为族众的法律仲裁者，赋予了宗族一定的政权性质。"民有争执之事，先经本系族正、房长暨村正与村之贤德者平之。"②"族长以宣列祖之训，弟男子侄悉听其裁成，礼义耻廉咸遵其教导"，若有"倚势凌人，经鸣族长者，重责十五板"。清代以族正为代表的家族首领在法律上取得对民间基层社会中解决纠纷的相关权力后，负有明朝里老相当部分的职责。③

　　当时宗族的发展，使得政府只能借助宗族本身的力量来实现社会控制。雍、乾时期清廷曾谕令试行族正制，作为政府与宗族发生关系的中介，并予以族正准官方身份。④ 官方甚至发给族长官牌，以约束

---

　　① 费成康：《中国的家法族规》（附录），上海社会科学院出版社 1998 年版，第 271 页。
　　② 胡朴安：《中华全国风俗志》下编，上海科学技术文献出版社 2008 年版，第 31 页。
　　③ 胡兴东：《元明清时期基层社会组织和社会控制研究》，《光明观察》2005 年 1 月 21 日。
　　④ （明）何良俊：《四友斋丛说》卷 9《史五》，第 75—82 页。

族人；道光十年（1830 年），官府仍重申："该处通省皆聚族而居，每姓有族长绅士，凡遇族姓大小事件，均应族长绅士判断。"① 道咸之际，朝廷明确规定："凡聚族而居，丁口众多者，准择族中有品望者一人立为族正，该族良莠，责令察举。"②

在宗族中，富民或士绅阶层处于绝对控制主体的地位。因为族长的选任虽说是以德才兼备为主，但是从担任族长的实际情况看，他们大多是本族的"殷实之人"。冯桂芬指出："族正以贵为主，先进士，次举贡生监，贵同则长长，长同则序齿。无贵者或长长，或贤贤。族约以贤贤为主，皆由合族公举。"③ 无疑，"宗族是以士绅为首的组织"④。如安徽，"徽俗士夫巨室，多处于乡。每一村落，聚族而居，不杂他姓。其间社则有屋，宗则有祠"⑤。"士夫巨室"利用宗族对一族之人进行合理统治。

中国传统社会得以长期延续下来的重要原因之一，是它具有持续自我修复、自我完善的发展机制。明清时期，国家政权和宗族组织相互扶持、相互补充，从不同层面致力于基层社会治理。其中以富民或士绅化的富民为核心的宗族治理，比单纯的国家政权治理在方式上更为细密，在效果上更为明显。因为他们的权力来源于血缘、地域、财产、文化等，是不可逾越，也是无法被取代或受外来势力侵袭的，而且乡人在思想感情上更易于接受，亲族间相扶相持、相教相助，使基层社会充满浓郁的人情味。"官与民疏，士与民近。民之信官，不若信士。……境有良士，所以辅官宣化也。"⑥ 清雍正年间江西巡抚陈宏谋在总结宗族自治的作用时说："临以祖宗，教其子孙，其势甚近，

① 《清宣宗实录》卷 7，道光十年十二月乙酉，第 35 册，第 8621 页。
② 《钦定户部则例》卷 3《户口·保甲》，第 7 页，同治十三年校刊本。
③ （清）冯桂芬：《显志堂稿》卷 10《复宗法议》，《清代诗文集汇编》，第 632 册，第 674 页。
④ 苏耀昌：《华南丝区：地方历史变迁与世界体系理论》，转引自冯尔康《顾真斋文丛》，中华书局 2003 年版，第 285 页。
⑤ （清）许承尧：《歙事闲谭》卷 8《程且硕·春帆纪程》，黄山书社 2001 年版，第 258 页。
⑥ 李燕光：《清代的政治制度》，《明清史国际学术讨论会论文集》，天津人民出版社 1993 年版，第 257 页。

其情较切，以视法堂之威刑，官衙之劝戒，更有大事化小、小事化无
之实效"，"以族房之长奉有官法以纠察族内之子弟，名分即有一定，
休戚原自相关，比之异姓乡保甲自然便于觉察，易于约束"①。宗族
通过设义学、订族谱、读族规等方式进行家风、族风、乡风教育，一
代一代传承并发扬光大中华民族的传统美德、优秀品质和灿烂文化。
他们利用自身的血缘和地缘关系形成权威和纽带，对当地民众有巨大
凝聚力，依靠约定俗成和继承下来的习俗、习惯有效地控制和管理基
层社会，成为官府在地方社会的代言人，成为基层社会的实际掌控
者，在维护地方社会秩序、推动地方社会经济发展、塑造地方民风民
俗方面发挥着重要作用，使中国传统乡村社会具有超常的稳定性。

（四）乡约治乡，处理地方事务

关于乡约的设立及其在中国乡村社会秩序构建方面所发挥的重要
作用，已有许多学者进行过讨论，如王先明、尤永斌说："乡约即乡
规民约，它是由本乡人民自己订立，为维护共同利益而要求集体遵守
的一种道德引导性组织。"② 卞利说："乡约是宋明清时期被普遍推广
实行的一种民众组织，是居住在乡村或城镇中一定范围的人群，为了
御敌卫乡、劝善惩恶、厉行教化、保护山林或应付差役等共同目的，
依地缘或血缘关系而建立起来的一种民间组织。"③ 汪毅夫说：乡约
"是地方政权与乡绅势力联合重建社会秩序的表现"④。曹国庆说：
"乡约与保甲、社学、社仓打成一片，建构以乡约为中心的乡治体
系。"⑤ 可见，它既是学术界普遍关注的一个问题，也是中国乡村社
会普遍存在的一种现象。在中国乡村社会，源于劝诫或惩戒民众、协
调乡村社会秩序的需要，乡规民约起源甚早，到北宋时期，以《吕氏
乡约》为代表，出现专门的乡约组织，其行为规则条文不仅是乡民自

---

① （清）陈宏谋：《谕议每族各设族正》，徐栋辑《保甲书》卷3《广存》，安徽师范
大学出版社 2012 年版，第 118 页。
② 王先明、尤永斌：《略论晚清乡村社会教化体系的历史变迁》，《史学月刊》1999
年第 3 期。
③ 卞利：《明清时期徽州的乡约简论》，《安徽大学学报》2002 年第 6 期。
④ 汪毅夫：《试论明清时期的闽台乡约》，《中国史研究》2002 年第 1 期。
⑤ 曹国庆：《明代乡约推行的特点》，《中国文化研究》1997 年第 1 期。

我愿意的体现，而且是乡民处理民间性社区事务的重要依据，对明清乡村治理模式的形成影响很大。各地乡约的具体条文规定侧重点可能各有千秋，比如有强调社会公共事务中济危救贫的，有强调社会成员修身养性的，有强调自然生态保护森林耕牛的等不同内容，但它们的价值目标明显趋同，比如在赋役完成、思想教化、乡治维护、福利追求、民风民俗引导等公共事务方面，更为统一。

总之，乡约被看作从民间社会内部自己发展起来的一种民间组织及规则，用于社会教化和处理地方性的社会事务。本书所涉及的就是乡约的两大作用：一是乡约的"乡治"作用，属于"以民治民"的范畴；二是乡约的"教化"作用，属于"以民教民"的范畴。后一个将放入本书的第五章加以讨论。

乡约的"乡治"作用伴随着乡约的发展演变过程而产生。乡约最先是宋代士大夫倡导建立的一种民间组织形式，它设立的目的是在民间社会开展思想教化，向全体民众宣传传统政治统治的合理性，提倡良好的社会风气。明代老人制度被破坏之后，为在基层社会重新树立起精神领袖，乡约又被重新提倡。清代时继续推行乡约，并赋予乡约更多的权利和义务。由于乡约不是正式的行政建置，约正、约副不是正式的行政官员，没有具体的办公场所和办公经费，乡约要发挥作用，更需要地方社会力量的积极配合。一般情况下，能担任乡约约正、约副的，基本是"家道殷实"者，所以宗族族长往往也凭借经济实力任约正、约副，从地缘和血缘的角度上更便于控制族人，"以良民治良民"，解决一些官府无法解决的问题，负责乡里的社会事务，实现对基层社会的管理。尤其是明中后期以及清朝，很多宗族建立起宗族性乡约，在基层社会兼具天然权威控制和伦理道德教化双重功能，使乡约从单纯的思想教化转变为综合的基层管理，从基层社会的精神教化领域向政治经济领域拓展，从士大夫提倡转变为国家倡导，从而成为一个负责起乡里社会全部事务的地方"自治"组织，它力图维持或重建乡村秩序，实现乡治。

乡约虽然是民间提倡，但已形成一整套完备的制度，具体包括：乡约主事者、组织形式、活动场所、推行原则、管辖范围、实施措施、程序仪式等。以最著名的王阳明所订《南赣乡约》为例，它的乡约主事者有多种名称，比较常见的是约长、约正、约副、知约、约史、约赞等；组织形式是约会，活动场所是约所（寺院主持的乡约则是寺观）；推行原则是表彰善行、纠正过错；管辖范围也比较广泛，包括赋税征收、言行礼俗、置田鬻产、婚丧嫁娶、偿债追息、恩怨复仇、防范盗贼、移民安置、保护山林及耕牛等。护林养山的类似约规在明清徽州地区的乡约中尤多。① 实施措施主要是根据乡民的具体行为，对正确的做法予以登记表彰，对错误的行为根据情节轻重予以处治惩罚，情节轻的，或劝诫记过，或赔偿损失；情节重的，或削去庄户，更为严重的，则告官惩治，甚至协官诛灭；程序仪式有缴纳约费、规定会期、会前准备、会中彰善纠恶等。② 总而言之，乡约在推行教化的同时，时刻关注乡治问题，力图解决基层社会的各种实际问题，如从应付差役到教化乡里，从劝善惩恶到保护耕牛山林，从弭盗防贼到御敌防匪等，都参与其中，督促乡民自我教化、自我约束、自我管理。清初陆世仪就说："尝作治乡三约，先按地势，分邑为数乡，然后什伍其民。条分缕析，令皆归于乡约长。凡讼狱、师徒、户口、田数、徭役，一皆缘此而起，颇得治邑贯通之道。"③ 对乡约长要处理的事务讼狱、师徒、户口、田数、徭役等作出了具体规定。康熙时期江西新昌的黄六鸿在《福惠全书》中对乡约长的选任、职责，乡约的措施、方式等有更详细的描述，可以说，一乡的各项具体、琐碎事务基本上都囊括在内。书中记载："讲乡约，必择年高有德为众所服者为之约讲。约讲有正副，谓之讲正、讲副。讲正、讲副所以董读讲之政……一村自有村长，一族自有族尊，即村长、族尊为之约讲，而自举其副焉。……若夫城中……其正、副约讲，亦如各乡之制。但乡城所举约讲正、副，以及村长、族尊，仍须按乡城开报花名，投送州县，州县点验，果堪膺选，方任以约讲之事。"对乡约讲正、讲副的选择、职责、管理等进行了详细规定，使他们能够在基层社会现实客观条件

---

① 陈柯云：《略论明清徽州的乡约》，《中国史研究》1990 年第 4 期。
② 《王阳明全集》卷 17《南赣乡约》，第 599—604 页。
③ 陆世仪：《论治邑》，《清朝经世文编》，第 545 页。

下，因地制宜，发挥所长，有所作为。"州县官有钱谷刑名之责，不能远赴四乡，而四乡之民亦有农桑商贾之务，不能远赴治。故每乡宜设一讲约所，或合乡共讲，或就宽大寺院庵观，亦可知每村每族俱宜专设，或就村之寺宇，族之祠堂，但须洁净可奉龙牌，宽敞可容听众。"具体的宣讲事项有，"每讲读毕，约讲与在事人及首领绅衿长老各举某人行某孝行，某弟作某善事，拯救某人患难，周恤某人贫苦，或妇人女子某为节，某为烈，俱要实迹，公同开载劝善簿内"，"如某人行某忤逆不孝，某人行某悖乱不悌，作某恶事，欺凌某人，强占某人财物，及奸宄不法事，俱要实迹，工开开载纠恶簿内"。①

乡约对地方基层社会的教化和治理确实能发挥积极作用，所以得到官方的认可和支持，官倡民办的乡约大量存在。统治者选拔地方社会最有号召力的富民或士绅化的富民担任约正、约副，赐他们予一定的政治待遇或物质鼓励，"给以冠带，待之礼貌"，"量给廪饩"，调动他们参与地方社会事务的积极性，引导他们在基层政治中发挥作用。同时，规定"不许罢闲吏卒及有过之人"充应城乡约约正、副，"违者杖六十"。② 很多地方官重视发挥乡约约正的作用，激发其积极性，保证其权力在实践中可以得到某种程度的实现。如对那些"举充乡集者，免其徭役"；如果成绩再突出一些，"乡集者如能劝化地方息争安分并无倚势偏徇被控情事，并实力稽查奸匪著有成效者，一年由地方官给予花红，三年送给匾额，五年详请大宪优加奖励"。相反，如果办事不公，借此引发事端者，则要受到惩罚。"倘有熟识衙门，借此包揽钱粮词讼及插身帮讼情事，除立即斥退外，仍照例究办。"③ 显然，统治者的目的是通过乡约组织控制地方社会。从乡约本身来说，它是民间社会自己的组织，从民间社会中选出的约正了解本地的情况，通过自己的力量来解决内部的问题，不仅从感情上、心

---

① （清）黄六鸿：《福惠全书》卷 25《教养部》，光绪十九年京都沙土园书行雕版刻本，转引自胡谦《乡约、保甲长调处与清代民事纠纷解决》，《石家庄学院学报》2011 年第 2 期。

② （清）徐栋：《保甲书》卷 1《定例》，第 9 页。

③ （清）徐栋：《保甲书》卷 2《成例下》，第 54 页。

理上易于为民众所接受，而且使乡里生产、公益事业能够较为及时、公正、有效地得以解决。徐栋对此有恰当的评价："乡党耳目之下必得其情，州县案牍之间未必尽得其情，是在民所处，较在官判断为更允矣。"①

对于明代乡约的推行，时人是毁誉参半、褒贬不一。褒之者，称"此二帝三王之遗制，虽圣人复起，执众齐物，舍是无术矣"，"乡甲之行，有十利而无一害"，可谓推崇备至。贬之者"以为愚阔，腐儒行之，多增烦扰"。② 乡约的发展过程中，固然有不少流弊，但它在改善社会风俗、和睦邻里、维持地方利益方面的历史地位和作用同样不可磨灭。吕坤曾说，乡约之法"但实行则事理民安，虚行则事繁民扰，不行则事废民恣"。还说"有司视为常套，谈者反唇。闾巷苦其骚烦，闻之疾首，非法之不良，民之难令，则行法者为法之病也。"③ 如果它确实得到贯彻实行，则事理民安，如果它只是行同摆设，则事繁民忧，如果直接不去实行，则事废民恣，问题的关键在于执行者在实践中如何去做。

乡约由民间社会自发产生，以非官方的面目出现，即使是官办乡约，也是由民众自我管理、自我实施，目的是稳固乡村社会秩序，是一种"以民治民"的"自治"模式。《蓝田吕氏乡约》《朱子增损吕氏乡约》是明清各个时期、各个地方乡约关系和乡约制度的范本。陈宏谋就指出："蓝田（县名）吕氏兄弟皆从学于伊川、横渠两先生，德行道艺萃于一门，为乡人所敬信，故以此为乡人约。可见古人为学，不肯独善其身、亦不必居官，始可以及人也。"④ 针对陈宏谋的按语，有学者分析，"这里所谓'为乡人所敬信，故以此为乡人约'事关乡民受约和乡约的自愿原则，'不肯独善其身、亦不必居官始可

① （清）徐栋：《牧令书》卷17《刑名上》，同治戊辰江苏书局刻本，转引自胡谦《乡约、保甲长调处与清代民事纠纷解决》，《石家庄学院学报》2011年第2期。
② 曹国庆：《明代乡约推行的特点》，《中国文化研究》1997年第1期。
③ （明）吕坤：《实政录》卷5《乡甲约》，第158页。
④ （宋）吕大忠：《朱子增损吕氏乡约》，（清）陈宏谋编《五种遗规》，线装书局2015年版，第162页。

以及人'则语涉乡民自约、互约和乡约的非官方即自治的性质。"①
如黄佐的《泰泉乡礼》，明确规定约正、约副的选任是乡民自己推选
"众所服者"，有司不得干扰。"约正、约副则乡人自推聪明诚信为众
所服者为之，有司不与。凡行乡约，立社仓，祭乡社，编保甲，有司
毋得差人点查、稽考，以致纷扰。约正、约副姓名亦勿遽闻于有
司。"② 但它仍是一种"良民分理于下，有司总理于上"的有限自治，
必然会受乡中名门望族、地方精英、富民豪绅乃至地方基层官吏的一
些操控。所以说，"乡约的发展是朱明统治者为维护自己的统治，利
用地方乡绅与宗族的势力，加强对地方上的控制，巩固政权基础的重
要内容，这也是以从自治标榜的明代乡约能够生存和发展的根本原因
之所在。"③ 如此背景之下，乡约已经能够补官方统治之不足，成为
地方官府的倚重者，成为乡村社会的控制者，成为乡村民众的引领
者，治理基层社会，稳定乡村秩序，是一种"以民治民"的重要形
式，具有某种程度的自治性质。

总之，随着商品经济的发展、社会变迁的加剧、知识精英的成
长、民间社会力量的增强，中国传统社会的民间基层管理呈现一定的
自治倾向，从某些方面能够弥补官方政治体制的不足。当然，这种自
治还受制于传统政治体制的束缚和屈服于统治者的统治意旨，但它毕
竟是基层社会自我管理能力和自我管理意识的彰显，也是明清民间力
量崛起的重要表现之一。明清"以民治民"理念的出现和各种民间
"自治"组织蓬勃发展起来，在民间社会占有一席之地，发挥着自身
的独特作用，与富民或士绅化的富民等民间社会力量的发展壮大密切
相关。政府能采取和容纳粮长制、老人制、宗族、乡约等基层社会自
我管理组织，让其管理社会事务，本身已意味着富民或士绅等地方社
会力量的发展壮大，能够适应国家的这种要求，以自己特有的能力应
付官府的各种义务，发挥自身的优势，从而成为地方社会的实际控制

① 汪毅夫：《明清乡约制度与闽台乡土社会》，《台湾研究集刊》（厦门）2001年第3期。
② （明）黄佐：《泰泉乡礼》卷1《乡礼纲领》，楼含松主编《中国历代家训集成》，
浙江古籍出版社2017年版，第4册，第2044页。
③ 曹国庆：《明代乡约推行的特点》，《中国文化研究》1997年第1期。

者。国家也必须适应社会形势的这种变迁。"这其中，既存在着官方与民间管理权力的此消彼长的一般趋势，同时也存在着彼此目标的一致性和彼此利益的协调，这种二元化的宏观管理模式，既有利于传统社会秩序的保持，又有利于社会变迁的实现。正是这种二元化的宏观管理模式驱动着中国社会日渐走上近代化的征程。"①

---

① 王日根：《明清基层社会管理组织系统论纲》，《清史研究》1997 年第 2 期。

第三章　明清民本思想·养民篇

养民是指要使民众有所养，有适宜生活、生存的条件，即"足食以养民"①。中国有一种说法是"上天有好生之德"，所以吃得饱、穿得暖、维持生命是一个人的基本权利。任何时候，吃穿住行等基本生存问题，都是民众最为关心、最需急迫解决的问题，统治者只有先满足民众基本的生存欲望，才可能对他们提出政治统治、道德教化等更高要求，然后才能让他们讲究生活质量与发展前景。这是人类对其本质的自我意识，承认人的"物质消费需要"的合理性，肯定人的生存权的重要性。从国家养民角度来讲，国家最起码应该做到的事，就是在民众无所养时要解决衣食问题，政府有这个责任。"'社稷'，'国家也'。'社者，所以安民也；稷者，所以养民也。'这是对'国家'含义的科学诠释。"②

"不受饥挨冻"是我们必须承认的人民最低生活标准。"民之所好者衣食足而力役均，其所恶者饥寒之不胜，劳苦之不释也。"③ 只要承认人有生存的权利，那么为这种生活标准而斗争就应该是正义的和合理的。这是"民本"学说的根本生存基础。邱濬说："民之所急者衣食也，吾征而取之，民虽未怨也，吾则思曰：财穷则怨，民之心也。"④ 李贽说："盖有此生，则必有以养此生者，食也。"⑤ 戴震说：

---

① （清）唐甄：《潜书·考功》，古籍出版社1955年版，第110页。
② 林金树：《中国古代思想史·明清卷》，广西人民出版社2006年版，第205页。
③ （明）王直：《抑庵文集》卷5《赠李知府赴任诗序》，《四库全书》本，集部，第1241册，第106页下栏。
④ （明）邱濬：《大学衍义补》卷首《炳治乱之几先》，京华出版社1999年版，第17页。
⑤ （明）李贽：《焚书》卷3《兵食论》，中华书局1961年版，第93页。

"民之质矣，日用饮食。"① 王夫之认为物质生活欲望是人类社会存在的前提，是正当的、符合天理的。他说："是礼虽纯为天理之节文，而必寓于人欲以见。"② "人欲之各得，即天理之大同。"③ "饮食男女之欲，人之大共也。"任何人都逃不开这些基本欲望，所以"君子敬天地之产而秩其分，重饮食男女之辨而协其安"。④ 君子要充分重视这一问题，积极推动物质生产即发展"天地之产"，使之能满足天下万民的"饮食男女之欲"。顾炎武认为，"国家治乱之原，生民根本大计"⑤。唐甄认为，人类社会的物质生产、文明发展，都是为了民，为了人自身的生存。他说："人之生也，身为重。自有天地以来，包牺氏为网罟，神农氏为耒耜、为市货，轩辕氏、陶唐氏、有虞氏为舟楫、为服乘、为杵臼、为弓矢、为栋宇，禹平水土，稷教稼穑，契明人伦，孔氏孟氏显明治学，开入德之门，皆以为身也。"⑥ 所以，以民为本，首先要保证民的生存权。林则徐认为既然"民为邦本"，"恤民生"就应该成为统治者最为重要的职责。他在一份奏稿中说："尽职之道，原以国计为先，而国计与民生实相维系，朝廷之度支积贮，无一不出于民，故下恤民生，正所以上筹国计，所谓民为邦本也。"⑦ 在这里，他把"国计"与"民生"、"朝廷"与"恤民生"相联系，将"恤民生"提高到与"国计"同等重要的地位，因为恤民生才能富国，富国才能强国。

第一节　继承传统的明清养民思想

"养民"一词最早见于《尚书》，书中记载："德惟善政，政在养

---

① （清）戴震：《孟子字义疏证》卷上《理》，中华书局1961年版，第9页。
② （清）王夫之：《读四书大全说》卷8，中华书局1975年版，第519页。
③ （清）王夫之：《读四书大全说》卷4，第248页。
④ （清）王夫之：《诗广传》卷2《陈风四论》，中华书局1964年版，第60页。
⑤ （清）黄宗羲：《思旧录·顾炎武》，《黄宗羲全集》，浙江古籍出版社2012年版，第1册，第353页。
⑥ （清）唐甄：《潜书·有归》，第202—203页。
⑦ 《林则徐奏稿》上《江苏阴雨连绵田稻欠收情况》，中华书局1965年版，第150页。

民。"①"善政"，即"仁政""好的政事"；"养民"指丰衣足食，养育民众。合在一起，即养育民众是君主的一项重要政事。明清时期，有丰富的养民思想和实践。传统的"养民"思想一直存在，它强调立君旨在养育民众，主张养民是君主的主要责任。因为"养民"是统治者争取民心的重要手段，是安定社会的有效方法，得到最高统治者的认同和重视。很多思想家将养民说成君主的"天职"，认为民众不能自治，必须立君以治之，君如父母，民如子女，君主要像养育、疼爱子女一样，时刻为民众着想，养育万民，造就民众，安定民生，为他们的生存、生活创造必要的条件。因此，养民所包含的足食、恤贫、振穷、救荒等内容是民本思想提倡的重要内容。明清时期，传统的养民思想一直为统治者和思想家所强调，具体而言，它着重表现在两个方面。

一 政在养民

（一）统治者的自觉意识——以养民为务

在总结历代治乱兴衰经验教训的基础上，朱元璋明确提出"人主职在养民"②。他还提出："国以民为本，民以食为天，此有国家者，所以厚民生而重民命也。"③ 要治国安民，就要休养生息，以养民为务，使百姓衣食丰足。早在元至正二十三年（1363 年）尚未夺取天下时，他就强调"兴国之本，在于强兵足食"④。朱元璋自己出身贫寒，对民众社会生活有深刻的体会，他知道广大农民生活处境相当艰难，还要承担国家的所有费用，一个统治者的重要责任，就是对他们应予以深切的同情，尤其要关注他们的生活。建国前一年，他带着太子到农民家里去体验生活，并因此告诫说："汝知农之劳乎？夫农勤

---

① 《尚书·大禹谟》，李民、王健译注，上海古籍出版社 2004 年版，第 26 页。
② 《皇明宝训·明太祖宝训》卷 2《圣学》，"中央研究院"历史语言所 1962 年校印本，第 86 页。
③ 《明太祖文集》卷 1《免应天太平镇江宁国广德五府秋粮诏》，《四库全书》本，集部，第 1223 册，第 6 页。
④ 《明太祖实录》卷 12，洪武二月壬申，中华书局 2016 年影印本，第 148 页。

四体，务五谷，身不离畎亩，手不释耒耜，终岁勤动，不得休息。其所居不过茅茨草榻，所服不过练裳布衣，所饮食不过菜羹粝饭，而国家经费皆其所出。"① 意在帮助太子培养起责任意识，使之重视民众力量和关注民众生活。他对地方官讲了同样的道理，他说："农为国本，百需皆其所出。彼辛勤若是，为之司牧者，亦尝悯之乎！且均为人耳，身处富贵而不知贫贱之艰难，古人常以为戒。"② 他希望各级地方官都明白，不要因为自己富贵就不知道贫贱者的艰难，作为民众的父母官，最应该体谅民众的辛勤疾苦，知道民生的艰难，使民能够生产、生活稳定，没有地方官的逼迫，没有盗贼的侵扰，安居乐业："民窭于衣食或迫于苛政则逃，使衣食给足，官司无扰，虽驱之使去，岂肯轻远其其乡土？"③ 国家设置各级地方官吏的责任就在于此，"朕初命官牧民，务在先王之教敷，使民复古，日出而作，日入而息，鼓腹而歌曰：无官逼之忧，盗厄之苦，是以作息自然"④。他多次强调对于财力俱困的民众要倍加爱护。洪武元年（1368 年）登基不久，他对来朝的府州县官说："天下初定，百姓财力俱困，譬犹初飞之鸟，不可拔其羽，新植之木，不可摇其根，要在安养生息之。"⑤ 相反，如果地方官不考虑民众的生存和利益，施政突破了民众基本生存需要的限度，社会力量必被削弱，最后必将破坏国家赖以生存的社会基础，因为"国家政治得失，生民之休戚系焉"⑥。他还以人御马为例子做进一步发挥。他说："民既不能安其生，君亦岂能独安其位？譬之驭马者，急衔勒，厉鞭策，求骋不已，鲜有不颠蹶者。马既颠蹶，人能无伤乎！"⑦ 统治者只有确认民众是社会的主体，关注民生，重视民众的利益、诉求，统治才不会被推翻。所以，不能残酷压迫和过

---

① 《明太祖实录》卷 27，吴元年十一月甲午，第 414—415 页。
② 《明太祖实录》卷 42，洪武二年五月乙巳，第 831 页。
③ 《明太祖实录》卷 208，洪武二十四年三月癸亥，第 3099 页。
④ 《大诰续编·科敛驴匹第五十六》，《续修四库全书》，上海古籍出版社 2002 年版，史部，第 862 册，第 293 页。
⑤ 《皇明宝训·明太祖宝训》卷 3《任官》，第 154 页。
⑥ 《皇明宝训·明太祖宝训》卷 3《戊午》，第 182 页。
⑦ 《明太祖实录》卷 76，洪武五年九月丁酉，第 1401 页。

度榨取民众，造成民众极端贫困，足食对于民的重要，就像土地对于树的重要一样，剥夺民食，就是剥夺民众的生存基础，民众不可能生存下去。"天地生物所以养民，上之取民不可尽其利。夫民犹树也，树利土以生，民利食以养。养民而尽其利，犹种树去其土地也。"①破坏民众的生存，也就是破坏国家赖以存在的社会基础。

明成祖朱棣也说："民者，国之根本也。根本，欲其安固，不可使之凋敝。是故圣王之于百姓也，恒保之如赤子，未食则先思其饥也，未衣则先思其寒也。"② 他深知以农为本的道理，也深知农事之艰难，要求地方官要顺民情行政。他说："治天下者以天下之心为心，治一方者以一方之心为心。朕居君位，夙夜念虑未尝忘民，每思饮食衣服百物之奉皆出民力，民或有寒不得衣，饥不得食，劳不得息，朕何思独安？尔等皆以才贤，为国家任牧民之职。夫受人寄者，当尽己力；为人上者，当推己之心。治民之道，衣食为先，不害播种则民无饥，不防蚕桑则民无寒。盖民之衣食皆出己力，未尝仰给公家，惟赖公家统理以免强陵众之患。尔等当明其利害，顺其好恶，去其为恶之人，则善者自安；惩其趋末之习，则务本者自固。"③ 要用心、用力来治理民众，保证民众无饥、无寒，衣食无忧地生活。他自己施政时，特别注意做到这一点。永乐十年（1412 年），山东定陶、河南中牟等县耆老本来因为接受赈济而希望到朝廷感谢龙恩，成祖认为让民众谢恩并不是他的本意，不同意他们这样做，并且对户部大臣说："天子以天下为家，则以天下为休戚。比念民饥令有司发粟赈之，此国之恒典；况郡县储蓄，政为民计，而使人废其农业而远来谢恩，非朕意也。已令止之……再移文止之。"④ 既然天子以养民为务，以天下为休戚，赈济灾民就是他的职责，民众根本用不着诣阙谢恩。又有一次，有官员主张让农户自己把粮食运往北京，他予以制止，说："国以农为本，人之劳莫如农……幸足供赋租，而官吏需索百出，终

---

① 《明太祖实录》卷 130，洪武十三年三月壬辰，第 2065 页。

② 《明太宗实录》卷 92，永乐七年五月庚寅，第 1210—1211 页。

③ 《明太宗实录》卷 27，永乐二年春正月丙午，第 492—493 页。

④ 《明太宗实录》卷 131，永乐十年八月壬戌，第 1617 页。

岁不免饥寒，又可令输数千里之外乎?"① 他从体恤民众出发，认为民众已向朝廷缴纳赋租，并且会被官吏勒索，生存已经很不容易，不能再额外增大他们的负担。对于一个帝王来说，能有这样的认识和做法应该是难能可贵的。

　　作为明代内阁首辅的杰出代表，张居正注重的始终是民生国计这一根本，他引述《尚书》"民惟邦本，本固邦宁"的思想，阐发了"惟百姓安乐，家给人足，则虽有外患，而邦本深固，自可无虞"的主张，给万历皇帝提出许多事关"民生""国用"的良好建议，比如："当民穷财尽之时，若不痛加省节，恐不能救也。伏望皇上，轸念民穷，加惠邦本，于凡不急工程，无益征办，一切停免。敦尚俭素，以为天下先。仍乞敕下吏部，慎选良吏，牧养小民。其守令贤否殿最，惟以守己端洁，实心爱民。""庶民可生遂，而邦本获宁也。""审几度势，更化宜民者，救时之急务也。""以节财爱民为务。"②"愿皇上重惜民生，保固邦本，则百万生灵，仰戴至仁，实社稷灵长之庆。"③"窃闻致理之要，惟在于安民，安民之道，在察其疾苦而已。"④ 为最高统治者建言献策。他自己在首辅任上，身体力行，从而在身后留下"海内肃清，四夷詟服，太仓粟可支数年，囧寺积金至四百余万"⑤ 的富国安民政绩。

　　康熙帝认为，"民为邦本，政在养民"⑥，治国就必须养民，他很推崇汉代的"文景之治"和唐代的"贞观之治"，力求效法他们"休养生息"的政策和经验，采取一系列减轻赋税、鼓励垦荒等养民政策，体现对国计民生的关切。因为他认识到，民众之所以会反抗统治，主要是由于生活所迫，如果丰衣足食，社会自然也就安定。

---

　　① 《明太宗实录》卷214，永乐十七年秋七月辛亥，第2147页。

　　② （明）张居正：《张文忠公全集》卷1《奏疏一·陈六事疏》，商务印书馆1935年版，第1页。

　　③ （明）张居正：《张文忠公全集》卷1《奏疏九·请罢织造内臣对》，第140页。

　　④ （明）张居正：《张文忠公全集》卷1《奏疏十一·请蠲积逋以安民生疏》，第166页。

　　⑤ （明）谈迁：《国榷》卷71，中华书局1958年版，第4414页。

　　⑥ 《清史稿》卷8《圣祖本纪三》，中华书局1977年版，第278页。

（二）思想家的民本要求——立君以养民

明代很多贤臣强调治理国家应以民为本、关注民生。一些思想家对君主的养民责任提出更多、更明确的要求。

如刘基针对元季"民饥而盗起"、局势动荡不安的状况，曾明确提出要"养民瘳国脉"。[①] 他对民生劳艰表现出深切的同情和悲悯，并进一步分析这种情况出现的根本原因就在于执政者不懂得如何"养民"，不懂得"养民"与"治国"之间不可分割的内在联系。薛瑄把保证民众生活当作治理天下的三大要素之一，他说："养民生，复民性，禁民非，治天下之三要。"[②] 滋养民众的生计，恢复民众的天性，禁止民众的恶习，这是为官之人治理一方的三大要素，必须时刻铭记在心。李贽认为以民为本，要以安民、养民为念，他对那些为国为民的贤良大臣大加赞扬。如在评价三国蜀臣谯周、五代的冯道时，他说："夫社者，所以安民也；稷者，所以养民也。民得安养而后君臣之责始塞。"[③] 他强调国家社稷家的职责就是安民、养民，谯周、冯道正是履行了这一职责，他还主张减轻人民负担，与民"休养生息"，给民众创造一个安定的生存环境。

方孝孺明确提出"立君养民"论。他认为："天之立君也，非以私一人而富贵之，将使其涵育斯民，俾各得其所也"[④]；"天之立君所以为民，非使其民奉乎君"，君受命于天，"养斯民"乃"君之职"[⑤]；"治天下者固不可劳天下之民以自奉也"[⑥]。因为"夫人民者，天下之元气也"[⑦]。民众是国家存在的根本，民存才能国存，所以君主必须承担养民的责任，这是他的"天职"，而不是让天下之民都来侍奉他

① （明）刘基：《诚意伯文集》卷3《田家》，吉林出版集团有限责任公司2005年版，第87页。

② 章言、李成甲注译：《为政恒言》，三秦出版社1998年版，第210页。

③ （明）李贽：《藏书》卷68《五代冯道》，中华书局1959年版，第1141—1142页。

④ （明）方孝孺：《逊志斋集》卷2《深虑论七》，《景印文渊阁四库全书》，台湾商务印书馆1986年影印本，第1235册，第96页下栏。

⑤ （明）方孝孺：《逊志斋集》卷3《君职》，第102页下栏。

⑥ （明）方孝孺：《逊志斋集》卷3《民政》，第106页上栏。

⑦ （明）方孝孺：《逊志斋集》卷2《深虑论二》，第91页下栏。

一个人。他深刻地指出："天之意以为位乎民上者，当养民，德高众人者，当辅众人之不至。……臣不供其职，则君以为不臣；君如不修其职，天其谓之何？其以为宜然而裕之邪？抑将怒而殛绝之耶？奚为而弗思也。"① 方孝孺的"立君养民"思想在强调"养民"是君主的义务的同时又是民众享有的权利。他认为如果君不履行"养民"的职责，则民可以"怒而殛绝之"，这无疑是一种激烈的主张，确认一般民众具有可以反抗不履行养民职责君主的权利，实际上是对专制君主发出的警告。吕柟也认为君主就是"只当以养民为生"，"此正王道之大，为治切要诚不出此"②。

　　邱濬的"立政养民"最为突出，他提出国家治理的要旨就是"养民"，"养民"的具体措施是"设学校、明伦理，以正其德；作什器、通财货，以利其用；足衣食、备盖藏，以厚其生"③。一方面，国家通过学校对民众进行思想伦理的道德教化；另一方面，国家通过经济手段促进生产与流通，保障民众生活。在他看来，"治国平天下之要"就是"立政养民"。他说："朝廷之上，人君修德以善其政，不过为养民而已。"即统治者修其德、为其政，最本质的事情就是"以养民为务"，为百姓提供最基本的生活需要和生活条件。他还提出："天以天下之民、之力、之财，奉一人以为君，非私之也，将赖之以治之、教之、养之也。为人君者，受天下之奉，乃殚其力、竭其财，以自养其一身而不恤民焉，岂天立君之意哉？"④ 上天拥立君主，给予他全天下的民、力、财，不是用来满足君主个人的私欲，而是要通过他来有效治理国家、教养民众。如果君主只顾搜刮民众，根本不管民众死活，这样做就有违天意。为了不违背天意，君主要做的就是牢牢把民众当作是君主统治的基础，是国家存在的基础。他说，"'民惟邦本，本固邦宁'之言，万世人君所当书于座隅，以刻骨铭心者也"，这是因为"君居民之上而反依附于民"。君主必须深知

---

① （明）方孝孺：《逊志斋集》卷3《君职》，第102—103页。
② （明）吕柟：《泾野子内篇》卷10《鹭峰东所语》，中华书局1992年版，第93页。
③ （明）邱濬：《大学衍义补》卷1《总论朝廷之政》，第5页。
④ （明）邱濬：《大学衍义补》卷24《经制之义》，第229页。

"民之真可畏","养之、安之,而不敢虚之、苦之"。① 作为一国之君应该铭记"民惟邦本,本固邦宁"这句箴言,一定要以"养民"为务。如果君主不重视这一问题,反而"戕民生""废农业",就有违"《洪范》农用八政"的宗旨。"盖天之立君,凡以为民而已。而民之中,农以业稼穑,乃人之所以生生之本,尤为重焉。……使之得以安其居,尽其力,足其食,而其所以生哉。是则上天所以立君,而俾之立政之本意,而为治者不可不知者也。……往往反因之以戕民生,废农业,是皆昧于《洪范》农用八政之本旨也。"②

基于这样的认识,他提出一套完整的以财政为主的"立政养民"理论体系,较全面地阐述他"立政养民"的十项谋略,内容丰富,涉及民众的各项生存权和发展权。具体而言,一是蕃民之生:让民众休养生息,繁殖养育家人;二是制民之产:让民众发展产业,保障正常生活;三是重民之事:重视民众事业,发展农业生产;四是宽民之力:减轻民众负担,徭役征发有度;五是悯民之穷:救助困者穷者,保证基本生存;六是恤民之患:积极备荒防患,灾荒救济及时;七是除民之害:除掉天下祸患,维护民众安全;八是择民之长:选拔良吏治理,民众安居乐业;九是分民之牧:监察地方长官,有效实施政令;十是询民之瘼:官吏周知政事,了解民众疾苦。他要求天子修身养德,按照这十项原则,实行符合百姓利益的善政,以保证民众正常的生产和生活。只有这样,才能维持君的统治地位,因为民是国家的基础,也是君赖以存在的根本。他说:"君之所以为君也,以有民也,无民则无君矣。君有民不知所以恤之,使其寒不得衣,饥不得食,凶年饥岁,无以养其父母、育其妻子,而又从而厚征重敛,不时以苦之,非道以虐之,则民怨怼而生背畔之心,不为君有矣。民不为君有,君何以凭藉而以为君哉?"邱濬进一步讨论:"古之明主所以孜孜焉民子于农桑,薄税敛、广储蓄,以实仓廪、备水旱,使天下之民无问丰凶,皆得饱食暖衣,仰事俯育,则常有其民,而君位安,国祚

---

① (明)邱濬:《大学衍义补》卷13《总论固本之道》,第119页。
② (明)邱濬:《大学衍义补》卷1《总论朝廷之政》,第5页。

长矣。"① 古代所有圣明君主，总是孜孜不倦地围绕劝民农桑、薄敛赋税、增加储蓄、充实仓廪、防备水旱等问题施政，只有这样，才能保证民众不产生离叛之心、谋反之意；不管丰年、凶年，只有让民众解决温饱问题，上能够赡养父母，下能够扶养妻子，才会有民众的衷心拥护，得以维护自己的地位，最终才能巩固国家的统治，国祚长久。因为民众决定着国家的盛衰，君主懂得如何养民，就能使民众增加，民众增加就能增强国家的实力，国势就强。他说："天下盛衰在庶民，庶民多则国势盛，庶民寡则国势衰。盖国之有民犹仓廪之有粟、府藏之有财也。是故为国者，莫急于养民，养民之政，在乎去其害民者尔。"② 对于民众来说，君主作为他们的主人，能体民心、安民生，使他们衣食无忧、生活富足，之后他们才会遵守礼义道德规范，不会犯上作乱，不会危及君主的统治。"诚以礼义生于富足，一旦饥饿切身，吾民无所依赖。或遂至于犯礼越分，非独虑其身之不能存，亦虑其心之或以荡也。……天生人君以为生民之主，必体天心，以安民生，然后有以保其位也。"③

解决民生问题被认为是解决社会矛盾的救世良策。面对明末日益恶化的社会关系，刘宗周认为，要缓和君主与天下民众的紧张关系，朝廷就要改变竭泽而渔的政策，使民众重新获得基本的生存条件。刘宗周说："今天下疮痍未起，流亡未集，民少而贼多，官增设而事愈坏。今但缓得一份催科，便减一分盗贼，省得一人差遣，便息一方骚扰。"他认为，国家必须减轻重税，大力恢复生产，招集流亡，收抚人心，安定民生，才能使社会逐步走向长治久安。对于起义的民众，他极力主张招抚之策。"言招抚不论远乡近籍，但有投诚向化者，即与一体抚养，编入保甲之中。老者养之，幼者恤之，鳏寡者配偶之，而其武悍者即隶之行伍以用之。仍各还其生理，生理未复，不妨永免差徭，以坚其归附之心。"④ 他指出，只要采取"老者养之，幼者恤

① （明）邱濬：《大学衍义补》卷13《总论固本之道》，第121—122页。
② （明）邱濬：《大学衍义补》卷13《蕃民之生》，第126页。
③ （明）邱濬：《大学衍义补》卷16《恤民之患》，第165页。
④ （明）刘宗周：《刘子全书》卷17《责成巡方职掌以振扬天下风纪立奉化成之效疏》，华文书局1968年版，第1177页。

之，鳏寡者配偶之"的民生政策，那些起义的民众自然就会重新归顺朝廷。

黄宗羲认为天立君就是要养民，"天之生斯民也，以教养托之于君"①。这是"仁政"和"常理"，必须做到而不可违背。他说："天地之生万物，仁也。帝王之养万民，仁也。宇宙一团生气，聚于一人，故天下归之，此是常理。"②他以"先王之时，民养于上"③来规劝君主，呼吁君主全面履行养育民众的责任，不得横征暴敛。

王夫之认为救荒是养民的一个重要方面，中央派救灾使臣监察地方是"代天子以养民者"。他高度评价救灾使臣监察地方的意义，认为救荒之道，"莫如命使巡行，察有司之廉能为最亟。守令者，代天子以养民者也，民且流亡，不任之而谁任乎？授慈廉者以便宜之权，而急逐贪昏敖情之吏，天子不劳而民以苏，舍是无策矣"④。

唐甄认为，英明的君主要举贤图治，判断贤否的最终标准，就是能否"足食以养民"。保证民众丰衣足食，则天下大治。"古之贤君，举贤以图治，论功以举贤，养民以论功，足食以养民。虽官有百职，职有百务，要归于养民。"⑤要以"养民"来考察官吏的政绩情况。只有满足民众最基本的生存、生活需求，统治者才能保住自己的富贵。"茅舍无恙，然后宝位可居；蓑笠无失，然后衮冕可服；豆藿无缺，然后天禄可享。"⑥他对比那些"弃民之官"和"养民之官"，得出一个结论："天下之官皆弃民之官，天下之事皆弃民之事，是举天下之父兄子弟尽推之于沟壑也，欲治得乎！天下之官皆养民之官，天下之事皆养民之事，是竭君臣之耳目心思而并注之于匹夫匹妇也，欲不治得乎！诚能以是为政，三年必效，五年必治，十年必富，风俗必厚，讼狱必空，灾祲必消，麟凤必至。"⑦如果天下的官吏都是养民

① （清）黄宗羲：《明夷待访录·学校》，中华书局1981年版，第11页。
② （清）黄宗羲：《孟子师说》卷4，《黄宗羲全集》第1册，第84页。
③ （清）黄宗羲：《破邪论·赋税》，《黄宗羲全集》第1册，第187页。
④ （清）王夫之：《读通鉴论》卷21《高宗六》，中华书局1975年版，第724页。
⑤ （清）唐甄：《潜书·考功》，第110页。
⑥ （清）唐甄：《潜书·明鉴》，第109页。
⑦ （清）唐甄：《潜书·考功》，第111页。

之官，天下之事都是善民之事，关心百姓生活，不出十年，就会达到长治久安。据此，他提出养民的"十八条善政"，作为统治者施政的参考。他说："责治者必养民。养民之善政，十有八焉：勤农丰谷，土田不荒芜，为上善政一。桑肥棉茂，麻苎勃郁，为上善政一。山林多材，池沼多鱼，园多果蔬，栏多羊豕，为上善政一。廪蓄不私敛，发济不失时，水旱煌螽不为灾，为上善政一。犯其父母必诛，兄弟相残必诛，为上善政一。阐幽发潜，彰孝举节，为上善政一。独骑省从，时行乡里，入其茅屋，抚其妇子，民不以为官，无隐不知，为中善政一。强不陵弱，富能周贫，为中善政一。除强暴奸伪，不为民害，为中善政一。居货不欺，商贾如归，为中善政一。省刑轻杖，民自畏服，为中善政一。察奸发隐，四境无盗，为中善政一。学校殿庑常新，春秋享祀必敬，为下善政一。城隍、道路、桥梁、庐舍修治，为下善政一。纳赋有方，致期不烦，为下善政一。选勇力智谋，具戈甲干楯，教之骑射，以卫四境，为下善政一。天灾流行，疫疠时作，使医疗治，为下善政一。蔬食布衣，燕宾必俭，为下善政一。"①这些养民具体措施，涉及民众的衣、食、住、行、生、老、病、死、婚、丧、嫁、娶等方方面面，显示出唐甄关心民众疾苦、期望民众生活安定的良好愿望。

汪志伊历任清朝要职，他对民情有很深的了解，在为政时能做到为民着想、爱民如子、重视民生。他说："治天下之道，所极意抚摩者，民也；所并力驱除者，盗也。民为国本，食为民天。"他认为如果民生问题得不到解决，会直接影响统治的安危。他以灾荒发生来举例说明"民饥盗起"的状况，提出如果民衣食没有保障，不能生存，就会转变为盗贼、流寇；相反，如果统治者治理有方，及时蠲免赋税，赈给灾民，让民众无生存困难，盗贼、流寇就会转化为民。他说："民非生而盗者也，食不继则民流为盗，抚有方则盗化为民。"②他希望通过教育官员善抚有方，解除民众疾苦。"为民父母者，独能

① （清）唐甄：《潜书·达政》，第139—140页。
② （清）汪志伊：《议海口情形疏》，《清经世文编》卷85《兵政十六·海防下》，《魏源全集》第17册，岳麓书社2004年版，第655页。

晏然不为甫能一饱之民，画（划）长久之计乎？故必虑终如始"，①
"为人父母"，就要实心实力地做好荒政工作，保民温饱，使民不命
丧饥馑，也不导致社会动乱。

二 养民之善政

在思想的指引下，接下来要做的就是具体养民，把重视民生落到
实处。下面择其要进行介绍。

（一）给民恒产，重视农桑

邱濬提出要重视农业，发展生产，因为农业是维持人们生存的根
本。他认为后世"轻谷粟，是不知所重也"，要"切切焉劝农桑，使
天下之民，咸趋南亩，而惟农之是务矣"②，因为"农以业稼穑，乃
人之所以生生之本，尤为重焉"③。据此，他提出自己所认可的养民
目标："臣按三代盛时，明君制民之产，必有宅以居之，所谓五亩之
宅是也；有田以养之，所谓百亩之田是也。其田其宅，皆上之人制为
一定之制，授之以为恒久之业，使之稼穑、树艺、牧畜其中，以为仰
事俯育之资，乐岁得遂其饱暖之愿，凶岁免至于流亡之苦，是则先王
所以制产之意也。……能惜民之力，爱民之财，恤民之患，体民之
心，常使其仰事俯育之有余，丰年凶岁之皆足，所谓发政施仁之本，
夫岂外此而他求哉！"④ 这应该是传统时代所有人对理想社会的普遍
设想，有田有产，能稼穑、树艺、牧畜，上可以养老，下可以抚育，
无论年成怎样，都能满足生存、生活所需，基本上是一幅以农为本、
自给自足、衣食无忧的完美生活场景。林浚说："臣等伏闻农桑者天
下之本，土地者民食之源。古者四民各有常职，而农者十居八九，故
衣食足而民无所困苦。"⑤ 王艮也提出以"衣食养民"，并且要"养之

① （清）汪志伊：《荒政辑要附论六条》，《清经世文编》卷41《户政十六·荒政一》，
《魏源全集》第15册，第334页。
② （明）邱濬：《大学衍义补》卷15《重民之事》，第144页。
③ （明）邱濬：《大学衍义补》卷1《总论朝廷之政》，第5页。
④ （明）邱濬：《大学衍义补》卷14《制民之产》，第131—132页。
⑤ （明）林浚：《传奉敕谕查勘畿内田地疏》，《明经世文编》卷88《林贞肃公集三》，
中华书局1962年版，第790页。

有道"："养之道不外乎务本，节用而已。古者田有定制，民有定业，均节不忒，而上下有经。故民志一而风俗淳，众皆归农，而冗食游民无所容于世。"① 解决民众的衣食问题，就要解决土地问题，他提出对国有土地或无主荒地进行均分，"一均之事定，民至今乐业"②。民众有了土地，才能安居乐业，才会讲究道德风尚，即所谓"衣食足而礼义兴"③。唐甄很重视农桑之利，他认为尧、舜之治就在于使人们的物质生活得到满足，这是实施伦理道德教化的基础，他说："尧、舜之治无他，耕耨是也，桑蚕是也，鸡豚狗彘是也，百姓既足，不思犯乱，而后风教可施，赏罚可行。"④

中国传统社会的灾荒观念中，如果人类有恶行，上天为给予警示和训诫，往往会以自然灾害爆发的形式展现出来；如果统治者不以"民"为本、不关注民生，同样会导致灾异的发生。如弘治二年（1489年），户部尚书李敏等以灾异上疏言："臣惟灾异之来，率由民心积怨所至。……占民地土，敛民财物，夺民孳畜，甚者污人妇女，戕人性命，民心伤痛入骨。少与分辩，辄被诬奏，至差官校拘拏，举家惊憾，怨声交作。灾异之兴，皆由于此。"⑤ 清代时，人们同样持如此看法，认为灾害发生的罪魁祸首就是统治者的政事阙失："天变之兴，皆由人事之应，未有政事不阙于下而灾眚屡见于上者。"⑥ 所以，大臣们一般会向皇帝上疏，希望统治者能从给民恒产——土地，同时使其发展各种副业的角度解决民众生存、生活问题，保障民生。如：洪武二十一年（1388 年）八月癸丑，户部郎中刘九皋言："古者狭乡之民迁于宽乡，盖欲地不失利，民有恒业。"⑦ 洪武二十八年（1395

---

① （明）王艮：《王心斋先生遗集》卷2《王道论》，《王心斋全集》，江苏教育出版社2001 年版，第 64 页。

② （明）王艮：《王心斋先生遗集》卷3《年谱·五十六岁》，第 75 页。

③ （明）王艮：《王心斋先生遗集》卷2《王道论》，第 64 页。

④ （清）唐甄：《潜书·宗孟》，第 8 页。

⑤ 《明孝宗实录》卷 28，弘治二年七月己卯，第 629 页。

⑥ 《光绪朝东华录》，中华书局 1958 年版，第 1401 页。

⑦ 《明太祖实录》卷 193，洪武二十一年八月癸丑，第 2895 页。

年），山东布政使司言："庶国无游民，地无旷土，而民食可足也。"①
景泰五年（1454 年），六科给事中林聪等奏："夫分田制赋，所以供
国用而养天下之民也。"② 成化四年（1468 年），户科给事中丘弘等
言："固国本在于厚民生，厚民生在于抑兼并。"……"况地逾百顷，
古者百家之产也，岂可循一人之嗜好而夺百姓之恒产哉！伏望陛下均
天地育物之心，厚民生衣食之本……（使）民得聊生。"③ 成化五年
（1469 年），"因言田皆贫民恒产，近在京畿之内，不当动扰以失其
心；况土多瘠薄，尤当使其得以世代培养地方，岂可从而夺之？"④
成化十六年（1480 年），六科都给事中王垣等言："窃惟永乐、宣德
年间，许顺天等八府之民于抛荒田地尽力开垦，永不起科。此诚祖宗
重国本而厚畿民之心，子孙万世遵守而不可违者也。……伏望重念国
本，休恤民情。"⑤ 正德十六年（1521 年），户部左侍郎秦金等言：
"夫以万乘之尊，下与匹夫分田；以宫壶之贵，下与小民争利；非盛
世之事也。"⑥ 嘉靖六年（1527 年），户部主事柴儒曰："民之久业，
输粮、饲马、煎盐、出税，养生葬死于其中，不宜渔夺。"⑦

统治者从维护统治的角度出发，也非常注意解决民众的实际生活
问题，如朱元璋早在立国之前，就已意识到这一问题，他认为，"军
务实殷，用度为急，理财之道，莫先于农事"⑧，从而接受朱升"高
筑墙，广积粮，缓称王"的建议，令军民屯田，将士们都要"且耕
且战"，"及时开垦，收地利国"，奠定了统一全国的物质基础。立国
后，他一直强调"理财之道，莫先于农"。⑨ 把优先发展农业生产、

---

① 《明太祖实录》卷 236，洪武二十八年二月戊辰，第 3451 页。
② 《明英宗实录》卷 239《景泰附录》卷 57，景泰五年三月乙丑，第 5211 页。
③ 《明宪宗实录》卷 52，成化四年三月癸未，第 1063 页。
④ 《明宪宗实录》卷 71，成化五年九月壬寅，第 1397 页。
⑤ 《明宪宗实录》卷 204，成化十六年六月辛亥，第 3561—3562 页。
⑥ 《明世宗实录》卷 5，正德十六年八月乙未，第 222 页。
⑦ 《明世宗实录》卷 82，嘉靖六年十一月壬辰，第 1843 页。
⑧ 《明史纪事本末》卷 2《平定东南》，中华书局 1977 年版，第 18 页。
⑨ 《明太祖实录》卷 6，洪武戊戌二月乙亥，第 63 页。

提供丰富的衣食之源摆在各项经济政策的首位，因为这直接关系到刚刚建立的明王朝能否维持和巩固统治，关系到治国的根本。他说："为国之道，以足食为本。……若年谷丰登，衣食给足，则国富民安，此为治之先务，治国之根本。"①"足衣食者在于劝农桑"②，传统农业社会，农桑是国家之本。农民出身的朱元璋在实践中逐渐认识到：农业是最稳定的收入来源，"昔汉武以屯田定西戎，魏武以务农足军食，定伯兴王莫不由此"③。他把发展农业当作安定民生、富强国家的根本。他说："我国家赋税已有定制，撙节用度，自有余饶。减省徭役，使农不废耕，女不废织，厚本抑末，使游惰皆尽力田亩，则为者疾，而食者寡，自然家给人足，积蓄富盛。"④ 世宗对此问题持同样看法，他说："耕蚕，衣食之本，王化之先。"⑤ 故明代十分重视农业生产的发展，尽量从各方面给予保证，一再强调"令有司劝民农事，勿夺其时"⑥。为保证及时耕作，命乡里小农或二十家或四五十家结为一社，每遇农忙时互相耕耘，以防田地荒芜。平时设老人击鼓劝农，宣传农业生产的重要性，督促大家及时力田。"其怠惰者里老人督责之，里老纵其怠惰者，不督劝者，有罚。"⑦"民有不奉天时而负地利者，如律究焉。"⑧ 为农业丰收提供保障。为解决民生问题，国家经常对小农做一些制度安排，除发展粮食产业之外，还发展一些副业，提倡最多的就是种植桑枣。如洪武二十五年（1392 年），朱元璋发布诏谕："天下卫所分兵屯种者，咸获稼穑之利。其令在屯军士，人树桑、枣百株，柿、栗、胡桃之类随地所宜植之，亦足以备岁歉。五府其遍行程督之。"同年，"又诏凤阳、滁州、庐州等处民户种桑枣

---

① 《明太祖实录》卷 19，洪武丙午春正月辛卯，第 259—260 页。
② 《皇明宝训·明太祖宝训》卷 1《论治道》，第 3 页。
③ 《明太祖实录》卷 12，洪武癸卯二月壬申，第 148 页。
④ （明）余继登：《典故纪闻》卷 4，中华书局 1981 年版，第 74 页。
⑤ 《皇明宝训·明世宗宝训》卷 7《重农桑》，第 653 页。
⑥ 《明太祖实录》卷 19，洪武丙午春正月辛卯，第 259 页。
⑦ 《明太祖实录》卷 255，洪武三十年九月辛亥，第 3677—3678 页。
⑧ 《明太祖文集》卷 1《农桑学校诏》，《四库全书》本，集部，第 1223 册，第 3 页上栏。

柿各二株"。① 二十七年（1394年），朱元璋再次"命天下种植桑枣"，谕令大臣说："人之常情安于所忽，饱即忘饥，暖则忘寒，不思为备。一旦卒遇凶荒，则茫然无措，朕深知民艰，百计以劝督之，俾其咸得饱暖。比年以来，时岁颇丰，民庶给足，田里皆安，若可以无忧也，然预防之计，不可一日而忘，尔工部其谕民间，但有隙地皆令种植桑枣。或遇凶歉，可为衣食之助。"② 在皇帝的亲自指示和监督下，各省府州县官员极为重视，全国各地不仅大量栽种桑枣，而且大量栽种柿、栗、胡桃等经济作物和水果植物，成效显著，获利丰厚。

为保证农桑政策实施，明代规定地方官的考核以农桑为主要内容。洪武五年（1372年），诏曰："农桑衣食之本，学校理道之原。……令有司今后考课，必书农桑学校之绩，违者降罚。"③ 洪武九年（1376年），日照知县马亮考满入觐，上其考曰："无课农、兴学之绩而长于督运。"吏部以闻。上曰："农桑衣食之本，学校风化之原，此守令先务，不知务此而长于督运，是弃本而务末，岂其职哉。苟任督责为能，非岂第之政也。"命降之。④ 在最高统治者的影响下，地方官致力于发展农桑、改善民生，或亲历乡村劝课，或募人教以耕织之法。如正统时，"张需为霸州知州，见州民游食者众。每里置簿，列男女大小口数，计其耕桑树畜，为设方略。暇复躬自巡视，分别劝惩。于是民皆勤力，州以饶富"⑤。成化时，"姜洪除卢氏知县，单骑劝农桑"。正德时，"泰和知县陆震亲行乡落，劝课农桑。泗州知州汪应轸，因土瘠民贫，不知农桑。应轸劝之耕，买桑植之，募江南女工教以缫蚕织作。由是民足衣食"⑥。万历时，"陈幼学为确山知县，垦莱田八百余顷，给贫民牛五百余头。里妇不能纺者，授纺

---

① （清）顾炎武：《日知录集释·日知录之余》卷4，黄汝成集释，岳麓书社1994年版，第1251页。
② 《明太祖实录》卷232，洪武二十七年三月庚戌，第3389—3390页。
③ （明）余继登：《典故纪闻》卷3，第45页。
④ 《明太祖实录》卷106，洪武九年五月乙未，第1773页。
⑤ 《明会要》卷53《食货一·劝农桑》，中华书局1956年版，第1006页。
⑥ 《明会要》卷53《食货一·劝农桑》，第1007页。

车八百余辆，栽桑榆诸树三万八千余株"①。

应该说，这些政策的实施卓有成效，充分调动了广大民众的生产积极性。"盖因四民各有定业，百姓安于田亩，无有他志，官府亦驱之就农，不加烦扰，故家给自足，乐于向农。"② 使农业生产获得全面丰收，出现"宇内富庶，赋人盈羡，米粟自输京师数百万石外，府县仓廪蓄积甚丰，至红腐不可食"③ 的盛况。

清代也是如此。清统治者入关后，面临民穷财尽、社会残破的局面，他们深刻认识到"兵饥则叛，民穷则盗"，"农事伤则饥之源"，因而提出"王政之本，在乎农桑"④。为了巩固新政权的统治，清政府采取许多安抚措施、与民休息的政策。雍正帝时曾发布谕旨："我国家休养生息数十年来，户口日繁，而土田止有此数，非率天下农民竭力耕耘，兼收倍获，欲家室盈宁必不可得。……再舍旁田畔以及荒山旷野，度量土宜，种植树木。桑柘可以饲蚕，枣栗可以佐食，柏桐可以资用，即榛梼杂木亦足以供炊爨。其令有司督率指画，课令种植。仍严禁非时之斧斤，牛羊之践踏，奸徒之盗窃，亦为民利不小。至挚牲畜，如北方之羊，南方之豕，牧养如法，乳字以时，于生计咸有裨益。"⑤ 他的施政方针为后世继承，乾隆时期照样推行。乾隆帝东巡至山东时，还专门作诗一首，表达对民众生计问题的重视："迤逦烟郊枣栗稠，小民生计自为谋。地方大吏来迎驾，先问潦乡安妥不。"⑥ 意思是：只要看到田野里面枣栗等作物长势良好，就可以知道百姓自己的生计已有着落；每次出巡地方官员前来接驾时，最操心的事情就是百姓有没有因为灾荒问题而流离失所。从这首诗中，可以看出，枣、栗等是民众的日常生活资料。

明清时代，"桑枣"普遍成为农民副业的总称，它们的地位如此

---

① 《明会要》卷53《食货一·劝农桑》，第1008页。

② （明）何良俊：《四友斋丛说》卷13《史九》，中华书局1959年版，第111—112页。

③ 《明史》卷78《食货志二》，中华书局1974年版，第1895页。

④ 孟昭信：《康熙评传》，南京大学出版社2006年版，第357页。

⑤ 《世宗宪皇帝圣训》卷25，《四库全书》本，史部，第412册，第335页上栏。

⑥ （乾隆帝）《御制诗集》三集卷95。

突出，一个是民众的穿衣之源，另一个是民众基本的粮食品种，是民众不能填饱肚皮时的一种重要替代品。在农业社会，如果只依赖于传统的粮食生产，民众的基本生活有时会受到威胁，不得不寻求其他的粮食替代物，不得不依赖于农副产品的供给。明宣宗时，就曾对掌管户籍财经的户部大臣说："桑、枣，生民衣食之给。"严厉下令："天下郡邑，督民栽种，违者治究。"[1] 明武宗时，大臣乔宇曾上疏反映山西大同府一些州县没有农副业的情况，因"皆漫散平地，相离边墙不远，百姓依村堡住居，无园林桑枣之利，虽有田亩耕种，所获不多"[2]。说明如果只有农业的"田亩耕种"生产，而没有副业的"园林桑枣之利"，小农能得到的生活资料就会减少。相同的情况在清代也有体现，雍正十一年（1733年），山东巡抚岳浚根据本地区的收成情况，上报朝廷，特别指出："各州县多植果木枣栗梨柿，悉有六七分收成，均资食用。"[3] 之后的两年，他不断向朝廷汇报山东各州县大量种植枣栗柿梨等作物，其成效就是"咸资食用"或"足资食用"。地方官会督促民众种植枣栗等。同州知府劝民："树枣栗芋魁足以供货鬻，备凶荒。不必为田，而利且饶于菽粟。"[4] 说明当时民众的生存，在很大程度上不得不依赖于"农桑"之外的其他副业，国家为了谋求更多的养民生活资料，必须在制度上做出安排，让民众多从事"桑枣"等副业生产。

（二）轻徭薄赋，宽以养民

赋税跟每个普通民众的生活息息相关。在中国历史上，除频繁的自然灾害外，繁重的赋税徭役是导致传统社会民众破产流亡、民生惟艰的主要原因。从中国历史的发展大体可以看出，所谓"盛世"和"乱世"的一个重要区别，是当国家的赋税徭役稍有节制时，广大民

---

① 《明宣宗实录》卷95，宣德七年九月癸亥，第2150页。

② （明）乔宇：《陈愚见以广聪疏》，《明经世文编》卷98《乔庄简公文集》，中华书局1962年版，第861页。

③ 《世宗宪皇帝硃批谕旨》卷201下，《四库全书》本，史部，第424册，第314页上栏。

④ （清）乔光烈：《同州府荒地渠泉议》，《清经世文编》卷38《户政十三·农政下》，中华书局1992年版，第933页。

众就有比较安定和宽松的环境从事生产，全家老小得以维持生计；而当国家的赋税徭役异常繁重时，农民就会生计无着，甚至还要卖田宅、鬻子孙，四处流亡。

所以，从养民的角度来说，提倡"轻徭薄赋"，宽以养民，疏缓民众的生活，成为许多人的共识。邱濬认为，从治国来说，肯定要向民众征收赋税，但是应该取之有度，善于治理国家的人，要制定合适的法律，既能保证国用，又要保证能养民，国用与养民两不误。"臣按治国者，不能不取于民，亦不可过取于民。不取乎民，则难乎其为国；过取乎民，则难乎其为民。是以善于制治保邦者，必立经常之法，以为养民足国之定制。"①

王夫之从养民思想出发，明确提出"宽以养民，严以治吏"的主张。他说："严者，治吏之经也"，"宽之为失，非民之害，驭吏以宽，而民之残也乃甚"。借此建立清廉的吏治，使民众少受欺凌。在论述"严以治吏"的同时，他又论述了"宽以养民"的方针。他说："宽者，养民之纬也……宽以养民。"② 所谓"宽"，主要指的是从经济上实行"惠民"政策，具体来讲，就是要实行"减赋而轻之，节役而逸之"的轻徭薄赋政策，"不夺民治生之力"③。这是赢得民心、确保社稷安定的基础，因为"民力裕而民心固"④。

统治者对此深有认识。经过元末明初的多年战乱，经济凋敝，田野荒芜，百姓流离失所，摆在新王朝面前首要的任务就是迅速恢复发展生产。洪武元年（1368 年），上谓刘基曰："曩者群雄角逐，生民涂炭，死亡既多，休养难复。今国势已定，天下次第而平，思所以生息之道何如？"基对曰："生产之道，在于宽仁。"上曰："不施实惠而概言宽仁，亦无益耳。以朕观之，宽民必当聚民之财而息民之力。不节用则民财竭，不省役则民力困，不明教化则民不知礼义，不禁贪暴则民无以遂其生。如是而曰宽仁，是徒有其名而民不被其泽也。故

---

① （明）邱濬：《大学衍义补》卷 22《贡赋之常》，第 219 页。
② （清）王夫之：《读通鉴论》卷 8《桓帝》，第 239 页。
③ （清）王夫之：《读通鉴论》卷 19《隋文帝》，第 639 页。
④ （清）王夫之：《黄书·噩梦》，中华书局 1956 年版，第 8 页。

养民者必务其本，种树者必培其根。"① 针对百废待兴的局面，朱元璋制定一系列具体政策和措施来休养生息、安抚民众、稳定民心，比如：鼓励民众大量开垦荒地、有组织地移民屯垦、积极兴修水利工程、重视种植经济作物、蠲免减少租赋、赈济受灾民众、减少大型工程的兴修等。其中最重要的，就是朱元璋对中书省大臣所说："夫善政在于养民，养民在于宽赋。"② 因为他知道民众"竭力畎亩，所出有限"③，从而不忍心征收过重的赋税，要求制定正常的赋税数量。同时，根据"宽赋"的原则，朱元璋多次下谕减免租赋。《明史》中有大量洪武年间，皇帝下诏蠲免减少租赋和赈济受灾民众的记载。这对缓解民生，减轻民众负担，促进社会经济迅速恢复和发展起了重大的促进作用。正如王守仁说的，"今不免租税不息诛求，而徒曰宽恤赈济是夺其口中之食，而曰疗汝之饥"④。

康熙帝也说："每思民为邦本，勤恤为先；政在养民，蠲租为急。"⑤ 有清一代蠲免税粮之多、次数之繁为历代仅见，其中尤以康熙朝为最。据学者统计："自康熙元年至四十四年，清廷蠲免钱粮总计为9000余万两，相当于康熙二十四年一年全国赋额的三倍。康熙四十五年至五十九年又有多次大的蠲免，仅有数额纪载者即达6200余万两，约当此15年间正项钱粮的1/6左右。康熙在位61年，先后在全国20多个省区蠲免钱粮、丁银及逋欠达545次之多，其中最为重要的也有30余次。"⑥ 康熙年间大规模蠲免钱粮赋税的情况，在中国历史上都算空前绝后。

蠲免有时针对的是灾荒之年，有时则是直接蠲免。遇灾蠲免钱粮是历代惯用的"救荒之法"，清代因袭沿用。凡遇灾荒，清廷总要下诏蠲缓钱粮或积欠，根据各地灾情的大小，对成灾地区应征钱漕杂课

① 《皇明宝训·明太祖宝训》卷4《仁政》，第310—311页。
② 《皇明宝训·明太祖宝训》卷5《宽赋》，第380页。
③ 《明太祖实录》卷19，洪武丙午二月庚辰，第264页。
④ （明）王守仁：《乞宽免钱未之疏》，《明臣奏议》卷116。
⑤ 《清圣祖实录》卷244，康熙四十九年十月甲子，中华书局1985年影印本，第3册，第419页。
⑥ 赵禄祥：《治乱警鉴》第4册，北京出版社2002年版，第833—844页。

或历年积欠实行不同程度的减免或缓征，保证灾民能正常生活，以"上培国本，下恤民依"。康熙十八年（1679 年），清圣祖询问各省灾荒蠲免钱粮时指出："被灾省分，若不蠲免钱粮，民生可悯。应将该省所收，逐一察明，使百姓获得实惠。"①

直接蠲免各地钱粮的行动也很多。清朝统治趋于稳定后，从康熙二十一年到康熙五十年（1682—1711 年），蠲免钱粮对全国实行普蠲，着眼点是调整经济关系，减轻民众负担，促进经济恢复和发展。康熙二十一年（1682 年），康熙帝诏谕："自用兵以来，百姓供应烦苦，朕前屡言俟天下荡平，将钱粮宽免。尔等可同户部先将天下钱粮出纳之数，通算启奏。"② 在全国推行蠲免之事。

康熙四十四年（1705 年），康熙帝派人稽查康熙元年（1662 年）以来蠲免的钱粮总数并上报朝廷。数据显示，所有蠲免的钱粮数额惊人，共达 9000 万余两。说明蠲免的成效显著，百姓确确实实从中受益。康熙帝自己对实施蠲免的情况进行了总结。他说："朕……惟务简征宽赋，以期实惠黎元。……其直隶各省每岁应输额赋，有以次第蠲者，有频蠲数年者，有将带征积欠暂令停征者。凡以蠲除额赋，专为小民乐业遂生，一岁之内，足不践长吏之庭，耳不闻追呼之扰，庶几休养日久，驯至家给人足，而民咸得所也。"③ 确实将赋税的减免作为养育民生、恢复经济的重要手段。

因为民众无力完纳的积欠越来越多，除全国普蠲外，康熙帝还特别针对江南财赋重区实行蠲免，他在多次南巡视察过程中，施以蠲免及赈济之策。康熙二十八年（1689 年），他针对南巡所到江西、江苏、安徽等处看到的情况，谕这些地方的总督、巡抚说："朕南巡以来，轸念民艰，勤求治理。顷至江南境上，所经宿迁诸处，民生风景，较前次南巡稍加富庶。朕念江南财赋甲于他省，素切留心。因尚有历年带征钱粮，恐为民累，出京时，曾询户部，知全省积欠约有二百二十余万。今亲历兹土，访知民隐，无异所闻。除江南正项钱粮已

---

① 《清圣祖实录》卷 87，康熙十八年十二月丙子，第 1 册，第 1102 页。
② 《清圣祖实录》卷 104，康熙二十一年九月壬戌，第 2 册，第 59 页。
③ 《清圣祖实录》卷 223，康熙四十四年十一月癸酉，第 3 册，第 242 页。

与直隶各省节次蠲免外，再将江南全省积年民欠，一应地丁钱粮、屯粮、芦课、米麦豆杂税，概与蠲除。"①康熙帝根据亲眼所见，认为长期以来的积弊使江南地区民众身上的负担太重、无法承受，应予以解除。蠲除"江南全省积年民欠"的措施有利于培植民力，使该地区的农业生产得到进一步恢复和发展。

除重点对江南进行蠲免外，清政府还把这项政策法令惠及各地，大加推广，真正落到实处，让百姓得到实惠，以切实发挥缓解负担、恢复经济、稳定社会的作用。如，针对山东道御史钱延宅上疏所反映的问题，"被灾地方蠲免钱粮，恐州县官有阳奉阴违、朦上剥下之弊"，康熙帝下达了相应的详细"处分条例"，严格要求："以后被灾州县卫所，凡奉蠲钱粮，有已征在官，不准抵次年者；有未征在官，不与扣除蠲免，一概混比侵吞者；或于督抚具题之时，先停征十分之三，及部覆之后，题定蠲免分数，不将告示通行晓谕者；或止称蠲起运，不蠲存留，使小民仅沾其半者；或于田单内扣除，而所扣不及蠲额者；州县各官，俱以违旨侵欺论罪。如上司不行稽查，道府俱降三级调用，督抚布政司俱降一级调用。如该管上司察出不行纠参，被科道察纠、旁人首告，俱照徇庇例议处。"②为保证蠲免切实有效，朝廷必须制定相应的严厉处罚措施，对贪赃枉法、借机盘剥、鱼肉百姓的官吏严惩不贷，才可能让普通百姓真正从中受益。

康熙时期的蠲免活动颇受好评。经过几十年的经营，康熙年间经济不断得到恢复和发展，民众生活安定，国力大增，府库充盈，社会富足，为"康雍乾盛世"局面的出现奠定坚实的物质基础。雍正、乾隆继续奉行康熙帝的蠲免、赈灾之策，《清史稿》称"我皇祖在位六十一年，蠲租赐复之诏，史不绝书"③。

清朝皇帝还逐步放宽蠲免钱粮的比例。如顺治十年（1653年）规定，如果受灾的地方达到十分之八九，蠲免钱粮十分之三；受灾的地方达到十分之五、六、七，蠲免钱粮十分之二；受灾的地方达到十

---

① 《清圣祖实录》卷139，康熙二十八年正月癸巳，第2册，第517页。
② 《清圣祖实录》卷21，康熙六年正月乙酉，第1册，第291页。
③ 《清史稿》卷10《高宗本纪》，第383页。

分之四，蠲免钱粮十分之一。雍正六年（1728 年），将蠲免之例加以调整："加增分数，以惠烝黎。其被灾十分者，著免七分；九分者，著免六分；八分者，著免四分；七分者，著免二分；六分者，著免一分。"① 乾隆三年（1738 年），又下诏："谕各省地方偶有水旱，蠲免钱粮旧例，被灾十分者免钱粮十分之三，八分七分者免十分之二，六分者免十分之一。雍正年间，我皇考特降谕旨，凡被灾十分者免钱粮十分之七，九分者免十分之六，八分者免十分之四，七分者免十分之二，六分者免十分之一。实爱养黎元，轸恤民隐之至意也。朕思田禾被灾五分，则收成仅得其半，输将国赋，未免艰难。所当推广皇仁，使被灾较轻之地亩，亦得均沾恩泽。嗣后着将被灾五分之处，亦准报灾。地方官察勘明确，蠲免钱粮十分之一。永著为例。"② 对"被灾五分"的农家，同样酌减其赋税。

钱粮蠲免缓解了社会矛盾，对国家和民众都有益，有利于社会安定，还可以减轻民众负担、解决民生问题，在一定程度上增强民众的经济实力，进而恢复与发展农业生产，推动经济进步。

第二节　明清养民思想的嬗变

明清时期，经济日趋繁荣，农业、手工业高度发达，生产水平较前代进一步提高，社会分工扩大，商品经济的活跃超过两宋达到历史上的新高峰，带来了社会生活的深刻变化。"国家厚泽深仁，重熙累洽，至于弘治盖綦隆矣。于是家给人足，居则有室，佃则有田……女子纺绩，男子桑蓬，臧获伏劳，比邻敦睦……寻至正德末嘉靖初则稍异矣。商贾既多，土田不重。操赀交接，起落不常。能者方成，拙者乃毁。东家已富，西家自贫。高下失均，锱铢共竞。互相凌夺，各自张皇……至嘉靖末隆庆间，则尤异矣。末富居多，本富居少；富者愈富，贫者愈贫。起者独雄，落者辟易；资爱有厉，产自无恒；贸易纷纭，诛求

① 《清世宗实录》卷67，雍正六年三月癸丑，第 1 册，第 1020 页。
② 《清高宗实录》卷69，乾隆三年五月上丙寅，第 2 册，第 102 页。

刻履；奸豪变乱，巨猾侵侔。"① 财富占有的大起大落使贫富贵贱变化的速率大大加快，明清社会各阶层的阶级地位和经济实力处于不断的变动状态之中，即"人之贫富不定，则田之来去无常"，土地兼并现象亦愈演愈烈，"绕郭良田万顷赊，大都归并富豪家"②，人们常用"千年田，八百主""百年田地转三家"来形容这种变化。同时，人们谋生的手段、职业的流动、社会的流动越来越频繁，民众的基本生存问题越来越突出。在此背景下，传统的养民思想发生嬗变，人们的生计问题被提高到一个前所未有的"道"的高度，"饮食男女"被认为是人的天性；专门探讨一个个具体家庭的养家问题、经营家业问题的所谓"治生之学"被提上了日程；社会上对士、农、工、商井然有序的社会分工和行业情状发生了更加明显的变化。同时，为解决社会财富占有不平等的现实问题、缓解社会矛盾、解决民生问题，社会上极力主张"以民养民"，提倡富民让渡他们手中的部分财富，用于救助社会上有困难的人，使贫者、困者都能得到基本"所养"。

一 "治生为要"论

"人之有生也，则有生计。"③ 无论是对个体还是群体来说，生计、生存都是不可逾越的最基本的生活课题，治生也因之成为每一个人所必须面临的最基本生存基础所在。"治生"，即物质生活资料的获取，谋划生计、经营家业、积累资财，其方式多样，其途径多种，有农耕、畜牧、养殖、经商、授徒、游幕、行医、问卜等。"以治生最为先务"强调了"谋食"、满足生存需求的重要。它针对一个个具体的个体、一个个具体的家庭，讲得非常具体实用："人之生无几，必先忧积蓄，以备妖祥。凡人生或老或弱，或强或怯，不早备生，不

---

① （清）顾炎武：《天下郡国利病书·歙县风土论》，上海古籍出版社 2012 年版，第 1025—1026 页。

② （清）郑板桥：《郑板桥集·潍县竹枝词》，中华书局 1962 年版，第 204 页。

③ （明）陆树生：《病榻寱言》，《历代中医珍本集成》18，上海三联书店 1990 年版，第 1 页。

能相葬。"① 治生的直接动机就是应对人的生存及应付人生中可能遇到的种种灾难、不幸乃至死亡，使短暂的生命不受困苦。为此，人必须掌握一些实用的学识、技巧和策略，获得生活资料，逐步积累财富，它是人类社会生产实践活动发展和经验积累的结果。而且只有物质生活得到满足之后，才能去讲仁义道德。沈垚说："衣食足而后责以礼节，先王之教也。先办一饿死地以立志，宋儒之教也。饿死二字，如何可以责人？"② 可见，时人已认识到衣食保障在先、礼仪礼节在后才应当是人生追求的正常顺序，治生被提高到一定的高度之上。"通过治生获得经济上的独立是自身能够保持人格独立、精神独立的有力保障，这是对传统价值观念的超越之处。"③

白圭被称为"治生始祖"，"白圭乐观时变，故人弃我取，人取我与……盖天下言治生祖白圭"④。这里讲的治生指的是经商。贾思勰提出："夫治生之道，不仕则农。若昧于田畴，则多匮乏。"他认为，只有做官和务农，才是"治生之业"，才是获取生活资料的必要条件，才是扩充财富的正当途径；并且强调，如果不重视农业生产，不善于经营管理田产，就会导致贫困。"不仕则农"的思想把经营工商业从治生之道中排除出去，主张"舍本逐末，贤哲所非。日富岁贫，饥寒之渐。故商贾之事，厥而不录"。⑤ 可见，他所说的"治生之学"只讲求土地的经营，完全否定了商业的经营。基于元初儒士生存空间的狭隘，被誉为"朱子后一人"的元代大儒许衡提出了著名的"治生说"。他说："为学者，治生最为先务。苟生理不足，则于为学之道有所妨，彼旁求妄进及作官嗜利者，亦窘于生理之所致也。……治生者，农、工、商贾。士君子多以务农为生，商贾虽为逐末，亦有可为者。果处之不失义理，或以姑济一时，亦无不可。若以

① 《赵绝书·计内以第五》，转引自王泽民、祁明德《古代商人阶级的形成及其治生之学》，《西北民族学院学报》（哲学社会科学版）1998年第2期。
② （清）沈垚：《落帆楼文集》卷9《与许海樵》，《续修四库全书》，上海古籍出版社2002年版，集部，第1525册，第472页。
③ 王世光：《清儒治生观念刍议》，《求索》2002年第5期。
④ 《史记》卷129《货殖列传》，中华书局1959年版，第3258—3259页。
⑤ （北魏）贾思勰：《齐民要术·序》，中华书局1956年版，第4页。

教学作官规图生计，恐非古人之意也。"① 他所表达的意思是，即便是学者，治生对他来说也是最需要解决的问题，如果他连治生都做不到，也不一定能追求到治学之道，还可能用旁门左道来谋求利益，最后反而玷污了学者人格。其实治生并不是很难，每个人可以选择的治生途径多样，有"农、工、商贾"，而务农是最基本的治生手段。他认为"以教学作官规图生计"这一传统的士人治生之业，并非古人之本意。这与一向公认的"士、农、工、商"四大社会分业的思想已不完全符合。尤其是他认为只要不违背道义原则，商贾"亦有可为"，"士君子"经商亦无不可，这相对于传统的治生思想羞言治生，或者从来不把治生当作士人的首要任务来说，应该是一个重大的转变。

明清时期，随着社会经济的发展，整个社会对生计越来越看重，关于治生的问题被专门提出，将"治生产业"亦看作求道之业②；除农耕仍被看作治生之本外，商贾也被看作主要的谋生手段。

明清时期的"治生为要"论具体表现为以下几方面。

（一）"百姓日用是道"论

明中叶以后，人们普遍认为追求物质生活的享受，是人类的自然天性，与生俱来，与身同在，天经地义，所谓"民之质矣，日用饮食"③。

"百姓日用是道"这一观点是由泰州学派的创始人王艮提出来的。王艮早年长期贫穷的生活经历，他的盐丁出身和他所结交的平民阶层朋友的立场，使他认识到摆脱贫困、维持生存是"尊身立本"必要的物质条件，他给了"圣人之道"以新的解释。他说："圣人之道，无异于百姓日用。凡有异者，皆谓之异端。"他的"百姓日用之学"虽然也有道德精神的内涵，但更蕴含着人们最起码的物质生活需求。

---

① （元）许衡：《鲁斋遗书》卷13《国学事迹》，《四库全书》本，集部，第1198册，第462页下栏。

② （明）袁黄：《训儿俗语》第五《修业》。

③ （清）顾炎武：《日知录》卷3《民之质矣日用饮食》，安徽大学出版社2007年版，第131页。

他把百姓的这种日用民生、日常生活需求提高到"道"的标准，就是要给百姓的日常生活需要予一定合理的地位。他说："即事是学，即事是道。人有困于贫而冻馁其身者，则亦失其本而非学也。夫子曰：'吾岂匏瓜也哉，焉能系而不食？'"①他把"事"置于"学"和"道"之上，就是要人们改变对"道"的传统看法，在"道"的内容上为"百姓日用"争得一席地位，认为伦理道德就应该顺乎人之自然天性，能满足人的基本生活要求；认为圣人之道与百姓日用没有什么不同，圣人的责任在于满足人们物质生活的获得和改善，"圣人经世，只是家常事"；"百姓日用条理处，即是圣人条理处"。这样便撕下了"圣人"和"道"所带有的神秘面纱，把人们的一切物质生活、生存需求都当作正当的、符合天理的。基于这样的认识，王艮把许多活动归入人的生理本能的范围，都纳入"百姓日用之学"中，如他不反对为贫而仕，甚至认为举业也未可尽非，说："知此学，则出处进退各有其道。有为行道而仕者；行道而仕，敬焉信焉尊焉可也。有为贫而仕者；为贫而仕，在于尽职会计，当牛羊茁壮，长而已矣。""学者指摘举业之学，正与曾点不取三子之意同。举业何可尽非？但君子安身立命不在此耳。"②在人们的基本生活需要得到满足之后，可以结合现实社会生活去启发人们认识自我固有的价值，"以日用见在指点良知"，能够自由自在，当行则行，当止则止，永远保持自我的状态。

其后继者李贽继续加以发展，将穿衣吃饭视为人生最基本的生活需求，公开提出"穿衣吃饭，即是人伦物理"的命题，把道学家神秘化的"天理"还原为平常化的人伦日用的物质生活，肯定人的物质欲望，将其推广到社会的各个层面。他说："穿衣吃饭，即是人伦物理；除却穿衣吃饭，无伦物矣。世间种种皆衣与饭类耳，故举衣与饭而世间种种自然在其中，非衣饭之外更有所谓种种绝与百姓不相同者也。"③他用"衣与饭"来象征人们的物质经济生活，把它提到首

① （明）王艮：《王心斋先生遗集》卷1《语录》，第13页。
② （明）王艮：《王心斋先生遗集》卷1《语录》，第10页。
③ （明）李贽：《焚书》卷1《答邓石阳》，第4页。

要地位。公然宣称饥来吃饭、困来睡眠的生存欲望，趋利避害的自私欲望，好美色、乐享受的快乐欲望，是"吾人禀赋之自然"，论证人的道德修养不可能脱离对于现实生活各种欲望的满足。即使是圣人也是如此，"圣人亦人耳，既不能高飞远举，弃人间世，则自不能不衣不食，绝粒衣草而自逃荒野也，故虽圣人不能无势利之心"①。那么，对于普通民众来说，治生、治产、追求富贵更是出自他们的自然本性，是社会的真实存在，是不可阻挡的，从而大胆地肯定人们争取物质生存权利的合理性，肯定治生的重要性。他说："如好货，如好色，如勤学，如进取，如多积金宝，如多买田宅为子孙谋，博求风水为儿孙福荫，凡世间一切治生、产业等事，皆其所共好而共习，共知而共言者。"② 他强调"凡世间一切治生、产业等事"，均为人们日常所"共好""共习""共知"和"共言"之事，无论圣人或者凡人，礼教都不应该禁止、抑制治生、产业的种种欲望，而应该顺从、支持。

从穿衣吃饭即人伦物理出发，李贽进一步强调养民与社会安定的关系。他认为建立国家是为了安民，种植五谷是为了养民，安民养民是君臣的职责。"民以食为天"这个道理，"从古圣帝明王，无不留心于此"③。统治者所要做的，就是使"天下之民，各遂其生，各获其所愿"，那么"有不格心归化者，未之有"④。既然天下之民都来归顺，就可以达到"因乎人，恒顺于民"的理想的"至人之治"⑤。

从王艮把"百姓人伦日用"看作"道"，再到"异端"李贽把"穿衣吃饭"看作"人伦物理"，他们思想主张的共同点其实都是倡导对人之自然本性、人之内在欲望的回归。他们以百姓日常生活为价值关切的原点，关注平民的日常生活及平凡的人生价值观念，这是从超验的理性原则到现实的物质生活的转换，表达了处于平民地位的富

---

① （明）李贽：《道古录》卷上，《李贽文集》，社会科学文献出版社 2000 年版，第358 页。

② （明）李贽：《焚书》卷 1《答邓明府》，第 36 页。

③ （明）李贽：《四书评·大学》，上海人民出版社 1975 年版，第 10 页。

④ （明）李贽：《道古录》卷上，第 365 页。

⑤ （明）李贽：《焚书》卷 3《论政篇》，第 86 页。

民的呼声。

（二）各行各业皆为治生之道①

治生之学是一种积极进取的发展生产、扩大衣食之源、谋求财产和收入增加的正当要求。务农、做官或经营工商业，都被当作治生的正当途径，具体选择什么手段，则可以根据实际情况有所变通。

（1）"四业"皆为治生之道

四业的治生功能，中国历史上早有论述，"待农而食之，虞而出之，工而成之，商而通之"。周书曰："农不出则乏其食，工不出则乏其事，商不出则三宝绝，虞不出则财匮少。"② 到管仲提出"四民分业定居"论，则将士、农、工、商划分为四大社会集团，并限制人们择业的自由。"士、农、工、商，四民有业。学以居位曰士，辟土殖谷曰农，作巧成器曰工，通财鬻货曰商。"③ 这是中国历史上传统的四民分业，既是当时社会的基本行业划分，也是人们社会生活中的地位排序，还是人们基本的谋生手段。

从唐宋时期开始，随着商品经济的发展和富民阶层的崛起，传统的"四民分业定居"观念开始发生动摇。如叶适的弟子陈耆卿不仅从概念上批判"重本抑末"，而且明确提出"四业皆本"：士、农、工、商"此四者，皆百姓之本业，自生民以来，未有能易之者也"④。明清时期，在不断加深对四民之业认识的基础上，根据现实需要，对整个经济结构中的农、工、商不断予以调整，强调四业各有其用途，皆为治生之道。

这一点连统治者都有所认识。如朱元璋对四民、四业的价值有充分的认识，并对四民各安四业的价值给予较高程度的评价。他认为，

---

① 本部分内容参考赵靖主编《中国经济思想通史》，北京大学出版社 1998 年版，第449—517 页。
② 《史记》卷129《货殖列传》，第3255 页。
③ 《汉书》卷24《食货志上》，中华书局1964 年版，第1117—1118 页。
④ （宋）陈耆卿：《嘉定赤城志》卷37《风土·重本业》，巫宝三主编《中国经济思想史资料选辑（宋、金、元部分）》，中国社会科学出版社1996 年版，第308—309 页。

士、农、工、商四民缺一不可，只有四民各安其业，才能经济繁荣、社会稳定。他说："古先哲王之时，其民有四，曰士农工商，皆专其业，所以国无游民，人安物阜而致治雍雍也。朕有天下，务俾农尽力畎亩，士笃于仁义，商贾以通有无，工技专于艺业。所以然者，盖欲各安其生也。然农或怠于耕作，士或隳于修行，工商或流于游惰，岂朕不能申明旧章而致欤？抑污染胡俗尚未革欤？然则，民食何由而足，教化何由而兴也！尔户部即榜谕天下，其令四民务在各守其业。"① 朱元璋明确阐明，士、农、工、商都是重要的社会构成，虽然各有不同的社会职能，但在安定民众生活、创造社会财富方面却是一致的。要"足民食""兴教化"，就必须发挥各行各业的应有作用，四民"各居其业"。他进而表示对"农或怠于耕作，士或隳于修行，工商或流于游惰"现状的深深忧虑，要户部官员急加整顿。他在"御制到任须知"中还说："民有常产则有常心，士农工商各居一业，自不为非。"② 统治者企图通过意识形态上的教育与宣传，强调"天下犹一家"的伦理纲常，号召民众"安其农工商贾之分，各勤其业以相生相养，而无有平希高慕外之心"③。

时人提出男子"治生"的必要手段是："男子要以治生为急，农、工、商、贾之间，务执一业。"④ 士、农、工、商同为社会的重要职业："士、农、工、商，各执一业；又如九流百工，皆治生之事业。"⑤ 东林名士赵南星旗帜鲜明地把"士、农、工、商"四业全部视为本业，他说："士农工商，生人之本业……岂必仕进而后称贤乎？"⑥ 将"士、农、工、商"四业都看成人们可以从事的"本业"，

---

① 《明太祖实录》卷177，洪武十九年四月壬寅，第2687页。
② 《大明会典》卷9《吏部八·授职到任须知》，《续修四库全书》，史部，第789册，第160页。
③ 《王阳明全集》卷2《语录二·答顾东桥书》，上海古籍出版社2015年版，第48页。
④ （清）张师载：《课子随笔节抄》卷2《何氏家规》，楼含松主编《中国历代家训集成》，浙江古籍出版社2017年版，第8册，第4737页。
⑤ （明）冯应京：《月令广义》卷2《岁令二·授时》引《客商规略》中语，温端政：《古今俗语集成》第1卷，山西人民出版社1989年版，第742页。
⑥ （明）赵南星：《赵忠毅公文集》卷4《寿仰西雷君七十序》，《乾坤正气集》，同治五年影印本，第65册，第11页a。

并且认为农、工、商诸业都可能出现圣贤英杰。他还说："农之服田，工之饬材，商贾之牵车牛而四方，其本业然也。"① 王夫之赞成农、工、商贾各安其业，他说："来百工则通功易事，农末相资，故财用足"②；"要使耕者耕、工者工、贾者贾，何损于大同之世？"③ 地方志、宗谱里都有类似记载，认为士、农、工、商均是客观存在的行业，"农贾工作之徒，皆著本业"④。绍兴府"有陂池灌溉之利，丝布鱼盐之饶，其商贾工作，皆习简朴，不华丽"⑤。山西柳林《杨氏家谱》认为："天地生人，有一人莫不有一人之业；人生在世，生一日当尽一日之勤。业不可废，道惟一勤。功不妄练，贵专本业。本业者，所身所托之业也。假如侧身士林，则学为本业；寄迹田畴，则农为本业。置身曲艺，则工为本业。他如市尘贸易，鱼盐负贩，与挑担生理，些小买卖，皆为商贾，则商贾即其本业。此其为业，虽云不一，然无不可资以养生，资以送死，资以嫁女娶妻。……无论士为、农为、工为、商为，努力自强，无少偷安，则人力完可胜矣！安在今日贫族，且不为将来富矣！"⑥ 每个人都会选择一种治生之业，其选择农、工、商的哪一个领域，就要以哪一个领域的行业为本业，关键是要勤劳治业、努力自强，则都可以创造财富养生送死、嫁女娶妻，甚至可以发家致富。新安瑑上程氏在宗谱中明确规定："士农工商，皆为本业。"⑦ 明中叶歙商许西皋则公开宣称："人之处世，不必拘其常业，但随所当为者，士农工贾勇往为先。"⑧

家训作为教育子孙后代的家庭教科书，其中有大量关于家庭经济

① （明）赵南星：《赵忠毅公文集》卷4《贺李汝立应科举序》，第23页a。
② （清）王夫之：《四书训义》卷3，《船山全书》，岳麓书社1991年版，第7册，第167页。
③ （清）王夫之：《读通鉴论》卷22《玄宗》，第772页。
④ 康熙《会稽县志》卷7《风俗志》，成文出版社1983年影印本，第166页。
⑤ 《浙江通志》卷99《风俗上》，中华书局2001年版，第2299页。
⑥ 赵靖、石世奇：《中国经济思想通史》第4卷，北京大学出版社1998年版，第503页。
⑦ 《新安瑑上程氏宗谱》卷首《家禁第十》，转引自李琳琦《传统文化与徽商心理变迁》，《学术月刊》1999年第10期。
⑧ 歙县《许氏世谱·西皋许公行状》，转引自李琳琦《传统文化与徽商心理变迁》，《学术月刊》1999年第10期。

问题管理的内容，对选择什么样的治生之道提出一些具体可行的建议。明清家训中较具代表性的有霍韬的《霍渭崖家训》、许相卿的《许云村贻谋》、庞尚鹏的《庞氏家训》、姚舜牧的《药言》、温璜的《温氏母训》等，他们都把"治生之道"即家庭经济活动作为家庭教育的重要内容。在他们的家训中，普遍认为治生的正常途径是农业、手工业、商业兼营。如霍韬认为除经营农桑外，还要通过"窑冶""炭铁""木植"等方面的经营，"入利市"，谋取利益，他指出："居家生理，食货为急。"许相卿教子"做好人"时，认为除"农桑本务"之外，"商贾末业"也是治生的"常业"，"可食力资身"。他说："人有常业则富不暇为非，贫不至失节。"《温氏母训》指出："治生是要紧事"，"士农工商，各执一业，各人各治所生"。姚舜牧在谈到治生之道时，说："人须各务一职业，第一品格是读书，第一本等是务农，此外为工为商，皆可以治生，可以定志，终身可免于祸患。"① 他对从事士、农、工、商各行各业来维持家庭经济和生活的人，都给予充分肯定。何伦在家规中强调："凡读书不遂，即鄙农工商贾之事而不屑为，所以有济世之才而无资生之策者多矣。……男子要以治生为急，于农商工贾之间，务执一业。"庞尚鹏说："民家常业，不出农商。通查男妇仆几人，某堪稼穑，某堪商贾……各考其勤能果否相称，如商贾无厚利，而妄意强为，必至尽亏资本，不如力田。"② 他认为应根据是否获取"厚利"为标准，来选择、确定经商或务农作为治生之道。他要求家庭成员应根据各自的能力和兴趣来选择适合自己的职业，提出具体的治生训示。

从以上的讨论来看，他们强调在选择治生手段时，士、农、工、商，要"各执一业""各守其业"。因为社会分工的存在，不同的人从事的职业不同，谋求生存的手段不同，关键的是各人做好各自所从事的职业，履行好自己的职责。正如邱濬所说："既有此生，则必有所职之事，然后可以具衣食之资，而相生相养。以为人也，是故一人有

---

① （明）姚舜牧：《药言》，楼含松主编《中国历代家训集成》第5册，第2760页。
② （明）庞尚鹏：《庞氏家训》，楼含松主编《中国历代家训集成》第4册，第2464页。

一人之职，一人失其职，则一事缺其用，非特其人无以为生，而他人亦无以相资为生。"这就是说，人们为获取生活资料，可以选择任何一种谋生的"常职"，诸如农业、畜牧业、手工业和商业，甚至"为宾妇""为臣妾"等①，不同职业的人们之间构成一种紧密联系、相互依赖的关系，所以任何人都不能"失其职"，既要保证个人及其家庭生活的需要，还要保证他人生产、生活的顺利进行。

（2）农业仍被认为是最正当的治生途径

明代家训中所阐述的治生之道，已突破贾思勰的"治生之道，不仕则农"。但作为以经营土地为主的家庭，他们首先推崇、最为重视的仍然是务农、力田，即把经营农业放在治生活动中最优先的位置上。霍韬在家训中直截了当地指出："人家养生，农圃为重。末俗尚浮，不力田，不治圃，坐与衰期。"② 许相卿强调说："男胜耕，悉课农圃，主人身倡之。"③ 庞尚鹏虽然出身木商家庭，并且他自己的家庭教育"多食货农商语"，但他还是论述说："士农工商，各居一艺。士为贵，农次之，工商又次之。量力勉图，各审所尚，皆存乎其人耳。予家训首著士行，余多食货农商语，皆就人家日用之常而开示涂辙，使各有所执循。"④ 也就是说，"士农工商"之中，工商处于"又次之"的地位。他还进一步论述说，如果子弟虽然想以"入仕"为职业，但能力确实不够，必须转入农业生产自食其力，否则连生存都保证不了。"子弟以儒书为世业，毕力从之。力不能，则必亲农事，劳其身，食其力，乃能立其家。否则束手坐困，独不患冻馁乎？"⑤

这种观点在一些对治生之学发展影响很大的重要人物那里，有更加突出的反映。如张履祥结合自己家庭以及亲友的经营管理活动，提出了"治生唯稼穑"的治生之道，认为农业是治生活动中唯一的经

---

① 陈绍闻：《中国古代经济文献》，上海人民出版社1982年版，第27—29页。
② （明）霍韬：《渭厓家训》，楼含松主编《中国历代家训集成》第3册，第1986页。
③ （明）许相卿：《许氏贻谋四则》，楼含松主编《中国历代家训集成》第3册，第1892页。
④ （明）庞尚鹏：《庞氏家训》，楼含松主编《中国历代家训集成》第4册，第2470—2471页。
⑤ （明）庞尚鹏：《庞氏家训》，楼含松主编《中国历代家训集成》第4册，第2464页。

营对象或途径，只能在农业范围内探讨家庭经济管理问题。他说："治生以稼穑为先，舍稼穑无可为治生者。"在他眼里，"市井习气不佳"，大小商贩"逐蝇头之利，工市侩之术"，是对社会有害的经营手段，也是不可取的治生方式。他提出"货殖之最粗、极陋者也"，并告诫亲朋好友："知交子弟有去为商贾者，有流于医药卜筮者，较之耕桑，自是绝远。"① 所以，他强调治生只能选择稼穑，只有农业生产才是治生，只有农业才是家庭经营管理的唯一对象或途径，除此之外，没有其他选择。在以稼穑为先的前提下，他又提倡"耕读相兼"，即耕读结合。他指出："读书兼力农，此风可为师法也。""耕读结合""耕读传家"是中国传统社会一直提倡的价值取向，张履祥对"耕""读"二者之间的关系进行了详细的解读：从一个角度来讲，耕是读存在的前提，通过从事农业生产解决温饱，具备一定的物质条件之后，才能谈治学读书，即"劝农桑"使"衣食足矣"，就可以"为之设师儒，敦庠序，绚木铎"。从另一个角度来讲，因为务农"半时忙来半时闲"，从事农业生产能为治学提供一定的时间条件保障，只要在农忙时"专勤农桑""绝妄为"，到农闲时，诵读经典、求学书本的时间就多；并且，务农能培养读书人的道德品行、精神风貌和礼仪礼节，"夫能稼穑则无求于人，可无求于人则能立廉耻；知稼穑之艰则不妄求于人，不妄求于人则能兴礼让"。他进一步强调说："择术不可不慎，除耕读二事，无一可为者，商贾近利，易坏心术，工技役于人近贱，医卜之类又下工商一等，下此益贱，更无可言者矣。"② 耕读之外，其他的治生手段不利于培养人们优秀的道德品质，把它们看成卑贱之业。康熙年间，张英把孟轲的"恒产论"直接引进治生之学中，提出以"保田产"为核心内容的治生之学。他指出三代之后，因为田不在官而在民，所以"有田者必思保之"③。他把恒产等同于田产，把田产看作一切财产中最好的财产，把地租视为一

① （明）张履祥：《杨园先生全集》卷4《与严颖生二》，中华书局2002年版，第94页。
② （明）张履祥：《杨园先生全集》卷4《与严颖生二》，第94页。
③ （清）张英、张廷玉：《聪训斋语 澄怀园语——父子宰相家训》，安徽大学出版社2013年版，第69页。

切收入中最可靠的收入，以此为基础，进一步把治生之道单纯归结为取得和保持田产及地租问题，完全排斥工商业财产及其经营收入。

从统治者来说，虽然认为四业对民众治生各有所用，但在社会经济活动的实践中，总是规劝民众尽量以农业为生、以农业为本业，少从事工商业。如朱元璋曾指示："若有不务耕作，专事末作者，是为游民，则逮捕之。"① 洪武十四年（1381 年）规定："农民之家许穿绸纱绢布，商贾之家止穿绢布。如农民家但有一人为商贾，亦不许穿绸纱。"② 洪武十八年（1385 年），他更谕户部臣曰："人皆言农桑衣食之本，然弃本逐末鲜有救其弊者。先王之世，野无不耕之民，室无不蚕之女，水旱无虑，饥寒不至。自什一之涂开，奇巧之技作，而后农桑之业废。"他说："朕思足食在于禁末作。"③ 他把"什一之涂开"看作"农桑之业废"的原因，要求民众从农桑之业。到清代，这一思想和政策仍然为最高统治者尊奉。雍正五年（1727 年）上谕："朕观四民之业，士之外，农为最贵。凡士工商贾，皆赖食于农。以故农为天下之本务，而工贾皆其末也。今若于器用服玩，争尚华巧，必将多用工匠。市肆中多一工作之人，则田亩中少一耕稼之人。"④ 乾隆明确地说："朕欲天下之民，使皆尽力南亩……将使逐末者渐少，奢靡者知戒，蓄积者知劝。"⑤

以土地经营为主的家庭中，他们总结出一些有代表性的农业治生之策，即家庭经营管理的具体措施、方法。比如：

一是勤以农事，俭以持家。在"农业"社会的生产实践中，一直都有勤劳致富的传统美德，"民以谷为命"，勤于耕作，敬于稼穑，是民众得以自给自足之根本。故有言："民生在勤，勤则不匮。"⑥ 明清时期较之前代，社会分工越来越细，职业选择越来越多，但不管从

① 《明太祖实录》卷 208，洪武二十四年三月癸亥，第 3099 页。
② （明）胡侍：《真珠船》卷 2《商贾之服》，中华书局 1985 年版，第 13—14 页。
③ 《明太祖实录》卷 175，洪武十八年九月戊子，第 2663 页。
④ 《清世宗实录》卷 57，雍正五年五月己未，第 1 册，第 866—867 页。
⑤ 《皇朝通典》卷 1，《四库全书》本，史部，第 642 册，第 12 页上栏。
⑥ 《左传·宣公十二年》，李梦生译注，上海古籍出版社 1998 年版，第 471 页。

事什么行业和部门，敬业爱业、勤劳致富的原则一直没有改变，并且越来越为人们所重视。明代家训提出的治生之策中，勤和俭处在核心或枢纽的地位。在书中强调，勤、俭对家庭的兴衰成败具有关键性的重大影响，勤指家庭子弟必须亲自从事与农业相关的各种家庭经济事务的经营管理，俭则直接关系到家庭的盛衰存亡，它们对家庭经营管理的具体措施、方法起着决定性的指导作用。霍韬说："家之兴，由子侄多贤；家之败，由子侄多不肖。子侄贤不肖，莫大于勤惰奢俭。""守家惟勤与俭，由为庶人、为士、为大夫卿佐，道则不同，本诸勤俭一也。"① 许相卿强调："须勤俭资身，以免求人。"② 庞尚鹏指出："勤俭……最为立身第一义，必真知力行。"③ 姚舜牧论述道："一生之计在于勤，起家的人，未有不始于勤而后渐流于荒惰。……起家的人，未有不成于俭而后渐废于侈靡。……居家切要在勤俭二字。"④《温氏母训》说："六口之家，能勤能俭，得八口赍粮，便有二分余剩。何等宽舒，何等康泰。"⑤ 张英主张，平时家庭生活方面要"简要"，从"小处节俭"做起。只有这样，才能防止入不敷出而负债卖田，"凡有费用，尽从啬嗇，千辛万苦，以保先业"⑥。

二是制订生产计划，讲究精耕细作，加强经营管理。受自然因素影响，农业生产有一定的规律，有计划地规划，产量才有保障。如张履祥认为："艺谷、栽桑、育蚕、畜牧诸事，俱有法度。"应合理安排农事，发展多种经营。农业、桑业、畜牧业、渔业、其他副业，可以同时发展；水稻、小麦、桑麻，可以同时耕种；瓜果、蔬菜、豆荚，可以同时种植；猪马、牛羊、鸡鸭，可以同时饲养；还可以同时养鱼种花、酿酒酿蜜、腌菜制腊等，收获多种产品。同时，农业生产还要讲究集约经营，提倡精耕细作。他认为："百谷草木，用一分心

---

① （明）霍韬：《渭厓家训》，楼含松主编《中国历代家训集成》第3册，第1999页。
② （明）许相卿：《许氏贻谋四则》，楼含松主编《中国历代家训集成》第3册，第1891页。
③ （明）庞尚鹏：《庞氏家训》，楼含松主编《中国历代家训集成》第4册，第2464页。
④ （明）姚舜牧：《药言》，楼含松主编《中国历代家训集成》第5册，第2762页。
⑤ （明）温璜：《温氏母训》，楼含松主编《中国历代家训集成》第5册，第3147页。
⑥ （清）张英：《恒产琐言》，楼含松主编《中国历代家训集成》第7册，第3972页。

力，辄有一分成效；失一时栽培，即见一时荒落。"耕作农作物，一定要尽心尽力。对水稻种植，他提出首先要抓春耕农时，"得春气，备三时也"，因为时辰节令对农作物的生长至关重要，"三时气足则收成厚"[1]，除此之外，还要抓生产资料、劳动技术的投入，比如：深挖地、晒土壤、施肥料、选良种、合理植、精耕锄等，一系列环节相得益彰，才能切实提高农业产出。张英也有相似的一些认识，强调要亲自了解和过问农业生产的经营管理活动，第一"当知田界"，第二"当察农夫用力之勤惰"，第三"当细看塘堰之坚瘀浅深"，第四"察山林树木之耗长"，第五"访稻谷时值之高下"等。[2]

（3）士人治生论

"仕而优则学，学而优则仕"[3]，这是先秦儒家一直宣扬的言论，它从一个侧面反映了知识分子可以追求的两种基本职业是教学问和做官员。另外，儒家还一直宣扬"安贫乐道"的道义准则，从两方面限制士人对物质生活的欲望及对金钱利益的追逐，造成的事实状况就是："士志于道，而耻恶衣恶食者，未足与议也。"[4] 明人亦说："治生不屑于谋利"[5]，对单纯谋求利益的治生方式不屑一顾，"人穷返本……天根乃见。用是参透世情，节忍嗜欲，以培养性源，久之，此心凝静，百物皆通"[6]。把治生与利益隔绝开来，不以生存境遇困苦为然，反而认为贫穷更有利于修身养性，从而形成"学不谋食"和"以治生为俗累"[7] 的士人风格。然而，明清商品经济的发展与社会变迁，在更大程度上造成士人生计的困难，"贫者，士之常"[8]，士人生计的"贫困化"在明代具有"普遍化的趋势"，引发"士"群体对自身生活

---

[1] （明）张履祥：《沈氏农书》卷2《总论九条》，中华书局1956年版，第46页。

[2] （清）张英：《恒产琐言》，楼含松主编《中国历代家训集成》第7册，第3974页。

[3] 《论语·子张》，杨伯峻注，中华书局1980年版，第202页。

[4] 《论语·里仁》，第37页。

[5] （明）李开先：《闲居集》卷7《太子少保礼部尚书谥文敏渭崖霍公墓志铭》，《续修四库全书》，集部，第1341册，第91页。

[6] （明）李开先：《闲居集》卷10《荆川唐都御史传》，第285页。

[7] （清）颜元：《颜习斋先生言行录》卷下《教及门》，《颜元集》（下），中华书局1987年版，第671页。

[8] （南朝）刘义庆：《世说新语》，三秦出版社2008年版，第7页。

状况广泛而迫切的关注。① 冯梦龙说："为士不振，俱失养。"② 戴名世说："余惟读书之士，至今日而治生之道绝矣。田则尽归富人，无可耕也；牵车服贾则无其资，且有亏折之患；至于据皋比为童子师，则师道在今日贱甚，而束修之入仍不足以供俯仰。"③ 士人的治生确实是一个迫切需要解决的问题。钱谦益说："有包函宇宙之大志，而盖头仅存其一茅；有饥寒沟壑之深心，而量腹不允其数口。"④ 对士人的生存境遇进行客观描述。唐甄则对士人生活处境的每况愈下作出生动描述，"公卿贱士，士无及门者；不敢望其犬马之食，即求其鹅鹜之食而不可得也"⑤。士人们自身也有深刻体会，假设他们在生活上没有完全的独立性，在思想上也会失去独立性，陷入"失其身"的危险，即所谓"儒冠误身"⑥。"推动人的行为的最强有力的力量，来自人类生存的条件。"⑦ 在生计维艰的困境下，解决生活困难，谋求生存需要，成为士人必须面对的问题，客观现实促使他们生存观念和价值信念的极大转变，突破传统士人的生存道路，转而走向世俗化的生存道路。所以，这一时期的社会价值观念已从过去单纯讲究身份地位、自我标榜清高的"万般皆下品，唯有读书高"，开始转向"四民之业，惟士为尊，然无成则不若农贾"⑧ "业儒固善，然猝不成名，不若业贾，可朝夕养生"⑨ 等功利标准。因此，"学者以治生为本"

---

① 刘晓东：《晚明士人生计与士风》，《东北师大学报》（哲学社会科学版）2001 年第 1 期。

② （明）冯梦龙：《喻世明言》卷 18《杨八老越国奇逢》，转引自冯天瑜、周积明《中华文化史》，上海人民出版社 2010 年版，第 521 页。

③ 《戴名世集·种杉说序》，赖咏主编《中国古代禁书文库》第 9 卷《清代禁书 1》，大众文艺出版社 2010 年版，第 3915 页。

④ （清）钱谦益：《牧斋初学集》卷 81《为卓去病募饭书疏》，上海古籍出版社 2009 年版，第 1734 页。

⑤ （清）唐甄：《潜书·食难》，第 87 页。

⑥ （明）李开先：《闲居集》卷 7《库生李松石合葬墓志铭》，第 74 页。

⑦ ［美］艾里希·弗洛姆：《健全的社会》，孙恺祥译，贵州人民出版社 1994 年版，第 22 页。

⑧ （明）李维桢：《大泌山房集》卷 106《乡祭酒王公墓表》，明万历刻本，第 43 册，第 22 页 a。

⑨ （明）吴宽：《匏翁家藏集》卷 68《戴母庄氏墓志铭》，《四库全书》本，集部，第 1255 册，第 663 页上栏。

在士人的价值系统中得到公开认可。针对学生所提治生问题，王阳明回答说："虽治生亦是讲学中事。……终日做买卖，不害其为圣贤。何妨于学？学何贰于治生？"① 认为"治生"与"讲学"并无本质区别，"做买卖"也可以成为"圣贤"。当时还有人提出士人追求物质利益是正当的，认为士人有恒产应当是正常的社会现象。如魏礼主张："子舆氏曰：有恒产者有恒心；无恒产者而有恒心，惟士为能。故士者，一其恒而已。虽然，士亦何必无恒产也！"② 张履祥提出："人须有恒业，无恒业之人，始于丧其本心，终于丧其身……能稼穑，则可以无求于人，则能立廉耻。"③ 自给自足经济基础的获得是维护士人人格尊严和独立的必要条件，所以必须以"恒业""恒产"来保证"恒心"。作为一位进步的思想家，陈确在讨论士人的治生时强调"以读书、治生为对，谓二者真学人之本事"，他认为"治生"为学者之本，甚至认为"治生尤切于读书"。具有强烈忧患意识和社会责任感的士人已意识到，社会经济的急剧发展变迁，使士人"谋食"的实际问题已远远超过虚名，成为社会的普遍共识，并且，"谋食"与"谋道"二者之间是相辅相成、互相促进的。"唯真志于学者，则必能读书，必能治生。天下岂有白丁圣贤、败子圣贤哉！岂有学为圣贤之人而父母妻子弗能养，而待养于人者哉！"④ 所以对那些耻于谈治生的学者，陈确予以严厉的批判："凡父母兄弟妻子之事，皆身以内事，仰事俯育，决不可责之他人，则勤俭治生洵是学人本事。而或者疑其言之有弊，不知学者治生绝非世俗营营苟苟之谓。"⑤ 全祖望谈道："吾父尝述鲁斋之言，谓为学亦当治生。所云治生者，非孳孳为利之谓，盖量入为出之谓也。"⑥ 为满足正常的日常生活需要，士人理当进行正当的治生活动，这并不是过分追求财富的行为。李兆洛

---

① 《王阳明全集》卷32《补录·传习录拾遗》，第964页。
② （清）魏礼：《魏季子文集》卷7《邱氏分关序》，《清代诗文集汇编》，上海古籍出版社2010年版，第114册，第275页。
③ 《清史稿》卷480《张履祥传》，第13119页。
④ 《陈确集》卷5《学者以治生为本论》，中华书局1979年版，第159页。
⑤ 《陈确集》卷5《学者以治生为本论》，第158页。
⑥ （清）全祖望：《鲒埼亭集》外编卷8《先仲父博士府君权厝志》，《续修四库全书》，集部，第1429册，第534页。

把"向善""治生""富庶"连在一起加以考虑。他认为："圣贤商治，必藉手于富庶。夫民土著则生齿繁矣，安乐其处则民土著矣，田畴辟、室屋完，则安乐其处矣，勤治生则田畴辟、室屋完矣，知向善则勤治生矣。"①他的意思就是：圣贤治世，就是讲求富庶，对于普通民众来说，只要积极向善、勤于劳动、乐于治生，自然可以实现垦辟田地、修建房屋、改善生活、安居乐业的生活目标。黄清宪辩证地论述治生与治学之间的关系："古之人无不耕且学，不耕则无以治生业，以仰事而俯育；不学则无以知道理，以修身而立品。二者诚不可偏废。"②他认为，治生与治学从本质上来讲是一样的，都是人们谋生的正当方式，各有千秋，不可偏废。只是前者偏重于物质层面，用直接的生产活动来养家糊口；后者偏重于精神层面，用修身立品来提升价值。士人如果热衷于治生，则可以把二者完美地结合起来，用物质活动保障生活基本需求，用精神活动保障独立人格魅力。唐甄说："我之以贾为生者，人以为辱其身，而不知所以不辱其身也。"③在他眼里，以商贾为治生方式，根本不是羞耻的事情。周永年说："惟治生有具，乃可无求于人。"④自己有谋生手段，可以完全不用有求于他人。另一位汉学巨擘钱大昕也说："与其不治生产而乞不义之财，毋宁求田问舍而却非礼之馈。"⑤认为个人的尊严和独立离不开"治生"的物质基础，把"治生"与"礼义"统一起来，这是明清出现的一个新认识。

在这一认识的推动下，明清士人开始谋求自我生计的开拓，突破"读书做官"的传统模式，走上世俗化、多元化的治生道路，士人治生成为十分普遍的现象，士人治生十分活跃，他们所从事的职业多种

---

① （清）李兆洛：《凤台县志论编查》，《清经世文编》卷75《兵政五·保甲上》，《魏源全集》第17册，第129页。

② （清）黄清宪：《半弓居文集》卷1《赠顾生序》，张舜徽《清人文集别录》卷21，中华书局1963年版，第577页。

③ （清）唐甄：《潜书·养重》，第91页。

④ （清）陈康祺：《郎潜纪闻四笔》卷3《周永年治生三变》，中华书局1990年版，第41页。

⑤ （清）钱大昕：《十驾斋养新录》卷18《治生》，《万有文库》本，商务印书馆1935年版，第437页。

多样。尤其是在经济文化比较发达的江南地区，这种现象尤为突出。江南文人治生涉及的行业或是文化、教育、出版、艺术等与他们本身联系比较密切的行业，或是农作、商贩、手工等原先关注不多的行业，或是医卜、游食江湖等一些之前被他们认为低贱的行业。途径多种，形式多样。可见，治生已经让文人摆脱传统伦理道德的束缚，表现出积极入世的人生态度。士人世俗化的生成道路，背后有社会经济、文化发展所提供的土壤。"不仅打破了传统'重义轻利'价值观念对士人的束缚与约束；还增强了'文化'与'社会'之间的交融与互动，扩大了士人的社会交往范围，并促动了'士'从对'仕途'与'仕途经济'的依赖中相对摆脱。也正是于此之中，在晚明社会形成了一批具有一定职业化特征的'市民文人'，这一定程度上拓展了士人多元化的生存道路。"[1]

具体来看，根据明清士人所涉及的治生领域，大体上可以把它们分为两类，即"本业治生"与"异业治生"。

所谓"本业治生"，就是士人依据自身掌握知识、具有才智的特点与优势，进而谋求与此相关的社会职业，凭借自己的才能，获得一定的生活资料，以此维持自己或家人的生计；所谓"异业治生"，就是士人抛开自己所具有的知识、才智特长，从事与文化知识领域无关的行业，运用其他技能、方式来获得生活资料，维持自己或家人的生计。

"士"作为"四民之首"，虽然具有很高的社会地位，但中国传统社会提供给他们的治生途径却相对狭窄，他们走的是一条学而优则仕的道路，追求的目标是读书做官，离开这一条，他们也没有更多的出路。关于这一点，宋代时袁采已有过相关讨论："其才质之美，能习进士业者，上可以取科第致富贵，次可以开门授徒，以受束修之奉。其不能习进士业者，上可以事笔札，代笺简之役；次可以习点读，为童蒙之师。"[2] 他根据士的实际才质、能不能通过科举考试，

① 刘晓东：《晚明士人生计与士风》，《东北师大学报》（哲学社会科学版）2001年第1期。

② （宋）袁采：《袁氏世范》卷中《处己》，楼含松主编《中国历代家训集成》第2册，第740页。

把他们大体分为两大类："能习进士业者"和"不能习进士业者"。前者是才质最上者，可以科举入仕，即"取科第致富贵"，这是传统士人的终极追求目标。后者可以进一步细分为两种职业类型：第一类是"上可以事笔札"，即做官员的幕僚；第二类是"下可以习点读"，即做"童蒙之师"，"开门授徒"。总的来说，职业选择比较受限。

明清时期士人本业治生的途径大体如此，但除却做官外，以"本业治生"所带来的经济收入很微薄，已不够维持基本的生计，甚至还可能陷入生计没有着落的困境。如明代天启年间的谭元春，他有三位舅舅，通过对比他们的生计状况，可能一窥当时士人本业治生的困境。他说："吾舅氏三人，其伯为良翰，仲为赞化，习举子业皆不成。……两舅氏占呫授生徒，贫困失职。衣冠步趋，未肯失尺寸，稍似以诗书误。……其季也，名良玉，不治儒，去学为农……辛勤力稿，牛种因时，箪食壶浆，约己丰人。……子四五人，所畜童婢二人料理鸡埘牛圈，屋茆钓缗，宽然无辱于担石之中。"① 可见，业儒者已"贫困失职"，而力耕者反"约己丰人"，生活富裕。江苏昆山人龚炜也说"士贫难为工"②，他说："国有四民，农、工、商皆自食其力，士则取给于三者，得食较逸，然舌耕笔畦，短褐不完，往往视三者为更苦。"③ 当时吴下有谚"穷不读书，富不教学"，"盖穷人仰不足以事，俯不足以育，救死不赡，奚暇治礼义矣，此固势所不能也"④。明清时期，人们在为求生而奔波，士人生计困难，沦落狼狈，斯文扫地，本是"民所视效"，因为没有经济支撑，已不再让人仰慕。

从当时的情况来看，士人异业治生反而能得到更多的物质生活资料，因为士人从事的异业与当时的社会经济活动密切相关，收入更为直接与稳定，具有更高的生存保障性，从而成为明清士人的首选。

---

① （明）谭元春：《三十四舅氏墓志铭》，（明）谭友夏《鹄湾文草》，岳麓书社 2016 年版，第 129—130 页。

② （清）龚炜：《巢林笔谈》卷 5《士贫难为工》，中华书局 1981 年版，第 135 页。

③ （清）龚炜：《巢林笔谈》卷 4《舌耕笔畦更苦》，第 88 页。

④ （清）王有光：《吴下谚联》卷 2《穷不读书富不教学》，中华书局 1982 年版，第 53 页。

如："未仕者……必先有农桑之业方得给朝夕。"① "家果素封，必不忍去父母，离妻子，寄人篱下，卖文之钱事畜资焉。"② 家庭团圆，自力更生，更让人容易知足。同时，商品经济的发展，社会流动的加剧，贫富分化的激烈，逐利之风的盛行，使士人有更多的生存方式与目标追求，士人开始大量涉足于其他异业领域，异业治生的范围更加广泛，有农耕、畜牧、养殖、经商、行医、问卜等各种各样的行业。追求"昼耕夜读"的，如明代中叶的章丘弭氏教导子女说："吾家赖以为生者，不过读与耕耳。君于读书之暇，何不于田省耕，劝戒勤惰，以望有秋，以办两税之需，以赡一家之养。"③ 耕读并行，各有所长。从事医业的，如昆山的沈愚"博涉百氏，以诗名吴下，与刘溥诸人称十才子……或劝之仕，曰：吾非笼络中物也。敛迹不出，业医授徒，以终其身"④。虽有文才，却仍以业医为终身职业。从事卖卜的，如乌程陈忱"读书晦藏，以卖卜自给。究心经稗，编野乘，无不贯穿"⑤。隐居乡里，卖卜自给。"以工资生"的，如陈昂在家乡"领妻子奔豫章，织草屦为日"⑥。携妻带子，编鞋度日。明清士人以"行贾营生"，更是一种较为普遍的现象，下面再专门作介绍。

总之，明清社会的整体发展变迁是士人治生方式、观念、内涵转变的深刻背景，二者形成相辅相成、互为表里的关系，所产生的影响极为广泛，已有学者对此进行了精辟的总结："由于本业治生途径的狭窄、收益低下与不稳定，中国传统社会的士人形成了'重异轻本'的治生理念。这一理念随着明代社会的变迁与商品经济的发展渐趋深化，并呈现出由重'耕'向重'贾'的演变趋势。这种演变一定程度上提升了士人的生存能力，促动了其社会人格的相对

---

① （清）沈垚：《落帆楼文集》卷24《费席山先生七十双寿序》，第664页。
② （清）汪辉祖：《佐治药言·俭用》，中华书局1985年版，第4页。
③ （明）李开先：《闲居集》卷8《淑媛弭氏墓志铭》，第138页。
④ （清）钱谦益：《列朝诗集小传》乙集《沈佥侗愚》，上海古籍出版社1983年版，第212页。
⑤ 咸丰《南浔镇志》卷12《人物一》，朱一玄《明清小说资料选编》，南开大学出版社2006年版，上册，第339页。
⑥ （清）钱谦益：《列朝诗集》丁集《白云先生陈昂》，中华书局2007年版，第5003页。

独立。"①

（4）贾儒相通说

明清时期，"治生为要"观念大量出现，社会阶层上下流动的渠道变多，传统的"士农工商"四民之间的界限已经不那么严格，人们追求的物质财富与精神财富的界限被打破，尤其是一直被抑制发展的"商人"地位日益提高，得到社会的普遍认可，他们所涉足的领域和从事的职业对时人来说，颇有吸引力和发展潜力，让更多的人加入这一行业当中。万历时，林希元谈到这一状况说："今天下之民，从事于商贾技艺游手游食者十而五六。"② 何良俊的书中也记载了这种现象："昔日逐末之人尚少，今去农而改业为工商者，三倍于前矣。昔日原无游手之人，今去农而游手趁食者，又十之二三矣。大抵以十分百姓言之，已六七分去农。"江南地区作为商品经济发展的表率，其情况更为明显。③ 其他地区也是如此，如福建的福清，受地少人多影响，选择工商为生者甚多，"僻在海隅，户口最繁，食士之毛，十才给二三，故其民半逐工商为生"④。徽州地处崇山峻岭之中，同样人多地少，土壤比较贫瘠，这里的农业无法容纳多余的劳动力，出现严重的生存危机，于是经营商业、力图向外发展成为当地人求得生存与发展的唯一选择。正如时人所说："吾邑之人不能不贾者，时也，势也，亦情也。……今邑之人众几于汉一大郡，所产谷粟不能供百分之一，安得不出而糊其口于四方也。谚语以贾为生意。不贾则无望，奈何不亟亟也。以贾为生，则何必子皮其人而后为贾哉。人人皆欲有生，人人不可无贾矣。"⑤

这股风气席卷了士人阶层，"士人治生"论不但是一种思想观念，更是一种社会实践。对于士人而言，最受青睐的、最重要的异业治生

---

① 刘晓东：《论明代士人的"异业治生"》，《史学月刊》2007 年第 8 期。

② （明）林希元：《林次崖先生文集》卷 2《王政附言疏》，厦门大学出版社 2015 年版，第 56 页。

③ （明）何良俊：《四友斋丛说》卷 13《史九》，第 112 页。

④ 李文海、夏明方：《中国荒政书集成》第 3 册《艺文八·论本邑禁籴食粮书》，天津古籍出版社 2010 年版，第 1609 页。

⑤ 万历《歙志·货殖》，载张海鹏等编《明清徽商资料选编》，黄山书社 1985 年版，第 37 页。

方式，是业贾，因为"人生于世，非财无以资身，产治有恒，不商何以弘利"①。冯应京说："阜财通商所以税国饷而利民用。行商坐贾，治生之道最重也。"② 士人开始大量介入商贾这一治生领域，"弃儒经商""业贾营生"成为令人瞩目的社会现象，并被社会所接受。士人或因家庭贫困，要维持生计，转而经商，如江苏丹阳吉曦曜因"家贫，弃举子业，治生以为养"③；或因科举失利，如常熟周泓"初学举业，不售，即弃去，专力治生"④；或因观念改变，以治生为重，如汪起认为"先贤不亦云乎，学者当以治生为急，安能俯事咕哗，俯首就有司试，藉苴苴竿牍，苟图幸进，夸示乡里小儿为也"，"于是蹠端木之智，发计然之策，经营什一，家日隆隆起"⑤。如此才出现"所谓士而商者比之皆是"⑥ 的现象。当时，士商合流的现象已相当普遍，尤其是在那些商业比较发达的地区，"合郡之士，半为商人"⑦。"徽州风俗，以商贾为第一等生业，科举反在次者"⑧；"人庶仰贾而食，即阀阅之家，不惮为贾"⑨，徽州"商居四民之末，徽俗殊不然。歙之业鹾于淮南北者，多缙绅巨族。其以急公议叙入仕者固多，而读书登第。入词垣跻膴仕者，更未有卜数。且多名贤才士，往

---

① （明）李晋德：《客商一览醒迷·商贾醒迷》，杨正泰《天下水陆路程·天下路程图引·客商一览醒迷校注》，山西人民出版社1992年版，第207页。

② （明）冯应京：《月令广义》卷2《岁令二·授时》，郭孟良《从商经》，中国戏剧出版社2006年版，第14页。

③ （清）卢文弨：《抱经堂文集》卷34《赠奉直大夫焕文吉公墓志铭》，《丛书集成初编》，商务印书馆1935年版，第447页。

④ （清）章学诚：《章学诚遗书》卷16《敕赠文林郎获鹿县知县周俯君墓志铭》，文物出版社1985年版，第55页。

⑤ （清）沈白：《汪颖侯四十寿序》，《上海乡镇旧志丛书·（康熙）紫堤村小志》卷中《文集》，上海社会科学院出版社2006年版，第123页。

⑥ （明）归有光：《震川先生集》卷13《白庵程翁八十寿序》，《归有光全集》，上海人民出版社2015年版，第351页。

⑦ （清）李象鹍：《棣怀堂随笔》卷2《上谷存牍》，《清代诗文集汇编》第540册，第31页。

⑧ （明）凌濛初：《二刻拍案惊奇》卷37，浙江古籍出版社2010年版，第388页。

⑨ （明）唐顺之：《荆川先生文集》卷15《程少君行状》，《唐顺之集》（中），浙江古籍出版社2014年版，第700页。

往出于其间，则固商而兼士矣"①。陕西也多这样的情况，"盖秦俗以商贩为业，即士类不讳持筹"②。山西"俊秀者多入贸易一途"③，而"食饮被服不足自通"者，"虽贵宦之室，闾里耻之"④。扬州"人人以肄文为不能谋生，弃而贸易，近日读书之家竟寥寥无几矣"⑤，读书的反而少见。

　　明清时期士商合流的趋势，促使"贾儒相通"新观念的形成。业儒与服贾，在那些商业发达地区的商人看来，只是职业上的不同，两者并无实质性区别，不过是人们依据自己的志愿选择的不同的治生道路罢了，本身不应有高低贵贱之分。他们努力提高自己的地位和道德修养，提出士商是"各守其业，异术而同心"，同样具有高尚的品质。如山西商人王观，早年读书应试失败后，改而经商，一直注重积累财富扶持幼弟读书中举。他告诫子弟说："夫商与士，异术而同心。故善商者，处财货之场，而修高明之行，是故虽利而不污。善士者，引先王之以，而绝货利之经，是故必名而有成。故利以义制，各以修德，各守其业，天之鉴也。"⑥ 就是说，追逐利益而不受污染的商人与追逐功名而有成就的士人，他们都是一样讲义讲德。徽州休宁商人汪尚宁说："古者四民不分，故傅岩鱼盐中，良弼师保寓焉。贾何后于士哉！世远制殊，不特士贾分也，然士而贾，其行士哉，而修好其行，安知贾之不为士也。故业儒服贾各随其矩，而事道亦相为通，人之自律其身亦何艰于业哉？"他还说："士商异术而同志，以雍行文艺，而崇士君子之行，又奚必缝章而后为士也。"⑦ 士和商在本质上

① （清）许承尧：《歙事闲潭》卷18《歙风俗礼教考》，黄山书社2001年版，第603页。

② （明）焦竑：《国朝献征录》卷57《大司马总督陕西三边魏确庵学墓志铭》，台湾学生书局1984年版，第2404页。

③ 《硃批谕旨》第十五函二册，武英殿朱墨印本，清雍正十年至乾隆三年，第2页。

④ （明）张瀚：《松窗梦语》卷4《商贾纪》，中华书局1985年版，第84页。

⑤ （清）林溥：《西山樵唱·朝俗十三首》，转引自牛贯杰《17—19世纪中国的市场与经济发展》，黄山书社2008年版，第214页。

⑥ （明）李梦阳：《空同集》卷46《明故王文显墓志铭》，《四库全书》本，集部，第1262册，第420页上栏。

⑦ 《汪氏统宗谱》卷168、卷116，转引自李琳琦《传统文化与徽商心理变迁》，《学术月刊》1999年第10期。

是不分的，经商的人同重义的士只要按照各自的规则办事，在事道上就可以相通，他们可以互相转换，连他们的品格都会发生互换。沈垚说："天下之士多出于商，则纤啬之风日益甚。然而睦姻任恤之风往往难见于士大夫，而转见于商贾，何也？则以天下之势偏重在商，凡豪杰有智略之人多出于焉。其业则商贾也，其人则豪杰也。为豪杰则洞悉天下物情，故能为人所不为，不忍人所忍。是故为士者转益纤啬，为商者转敦古谊。此又世道风俗之大较也。"[1] 士人兼营商业，因其所掌握的知识才能，更能发财致富；因其所具有的"好义"之德，更能得到大家的认可。如李光缙"兄伯先世业儒，后徙居安平"，受商业发达的影响，转而贾粤，成小贾，因善夷言，在外贸中"收息倍于他氏"而升为中贾，继续远迹海外便成为大贾。其人"为人伉而爽，重信义，不轻然诺，好扶人之急，恤人之穷，居家以孝悌为先……出囊中金，修茔设烝，倡诸族人，人以此重"。[2] 徽州歙县商人黄玄赐在山东经商，由于他"临财廉，取与义"，得到的评价是："非惟良贾，且为良士。"[3] 徽州休宁商人吴天衢，"初业制举，屡试郡邑弗售，乃弃儒而商。周流湖海，数岁未克展志。遂远游百粤，寓于昭璋，以信义交易，运筹数载，贾业大振，遂称素封"[4]。

贾儒相通的新观念，最终促进业儒与服贾之间的良性循环。儒可贾，行贾也可以习儒。汪道昆说："新都三贾一儒，要之文献国也。夫贾为厚利，儒为名高。夫人毕事儒不效，则弛儒而张贾；既侧身飨其利矣，及为子孙计，宁弛贾而张儒。一弛一张，迭相为用，不万钟则千驷，犹之转毂相巡，岂其单厚计然乎哉，择术审矣。"[5] 明清商人亦贾亦儒者比比皆是，他们或先儒后贾，或亦贾亦儒，或先贾后

① （清）沈垚：《落帆楼文集》卷24《费席山先生七十双寿序》，第664页。

② （明）李光缙：《景璧集》卷3《寓西兄伯寿序》，福建人民出版社2012年版，第122页。

③ 黄山市徽州区地方志编纂委员会：《黄山市徽州区志》上册，黄山书社2012年版，第313页。

④ 《新安休宁名族志》卷3，《明清徽商资料选编》，第91页。

⑤ （明）汪道昆：《太函集》卷52《海阳处士金仲翁配戴氏合葬墓志铭》，《徽学研究资料辑刊》，黄山书社2004年版，第1099页。

儒。如婺源商人李大祈弃儒从贾时说："丈夫志在四方，何者非吾所当为？即不能拾朱紫以显父母，创业立家亦足以垂裕后昆。"他在致富以后汲汲于课子读书，明人评其一生曰："易儒而贾，以拓业于生前；说易贾而儒，以贻谋于身后。"① 洞庭东山商人徐联习，业商于衡湘间，果然行箧间常以书自随，货殖数十年，仍恂恂儒雅。休宁商人汪志德，"虽寄迹于商，尤潜心于学问无虚日，琴棋书画不离左右，尤熟于史鉴，凡言古今治乱得失，能历历如指诸掌"②。徽州士人十之七八走上经商的道路。他们"以儒而贾，以贾而儒"，甚至"左儒而右贾"，习以为常。③ 无怪乎归有光对此深有感触，从而发出"士与农商常相混"④，"今为学者其好则贾而已矣，而为贾者独为学者之好，岂不异哉"⑤ 的惊叹。

从这一角度来看，商人本身好学只是一方面，更多的是商人经商致富、解决生存问题以后，以不能业儒为憾事。如歙县商人汪才生，业贾致富后，督促两个儿子就学，他说："吾先世夷编户久矣，非儒术无以亢吾宗，孺子勉之，毋效贾竖子为也。"⑥ 他自己还是瞧不起商人，认为只有业儒入仕才能荣宗显祖、光耀门楣。故他们或弃贾业儒，或弃贾入仕，或让儿孙们读诗书、"就儒业"，实现对科举与仕途的回归，从而使举业与商业、士人与商贾产生千丝万缕的联系。这样的情况很多，如洪武时期湖北利川的张洪，"就计然策，逐什一，资大起"，经过努力，参加科考后仕为翰林院编修⑦；又如丁兊少攻举业，因为父亲生病而亡，几个弟弟尚年幼，为养育亲人，遗憾地放弃读书科考而从事商贾，以此致富后，以"少孤治生，不能终博士家

---

① 婺源：《三田李氏统宗谱·环田明处士松峰李公行状》，《明清徽商资料选编》，第470—471页。

② 《汪氏统宗谱》卷42《行状》，《明清徽商资料选编》，第456页。

③ （明）汪道昆：《太函集》卷17《寿草市程次公六十序》，第364页。

④ （明）归有光：《震川先生集》卷13《白庵程翁八十寿序》，第351页。

⑤ （明）归有光：《震川先生集》卷19《詹仰之墓志铭》，第537页。

⑥ 歙县《溪南江氏族谱·明赠承德郎南京车部车驾署员外郎事主事江公暨安人郑氏合葬墓碑》，《明清徽商资料选编》，第134页。

⑦ 《明文海》卷451《明翰林院编修止菴张先生墓碑》，《四库全书》本，集部，第1458册，第522—523页。

言"为憾，常说："吾有三子，安忍弃之若贾乎?"他下定决心不让三个儿子再为商贾，而让他们一心向学。其子也不负父望，长子丁宦、次子丁宾最后都升入太学，入仕为官，丁宾最后官至南京工部尚书。① 休宁商人汪锌，"性颖悟，过目终身不忘。……以父卒，家中落，弃儒服贾走四方，供母甘旨者十余年。复习举子业，读书江汉书院，癸卯、庚戌登两榜，甲寅考授中翰"②。可见，他们还是没有完全摆脱传统思想的樊篱。

总之，明清时期，贾业与儒业、商人与士人的界限在一些地区毕竟已不像过去那么严格、那么泾渭分明，出现士商合流的现象，甚至产生贾儒相通的观念。这是商品经济发展的结果，同时它反过来又促进商品经济的发展，改善民众的生活质量。从中还折射出明清商人自我意识的觉醒，他们在士人面前不再自惭形秽，认为业儒与从商具有同等的价值，这是值得肯定的新思想。

二　"以民养民"论

中国传统民本思想的养民思想，一直强调的核心思想是"立君养民"论，它把君视为民众的"父母"，把民众视为君主的"子民""臣民"，在这层关系下，"子民"的生活和生产理所当然要由"父母"全盘负责、全权处理。所以，先秦以来，更多的时候，统治者和思想家们强调君主、政府要养育民众，尤其是要救助那些困者、穷者、弱者，使他们的基本生存有保障，把相应政策措施的实施归于君主的仁政。早期儒家就提出："天下之穷民而无告者，责令官司收养，可谓仁政矣。"③ 儒家一直大力宣扬统治者应实施"仁政"，把实施"仁政"看作统治者或政府的专门权利，甚至不赞成个人的社会救助行为，认为这会影响到君主美德的名声。据说子路曾在卫国出私财救

---

① （明）王世贞：《弇州山人四部稿·续稿》卷105《封文林郎句容令怀悔丁翁墓志铭》，《四库全书》本，集部，第1283册，第493页下栏。

② 康熙《休宁县志》卷6，转引自吴凯《中国社会民俗史》第6卷，中国古籍出版社2010年版，第2715页。

③ 梁其姿：《施善与教化——明清的慈善组织》，河北教育出版社2001年版，第32页。

济百姓，孔子制止他说："汝以民为饿也，何不白于君，发仓廪以赈之？而私以尔食馈之，是汝明君之无惠，而见已之德美矣。"① 因为孔子认为，个人的社会救助活动不利于明君展示惠政和威望，对统治不利。不管在实践中做得如何，君主、政府从一开始就成为社会救助活动的责任主体，统治者为维护统治和声誉，经常自觉地把对弱势群体的救助看作施行仁政的重要内容和应尽职责。这里突出的是君的重要和主角地位，是君权至上观念的体现，认为民众都是由君主养育的，其主旨是为主权在君提供理论依据，更多的是强调君主的权利和对整个社会的掌控。

唐宋时期，富民阶层崛起并发展成为社会的"中间层"和"稳定层"，既引起传统基层社会控制方式的转变，也引发社会思想观念的变革，"立君养民"观念开始有一些显著的变化，由原来强调单纯由国家保障普遍民众的基本生存，转而强调富民阶层对困者、穷者、弱者的救助责任，"以民养民"成为趋势所在。

作为宋代著名的政治家、史学家，司马光提出贫富"相资相保"的见解："富者常借贷贫民以自饶，而贫者常假贷富民以自存。虽苦乐不均，然犹彼此相资以保其生。"② 富者和贫者形成经济上相互依赖的关系，富者有资本，其通过向贫者放贷来获取利润；而贫者在生活无助时，需要向富者借贷度日，虽有不均问题，但他们需要彼此相资来维持生活。在他之后，叶适明确提出"养民归于富人"的看法："古者君既养民，又教民，然后治民"，但后世只强调治民，却对民众"不养不教"，导致天子"不幸而失养民之权，转归于富人。"他从耕作、借贷、雇用、纳赋等多个角度探讨富民所发挥的养民作用："小民之无田者，假田于富人；得田而无以为耕，借资于富人；岁时有急，求于富人；其甚者，庸作奴婢，归于富人；游手末作，俳优伎艺，传食于富人；而又上当官输，杂出无数，吏常有非时之责无以应上命，常取具于富人。然则富人者，州县之本，上下之所赖也。"③

① 《孔子家语》卷2《致思第八》，高志忠译注，商务印书馆2015年版，第62页。
② （宋）司马光：《温国文正司马公文集》卷41《乞罢条例司常平使疏》，赵汝愚《宋朝诸臣奏议》（下），上海古籍出版社1999年版，第1212页。
③ （宋）叶适：《水心别集》卷2《民事下》，《叶适集》，中华书局1961年版，第657页。

他指出，小民可以从富民那里获得耕种的田地、发展的资本、救急的用品等；至于那些没有生活来源的无业游民或凭一技之长谋生的俳优伎艺，很多时候得依赖富民维持生计；更为重要的是，富民还承担政府的各种捐税。因为从上到下的依赖，富民可以被看作小民的养活者，是政府统治的经济基础。基于富民对小民、对国家有如此重要的贡献，他甚至为富民高额的利益追逐、正当的财富占有、舒适的生活享受等行为辩正名分。"富人为天子养小民，又供上用，虽厚取赢以自封殖，计其勤劳亦略相当矣。"① 林文勋对富民在灾荒赈济方面的养民作用给予充分的肯定和高度的评价："富民参与灾荒救济是一个引人注目的新变化。富民在灾荒救济中提供大量物资的同时，还在平抑物价、安置灾民、救灾物资管理等方面发挥了作用。尽管富民参与宋代社会的灾荒救济有自愿及非自愿的差别，但他们广泛参与宋代灾荒救济这一事实表明：富民已成为唐宋社会经济关系的中心。作为一个新兴的社会中间层和稳定层，富民对唐宋以来中国社会的发展具有重要的作用。"②

中国古代社会救助事业发展史上，宋代具有承前启后的地位。在传统"立君养民"思想和政府举办的社会救助活动方面，明清两朝未必超越宋代，但宋代已发其端的"以民养民"思想和实践，明清时却有突飞猛进的发展。梁其姿说："虽然地方资源已经常直接用于地方福利之上，但是宋代社会救济制度基本上仍由中央政府所策划，在社会救济的意识形态方面，宋代仍沿着唐中期后以中央为主导的传统，政府被视为唯一有资格组织长期济贫机构的制度，民间的力量只能作适度的配合；因此政权的衰落必然带来济贫制度的衰落。已相当壮大的社会力量仍未被长期地、有组织地动员起来。"③ 明清时期，情况有很大的变化，政府不再被认为是社会救助的唯一主导，"以民养民"思想非常活跃，在更广泛意义上得到社会的普遍认同，已发展壮大的地方社会力量——富民阶层被广泛动员起来或自发地行动起

---

① （宋）叶适：《水心别集》卷 2《民事下》，第 657 页。
② 林文勋：《宋代富民与灾荒救济》，《思想战线》2004 年第 6 期。
③ 梁其姿：《施善与教化——明清的慈善组织》，第 42 页。

来，与此相对应，民间社会救助进入一个新的发展阶段。这就是明清新民本思想在养民思想方面的突出表现。

这一时期，"以民养民"论普遍出现。在"立君养民"论中，"民"，又称"庶民"，是一个历史范畴，特指没有政治身份和政治权利的芸芸众生。而在此所讨论的"以民养民"论，对两个"民"的范畴都有所界定，后一个"民"指的是面临各种困难需要被救助的群体，前一个"民"则指的是明清时期的社会中坚力量——富民阶层。他们本身都属于"庶民"的范畴。"以民养民"论所要讨论的就是突出富民阶层作为一个群体在地方社会救助方面对困难民众所发挥的重要作用。

明清时期，随着商品经济的发展，富民阶层进一步发展壮大，经济实力和社会影响力进一步扩展，在国家和地方社会中发挥着越来越重要的作用。不仅是国家的支柱，更是基层社会"小民"之所赖，普遍的民众需要依赖富民，贫者、困者更需要依赖于富民。他们凭借占有的社会财富，充分发挥着"养民"的作用，成为稳定传统社会的基石。明清时人对此形成一些共识，说："以官养民，不如以民养民"，因为"以官养民，而不以民养民，力所不及，势有所穷"也①。"以官养民，其养有限；以民养民，其养无穷。"② 若富民不苦于供应，贫民由之获得更多的依赖。故"富民者，贫民依以为命者也"③，"富民者，贫民之母"④ 等议论已成为儒家思想的一个基调，在明、清儒家的著作中层出不穷。

（一）日常社会生活，主张以富助贫

在基层社会，富民之依赖者甚众，他们凭借占有的社会财富，充分发挥着"养民"的作用。如苏杭的丝织业中，占有生产资料、"饶于财"的手工业富者就为机工提供了生活依赖，大户"呼织"，小户

---

① （清）陈宏谋：《寄罗文思书》，《培远堂偶存稿·手札节要》卷中，转引自陈乃宣《乾隆名相 盛世重臣——陈宏谋纪实》，武汉大学出版社 2013 年版，第 142 页。

② 赵延恺：《复厦翰园先生兖沂曹济赈灾书》，《清朝经世文正续编》卷 45《户政十七·荒政中》，广陵书社 2011 年影印本，第 3 册，第 512 页。

③ （明）吕坤：《忧危疏》，《明经世文编》卷 415《吕新吾先生文集一》，第 4497 页。

④ （清）李雯：《蓼斋集》卷 43《策三·赋役》，复旦大学出版社 2017 年版，第 775 页。

"趁织"而活，若"机房工作减，则此辈衣食无所矣"①。这种一方出资、一方出力的生产组织形式，在当时较为常见。"富者出资本以图利，贫者赖佣工以度日，惟利是图，不敢扰民滋事"②，富者与贫者平等相处，平安无事，关系融洽，"平日共坐共食，彼此平等相称，不为使唤服役，素无主仆名分"③。在"公室日贫""私室日富"，财富多集中于富民的情况下，政府对地方的资助乏力，只能依赖民间自助，让富民的产业为贫民提供更多的就业机会，以富助贫，从而使贫民得以维持他们的基本生存条件。何瑭就说："今之富家，或田连阡陌，或资累巨万，较之小民岂止十倍……盖民之富者，官府之缓急资焉，小民之贫困资焉，时岁之凶荒、兵弋之忽起资焉，盖所恃以立国者也。"④ 富民对贫者、困者的资助，维护了国家的统治和社会的安定，还容易形成一种良好的社会风气。如顾炎武在谈到山东的社会风气时就说："其小民力于耕桑，不贱商贾，丧葬有序，不泥风水。乡党岁时举社会，贫富相资，有蓝田乡约之遗风。此则山东风俗之近古者。"⑤ 王士性在谈到山西南部区域的地方风俗时，也指出："平阳、泽、潞，豪商大贾甲天下，非数十万不称富，其居室之法善也。其人以行止相高，其合伙而商者，名曰伙计，一人出本，众伙共而商之，虽不誓而无私藏。祖父或以子母息货于人而道亡，贷者业舍之数十年矣，子孙生而有知，更焦劳强作，以还其贷。则他大有居积者，争欲得斯人以为伙计，谓其不忘死，肯背生也，则斯人输少息于前，而获大利于后，故有本无本者，咸得以为生。且富者蓄藏不于家，而尽散之于伙计。估人产者，但数其大小伙计若干，则数十百万产，可屈指

---

　　① 乾隆《苏州府志》卷3，《明代社会经济史料选编》（中），福建人民出版社1980年版，第217页。

　　② （清）田畯：《陈粤西矿厂疏》，《清经世文编》卷52《户政二十七·钱币上》，第858页。

　　③ （光绪）《大清会典事例》卷810《刑部·刑律斗殴》，《续修四库全书》，史部，第809册，第844页。

　　④ （明）何瑭：《均徭私议》，《明经世文编》卷144《何柏斋先生文集》，第1443—1444页。

　　⑤ （清）顾炎武：《天下郡国利病书·山东·风俗》，第1493页。

矣。"① 富民把资产尽量地用来资助伙计，共同发展生产、拓展产业。
19世纪中叶，沈垚论有关公益事业的兴造，说："兴造本有司之责，
以束于例而不克坚。责不及民，而好义者往往助官徇民之意。盖任其
责者不能善其事，善其事者每在非责所及之人。后世事大率如此。此
富民所以为贫民之依赖，而保富所以为《周礼》荒政之一也。"② 他
认为富民为贫民所依赖，并且认为富民之"好义者"甚至比"有司"
更能善兴造之事、更有责任心。

吕坤把富人看作穷人的养活者："富民者，贫民依以为命者
也。"③ 李雯十分看重富民的社会作用，将富民视为社会的中坚力量，
认为他们上养天子，下养百姓，功劳莫大。其功劳之一便是"养
民"。他认为，富民将土地从贫民手中买来，再租给他们耕种，并代
其缴纳赋税，是为贫民提供衣食，故此，李雯称富民为"贫民之
母"，认为"贫者不立，富者以资易其田，捐半租与贫民，而代其
赋"，"富民者，贫民之母也"④。丁宾认为，一个县中如果富民较多，
那么小民不会受困；相反，富室荡然，则小民不会受福。⑤

顾炎武认为富者应当周济贫者，他称富人不愿周济穷人"多为吝
啬之计"，容易引起纷争，"民之所以不安，以其有贫有富。贫者至
于不能自存，而富者常恐人之有求，而多为吝啬之计，于是乎有争心
矣"⑥。

唐甄说："里有千金之家，嫁女娶妇，死丧生庆，疾病医祷，燕
饮赍馈，鱼肉果蔬，椒桂之物，与之为市者众矣。缗钱镏银，市贩贷
之；石麦斛米，佃农贷之；匹布尺帛，邻里党戚贷之；所赖之者众
矣。此借一室之富可为百室养者也。"⑦ 在传统乡里社会，一家富裕，

---

① （明）王士性：《广志绎》卷3《山西》，中华书局1981年版，第61—62页。
② （清）沈垚：《落帆楼文集》卷7《谢府君家传》，第455页。
③ （明）吕坤：《忧危疏》，《明经世文编》卷415《吕新吾先生文集一》，第4497页。
④ （清）李雯：《蓼斋集》卷43《策三·赋役》，第775页。
⑤ （明）丁宾：《复邑侯蔡培自书》，载光绪《重修嘉善县志》卷31《奏疏》，转引自冯贤亮《明清江南地区的环境变动与社会控制》，上海人民出版社2002年版，第508页。
⑥ （清）顾炎武：《日知录》卷6《庶民安故时用足》，第344页。
⑦ （清）唐甄：《潜书·富民》，第106页。

可以使很多人有谋生机会和生活依靠，能使贫穷者得到好处和实惠。他看到富民积聚起财富，对带动社会公共事业发展具有重要作用："千金之富，可惠亲友；五倍之富，可惠邻里；十倍之富，可惠乡党；百倍之富，可惠国邑；天子之富，可惠天下。"① 这种"惠"，即地方基层社会中富民对贫民的民间救助行为。所以，富民对政府、对贫者是有百利而无一害，"海内之财，无土不产，无人不生；岁月不计而自足，贫富不谋而相资"，"因其自然之利无以扰之，而财不可胜用矣"②。唐甄这种"贫富不谋而相资"的提法，十分有见解。今日有一个千金之家，明日就可能有数个千金之家，后日就可能有数百个千金之家，可以使当地经济活跃起来。总之，唐甄认为要让人们都"因自然之利"而成为富民，然后合理利用富民以实现养民的目标。

谢阶树认为，富民是社会的中坚、国家的依靠，富民能"助君养民"。他一再说：富民是"助君相养贫民者"，"先王非能使民皆富"，但贫民有"富民之所余者养之"，可以"不苦贫"，从而使"上下相安"。不仅如此，他还认为：越富的人，越能养民，对贫民的生计作用越大，对国家的安定作用越重："富民者，所以助君相养民者也……富甲一县者，则一县食之；富甲一乡者，则一乡食之；富甲一族者，则一族食之。"基于此，他提出以"食均""力均"来代替"田均"："自计亩授田之制废，豪强之家兼并而自占，然后田不均，贫富分矣。善为政者参稽其法而变通之，使富者食其业而贫者食其力，则田不均而食均，食不均而力均，饥饱亦足以相救，缓急亦足以相保，是贫富皆有生养之资而无分争之祸矣。"③ 富民出租其田地获得租谷，就是"富人食其业"；贫民佃种富民耕地交租，所余就是"贫人食其力"，从而使"贫富皆有生养之资"，贫富之间的相互依赖，各有所得，贫富均安。

除提供衣食生存之外，富人还经常为"小民"提供发展资本。朱

---

① （清）唐甄：《潜书·善施》，第 83 页。
② （清）唐甄：《潜书·富民》，第 106 页。
③ （清）谢阶树：《约书》卷 8《保富》，王书良《中国文化精华全集》第 16 册《政治·经济卷》，中国国际广播出版社 1992 年版，第 323、325 页。

元璋诏告天下："今州县城市乡村，或有冻馁不能自存者，令里中富室假贷钱谷以资养之，工商农业皆听其故。俟有余赡，然后偿还。"[1] 就是要求富民借贷钱物给同里那些贫不能自存的人，作为营生资本。邱濬认为："富室之居乡落也，平时贫民资其储蓄，而赖以举贷。"[2] 唐枢有一位侄子打算经商，苦于没有资金，与唐枢商量。唐枢对他说："汝往市中问许多业贾者，其资本皆自己有之，抑借诸富人者乎？"他的宗侄去做调查，回来告诉唐枢："十有六七借人者。"唐枢说，"富人有本，只欲生利"，只要你有信誉，则"不求富人，而富人当先觅汝矣"[3]。占有生产资料、"饶于财"的手工业富者为机工提供生活依赖，若"机房工作减，则此辈衣食无所矣"[4]。徐贞明提出把豪右（此指富民）的利益与国家的利益统一起来，并进而"广小民之利"。他说："豪右之利，亦国家之利也，何必夺之。《周礼》使世禄地主之有力者，与其广潴巨野之可以利民者，曰主以利得民，曰薮以富得民。彼小民有利而力不能兴其利，官为之倡，豪右从而率之，则借豪右之力以广小民之利，方欲借之，矧曰夺乎。"[5]

在此意义上，有人还把富民比喻成"川""树"，"尝闻近川者浸，近树者荫。富家大室亦穷人之川、树也，急则借之荫焉"[6]。"川""树"都是极具生命活力之物，能给其他万物带来生存和发展的源泉和保障，这就是说，富民能给贫民带来衣食之源和生存保障，提供帮助。

"以民养民"还被地方官吏树立为治理一方百姓的基本理念，清代嘉庆、道光年间的刘衡，历来为官清明公正，爱民如子，治绩卓著。有人就问他："图治，以何者为先？"他回答说："天下之患在

---

① 《明太祖实录》卷73，洪武五年五月戊辰，第1352页。

② （明）邱濬：《大学衍义补》卷24《经制之义》，第234页。

③ （明）李乐：《续见闻杂记》卷9，上海古籍出版社1986年版，第745页。

④ 乾隆《苏州府志》卷3，《明代社会经济史料选编》（中），第217页。

⑤ （明）徐光启：《农政全书》卷12《水利·徐贞明西北水利议条》，中华书局1956年版，第238页。

⑥ 天启《平湖县志》卷16《人物·尚义》，《天一阁藏明代方志选刊续编》第27册，上海书店出版社2014年版，第901页。

忿，民穷无以为生，则轻犯法。吾儒生列仕籍，有牧民之责。到在恤民贫而已，能恤民贫，使无犯法，则治矣。"这人又问："何以恤民贫？"他答："但谨握《周礼》'保富'二字而已。盖富民者，地方之元气也，邑有富民，则贫民资以为生。邑富民多，便省却官长恤贫一半心力，故保富所以恤贫也。"① 他作为清代循吏，在为政的实践中遵理守法，治理有方，起到很好的表率作用。其治理理念充分表现出善待民众、尊重富民的心理，这种心理既在于造福于民，培植更多的富民，也在于让贫民资富民为生，由富民承担养民的责任，以求"使无犯法"，实现大治。

（二）各种灾害发生，主张以富救困

小民非依托富豪大家则不能自立，尤其是在灾荒年岁，国家的救赈相当有限，小民有旦夕缓急，就更需富室的救助，富民的"养民"作用尤为显著。在上不能赡之的窘境下，贫难之民可以从地方上的富民那里获得衣食借贷、赈济，缓解他们的燃眉之急，解决他们的生存危机。"救荒要在安富。富民者，国之元气也。……富者尽而贫者益，何所赖哉。"② 因而，国家应鼓励富民的民间借贷活动并加以保护："借富民之余积，官为立券，佐以时值"③，保障富民能对贫民予以帮助，"为之通有无以相资助，使不至于匮乏"，否则"贫民无所借贷，坐致死亡多矣"。④ 连太守王元简也承认，"邑有富民，小户依以衣食者必伙，时值水旱，劝借赈贷，须此辈以济缓急"⑤。即便富民是"放资取息"，客观上也能起到缓冲社会动荡、扶植生产、有效配置资金、促进社会经济恢复和发展的作用。因此，无论是富民为自身利益而实行"佃户若系布种无资，每亩贷米二斗"⑥ 的举措，还是灾荒之年放债取息的行为，在客观上都缓和了贫难之民的眼前之急。

————————

① （清）刘衡：《读律心得》，转引自郭成伟《官箴书点评与官箴文化研究》，中国法制出版社2000年版，第263页。
② （明）祁彪佳：《祁彪佳集》卷5《救荒全书小序》，中华书局1960年版，第90页。
③ （明）邱濬：《大学衍义补》卷16《恤民之患》，第161页。
④ （明）邱濬：《大学衍义补》卷106《详听断之法》，第910页。
⑤ （明）顾起元：《客坐赘语》卷5《三宜恤》，中华书局1987年版，第163页。
⑥ （明）张履祥：《杨园先生全集》卷19《赁耕末议》，第574页。

　　王夫之也从富民赈灾方面充分肯定其养民作用，认为富民是贫民的救星，从贫富关系的角度，提出"国无富人，民不足以殖"①，富民在关键时刻可以养贫民，掌握国脉民命，是"国之司命"。他说："卒有旱涝，长吏请蠲赈，卒不得报，稍需岁月，道殣相望。而怀百钱，挟空券，要豪右之门，则晨户叩而夕炊举矣，故大贾富民者，国之司命也。"② 在发生水旱灾荒等紧急情况时，富民的作用更能快速显现出来，如果出现官府行动不及时、赈济不力的情况，急需救助者只要登门向大贾富民求助，或现买，或赊账，立刻就能解决问题。因此，大贾富民掌握了国脉民命。他还进一步谴责当时官吏过度打击"大贾富民"的做法，认为富民残破之余，贫民也随之失去了谋生之道，米粮来源或借贷渠道不畅，使"贫弱、孤寡、佣作称贷之涂窒，而流死道左相望"③。这样，要想国家不陷于贫困危亡是不可能的。

　　明嘉靖时，贬官江苏泗州通判的林希元就把这种以富救困的思想落实在当地举办荒政的实践中，颇有成就。他把民分为极富、次富、稍富、稍贫、次贫、极贫六等，极贫之民需要赈米，次贫之民以赈钱为便，稍贫之民在荒歉之时只是临时有困难，只要由极富之民贷银，就可渡过难关。这样，"贫民得财而有济，富民损财而有归，官府无施而有惠，一举而三得备焉"。从恢复生产考虑，他还提出动员富户借牛、种的办法以恢复生产。④ 清乾嘉年间的封疆大吏汪志伊，著《荒政辑要》一书，在书中他对荒政之策作了简明而周全的论述，体现了一系列积极荒政思想，其中就包括"提倡民间贫富互济"的内容。⑤

　　总之，富民在灾荒之年对小民进行借贷，提供给他们生活资料、生产资料，于民、于生产、于生活十分重要，是社会的支柱。没有富民，民众也会遭殃。所以，一些思想家主张运用奖励手段，动员富民

---

①　（清）王夫之：《读通鉴论》卷2《汉高帝》，第21页。
②　（清）王夫之：《黄书·大政第六》，《黄书噩梦》，第29页。
③　（清）王夫之：《黄书·大政第六》，《黄书噩梦》，第29页。
④　（明）林希元：《林次崖先生文集》卷1《荒政丛言疏》，第33页。
⑤　刘亚中：《汪志伊〈荒政辑要〉所见之荒政思想》，《中国农史》2006年第4期。

捐输资财来养民。如周文英提出：以富户为征资对象，把自愿出资和奖励结合起来，"于浙间富户内，不以（论）是何户，计劝率百十家斟酌远近，功绩巨细，照舍粮赈济饥民例，优以官禄，拟定功绩品级，令其开浚"①。由富民承担工赈之费并负起督率之责，实质是动员和利用社会上大量私人资金兴修水利，由民众自行生产救灾，无须官府出资和组织。当时有所作为的一些地方官员，从施政一方、维护稳定的角度出发，对民间社会贫富互相帮助、共渡难关的行为极为重视，经常由政府出面对伸出援助之手的殷实富户给予荣誉称号，进行精神方面的表彰和鼓励，引领他们成为社会发展的积极面。

（三）宗族成员之间，主张以富帮贫

北宋时，范仲淹最早设立范氏义庄，意图是"以富帮贫""以民助民"，保障本族子弟"月有食，岁有衣，婚娶嫁葬皆有所赡，择其长才主其计事而时其出入"②。明清时期是中国宗族社会发展繁荣的鼎盛时期，随着商品经济的发展，宗族内部的贫富分化更趋严重，广泛存在数量较大的贫困弱势人群。明代江苏金坛于铭提出让富者捐出田地，设立义田用来资助同宗同族，他说："同宗有贤贫愚富之不齐者，可不辅之以法乎？族中有田十顷者，劝出义田五十亩，有三顷者助田十亩，中间递为增减，而二顷以下免之……义田之子孙陵替者还其田，先贫后富者补其数。如同宗之田，彼此皆富，无田可助，则设义仓。"③ 明清之际的顾炎武说："民之所以不安者，以其有贫有富。贫者至于不能自存，而富者常恐人之有求，而多为吝啬之计，于是有争心矣。"他提出："夫惟收族之法行，而岁时有合食之恩，吉凶有通财之义"，如此则"不待王政之施，而矜寡孤独废疾者皆有所养矣"。④ 由富民家族捐资，面向邻里设立各种社会救济机构救济族人，

① （明）归有光：《三吴水利录》卷3《周文英书》，《归有光全集》，第1781页。
② （宋）吕祖谦：《宋文鉴》卷80《义田记》，《四库全书》本，集部，第1350册，第834页上栏。
③ （清）于铭：《于氏中说》，转引自王日根《明清民间社会的秩序》，岳麓书社2003年版，第26—27页。
④ （清）顾炎武：《日知录》卷6《庶民安故财用足》，第344页。

方式灵活，解决及时，成效显著，有利于整合社会资源，救济有确实需求的人，在基层社会发挥着不容忽视的养民作用。富民亦以此为依托，维护地方社会的传统秩序及自身的长远利益。清人方苞对范仲淹的做法给予积极评价，认为可使"贫者得养""教法可行"，他指出："范氏之家法，宗子正位于庙，则祖父行俯首而听命，过愆辩讼，皆于家庙治之，故范氏之子孙越数百年，无受罚于公庭者，盖以文正置义田，贫者皆赖其养，故教法可得而行也。"①

宗族内部更是普遍认为，族内富民在灾害和社会弱者的救助方面具有不可替代的功效。如广布于全国各地的"义门陈氏"认为："宗族邻里贫富不同，富之济贫，古道也。贫者窘迫称贷，我当即与之，以济贫急，勿责之以相偿之期，听其自来……至于有疾病也，扶之；有死丧也，济之；有横逆祸患代之驱逐之；有冤抑莫伸者代为辨白之。"② 湖南平江叶氏提倡族内的贫富互济："稍济贫穷，有田可耕使之耕；有谷可借准其借，能还本者受之，不能还本者听之。至于同胞兄弟，并不计其有无，要当唯力是视，断未有自居饱暖而忍彼以饥寒也。"③ 从血缘和道义的角度讲，救济贫困族人是宗族特别是族中富人义不容辞的义务，也是诸多宗族睦族收族的基本要求。在休宁境内，范氏宗族认为："鳏寡孤独，王政所先，况吾同族得于耳闻目击者乎，则恤之。贫者恤之善言，富者恤之财谷，皆阴德也。衣食窘急，生计无聊，虽或自取，命运亦乖，则周之。量己量彼，可为则为，不必望其报，不必使人知，吾尽吾心焉。……引申触类，为义田、义仓、为义学、为义冢。教养同族，使生死无失所，皆豪杰所当为者。"④ 强调族人不论贫富，都要竭尽所能为族中鳏寡孤独之人提

① （清）方苞：《方望溪先生文集》卷14《仁和汤氏义田记》，中国书店1991年版，第206页。
② 《义门陈氏家乘》卷3《礼俗志·推广家法十五条》，转引自周荣《中国传统社会晚期的社会保障体系初探》，《人文论丛》2003年卷，第169页。
③ 湖南《平江叶氏族谱》卷首《家训五条》，转引自周荣《中国传统社会晚期的社会保障体系初探》，《人文论丛》2003年卷，第169页。
④ 万历《休宁范氏族谱·谱祠·统宗祠规·宗族当睦》，转引自陈瑞《明清徽州宗族与乡村社会控制》，安徽大学出版社2013年版，第225页。

供救助，使他们身前死后能得到赈恤。江南名绅冯桂芬指出："千百族有义庄，即千百族无穷民"，结果是"奸宄邪慝无自而作"，这样义庄便可发挥"亿万户皆有庄可隶"的作用，达到"补王政之穷"的目的。因而他竭力鼓吹恢复宗法，说："宗法者，佐国家养民教民之原本也。"① 所谓"养"，即从资助丧葬、婚嫁、孤寡、贫穷、医药、完役、入学、考试等各方面对本宗族一定血缘关系内的族人实行救济或资助，这种情况在地方社会比较普遍，如福建有杨维垣在建安"设田以赡贫乏"②，黄文甫在建阳置"义田以给子孙之贫不能婚葬者，又有役田以佐门户里役之差徭，有学田以资读书之灯油脯修试费"③。廖雍在长汀"割己田襄立义庄为赴闱费"④。其他地方也是如此，如湖南长沙瞿氏设义庄资助族人求学，"所收田租专供高祖以下各房子孙读书用费"⑤。四川绵竹马氏同样置义田"以租入办家塾，族中子弟资以修金月来"⑥。通过"佐国家养民"来教化民众，控制族人，整饬秩序，有利于家族本身的长久维持，有利于强化对社会的控制。所以，义田得到各方面的大力提倡与支持。

（四）政府大力提倡，主张以民养民

除民间社会对此有较多议论外，政府也提倡"以民养民"。朱元璋曾诏告天下："古者邻保相助，患难相救，今州县城市乡村，或有冻馁不能自存者，令里中富室假贷钱谷以资养之，工商农业皆听其故。俟有余赡，然后偿还。"⑦ 要求里中富民借贷钱谷给同里那些因

---

① （清）冯桂芬：《校邠庐抗议》下篇《复宗法议》，《采西学议——冯桂芬马建忠集》，辽宁人民出版社1994年版，第58页。

② 康熙《建安县志》卷39《人物四》，转引自王日根《明清基层社会管理组织系统论纲》，《清史研究》1997年第2期。

③ 建阳《重修黄文甫公族谱·凡例》，转引自王日根《明清基层社会管理组织系统论纲》，《清史研究》1997年第2期。

④ 光绪《长汀县志》卷24《义行》，成文出版社1967年版，第387页。

⑤ 长沙《瞿氏家乘》，转引自王日根《明清基层社会管理组织系统论纲》，《清史研究》1997年第2期。

⑥ 光绪《绵竹乡土志·耆旧》，转引自王日根《明清基层社会管理组织系统论纲》，《清史研究》1997年第2期。

⑦ 《明太祖实录》卷73，洪武五年五月戊辰，第1352页。

贫而不能自存的人,保证他们的基本生存之需;同时,还可以将之作
为营生资本,原来做工的做工,事农的事农,经商的经商,各自恢复
故业,等发展有余资后,再一并偿还。作为明清社会基层组织的里甲
和保甲中的富民,被政府赋予很强的社会救助责任。朱元璋多次强
调:"朕置民百户为里,一里之间,有贫有富,凡遇婚姻、死丧、疾
病、患难,富者助财,贫者助力,民岂有穷苦急迫之忧? 又如春秋耕
获之时,一家无力,百家代之,推此以往,百姓宁有不亲睦者乎?"①
他强调贫富之间的互助合作,尤其强调富者应当救助贫者,贫富、邻
里的相安、相助,患难相救,有助于加强基层统治、安定地方秩序,
对国家大有好处。政府还以法律的形式强制"有产之家"赈"无产
之家",否则就要受罚。如朱元璋曾"命户部谓有司曰:有产之家不
赈无产之家、佃户人等,领赴京来"②。他强迫上中人户资助本里中
因贫困、残疾而乞食者,规定上中人户倘若"见乞觅之人,不行资
给",则"验其家,所有粮食存留足用外,余没入官,以济贫乏"③。
在处理充盈仓储、解决粮政和粮食问题上,清代乾隆皇帝也认识到:
"以君养民则不足,使民自养则有余",若"举身家衣食之切务,皆
委之在官",官米有限,"焉得人人而济之","大概市井之事,当听
民间自为流通;一经官办,本求有益于民,而奉行未协,转多扞
格"④。事隔多年之后,针对地方大量捐监,谕:"何如留于闾阎,听
其自为流转。"⑤ 讨论的就是政府究竟应在社会事务中充当什么样的
角色,皇帝也希望主要依赖民间社会本身的能力,自给自足,一举解
决赈灾、济贫、吃饭等全部粮食问题。

鉴于此,政府积极加以组织和引导,广泛运用社会力量救困救
灾,鼓励富民出资赈灾济贫,充分发挥富民的养民作用。这在备荒和

---

① 《明太祖实录》卷 236,洪武二十八年二月乙丑,第 3457 页。
② 《大诰三编·陆和仲胡党第八》,第 327 页。
③ 《皇明诏令》卷 2《正礼仪风俗诏》,转引自万明《晚明社会变迁问题与研究》,商
务印书馆 2005 年版,第 255 页。
④ 《清高宗实录》卷 314,乾隆十三年五月乙酉,第 5 册,第 149 页。
⑤ 《清史稿》卷 339《王亶望传》,第 11074 页。

救荒方面体现得尤为明显。为保证民生，明清政府鼓励民间富户将多余的粮食捐建常平仓、社仓、义仓等粮食储备形式，依靠民间积谷备荒。灾荒发生，政府财力有限、赈济不及时，会直接劝谕富民之家捐、借钱谷，对穷民进行赈贷，以民救民。如嘉庆六年（1801年），朝廷下旨劝导富民赈济灾民，具体内容如下："本年直隶被灾甚重，虽节经发帑截漕，开放大赈，所以加惠穷黎者，至再至三。但人数众多，岂能尽满其额。……至各处殷实之家，有无相通，本属乡党亲睦之谊。……身家殷实者，亦应推广皇仁，共敦任恤。著该督饬令各州县剀切劝谕。……地方官于此等急公之人，必加奖赏，既得乐善好施之名，而穷黎等受其利益，必交口称赞，断不忍强加扰夺，转得保其素封。倘封殖居奇，致无赖穷民乘机抢掠，即使铺伙人众，或将强抢之人殴伤致毙，亦已蹈擅杀罪人之罪，一经拘讯，匍匐公庭，守候审结，岂能安居经营生理，实为两失之道。不若各量己力，所费者少而所益者多。"[1] 在这里，嘉庆帝自认政府救灾能力有限，不能广济博施、救济全部灾民，因而呼吁富民与政府一起承担救灾的责任。他认为，如果富民能够将平时积存的粮食拿出来参与救灾，既可以博得乐善好施的美名，又可以得到政府的奖赏，还可以避免受到穷民的抢掠，一举多得；相反，如果富民只顾言利，囤积居奇，加剧粮价上涨，必然引起灾民的仇恨，一旦遭抢，不仅经济受损，本人也可能陷入官司。最好的办法就是听从政府劝导，赈粜灾民。道光帝也很注重民间富民的赈济作用。他即位之初，浙江萧山等县受灾，他对浙江省劝导富民出粜一事表示"所办甚为得宜"，充分肯定该省富民设法赈济的作用。他说："本年浙江所属地方，被灾较广，恐官给赈恤不能周遍。如果该省殷富士民，谊笃桑梓，设法赈济，较之官赈，更为有益……俾令踊跃从事。俟事竣后，再行秉公查奏，务令道无饥馑，普获生全。"为更好地让富民捐输，他还专门下令，不许地方官员勒派富民、士绅，不许胥吏从中侵扰，要根据救助的实际效果，对他们予以奖励，救活的灾民越多，奖励越优。他说："但该富民等，总须善

---

① 《清仁宗实录》卷91，嘉庆六年十一月辛丑，第2册，第211—212页。

为劝输，不得以官势勒派。……总令该绅士等各择端方好义之人，自行经理，不得令事胥从中侵扰，转致累累不前。……将来必将伊等捐资若干，全活人数若干之外，据实奏明，奶请恩奖。其全活愈多，则恩奖亦优。该抚先明白宣导于前，俾令踊跃从事。"①

为酬答富民的仗义疏财，作为奖励，国家会予以适当的名誉上的奖励和徭役上的优免，以扬其德，提高其政治、社会地位。如对他们"旌为义民"，"免本户杂泛差役"②；或"敕赐义官"③，"给与冠带"④；或给予"竖坊""置匾"等旌表⑤，以此扩大他们的影响、提高他们的声誉。国家还会采取向富户出售官职这样的有效手段。如成化二年（1466年），为赈救应天、凤阳的饥民，总督南京粮储都御史周瑄言："移文江西、浙江并南直隶儒学，廪膳生能备米一百石，增广一百五石，运赴缺粮处，上纳者许充南京国子监生；民纳米一百石者，于本处司府州县充吏，三考，赴京授与冠带。"对于这样的建议，明宪宗"以所言皆救荒防患急务，悉从之"。⑥又如在明武宗时，富民纳粟赈济在千石以上者"表其门"，九百石至二三百石者"授散官，得止从六品"。世宗时，"义民"捐谷二十石者，即给冠带，多者授官正七品，达五百石的"有司立为坊"。⑦历代清帝屡颁诏旨，劝谕官绅富民捐输。如清政府于雍正二年（1724年）制定奖励措施："有司劝捐，不得苛派，所捐之数，立册登注，不拘升斗，如有捐至十石以上者，给以花红，三十石以上者，给以匾额，五十石以上者递加奖励，其有年久不倦，捐至三四百石者给以八品顶带。"⑧乾隆四十一年（1776年）议准，"绅衿士民，有于歉岁捐赈者，准亲赴布政

---

① 《清宣宗实录》卷7，嘉庆二十五年十一月下庚子，第1册，第153页。
② 崇祯《嘉兴县志》卷20《丝纶》，书目文献出版社1991年版，第844页。
③ 乾隆《英山县志》卷17《义行》，吴康霖《六安州志》（下），黄山书社2008年版，第1187页。
④ 《明英宗实录》卷214，景泰三年三月己未，第4615页。
⑤ 崇祯《松江府志》卷13《荒政》，书目文献出版社1991年版，第349页。
⑥ 《明宪宗实录》卷28，成化二年闰三月癸酉，第552页。
⑦ 《明史》卷78《食货志二》，第1909页。
⑧ 乾隆《清朝通志》卷88《食货略八》，浙江古籍出版社1988年版，第7270页。

司衙门具呈，并听自行经理。事峻，督抚核实，捐数多者题请议叙，少者给匾额"①。国家和政府的鼓励措施，既能保证富民的利益，也可缓解粮食短缺现象，让一般民众得以生存，保证农业生产的正常进行，还可以起到稳定社会秩序的作用。如嘉靖时，"岁大饥，贫民竞起攘夺，里门多闭。冕倡义出赈，一境贴然"②。政府的义民旌表是对富民善行的道德和精神表扬，它的社会效应极为明显，能够号召更多的人紧随其后，关爱他人，急公好义，积极向善，主动投身社会救助事业当中。所以，时人充分肯定富民的义举义行及政府对此行为的旌表，说："有是义举，朝廷旌之，邑乘志之，父老传之，后世颂之，人亦何惮而不为义哉?"③而富民自己从中获得政治利益，贫民从中得到生活保障，贫富相安，实现天下大治。"使富民皆得推恩于贫民，而贫民亦群知自好而耻犯法，则物各得其所，而天下治矣。"④富民资助贫民之不足，贫富共渡难关，可以将灾害降到最低程度，很好地化解社会矛盾，增进社会稳定和安宁。汪志伊曾说："一家勤而富，役者百千夫；富济贫不足，贫资富有余；饥寒不相迫，盗贼自然无；又安有蚁聚，蜂屯意外虞。"⑤富民的救济，能在一定程度上暂时缓解灾民的生活困境，防止灾民有过激的行为，也可以保证富民的利益和安全，所以说，"安贫即以安富，贫者不安而欲坐享丰亨，势不能也"。富民积极参与灾荒赈济，民间互相救助，作用极大，"太平之世，遇歉岁而民不饥，盖不独损上以益下也，抑民间有自相补助之道焉。……施期于当厄，多一人输，即多数人食，多劝一人输，即多活数人命也"⑥。所以，政府极力主动要求地方富民、士绅参与到社会

---

①（清）杨景仁：《筹济编》卷10《劝输》，《中国荒政书集成》第5册，第3109页。

②康熙《南海县志》卷13《人物列传下·义行》，《日本藏中国罕见地方志丛刊》，书目文献出版社1991年版，第242页。

③康熙《永康县志》卷13《义民序》，《中国地方志集成》，上海书店1993年版，第911—912页。

④（清）黄中坚：《蓄斋集》卷1《限田论》，任继愈《中华传世文选清朝文征》（下），吉林人民出版社1998年版，第853页。

⑤（清）汪志伊：《稼门诗钞》卷2《保富箴》，《清代诗文集汇编》第406册，第253页。

⑥（清）杨景仁：《筹济编》卷10《劝输》，《近代中国史料丛刊三编》第54辑《筹济编》卷8—19，文海出版社1989年版，第12页。

救助活动当中，强调发挥他们的重要作用，使他们成为政府越来越依赖的对象。

总之，"以民养民"论就是强调富民要承担重要的社会责任，弥补政府职能的空缺，在日常社会生活的各个方面"助君养民"。富民本身也热衷于各项社会事业，他们往往"一家得食，不独一家得食"，通过施善，"其大者能活千家百家，下亦至数十家数家"①。所以说，富民的成功，"非独饶于资，且优于德也"②。他们慷慨好施，扶危济困。当时，赈济施舍、修筑道路、架搭桥梁、兴修水利、建置书院等活动，富民完全把它们视为自己的责任和义务，积极筹划、主动参与，推动地方社会公共事业的发展。许多商人发家后，常以儒家礼义来规范自己的行为和道德，如安徽歙县有一个叫余兆鼎的人，"少废书，读《大学》未半。行贾后，益好书，日疏古人格言善事而躬行之"③。

当然，"以民养民"论只是问题的一个方面。不单是贫民依赖于富民，富民也依赖于贫民，贫富之间具有密切的相互依赖关系，双方形成一种良性互动关系，共同解决现实问题，助推地方社会治理。例如，广东"沿海居民，富者出资，贫者出力，懋迁居利"④。福建"滨海一带……富者征货，因得捆载而归；贫者为佣，亦博升米自给"⑤。他们之间的互相依存可以促进经济的发展、生活的安定。朱元璋强调用法律来协调好富贫、强弱之间的关系，使贫富相安、相助而不相怨。洪武三年（1370 年），他特意将浙西诸郡富民召至京城，对他们谆谆告谕道："强凌弱，众暴寡，富者不得自安，贫者不能自存矣。今朕为尔主，立法定制，使富者得以保其富，贫者得以全其生。"⑥"贫富相依"，邻保相助，患难相救，对政治的稳定、王朝的

---

① （清）金声：《金太史集》卷 4《与歙令君书》，《乾坤正气集》第 125 册，第 18 页。
② （明）归有光：《震川先生集》卷 13《东庄孙君七十寿序》，第 369 页。
③ （清）方苞：《方望溪先生文集》卷 11《余君墓志铭》，第 155 页。
④ （清）顾炎武：《天下郡国利病书·广东·采珠》，第 3444 页。
⑤ （明）张燮：《东西洋考》卷 7《饷税考》，中华书局 2000 年版，第 131 页。
⑥ 《明太祖实录》卷 49，洪武三年二月庚午，第 966 页。

兴衰具有重要意义,"今夫富者力本业、出粟帛以给公上,贫者作什器、出力役以佐国用,助征戍,是所益于国家者大也"①。邱濬在"立政养民"的论述中,说:"天生众民,有贫有富,为天下主者,惟省力役、薄税敛、平物价,使富者安其富,贫者不至于贫,各得其分,止其所得矣。"② 意图通过政府的强力干预来实现真正的"贫富相依",促进社会安定。

---

① (明)李贽:《藏书》卷 17《富国名臣总论》,第 291 页。
② (明)邱濬:《大学衍义补》卷 25《市籴之令》,第 242 页。

第四章　明清民本思想·富民篇

　　追求富贵，乃人之本性。司马迁说，"富者，人之情性，所不学而俱欲者也"①，这是人不用学自然就具有的本性。邱濬认为人有追求财利的欲望，财富是社会各阶层人们的共同爱好。他说："财者，人之所同欲也"，"人心好利，无有纪极"②；"臣按钱之为利，贱可使贵，贫可使富，蚩蚩之民，孰不厌贫贱而贪宝贵哉？"③ 说明人的本性都是喜欢财、利、钱、富、贵，而厌恶贫穷。张居正认为，"利之所在，人争趋之"④。人人都追求富贵、追求财利。

　　李贽指出，追求"富贵"是人的自然本性，"谓圣人不欲富贵，未之有也"⑤。圣人都追求富贵，普通人就更不用说，因为人人都有趋利避害、追求势利的自觉能动性。他说："趋利避害，人人同心"，"虽大圣人不能无势利之心。则知势利之心亦吾人禀赋之自然矣"。⑥ 如此一来，"富贵"成为社会发展的必然之势，"夫天下之民物众矣，若必欲其皆如吾之条理，则天地亦且不能，是故寒能折胶，而不能折朝市之人；热能伏金，而不能伏竞奔之子。何也？富贵利达所以厚吾

---

① 《史记》卷129《货殖列传》，中华书局1959年版，第3271页。
② （明）邱濬：《大学衍义补》卷20《总论理财之道》，京华出版社1999年版，第200页。
③ （明）邱濬：《大学衍义补》卷26《铜楮之币》，第250页。
④ （明）张居正：《张太岳集》卷32《答宣府总督郑范溪》，上海古籍出版社1984年版，第399页。
⑤ （明）李贽：《道古录》卷上，《李贽文集》，社会科学文献出版社2000年版，第357页。
⑥ （明）李贽：《道古录》卷上，第358页。

天生之五官，其势然也。"①

　　唐甄认为应该重视人们追求富贵的欲望，他说："二十以上，为士者贡举争先，规卿希牧而得贵；其为众者，营田置廛，居货行贾而得富；其贫贱者，亦竭精敝神以求富贵。"②他分析各个社会群体追求富贵的状况，认为读书人努力读书，参加科举考试，盼望金榜题名、得到官职，是为了谋得尊贵的社会地位；普通民众经营田地，置办房产，从事商业活动，是为了求富；甚至那些被认为是民众之中的贫贱者，也都竭尽全力从事各项工作，同样是为了求富贵。他举例说："蔬食之士，不慕鼎肉，不能闻馨而不动于嗜；徒步之士，不慕高车，不能见乘而不感于劳。"由此他得出结论："故夫不慕富贵者，则有之矣，见富贵而不动者，吾未之见也。"由于富贵对任何人都具有刺激欲望的作用，所以"世之攘攘藉藉者，皆由欲起"。③

　　总而言之，财富是每个人生活之必需，追求财富是人生的永恒主题。一个人要生存，图谋自身的发展，要抚养子女和赡养老人，都离不开财富，所以对财富的追求是民所具有的自然经济权利。而富民是富国的基础，只有民众富裕，国家才有充足的财政来源，国家也才能富足。

第一节　继承传统的明清富民思想

　　既然要重视和满足民众追求富贵的欲望，关键在于富民。富民，是国家保证民众有丰富的收入和生活资料，使民众能得到财富，能富裕起来，能生活得更好。立君为国为民，就是要富民。首先，君主要满足民众"求富"的欲望，"民之欲富"则富之，为民兴利除害，为天下人谋求利益。其次，君主要注意调整君民之间的利益关系，要藏富于民，不可与民争利，不能为一己谋利，因为利民则利君，富民则足君、足国家。所谓"众欲不可拂也。以天下之言谋事，何事不宜；

①　（明）李贽：《焚书》卷1《答耿中丞》，中华书局1961年版，第17页。
②　（清）唐甄：《潜书·七十》，古籍出版社1955年版，第36页。
③　（清）唐甄：《潜书·格定》，第57页。

以天下之欲行事，何事不达"①。保证民众的物质利益，使民众富裕，藏富于民，成为明清时期传统民本思想中的重要内容。

一 治国之道，要在富民

大凡治国的原则，是要使民众富裕，"民贫则国不能独富，民富则国不至独贫"②，明清统治者对此深有认识。

明太祖朱元璋认识到民心的向背直接关系到政权的安危，他一直强调要做到"民之所好好之，民之所恶恶之"③，认为为治的关键在于顺民情、得民心。他说："治民犹治水，治水，顺其性，治民，顺其情。人情莫不好生恶死，当省刑罚，息干戈以保之；莫不厌贫喜富，当重农时薄赋敛以厚之；莫不好逸恶劳，当简兴作节徭役以安之。若使之不以其时，用之不以其道，但抑之以威，迫之以力，强其所不欲，而求其服从，是犹激水过颡，终非其性也。"④ 从民情、民心来看，人们都"厌贫喜富"，统治者要做的，就是生财以阜民，家给人足，积蓄富盛，即使民富裕。他对户部大臣说："善理财者不病民以利官，必生财以阜民……我国家赋税已有定制，樽节用度，自有余饶。减省徭役，使农不废耕，女不废织。厚本抑末，使游惰皆尽力田亩。则为者疾而食者寡，自然家给人足，积蓄富盛。尔户部政当究心，毋为聚敛以伤国体。"⑤ 民富以后国才能富，"百姓足而后国富，百姓逸而后国安，未有民困穷而国独富安者!"⑥ 从为政者的角度来说，要克制自己的欲望，适民之情，遂民之欲，使民有余力、余财，如此一来，才能保证上下相亲，才能保证国家得以治理好。"治天下者不尽人之财，使人有余财；不尽人之力，使人有余力。斯二者人皆知之。至于不尽人之情，使人得以适其情，人或未知也。夫使人得以

① （清）唐甄：《潜书·六善》，第146页。
② 《明太祖实录》卷253，洪武三十年五月丙寅，中华书局2016年影印本，第3649页。
③ 《明太祖实录》卷255，洪武三十年九月乙巳，第3691页。
④ 《明太祖实录》卷177，洪武十九年春正月己巳，第2675—2676页。
⑤ 《明太祖实录》卷177，洪武十九年三月戊午，第2681—2682页。
⑥ 《明太祖实录》卷250，洪武三十年三月壬辰，第3618页。

适其情者，不以吾之所欲而防人之所欲。盖求竭吾之所欲者，所求必得而所禁必行，如此则人有不堪。于是求有所不得，禁有所不止，则下之奉上者，其情竭，而上之待下者，其情疏矣。上下之情乖，而国欲治者未之有也。"① 民"财尽则怨，力竭则怼"②，极易引起统治的危机，所以要高度重视民众求利、求富的问题。

康熙帝把厚民生视为国家安定的重要条件。他说："民为邦本，必使家给人足，安生乐业，方可称为太平之治。"③ 从而一再告诫臣下，要时刻考虑天下民众的生活，使他们家给人足、安居乐业，才能平治天下。

刘基明确提出"国不自富，民足则富"④，就是说，君主的重要职责是散利于民、足民富民，因为民富和国富是统一的，只有民富，才能国富。

方孝孺主张对民众要"富安之"，即只要使民众富裕、生活安定，国家自然也就能富裕，他把富民当作富国的基础。他说："天下何患乎无财，能养民而富安之，不求富国而国自富矣。"⑤ 他进一步论述说，君主治理天下何必忧虑没有财富，关键是要"治之有道"："为天下者曷尝患乎无财也哉，天下未尝无财也，苟用之以节，治之有道，夫何不足之有？"⑥ "国不患乎无积而患无政"，"政以节民，民和则亲上，而国用足矣"⑦。在他看来，"治之有道"，能生产出足够的财富，"用之以节"就不会患不足。

王叔英继续强调孔子的庶、富、教思想，他说："臣闻天生斯民，立之司牧，而寄以三事，曰庶、富、教是也。为人君者，将欲遂民之

① 《明太祖实录》卷164，洪武十七年八月丙寅，第2533页。
② 《明宪宗实录》卷203，成化十六年五月庚寅，第3553页。
③ 《清圣祖实录》卷22，康熙六年五月丙午，中华书局1985年影印本，第1册，第305页。
④ （明）刘基：《诚意伯文集》卷8《拟连珠六十八首》，第172页。
⑤ （明）方孝孺：《逊志斋集》卷14《送陈达庄序》，《景印文渊阁四库全书》，台湾商务印书馆1986年影印本，第1235册，第418页下栏。
⑥ （明）方孝孺：《逊志斋集》卷4《读汉盐铁论》，第137页上栏。
⑦ （明）方孝孺：《逊志斋集》卷1《杂诫》，第57页下栏。

庶，必先有以富之，既富之，然后可以教之。今天下之民未甚庶，未能从上之教者，以富之之道有未至焉耳。富之之道，臣尝读《大学》而知之矣。有曰生财有大道，生之者众，食之者寡，为之者疾，用之者舒，则财恒足矣。是则平治天下之道，实本于此。臣窃观之，天下凡有害于此者，亦颇知其略矣。恒产未制，而贫富不均，赋敛未平，而田多荒芜，此二者，生之之本之害也。"他同样认为，天下立君为民，主要是让君主富民教民，富民的方法是不夺农时，量入为出，制民恒产，如果做不到这些，反而对民众横征暴敛，使民众贫富不均、没有恒产，土地荒芜，使民众没有生存之基，必将危害统治。统治者要做的，就是为民兴利除害，可取得"富庶"和"教化可行"的实效。"陛下诚能因臣之所知，而益求其所未知，明其为害则除之，明其为利则兴之，将见富庶之效，不数年而可致，而教化之行不难矣。"①

吕坤认为天之立君的目的，是要让君主满足民众的物欲要求，把富民作为自己的根本任务，把"利民"作为自己的"为君之道"。他说："天之生君，非为君也。天之立君，以为民也。奈何以我病百姓？夫为君之道无他，因天地自然之利，而为民开导樽节之，因人生固有之性，而为民倡率裁制之，足其同欲，去其同恶，凡以安定之，使无失所，而后天之立君之意终矣。"②

邱濬主张"自为"利民、富民，就是对各种经济活动要听民自为，国家不要强加干涉和限制。对民制恒产，要"听民自为"，"自秦汉以来，田不井授，民之产业，上不复制，听其自为而已"③；对工商业、市场要"听民自为"，"苟民自便，何必官为？"④ "民自为市"⑤。总之，要让民众自主地去求利、求富，追逐物质利益。

海瑞提倡富国利民，他说："有天下而讳言利，不可能也。"他反

———————

① （明）王叔英：《资治策疏》，《明经世文编》卷12《王翰林奏疏》，中华书局1962年版，第90页。

② （明）吕坤：《呻吟语》卷5《治道》，岳麓书社2002年版，第264页。

③ （明）邱濬：《大学衍义补》卷14《制民之产》，第132页。

④ （明）邱濬：《大学衍义补》卷28《山泽之利上》，第263页。

⑤ （明）邱濬：《大学衍义补》卷25《市籴之令》，第241页。

对官吏刻剥百姓、损民肥己，认为这会给百姓和国家带来无穷的灾难，只有杜绝官吏谋取私利，才能真正利民，然后才能利国，才能富国强兵。他说："圣人之治，利天下，国家之利裕如矣。夫利天下，言民也，利国之道，于利民得之……足民之外，更无理财之方。"①

张居正提出国家应以"节用"作为足国足民的手段。他说："天地生财，自有定数。取之有制，用之有节，则裕；取之无制，用之不节，则乏。"② 他认为天地间的财富有一个定量，节用能保证财富的充裕。因此，国家要"节用裕民"，"与其设法征求，索之于有限之数以病民，孰若加意省俭，取之于自足之中以厚下乎？"③

徐光启一生成就斐然，著书立说，在农学方面的成就很突出。他对农业尤为重视：从家庭层面来说，他认为农业是创造财富的基本行业；从国家层面来说，他认为农业是实现富强的根本措施。他说："富国必以本业"④，"农者，生财者也"⑤，民众应大力发展农业生产，成为本富之民。

刘宗周认为："法天之大者，莫过于厚民命。"⑥ 王夫之也说，人类的主要生产实践活动就是围绕"厚生""利用""正德"等核心问题展开。"其为人治之大者何？以厚生也，以利用也，以正德也。"⑦ 厚生即富民。顾炎武同样肯定求富重要，他指出："今天下之患，莫大乎贫。"⑧ 他认为，制民产，人们过着富裕的生活是实施教化的前提。"今将静百姓之心而改其行，必在制民之产，使之甘其食，美其

---

① （明）海瑞：《四书讲义·生财有大道节》，《海瑞集》下册，中华书局1962年版，第493页。

② （明）张居正：《张太岳集》卷15《论时政疏》，上海古籍出版社1984年版，第184页。

③ （明）张居正：《张太岳集》卷36《陈六事疏》，第457页。

④ （明）徐光启：《复太史焦座师》，《徐光启集》，上册，中华书局1963年版，第454页。

⑤ （明）徐光启：《拟上安边御虏疏》，第237页。

⑥ 《明史》卷255《刘宗周传》，中华书局1974年版，第6577页。

⑦ （清）王夫之：《尚书引义》卷4《洪范二》，《船山全集》，第2册，岳麓书社1988年版，第349页。

⑧ （清）顾炎武：《亭林文集》卷1《郡县论六》，中华书局1959年版，第15页。

服，而后教化可行，风俗可善。"①

　　唐甄继承前代"仓廪实而知礼节""民富而后国治"的思想，提出他的"富民"论，是这一时期最为突出的富民思想。他把富民提高到"立国之道"的高度，认为民众富庶是立国的基础。他说："立国之道无他，惟在于富。自古未有国贫而可以为国者。"② 他认为没有民众贫困而国家却能治理得很好的，把是否能使民众富裕作为衡量政治得失的尺度。他说："为治者不以富民为功，而欲幸致太平，是适燕而马首南指者也。"③ 所以，富民比什么都重要，是安定民心的基础，是治理国家的保证。民众富裕之后，才能崇尚礼义、施行教化，所谓"衣食足而知廉耻，廉耻生而尚礼义，而治化大行矣"④。

　　怎样才能使国民经济富裕呢？他说："财者，国之宝也，民之命也。宝不可窃，命不可攘。圣人以百姓为子孙，以四海为府库，无有窃其宝而攘其命者。是以家室皆盈，妇子皆宁。反其道者，输于倖臣之家，藏于巨室之窟，蠹多则树槁，痈肥则体毙，此穷富之源，治乱之分也。"⑤ 他认为，财富极其重要，是"国之宝""民之命"，是国家或治或乱的分水岭，只有民众丰衣足食，国家才能兴旺发达；如果民众困苦，必将导致国家灭亡。因此，他坚决反对官僚巨室对富民财富的掠夺，认为官吏的重赋和虐取是实现富民的最大障碍，认为这甚至比盗贼的害民还要严重得多，因为民众时时得面对这些官吏，根本逃不开他们的"魔爪"，"盗不尽人，寇不尽世，而民之毒于贪吏者，无所逃于天地之间"。他们给民众造成很多的苦难，使"富室空虚，中产沦亡，穷民无所为赖，妻去其夫，子离其父，常叹其生之不犬马若也"。⑥

　　唐甄主张民富先于国富。他说："夫富在编户，不在府库。若编户空虚，虽府库之财积如丘山，实为贫国，不可以为国矣。国家五十

---

① （清）顾炎武：《日知录》卷12《人聚》，安徽大学出版社2007年版，第695页。
② （清）唐甄：《潜书·存言》，第114页。
③ （清）唐甄：《潜书·考功》，第111页。
④ （清）唐甄：《潜书·厚本》，第202页。
⑤ （清）唐甄：《潜书·富民》，第105页。
⑥ （清）唐甄：《潜书·富民》，第107页。

年以来，为政者无一人以富民为事，上言者无一人以富民为言。至于为家，则营田园，计子孙，莫不求富而忧贫。何其明于家而昧于国也。"① 统治者经营一个国家就像一个人经营小家庭一样，都要"求富而忧贫"。他从富民阶层的角度出发，全力鼓吹富民经济，特别强调国民的富裕，强调其重要意义，要求上要"以富民为功"，吏要"以富民为事"，才能构建一个"上下同欲，民心大悦"②"富日益富，安日益安"③ 的理想社会，民众生活越来越富庶，社会秩序越来越安定，社会环境越来越和谐。

王源把制民恒产视为"王政之本"，认为统治者抓住制民恒产问题就是抓住为政的根本；相反，不重视制民恒产问题，就是"无本之政"。他说："孟子以制民恒产为王政之本。然则民产不制，纵有善治，皆无本之政也。"④

清代的钱泳、万斯大、魏源等人把"利民"作为君主治国的价值标准，主张"天下事有利于民者则当厚其本，深其源；有害于民者则当拔其本，塞其源"⑤。"利民之事，丝发必兴；厉民之事，毫末必去。"⑥"履不必同，期于适足；治不必同，期于利民。"⑦

吴铤认为国家财政的基本原则是使人人富足，"夫富者，先王所以长治久安之道也，一家富而一家治，一国富而一国治，天下无一人不富而天下治"⑧。他反对重征商税，因为此举会使"百物腾贵，黎民重困"⑨，主张采取元代"三十而税一"的税率。这反映了富民阶

---

① （清）唐甄：《潜书·存言》，第 114 页。

② （清）唐甄：《潜书·匪更》，第 142 页。

③ （清）唐甄：《潜书·厚本》，第 202 页。

④ （清）王源、李塨：《平书订》卷 7《制田第五》，中华书局 1985 年版，第 54 页。

⑤ （清）钱泳：《履园丛话》丛话 4《水学·水利条》，中华书局 1979 年版，第 96 页。

⑥ （清）万斯大：《周官辨非·天官·大宰》，方祖猷《万斯同评传》，南京大学出版社 1996 年版，第 344 页。

⑦ （清）魏源：《默觚下·治篇五》，《魏源集》上册，中华书局 1976 年版，第 48 页。

⑧ （清）吴铤：《因时论九·论财用》，祝秀侠、袁帅南《中华文汇·清文汇》，中华丛书编审委员会 1960 年版，第 231 页。

⑨ （清）吴铤：《因时论十八·税敛》，《近代中国史料丛刊》第 77 辑《皇朝经世文四编》卷 18《户政·税则》，文海出版社 1973 年版，第 300 页。

层惧怕破产、追求富足的愿望。

包世臣声称自己"好言利",并且提出"富在农"。他说:"好言利,似是鄙人一病,然所学大半在此,如节工费,裁陋规,兴屯田、尽地利,在皆言利也。"① 他从传统的"民以食为本"出发,强调要重视农业,因为"天下之富在农"。他说:"握金珠,枕钱布,餐之而不能饱也,衣之而不能温也,然则天下之富在农而已。"②

总之,时人从治理国家、维护统治稳定的角度出发,大多主张富民、利民,甚至说:"人臣,主于利民,国之宝也;主于利国,国之贼也。"③ 因为他们认识到富民与王朝兴衰、社会治乱有很大关系。大凡民众生活富裕、安居安乐时,社会就会稳定,经济就会发展,国家也必然富强;反之,会造成社会的不安定、国家的衰落。

二 藏富于民,导民生财

既然富民是治国的原则,那么从统治层面来说,应该藏富于民,导民生财。

朱元璋明确提出:"保国之道,藏富于民。"④ "人君为天下之主,当贮财于天下。"⑤ 他主张藏富于民,认为通过发展生产,减轻剥削,能使老百姓衣食给足,摆脱极端贫困的状态,最终求得民安而国治,因为"民富则亲,民贫则离。民之贫富,国家休戚系焉"⑥。他对人主和政府官吏提出利民、不与民争利的具体要求。他说:"朕闻治世天下无遗贤,不闻天下无遗利。且利不在官则在民,民得其利则利源通而有益于官,官专其利则利源塞而必损于民。"⑦ 那么,为君为官

---

① (清)包世臣:《郡县农政》农二《答族子孟开书》,农业出版社1962年版,第80页。
② (清)包世臣:《安吴四种》卷7《说储上篇前序》,《中国近代经济文选》,上海人民出版社1984年版,第75页。
③ (明)陈龙正:《几亭全书》卷13《学言详记·政事上》,转引自〔日〕沟口雄三《中国前近代思想的演变》,中华书局2005年版,第382页。
④ 《明太祖实录》卷176,洪武十八年十一月甲子,第2669页。
⑤ 《明太祖实录》卷135,洪武十四年春正月丁未,第2141页。
⑥ 《明太祖实录》卷176,洪武十八年十一月甲子,第2669页。
⑦ 《明太祖实录》卷145,洪武十五年五月丙子,第2280页。

要做的，是为民理财，生财阜民，"善理财者，不病民以利官，必生财以阜民"①。这个过程中，必须注意防范官吏的侵扰。"国家欲使百姓衣食足给，不过因其利而利之。然在处置得宜，毋使有司侵扰之也。"② 政府官吏必须为民兴利除害，"凡任有司，职掌务在牧民。其牧民之道，务在兴民之利，除民之害"③。

乾隆帝亦强调"足民"，主张治理国家的首要任务在于"足民"，使民众富足的方法，是顺应民力、教给他们"生财之道"。④

刘定之把理财分为两个层次：理国之财和理民之财。理民之财强调的是对民间社会大众经济活动的调节和管理。他认为理民之财是理国之财的基础，只有先把百姓的财理好，百姓富裕，国家财政才有充足的来源；否则，国家只会对百姓加以强征，剥夺百姓手中的财富，结果必然导致百姓财富减少、生活困难、荒歉不给，国家最终必然丧失财政来源的强大基础，遇到急需钱财之时，会难以应付。他说："徒知理国之财，而不知理民之财，损于下而以益于上。国于是有仓促乏用之忧矣，民于是有荒歉不给之患矣。"他进一步指出，在理民之财的基础上，要"生民之财"，即国家用政策扶助百姓发展生产、创造财富。他说：如果"徒知理民之财，而不知生民之财"，就是只"知疏其流而不知浚其源"。他认为"孟子务农重谷之说，贾生驱民归田之论"即"生民之财"，落脚点仍在以农为本。⑤

邱濬提出要藏富于民，理民之财。他说："臣按《易》曰：'何以聚人，曰财。'财出于地而用于人。人之所以为人，资财以生，不可一日无焉者也。所谓财者，谷与货而已。谷所以资民食，货所以资民用。有食有用，则民有以为生养之具，而聚居托处以相安矣。《洪范》八政，以食与货为首者，此也。大禹所谓懋迁有无化居，此六言

---

① 《明太祖实录》卷177，洪武十九年三月戊午，第2681页。

② 《明太祖实录》卷196，洪武二十二年夏四月己亥，第2941页。

③ 《大诰续编·常熟县官乱政第四十九》，《读修四库全书》，上海古籍出版社2002年版，史部，第862册，第288页。

④ 《清高宗实录》卷242，乾隆十年六月上丁未，第4册，第120—121页。

⑤ （明）刘定之：《刘文安公全集》四集《刘文安公十科策略·户科》，转引自叶世昌《中国经济思想简史》（中），上海人民出版社1983年版，第312页。

者，万世理财之法，皆出于此。然其所以徙有于无，变化其所居积者，乃为烝民粒食之故耳。是其所以理财者，乃为民而理，理民之财尔。岂后世敛民之食用者，以贮于官，而为君用度者哉！古者藏富于民，民财既理，则人君之用度无不足者。是故善于富国者，必先理民之财，而为国理财者次之。"① 他认为财可以聚人，财可以资生，财指的是谷与货，即农与商都是财富的来源。要达到藏富于民、最终富国的目的，治国就要把理民之财放在首要的位置，把理国之财放在次要的位置，即君主不可以专利。因为按照上天旨意设立的君主，是要让君主善于理财，用财富治理国家、教化天下、养育民众，而不是听任君主凭借手中的权力让天下财富成为囊中之物。"天以天下之民之力之财，奉一以为君，非私之也，将赖之以治之、教之、养之也。为人君者，受天下之奉，乃殚其力、竭其财，以自养其一身，而不恤民焉，岂天立君之意哉！"② 如此看来，君主理财是为天下民众理财，理民众之财，"是其所以理财者，乃为民而理，理民之财尔；岂后世敛民之食用者，以贮于官而为君度用哉！"守财、聚财亦是如此，"为天守财也，为民聚财也"③。

相同的思想在钱大昕那里也体现出来，他说："《大学》论平天下，至于'民之所好好之，民之所恶恶之'，帝王之能事毕矣。然而'所好之'不可不慎也。民之所好者利，而上亦好之，则必至夺民之利。利聚于上而悖出之，患随之矣。"④ 他还说："夫天地之财祇有此数，聚于上者，必夺于下，故《大学》有生财之道，无理财之术。言理财者，皆聚敛之小人也。小人得志，未有不媢嫉君子者。君子退而小人进，则人君之所好者在小人，所恶者必在君子。好恶拂乎人之性，而失众失国之形成矣。"⑤

---

① （明）邱濬：《大学衍义补》卷20《总论理财之道上》，第197页。
② （明）邱濬：《大学衍义补》卷24《经制之义下》，第229页。
③ （明）邱濬：《大学衍义补》卷21《总论理财之道下》，第208页。
④ （清）钱大昕：《潜研堂文集》卷2《〈大学论〉下》，陈文和《嘉定钱大昕全集》，凤凰出版社2016年版，第9册，第45页。
⑤ （清）钱大昕：《潜研堂文集》卷17《读〈大学〉》，第274页。

吕坤认为君主不应该专利，他说："夫天下之财，止有此数。君欲富则天下必贫，天下贫则君岂独富？故曰：同民之欲者，民共乐之；专民之欲者，民共夺之。"① 国家的财富有定数，要么在君，要么在民，正常的财富流转不应该只由君主来控制，君主独享财富，民众势必贫困，如果民众无法生存，就会反抗对付君主，统治难以维持下去。

海瑞说："有天下而讳言利，不可能也。"所有人的本性都会"言利"，都会追逐利益。国家如此，民众亦如此，关键是如何处理好"利国"与"利民"之间的辩证逻辑关系。他认为："利国之道于利民得之。"② 就是说，利国与利民并存不悖，不是"有我无他"的绝对对立关系，"利民"之后的受益者实际上是"利国"。

李贽崇尚功利，讲求理财。他说："不言理财者，决不能平治天下。"③ 林浚提出要"藏富于民"，不能将天下所有财富奉于君主一人之手，"有若曰，百姓足，君孰与不足。且天子藏富于民，今四海九州之贡赋，山林川泽之物产，凡所以纳之司农，输之内帑，何者而非所以奉陛下一人者乎。"④ 顾炎武强调要"藏富于民"，富民是国家财政的基础，他说："善为国者藏之于民，其次藏之州郡，州郡有余，则转运司常足，则户部不困。"⑤ 财富藏之于民，实际上就是藏之于国；利益存之于民，实际上就是存之于国见识确实难能可贵。王夫之主张轻徭薄赋，"藏富于民"，缓和社会矛盾，为民众创造较好的生产生活条件。

要藏富于民，就不能"与民争利"。"与民争利"，是权势集团与普通民众争夺物质利益的行径。君主和官府如果直接参与经营，实际

---

① （明）吕坤：《忧危疏》，《明经世文编》卷 415《吕新吾先生文集一》，中华书局 1962 年版，第 4498 页。

② （明）海瑞：《四书讲义·生财有大道节》，《海瑞集》下册，第 493 页。

③ （明）李贽：《四书评·大学》，上海人民出版社 1975 年版，第 10 页。

④ （明）林浚：《传奉敕谕查勘畿内田地疏》，《明经世文编》卷 88《林贞肃公集三》，中华书局 1962 年版，第 793 页。

⑤ （清）顾炎武：《日知录集释》卷 12《财用》，上海古籍出版社 2006 年版，第 698 页。

上是一种不公正的商业行为，他们凭借手中的特权，巧取豪夺，势必对市民正常的经商活动以及生计维护造成极大的危害。所以，时人对此极为反对。比如针对万历皇帝派遣宦官冯保开皇店的行径，吕坤毫不客气地说："夫市井之地，贫民求升合赚丝毫以活身家者也。陛下以万乘之尊，享万方之贡，何赖彼锥末之微财，亵此崇高之大体乎？且冯保八店，为屋几何，而岁有四千金之店课乎？解进之数既有四千，征收之银岂止数倍？不夺市民，将安取足乎？今势豪之家用仆开店，所在居民尚且忍气吞声，莫敢与较，而况朝廷遣使，赐之敕书，以泰山压卵之威，行密网竭鱼之法，民间之苦，无可问知。"① 邱濬很反对官府经营商业与民争利："堂堂朝廷而为商贾牟利之事，且曰欲商贾无所牟利，噫！商贾且不可牟利，乃以万乘之尊而牟商贾之利，可乎！"他们甚至认为人君与民争利，为"丑事""不雅"之事。"为天下王者……夺富之所有以与贫人且犹不可，况夺之而归之于公上哉！吁，以人君而争商贾之利，可丑之甚也。"② 夏言等亦言："以宫壸之贵，下与闾阎争利，似为不雅。"③ 丑或不雅只是表面的东西，实质内容是这种做法不利于统治的稳固，不利于民众的生活。因为"财者，民之心，得其财则失其心"④，如果君主"过取于民"，必然会同民众发生矛盾，会失去民心，甚至会激起民众的反抗。相反，君主能以自己的心理量度民众"好财""好利"的心理，取利"合乎天理""合乎人情"，才能"治平天下"。"知财利吾所好也，而民亦好之，吾之欲取之心，是即民之不欲与之心。不得已而取之，所取者皆合乎天理之公而不咈乎人情之欲。如是而取之，则入之既以其义，而出之也亦必以其道矣。如是，则是能与民同好恶，而以民心为己心，所谓絜矩之道，而治平之要不外是矣。"⑤ 君主如能揣度"民心"，投民所好，顺乎民情，实现"治平"就容易得多。

① （明）吕坤：《忧危疏》，第4496页。
② （明）邱濬：《大学衍义补》卷25《市籴之令》，第239页。
③ 《明世宗实录》卷23，嘉靖二年二月乙亥，第652页。
④ （明）邱濬：《大学衍义补》卷22《贡赋之常》，第213页。
⑤ （明）邱濬：《大学衍义补》卷20《总论理财之道上》，第200页。

第二节　明清富民思想的嬗变

明清时期，农业发展水平进一步提高，经济作物广泛种植，民间手工业获得极大的发展，社会分工越来越细，市场流通越来越广，商品化程度越来越高，推动整个社会经济日益繁荣。其中，工商业的发展速度最快，在国计民生、社会生活中占有日益显著的地位，起着不容忽视的作用。

明清高度发展的商品经济，开拓了时人的视野，引发了观念的更新，传统的富民思想发生剧烈的变化。这时所提倡的富民，已不再总是以国家（王朝）为本位，重视国家（王朝）整体的利益，而更多的是以个人为本位，放任私欲的无限膨胀，放任对利益的热烈追逐，认为这是实现自我价值的最高目标；社会上已不单纯重视道德品质的培养，更多的是重视如何谋求最大的物质利益；所推崇的"富"，已不是以农业为"本富"，而是之前社会上反对甚至鄙视的以商业为"末富"；所关爱、重视的"民"，已不只是从事农业耕作的"民"，而且还包括那些从事农业、手工业或商品生产、商品流通而致富的"富民"，并希望能安其富、保其富，因为他们大多是凭能力、才智和勤劳等致富，方式各种，渠道多样。总之，"崇私论""义利并重论""工商皆本"论和"保富"论，构成明清富民思想嬗变的有机组成部分。这些思想为商品经济的发展摇旗呐喊，被赋予新的时代内容，有利于提升富民阶层的社会地位，充分反映富民阶层追逐利益、创造财富、壮大富民经济的客观要求。

一　崇私论
（一）对"公"与"私"的界定

明清富民思想的表现之一，是重新界定"公""私"的意义。一方面，明清"新民本"思想从政治的角度出发，认为要以万民的"公天下"代替皇帝一家一姓的"私天下"；另一方面，它从经济的角度进行论述，是要破除代表皇家一姓王朝利益的"公"，而代之以民众个人利益的"私"。就是说，要以民的利益为主体，使民的利益得到满足，而不是压抑和限制民对物质利益的追求。这些观念超越传统的民本思想，是对传统人性观念与伦理准则的一种冲击，既具有鲜明的时代特色，也具有重大的社会意义。公与私的划分，在顾炎武《日知录》中表达得最为清楚。他说："自天下为家，各亲其亲，各子其子，而人之有私，固情之所不能免矣。故先王弗为之禁；非惟弗禁，且从而恤之。建国亲侯，胙土命氏，画井分田，合天下之私，以成天下之公。此所以为王政也。至于当官之训，则曰以公灭私。……此义不明久矣，世之君子必曰有公而无私，此后代之美言，非先王之至训矣。"① 此处以"人之有私，固情之所不能免"和"当官之训，则曰以公灭私"相对照，可见两个领域的分别相当明确。

（二）肯定私欲、私产，鼓励对利益的追逐

商品经济的发展和富民阶层的壮大，造成明清社会功利思潮的泛生，刺激人们对金钱财富的追求，社会越来越强调人的价值取向与行为准则同人的实际利益之间的密切关系。与儒家道德主义经济伦理思想不同，在讲求功利的经济伦理思想家看来，追求功利和财富是人的自然本性，他们立论的出发点是人与生俱来就具有"好利之心"或"逐利之心"，应该对其予以重视和认可，这就是"人欲"。针对程朱理学"存天理去人欲"之说，明清有批判精神的思想家提出"存人欲"之说，强调个人价值具有的内涵，认同"人各有私"的人性基础，充分肯定人的私欲价值的合理性。这种"私欲"，首先表现在对生命的"怀生畏死"上，即每个人都有对自己生命权的尊重和保障；其次表现在对财富的"趋利避害"上，即每个人都有对自己生存权的争取和维护；最后表现在对生活的"就好避苦"上，即每个人都有对自己生活权的向往和追求。对这些欲望的充分肯定和提倡，能够有力地反驳中国历史上"重农业轻商业""尊士人卑商人""存天理灭人欲"等传统价值观念，具有重要的思想理论价值和深刻的社会进步意义。这是从群体价值取向到个体和群体双向价值取向的一个蜕

---

① （清）顾炎武：《日知录》卷3《言私其豵》，第1424页。

变，反映广大民众求生存的正当需求和富民阶层求利逐富的迫切愿望。尽管这种"私心"有自我的一面，但人的自然本性、自然欲望的存在，是同"天理""天道"一样的正当存在，应当"各遂其愿""顺遂人心"，尽量满足人的伦理、道德需求；而且，人的这种"好利"和"逐利"之心对于提高人的生产积极性、促进人的创造创新性具有重要作用，最终必将推动整体经济社会的发展和社会财富的增长。

比如邱濬，一直谈论"自为"的人性论，探讨人们正当追求物质生活、财富占有的行为，对社会各阶层对财富、利益的欲望和追求给予肯定。他认为："人之所以为人，资财以生，不可一日无焉者也。所谓财者，谷与货而已。谷所以资民食，货所资民用。有食有用，则民有以为生养之具，而聚居托以相安矣。"[1] 他把"人之所以为人"提高到一定的理论认识高度，提出人作为自然生命个体存在于天地之间，对丰厚物质生活的享受和充分占有财富的需求是正当合理的，是人生命存在、生活质量提高不可或缺的，这种思想在当时是先进的、前所未有的。他进一步阐述这一道理："财者人之所同欲也。土地所生，止于此数，不在上则在下。非但上之人好而欲取之，而下之人亦恶人之取之而不欲与也。人心好利，无有纪极。"[2] "人心好利"没有限制，所有人都有喜好、追求和占有财富的心理和欲望，没有人性高低或地位上下的区别，只有财富最终掌控在谁手里的区别。

王阳明认为"心之本体即是天理"，作为本体的心是有情的，从而对情有所肯定。他提出："喜怒哀惧爱恶欲，谓之七情。七者，俱是人心合有的。……七情顺其自然之流行，皆是良知之用，不可分别善恶。"[3] 他认为，人人都有七情六欲，顺其自然即可，因为它们是先王贤君创制"礼"的基础。他说："盖天下古今之人，其情一而已矣。先王制礼，皆因人情而为之节文，是以行之万世而皆准。……后

---

① （明）邱濬：《大学衍义补》卷20《总论理财之道上》，第201页。
② （明）邱濬：《大学衍义补》卷20《总论理财之道上》，第202页。
③ 《王阳明全集》卷3《语录三·传习录下》，上海古籍出版社2015年版，第97页。

世心学不讲，人失其情，难乎与之言礼！"① 尊重人情，考虑习俗，礼化天下。

蔑视天理、肯定私欲是泰州学派的重要思想内容。何心隐针对"无欲"的主张，认为"声、色、臭、味、安逸……尽乎其性于命之至焉者也"②，肯定饮食男女、安逸享乐等欲望源于人的自然本性，既然这些欲望是人与生俱来的本性，最多只能通过个人的修炼来"控欲""节欲""寡欲"，积极疏导，不可能完全做到"无欲"。"凡欲所欲而若有所节，节而和也"③，这才是对待人之自然之欲的正确态度和做法。既然欲望是人君和民众的共有本性，人君作为统治者，在自己安乐享受物质欲望时，应该尽量做到"与百姓同欲""与百姓同乐"，保证百姓能"顺乎其自然之性"，有同样正当、合理的安逸享乐。当然，更多时候这是一种理想状态的存在，实际生活中的可行性甚微，但他的言论在喊出劳动人民和富民阶层要求物质与平等呼声的同时，也抨击专制统治者的暴戾贪婪，这是一种历史的进步。

李贽是抨击"存理灭欲"之说的代表人物，他认为"人皆有私"，把人的物质生活作为道的基本内容，把人的欲望看作人心的本真，肯定人追逐个人利益、满足生活欲求的合理性。他指出："夫私者，人之心也。人必有私，而后其心乃见；若无私，则无心矣。"④因为人人都有自私自利之心，所以人人也都有趋利避害之心，这是人类具有的一种普遍性追求。李贽说："趋利避害，人人同心，是谓天成，是谓众巧。"⑤"财之与势，固英雄之所必资，而大圣人之所必用也。"⑥ 针对董仲舒提出的"正其谊不谋其利，明其道不计其功"⑦，他认为董仲舒的"重义轻利"义利观有自相矛盾之处，因为放眼天

---

① 《王阳明全集》卷6《文录三·寄邹谦之》，第171页。
② 《何心隐集》卷1《原学原讲》，中华书局1960年版，第19页。
③ 《何心隐集》卷1《原学原讲》，第19页。
④ （明）李贽：《藏书》卷32《德业儒臣后论》，中华书局1959年版，第544页。
⑤ （明）李贽：《焚书》卷1《答邓明府》，中华书局1961年版，第38页。
⑥ （明）李贽：《焚书》卷1《答邓明府》，第38页。
⑦ 《汉书》卷56《董仲舒传》，中华书局1964年版，第2524页。

下，没有所谓"不计功谋利之人"，"若不是真实知其有利益于我，可以成吾之大功，则乌用正义明道为耶？"① 他还说："举世皆嗜利，无嗜义者。嗜义则视死犹生，而况幼孤之托，身家之寄，其又何辞也？嗜利则虽生犹死，则凡攘臂而夺之食，下石以灭其口，皆其能事矣。"② 认为天下之人皆交于"利"，而无交于"义"者。李贽不但不反对商品交换，不主张抑商，甚至还把人与人之间的一切关系都看作商品关系，强调"天下尽市道之交也"③。这是对贵义贱利论的挑战。他进一步论证："士贵为己，务自适。如不自适而适人之适，虽伯夷、叔齐同为淫僻；不知为己，惟务为人，虽尧舜同为尘垢秕糠。"④ 士作为社会思想和社会风尚的引领者，他要"贵为己"，就是在日常生活中要保障自己的既得利益；他要"务自适"，就是要能自由选择适合自己的人生道路，如果只能人云亦云，或者只能盲目跟从，他的人生谈不上高贵和舒适。同时，虽人人有欲，但人人不同，欲望各异，能力各异，要有人来引导欲望的实现。他要求统治者应该"就其力之所能为，与心之所欲为，势之所必为者以听之，则千万其人者，各得其千万人之心，千万其心者，各遂其千万人之欲"。就是希望当政者在处理政务时，采取积极有利的政策，营造自由宽松的环境，尽量保障民众自由地追求生活，自主地实现愿望，使"天下之民，各遂其生，各获其所愿"⑤，达到国富民强、国泰民安的治理效果。这一理念，是对人们竞相追逐私利、不断满足私欲的最大认同和肯定。当然，这种自由放任追逐利益的状态，会造成一些不良影响，比如历史上一直存在的土地兼并、财富不均、社会不公等现象，但即便如此，李贽也认为这是合乎天道之情况。他提出："夫栽培倾覆，天必因材，而况于人乎？强弱众寡，其材定矣。强者弱之归，不归必并之；众者寡之附，不附即吞之。此天道也。虽圣人其能违天乎哉！"⑥ 在他眼

---

① （明）李贽：《焚书》卷5《贾谊》，第203页。
② （明）李贽：《焚书》卷5《朋友篇》，第224页。
③ （明）李贽：《续焚书》卷2《论交难》，中华书局1959年版，第78页。
④ （明）李贽：《焚书》增补一《答周二鲁》，第260页。
⑤ （明）李贽：《道古录》卷上，第365页。
⑥ （明）李贽：《道古录》卷下，第375页。

里，即使是自然界，也存在材质不同、资质不同的情况，何况是人类自身，这是天生的法则，生存竞争、弱肉强食、优胜劣汰、贫富分化，都是人类社会的客观规律，不以人的意志为转移，不应该强加干预和制止。此外，王艮的"天理者，自然自有之理"①，颜可钧的"制欲非体仁"说等，都肯定私欲的客观性和合理性。泰州学派对天理的批判和对私欲的肯定，被清初的黄宗羲、戴震、纪昀等人所继承，并对"存理遏欲"进行了更为深刻的批判。

黄宗羲赞同孟子性善论，但他对人性有自己的看法，主张"利己"是人的天性，也就是说无论是帝王、圣人，还是一般人，都是自私自利的，"有生之初，人各自私也，人各自利也"②。认为如果一个人"不享其利"，则不合乎天下人情。黄宗羲主张君主不该专利，反对"与民争利"，对专制政治"使天下之人不敢自私，不敢自利"的压制和限制进行批评，要求承认"人各得自私""人各得自利"的合理性，以确保民众对经济利益和富裕生活的追求和满足，并将"许民自利"提高到"天下安富"与否的高度。在其哲学著作《孟子师说》中，他进一步发展了孟子的民本思想，认为君主实施仁政、治理国家就要满足民众的各种欲望，这是为政之根本。君主应该根据民众的喜恶来主动调整自己的喜恶，使二者趋于一致。"天下虽大，万民虽众，只有'欲'、'恶'而已。故为君者，所操甚约，所谓'易简'而天下之理得矣。此'欲'、'恶'即从'吾如好好色，如恶恶臭'来，以我之好恶，而为天下之好恶，恕也，仁也。'聚之'、'勿施'，以不忍人之心，行不忍人之政也。"③ 做一个贤明的君主，不能像明神宗那样，为满足一己欲望，把人民视作统治者的囊中私物，肆无忌惮地任意侵夺人民的财富。鉴于当时"银力已竭，而赋税如故也，市易如故也"，整个社会民不聊生，他认为任何对私人利益的侵犯和对私有土地的课税行为都是"不仁之甚"的扰民行为。这些思想对唤醒

---

① （清）黄宗羲：《明儒学案》卷32《泰州学案》，《黄宗羲全集》，浙江古籍出版社2012年版，第7册，第836页。

② （清）黄宗羲：《明夷待访录·原君》，中华书局1981年版，第1页。

③ （清）黄宗羲：《孟子师说》卷4，《黄宗羲全集》第1册，第92页。

当时民众觉悟、反对专制统治、促进社会进步都有着十分重要的启迪意义。

在商品经济发展的冲击下，顾炎武根据自己的体悟，阐述了"以天下之私成天子之公"的思想，他说："天下之人，各怀其家，各私其子，其常情也。为天子，为百姓之心，必不如其自为，此在三代以上已然矣。圣人者因而用之，用天下之私，以成一人之公而天下治。"① 他肯定人类的自私自为都是"常情"，三代以前早就是这样。由于人的私欲是人之常情，政府若要干预，"必不如其自为"；作为圣人，在治国、治世中，应该"因而用之，用天下之私，以成一人之公，而天下治"，不必用违反"常情"的规章、禁令强加抑制，便能达到天下"公"与"治"的目标。其核心点就是首肯私情、私利、私产，"听其自为"，保证"天下之私"都能实现。这些思想彰显人们对利益富裕的追求，形成对君主专制、专利的对抗，超越传统观念的束缚，如果在社会生活中确实能够做到，天下就能够得到很好的治理。同时，他将"公"和"私"划分为两个不同的领域，是对"私"的正当性的正式承认。站在富民的立场，顾炎武还反对专制国家的过度掠夺，提出发展私营经济的思想，强调保护民众的个人私有财产，不霸占他们的财产，不争夺他们的利益，保障他们自由地、正常地、公平地从事各类生产和进行商业贸易。他说："利不在官则在民，民得其利则财源通，而有益于官；官专其利则利源塞，而必损于民。"②

王夫之认为，"人欲之各得，即天理之大同"③，即人的欲望的实现就是天理的体现。这种把"人欲"同"天理"等同起来的提法，是对传统的"存天理，灭人欲"思想的重大突破，他大力倡导"许民自利"，认为"天有时勿夺之，地有产勿旷之，人有力勿困之，民自利也"④。任何人都可以追求财富，而不应该仅仅限于富商；任何人都可以在经济生活中自谋自利、自在自为。他认为："人则未有不

① （清）顾炎武：《亭林文集》卷1《郡县论五》，第14—15页。
② （清）顾炎武：《日知录》卷12《言利之臣》，第676页。
③ （清）王夫之：《读四书大全》卷4，中华书局1975年版，248页。
④ （清）王夫之：《四书训义》卷24，《船山全书》第7册，第997页。

自谋其生者也。上为谋之，不如其自谋。上为谋之，且弛其自谋之心，而后生计愈蹙。故勿忧人之无以自给也。"① 王夫之提出国家的正确做法应该是尽量减少政府干预，听任民众对利益的自谋自为，听任财富在市场上的自由流通，发挥每一个人"自谋其生"的积极性、主动性和创造性。他坚决反对政府干预市场的一些制度和行为，比如"钞关"制度，他认为处处设关卡，完全是限制商人的自由活动和自由经营。他说："夫四海之内……商旅行焉，以通天下之货贿，可无用关也。而古之为关者，以非常之变，恐为行者之害而讥察之，以使无忧。则暴君敛之，污吏侵之，奸民因起而刻削之，刑罚日加，争夺日甚矣，暴虐商旅而已矣。"② 他对政府提出的要求，就是"严以治吏，宽以养民"③，即对官吏要严加管理，对民众要减轻负担，在此前提下，辅以正确的引导方式、适当的激励措施，才真正有利于推动社会生产的发展和社会经济的繁荣。如果用强制手段逼迫人民进行生产，结果必适得其反。他认为："治天下以道，未闻以法也。道也者，导之也，上导之而下遵以为路也。"④ 治理天下，管理民众，统治者自有一条需要遵循的客观规律和发展道路。国家应该放宽政策，按照民众的自然需求，引导民众自谋出路，自觉解决生计问题，朝着推动社会经济发展的生产道路前行，而不是用行政命令甚至严刑峻法去干预人民的生产。

在人性论上，唐甄和何心隐、李贽一样，都主张自然人性论。什么是人性呢？他提出身、目、耳、口、鼻等五欲是人的自然之欲望，也是人性所在。他认为："盖人生于血气，气血成身，身有四官，而心在其中。身欲美于服，目欲美于色，耳欲美于声，口欲美于味，鼻欲美于香。其为根为质具于有妊之初者，皆是物也。及其生也，先知味，次知色，又次知服，又次知香。气血勃长，五欲与之俱长；气血

① （清）王夫之：《读通鉴论》卷19《隋文帝》，中华书局1975年版，第639页。
② （清）王夫之：《四书训义》卷38，《船山全书》第8册，第910页。
③ （清）王夫之：《读通鉴论》卷8《桓帝》，第239页。
④ （清）王夫之：《读通鉴论》卷5《哀帝》，第125页。

大壮，五欲与之俱壮。"① 每个人都有自己追求的欲望，对于知识分子来说，是"贡举争先"；对于普通民众来说，是"居货行贾而得富"，然后买田置地建房；对于贫贱的人来说，是竭尽全力"以求富贵"。从追求目标来看，是"以求遂其五欲也"，满足人的各种需求。所以，可以这样概括："生我者欲也，长我者欲也，人皆以欲为心。"② 既然人人都有欲，应该肯定人们对衣食住行的欲望，鼓励人们对钱粮财货的追求，以此为动力，以个人对自我利益的追逐来推动人类社会的生存与发展。立足于"以欲为心"的人性论，他公开倡导每个人都可以有所好，或"好游"，或"好色"，或"好财"，或"好古器"，或"好宫室"，这是"人之恒情"。针对人们所好之欲，"拂夺""违逆""纵情"等都不是正确的做法，最好的方法是投其所好，顺势而为，"因其势而利导之，即其事而奖掖之"③。他以贫者荆士、骆纯和富者殷正之事为例，阐明"利"是"德"的基础这一道理。他说："夫荆士、骆子之不能守其节者，食不足也；殷子之能守其节者，食足也。节之立不立，由于食之足不足；食之于人，岂不重乎！"④ 只有拥有财富，才能"俭守勿失，以遗子孙。是立身垂后之要道"⑤。此外，他还对"重农抑商"的价值观提出批评。在他眼里，如果"农不安田，贾不安市"，则"其国必贫"。怎么办呢？就要求每个人按照社会的分工，各处其位，各得其所；统治者则推行"田市并重"的治国之道，齐心协力发展农、工商各行业，才能保持"农安于田，贾安于市"的状态，才能实现"财用足，礼义兴"⑥ 的目标。在经济政策方面，唐甄同样提倡"听民自为"，让民众自主决定、自由发挥、自给自足、贫富相资，经济自会发展。"海内之财，无土不产，无人不生，岁月不计而自足，贫富不谋而相资。"政府不

---

① （清）唐甄：《潜书·七十》，第 36 页。
② （清）唐甄：《潜书·七十》，第 37 页。
③ （清）唐甄：《潜书·善游》，第 149 页。
④ （清）唐甄：《潜书·养重》，第 91 页。
⑤ （清）唐甄：《潜书·养重》，第 92 页。
⑥ （清）唐甄：《潜书·善施》，第 83 页。

要人为地干扰、不要粗暴地插手，顺自然之利，听之任之，让民众自我发展，最终会推动社会财富的积累。"圣人无生财之术，因其自然之利而无以扰之，而财不可胜用矣。"① 只要充分利用自然条件，加上"贫富不谋而相资"的社会条件，人民就能达到富足。

否定理学存天理、灭人欲的道德说教，肯定社会存人情、遂人欲的实际状况；摒弃人性束缚，提倡人性自由；反对政府争利、夺利行为，主张政府便民、利民举措，是清代伦理观念变革的核心内容。戴震认为欲望是人的自然本能，一个合理的社会，应该尊重并想方设法满足人的欲望；统治者行王道仁政，应该做到体民之"情"、遂民之"欲"。戴震提出："孟子告齐、梁之君曰'与民同乐'，曰'省刑罚，薄税敛'，曰'必使仰足以事父母，俯足以畜妻子'，曰'居之有积仓，行者有裹粮'，曰'内无怨女，外无旷夫'，仁政如是，王道如是矣。"② 也就是说，统治者要有与民同乐的想法，做到让民众能吃饱穿暖，有恒产；做到男大当婚，女大当嫁。戴震还提出"理存乎欲"的主张，认为理欲二者是统一的，情欲没有满足便不能够得到"理"。"天下之事，使欲之得遂，情之得达，斯已矣！"③ 统治者一直倡导"天理"，其目的是维护其特权，在戴震这里，它已经被"人欲"所替代，因为相比"天理"掌握在少数统治者手里，"人欲"是普天之下之人都可以得到的。这些思想，充分代表当时富民阶层的利益。

作为清朝著名的反传统思想家，袁枚的思想核心在于力图摆脱传统伦理道德的束缚，张扬人的自然之性。在他眼里，"情"和"欲"是人的自然之性，其存在是必然的，如果把它们之间割裂开来，既谈不上"人性"，也谈不上"天理"，甚至不符合圣贤做学问、求真知的本意。可见，袁枚对"情"和"欲"极为重视，这是他针对现实问题得出的结论。袁枚明确提出，治理国家，必须以尊重人之情欲为基础，应以适情、达情为准则，不可悖乎人情。他认为："且天下之

---

① （清）唐甄：《潜书·富民》，第106页。
② （清）戴震：《孟子字义疏证》卷上《理》，中华书局1961年版，第10页。
③ （清）戴震：《孟子字义疏证》卷下《才》，第41页。

所以丛丛然望治于圣人，圣人之所以殷殷然治天下者，何哉？无他，情欲而已矣。老者思安，少者思怀，人之情也；而'老吾老以及人之老，幼吾幼以及人之幼'者，圣人也。'好货''好色'人之欲也，而使之有'积仓'、'有裹粮'，'无怨'、'无旷'者，圣人也。使众人无情欲，则人类久绝而天下不必治；使圣人无情欲，则漠不相关，而亦不肯治天下。"①

当历史进入 18 世纪，随着经济社会的发展以及价值观念的变迁，清初相对俭朴的生活方式逐渐被华靡纵肆的生活习俗所取代，即所谓"风气之日趋于浮华也，法禁之不止，令申之不从"②。对钱财的追求成为一些士人的重要特色。钱大昕感叹说："古之士无恒产而有恒心，今之士即有恒产，犹不能保其有恒心也，况无恒产乎？临财苟得，临难苟免，好利而不好名，虽在庠序，其志趣与市井胥徒何以异哉？"③"好利"成为"士人"与"市井胥徒"共同追逐的普遍社会风气。

二　义利并重论

在中国伦理学说史上，义和利的关系是一个至关重要的问题，是任何国家和民众都要面对的问题。义，即应当、正当、合乎道义，是指人的思想和行为要符合基本道德规范。利，即利益、功效，是指物质财富的获取，包括公利和私利。只要有人类社会存在，都要进行生产活动和社会财富的创造；只要有人存在，都要满足他们的生活需要和物质需求。

义利之辩讲的就是如何处理义与利的关系，有的思想家主张重义轻利，以义为先，以义导利；有的思想家主张义利双行，义利一统。中国传统社会，不管是统治者，还是思想家，都对这一问题极为关注，因为任何时候，人们都会碰到这样的价值抉择：是选择义，还是

---

① （清）袁枚：《小仓山房诗文集》卷 22《清说》，上海古籍出版社 1988 年版，第1615 页。

② （清）曹一士：《四焉斋文集》卷 2《策·吴中风俗》，清乾隆十五年刻本，第 24 页 a。

③ （清）钱大昕：《十驾斋养新录》卷 18《义利》，《万有文库》，商务印书馆 1935 年版，第 419 页。

选择利；是选择道德至上，还是选择利益至上；是选择伦理思想，还是选择经济发展。因为不同的选择会导致不同的人生方向和社会发展轨道，所以不同时代、不同阶层、不同人群人们的回答不尽相同。这一问题如此重大，所以在探讨中国传统社会的经济发展和经济思想时，"义利之辩"成为一个绕不开的问题。有学者指出："中国传统经济思想属于规范经济学的范畴，中国经济思想探讨求富问题，往往不是只从经济角度，而是把它同伦理道德方面的要求联系在一起，强调谋取物质利益的行为必须受一定的伦理道德规范所制约。用传统经济思想习用的术语说，就是求富、求利必须受'义'的制约，必须合乎义，反对不义之富，不义之利。这种思想的理论形式就是义利关系论或义利之辨。"① 它既涉及传统政治与经济的关系，也涉及道德原则和物质利益的关系，还涉及思想理论与现实社会的关系等。传统民本思想一直关注义利问题，形成一些基本看法，主要是首倡"义"，把"义"看作道德至上和正义至上的标志，在观念上直接提倡重义轻利、崇义贱利，在行动上是用义替利、急义缓利。相反，"利"被视为对立面，是功利至上和欲望至上的标志，必须反对人们对它的追逐和迷恋。这种价值取向，要求把义放在首位，利则受其制约和束缚，必须在"义"的范围内来谋"利"，必须用合乎"义"的标准来求"富"，任何抛开"义"而逐到的"利"，都是不义之利、不义之财。

（一）传统的"重义轻利"思想

中国传统民本思想中，儒家"重义轻利""义以制利"的义利观起了基础性和指导性作用。儒家一直关注义和利的关系问题，他们形成的普遍看法是义排在第一位，利排在第二位；同时，义的主导地位还体现在它对利的制约与限制上，即要以义求利。传统民本思想受儒家影响很大，在求利的富民思想中，更是强调义的绝对主导作用，义是维护宗法等级社会必须遵守的伦理准则，而利只不过用来满足个人所需的私欲，很多时候，如果只强调满足私欲，势必会对宗法等级社

---

① 赵靖：《中国经济思想通史》第 4 卷，北京大学出版社 2002 年版，第 564 页。

会造成危害，造成以利害义。在这种情况下，理学家往往认为要以义压利、舍利取义，才能维系社会运行的伦理准则，才能保证传统社会的稳定；相反，以利害义、见利忘义被认为是道德人格的毁灭。当然，传统富民思想也没有完全排斥利的存在，为了满足基本的物质生活和精神生活需求，他们也提倡正当之利，强调要把利纳入义的掌控轨道，使利在义的范畴内产生，以义生利，重视谋取利益手段的正当性。只是当义利之间发生矛盾的时候，应当为义而舍利，甚至牺牲生命。这些思想深入人心，成为塑造国民品质的优秀道德传统，对维护传统社会的稳定、发展和繁荣发挥着其独特作用。但是，它对人们求利活动的过多束缚不利于商品经济的发展。

孔子的"义利观"对后世有重大影响，"君子喻于义，小人喻于利"①"子罕言利，与命、与仁"②，反映了孔子重义轻利的思想。孔子虽然"罕言利"，但也未完全否定利，他强调的是"以义取利"，即"君子爱财，取之有道"，他提出"富与贵，是人之所欲也，不以其道得之，不处也；贫与贱，是人之所恶也，不以其道得之，不去"③。在孔子眼里，追富求贵是每个人具有的一种本能，没有对错，但不是无所顾及地追富求贵，而是必须遵守一定的道德准则和伦理规范，求富贵时需"见利思义"④。如果不这样，"不义而富且贵，于我如浮云"⑤。他还提出"因民之所利而利之"⑥，即统治者必须以民众的利益为主旨来满足民众的愿望，"毋欲速，毋见小利。欲速则不达，见小利则大事不成"⑦。

孟子继承孔子的义利观，"何必曰利"是孟子将孔子的"义利观"推向极致和轻视功利重要思想的具体反映，他把义升华到"富贵不能淫，贫贱不能移"的境界。孟子说："君臣、父子、兄弟终去

---

① 《论语·里仁》，杨伯峻注，中华书局 1980 年版，第 39 页。
② 《论语·子罕》，第 86 页。
③ 《论语·里仁》，第 36 页。
④ 《论语·宪问》，第 149 页。
⑤ 《论语·述而》，第 71 页。
⑥ 《论语·尧曰》，第 210 页。
⑦ 《论语·子路》，第 139 页。

仁义，怀利以相接，然而不亡者，未之有也。"① 他还说："鱼，我所欲也，熊掌，亦我所欲也；二者不可得兼，舍鱼而取熊掌者也。生亦我所欲也，义亦我所欲也；二者不可得兼，舍生而取义者也。"② 就是主张先义后利，把义放在首位，在生之利与死之义发生冲突不能两全的情况下，应该舍生取义，把死之义看得比生之利更为重要。但是，孟子没有完全摒弃利，他同样提出"天下之言性也，则故而已矣。故者，以利为本"③ 的思想，"故者，以利为本"说的是遵循事物的本性规律就有利，可见孟子并非不谈"利"，而是主张要顺应民众置产的要求。在义利关系上，主张先义后利、义以导利、义重于利。

荀子主张以义克利，认为"先义而后利者荣，先利而后义者辱"④。他认为："义与利者，人之所两有也。虽尧、舜不能去民之欲利，然而能使其欲利不克其好义也。虽桀、纣亦不能去民之好义，然而能使其好义不胜其欲利也。"义和利是人所兼有，像尧、舜那样的仁圣也不能去掉民的利欲，但二者之间不是平等对待的关系，而是对立斗争的关系，争斗的结果直接影响社会的治乱，"故义胜利者为治世，利克义者为乱世"。他进一步讲："富有天下，是人情之所同欲也，然则从人之欲，则势不能容，物不能赡也。故先王案为之制礼义以分之。"他关注的是义要能够最终战胜，当然，这取决于统治者选择重义还是重利。"上重义则义克利，上重利则利克义。"⑤ 民的欲望应有节制，要制礼仪以分之，使之规范化，使民欲利而不违背义，以义导利，先义而后利，才能"养人之欲，给人之求"。

自董仲舒提出"罢黜百家、独尊儒术"并被汉武帝推行后，儒家把孔子、孟子"重义轻利"的学说推进到一个新的高度，董仲舒提出"正其谊不谋其利"的主张，朱熹提出"存天理、灭人欲"的学

---

① 《孟子·告子下》，杨伯峻译注，中华书局1962年版，第280页。
② 《孟子·告子上》，第265页。
③ 《孟子·离娄下》，第196页。
④ 《荀子·荣辱》，王先谦译注，中华书局1988年版，第36页。
⑤ 《荀子·大略》，第330页。

说，他们相继把伦理道德和世俗功利完全对立起来，摒弃孔孟学说中原有的利益追求和物质内容。行为道德与物质利益之间的争辩、天理与人欲之间的区别，已经被倾注越来越多的反功利、弃欲望内容。

儒家"重义轻利"的经典言论，要数董仲舒说出的"正其谊不谋其利，明其道不计其功"[①]。他提出："凡人之性，莫不善义。然而不能义者，利败之也，故君子终日言不及利。"[②] 比起前人说人性好利只是需要抑制来说，董仲舒认为"义"是人之本性所在，提倡"不谋利"和"不计功"才是顺乎人性的正当选择。他虽也承认民的利欲的存在，但是他更强调要通过教化来节制民众的利欲之心，应该"正其谊（义）""明其道"，不谋私利，不计近功。他对义利关系进行概括，提出"天之生人也，使之生义与利。利以养其体，义以养其心……义者心之养也，利者体之养也"[③]，把利看成养体的必备条件，在一定程度上表现出他的"义利观"具有一定的辩证特征。除此之外，他还提出一个重要观点，统治者不应该"与民争利业"[④]，后世所讲"不与民争利"观点，明显受到他的影响。西汉桓宽所著《盐铁论》中有关于当时"义利观"的大辩论，集中反映了汉代儒家与法家在此问题上的对立观点。比如以贤良文学为代表的儒家认为："抑末利而开仁义，毋示以利"，表达了崇义贬利的思想；他们也反对"与民争利"[⑤]。以桑弘羊等为代表的法家则提倡"利在势居，不在力耕也"，提出"农商交易，以利本末""利不外泄，则民用给矣"[⑥]，表达了农商俱利的思想。

到唐代，随着社会经济的发展，传统的"重义轻利"观又有了新的时代内容，如中唐贤相陆贽一方面提出"以义为本，以利为末"[⑦]，

---

① 《汉书》卷56《董仲舒传》，第2524页。
② （汉）董仲舒：《春秋繁露·玉英》，凌曙译注，中华书局1975年版，第77页。
③ （汉）董仲舒：《春秋繁露·身之养重于义》，第321页。
④ （汉）董仲舒：《春秋繁露·度制》，第282页。
⑤ （汉）桓宽：《盐铁论·本议第一》，上海人民出版社1974年版，第1页。
⑥ （汉）桓宽：《盐铁论·通有第三》，第7页。
⑦ （汉）桓宽：《盐铁论·力耕第二》，第5页。

另一方面认为"同利"和"专利"意思各有不同。这种观点具有一定的矛盾性，是当时许多思想家的共同特性，说明汉唐时期传统社会经济以及经济伦理思想处于一个发展过渡变迁的时期，反映到"义利观"上，是其辩证与对立发展演化的时代印迹。

发展到宋代，理学家们在义与利的解释上，继承孔、孟、董的学说，并对先儒学说予以新解和赋予新内容，把义与利的关系绝对化并发展演化为理欲之辨，明确提出"存天理，灭人欲"等蒙上禁欲主义色彩的思想观点，使"重义轻利"思想进一步绝对化、僵硬化。他们认为，"天理"与"人欲"根本不能并立，"蔽于人欲，则忘天理也"①，"天理人欲，不容并立"②，"饿死事小，失节事极大"③。大部分理学家明确反对"人欲""私利"，提出"专欲利己，其害大矣。贪之甚，则昏蔽而忘理义，求之极，则争夺而致怨"④。认为欲望的过度膨胀，只会招致争夺、怨恨和各种弊端。"譬如椅子，人坐此便安，是利也。如求安不已，又要褥子，以求温暖，无所不为，然后夺之于君，夺之于父，此是趋利之弊也。"⑤ 儒学集大成者朱熹直接继承董仲舒的义利观，把"正其谊不谋其利，明其道不计其功"当作门徒们的处事警语，然后作了新的阐述："人之一心，天理存则人欲亡，人欲胜则天理灭，未有天理人欲夹杂者。"⑥ 程颐说："人心，私欲，故危殆；道心，天理，故精微；灭私欲，则天理明。"⑦ 司马光认为言利的都是小人，说："为国者，当以义褒君子，利悦小人。"⑧

---

① （宋）程颢、程颐：《河南程氏遗书》卷11《明道先生语一》，《二程集》，中华书局1981年版，第1册，第123页。
② （宋）朱熹：《四书集注·孟子·滕文公上》，三秦出版社2005年版，第80页。
③ （宋）程颢、程颐：《河南程氏遗书》卷22《伊川先生语八（下）》，第300页。
④ （宋）程颢、程颐：《河南程氏粹言》卷1《论政篇》，《二程集》第2册，第1187页。
⑤ （宋）程颢、程颐：《河南程氏遗书》卷18《伊川先生语四》，《二程集》第1册，第215—216页。
⑥ （宋）朱熹：《朱子语类》卷13《学七》，《朱子全书》，上海古籍出版社2002年版，第14册，第388页。
⑦ （宋）程颢、程颐：《河南程氏遗书》卷24《伊川先生语十》，第312页。
⑧ （宋）司马光：《司马光奏议》卷24《乞听宰臣等辞免郊赐札子》，山西人民出版社1986年版，第267页。

同时，一些人认为利是人生的正当要求，没有利，人不能生存，但谋利不能妨义，义与利的关系要处理好，只讲仁义不讲利不行，讲利而违反义更是不行。二程的义利观讲："凡顺理无害处便是利，君子未尝不欲利。仁义未尝不利。"①"人无利，直是生不得，安得无利？"②程颢、程颐认为，当义和利发生冲突时，要先义后利；当公利与私利发生冲突时，要先公后私。朱熹认为："义者，宜也，君子见得这事合当如此，却那事合当如彼，但裁处在其宜而为之，则何不利之有，君子只理会义。"③"窃闻之古贤言治，必以仁义为先，而不以功利为急。"④"凡事不可先有个利……圣人做处，只向义边做。然义未尝不利，但不可先说道利，不可先有求利之心。"⑤ 以圣人做事只可先讲义、不可先求利的方式，劝勉世人，引导舆论。

（二）"义利并重"的新思想

早在南宋时，陈亮、叶适等就反对程朱理学空谈"天理"，提倡功利思想。陈亮认为："功到成处，便是有德；事到济处，便是有理。"⑥ 叶适对董仲舒的观点提出批评，对程朱"存天理、灭人欲"的提法加以反驳。他认为："仁人正谊不谋利，明道不计功。此语初看极好，细看全疏阔。……现无功利，则道义者，乃无用这虚语尔。"⑦ 也就是说，虽然仁义道德对品质修炼很重要，但满口讲仁义道德只是"虚语"，没有实际意义，仁义道德必须通过功利表现出来，才真正有实际用途。

明清时期，这种思想更为显著。富民思想中义利观出现的一个新变化，就是冲破传统富民思想中"重义轻利"和"以义为利"的道德教条，认为义利是统一的，二者不可分割，紧密联系在一起，不能离义而言利，也不能离利而讲义，承认人的欲望、物质利益的合理地

---

① （宋）程颢、程颐：《河南程氏遗书》卷19《伊川先生语五》，第249页。
② （宋）程颢、程颐：《河南程氏遗书》卷18《伊川先生语四》，第215页。
③ （宋）朱熹：《朱子语类》卷27《论语九》，《朱子全书》第15册，第1004—1005页。
④ （宋）朱熹：《朱文公文集》卷75《送张仲隆序》，《朱子全书》第24册，第3623页。
⑤ （宋）朱熹：《朱子语类》卷51《孟子一》，《朱子全书》第15册，第1680—1681页。
⑥ （宋）陈亮：《龙川学案》，万有文库本，商务印书馆1931年版，第340页。
⑦ （宋）叶适：《习学记言序目》卷23《汉书列传》，中华书局1977年版，第324页。

位，以及富民阶层逐利行为、累积财富的正当性和合理性，有效地减缓了主流社会价值观对获取私利的敌视程度。

当时很有影响的思想家邱濬提出，"利之为利，居义之下、害之上"①，这是对"利"的辩证看法，拓展延伸来看，"利"是好的，但还要好好利用，用得好，它可以上升到"义"的高度；用不好，它会成为社会危害。这一观点改变了以往对"义利观"的思想逻辑，有利于加深人们对"利"的认识。邱濬还提出，"以人君而争商贾之利，可丑之甚也"②，把君主同商人争利的行为视为丑行、恶行，强调君民义利关系的转化，表达不与民争利的观点。

随着工商业的发展，士大夫开始抛弃传统的尚义黜利思想，转而追求实惠的工商业利益。作为晚明士大夫求利意识的先驱，李贽反对董仲舒"正其谊不谋其利，明其道不计其功"的说法，认为儒者是"谋利"的，也是讲究"利"的。他说"圣人不能无势利之心"③，追求财与势是"秉赋之自然"，也是圣人所不免的。

大思想家黄宗羲认为，鉴于"天下万民"心中都有"邪情恶欲"，君主实现天下大治最根本的方式，就是满足天下万民的各种欲望。对此，他提出"不以一己之利为利，而使天下受其利"④，抑制君王的欲望，抛开君主的利益，顺应万民的本性，满足万民的利益，这是从经济伦理方面来约束君主的行为。

王夫之同样反对程朱所说的"存天理，灭人欲"，在他眼里，离开人欲，根本无从谈论天理。他认为："人欲之大公，即天理之至正。"⑤人欲的实现，就是至正的天理。他提出"理势合一"的观点和"天理寓于人欲"的历史观，"得理自然成势""势之顺者，即理之当然"。他说："立人之道曰义，生人之用曰利。出义入利，人道不立；出利入害，人用不生。"⑥"夫功于天下，利于万物，亦仁者之

---

① （明）邱濬：《大学衍义补》卷 31《制国用》，第 295 页。

② （明）邱濬：《大学衍义补》卷 25《市籴之令》，第 242 页。

③ （明）李贽：《道古录》卷上，第 358 页。

④ （清）黄宗羲：《明夷待访录·原君》，第 1 页。

⑤ （清）王夫之：《四书训义》卷 3，《船山全书》第 7 册，第 137 页。

⑥ （清）王夫之：《尚书引义》卷 2《禹贡》，第 36 页。

所有事。"① 他认为，仁义与功利二者是紧密相连且缺一不可的，单纯地强调利而否定义，就失去了人间的准则，单纯地强调义而否定利，就不能产生利民的功用，不能使天下民众获利。社会的进步，正是由人类合理的欲望推动着向前迈进，满足共同的"人欲"，合乎共同的"人欲"，可以"善天下之动"。所以说"义或有不利"，"义者，正以利所行者也"②。

颜元对宋明理学家抨击很多，对于"义利之辩"尤为反对，他说"义中之利，君之所贵也"，批评董仲舒的名言"正其谊不谋其利"是"过矣"，与此针锋相对，他公开修改大儒的言论，直接提出"正其谊以谋其利，明其道而计其功"③的观点。在他这里，义利被完全统一起来，他认为守"义"与谋"利"并不矛盾，伦理道德与物质利益并不冲突，强调要以实事实功为道德价值的评价标准，这在经济思想史上很有价值。

戴震对程朱理学进行了尖锐的批判，认为道德就是"遂欲达情"，指出程朱的"存天理，灭人欲"是"以理杀人"。他同样认为欲望和美德是人之自然本能，对它们的向往和追求是人之固有属性，与生俱来，得天独厚。因此，"理""欲"是统一的，"理"存在于"欲"当中。在人的欲望得到满足后，自然就能够修炼得到美德。他所讲的"天理"，是存在于人的欲望当中的自然法则，人的欲望才是根基，可以用自己的欲望同他人的欲望进行比照，自己同他人从根本上来说是对等的，也是平等的，所谓"以我之情絜人之情，而无不得其平也"。如此来看，"天理"位在"人欲"之下，"天下之事，使欲之得遂，情之得达，斯已矣！"④ 清末民初，一些有识之士对戴震的理欲观赞不绝口。章太炎从资产阶级民主革命的需要出发，对戴震极为称赞，"震自幼为贾贩，转运千里，复具知民生隐曲，而上无一言之惠，故发愤著《原善》《孟子字义疏证》，专务平恕，为臣民诉上天，明

① （清）王夫之：《周易外传》卷1《乾》，中华书局1977年版，第6页。
② （清）王夫之：《四书训义》卷8，第382页。
③ （清）颜元：《四书正误》卷1《大学》，《颜李丛书》，四存学会1923年校刊本，第6页。
④ （清）戴震：《孟子字义疏证》卷下《才》，第41页。

死于法可救，死于理不可救"①。

总而言之，这一时期"义利观"在具体论点、思想内容和思维逻辑方面，产生了一些新的看法，较前代有了新的突破。

（三）富民自身对义利并重的实践——"以义求利"

明清思想家积极宣扬义利相通、以义求利的思想，如郑棠认为，"人莫不欲富"，而"富可以好礼"；"礼者，养也，足以养安也，足以养口体也"②。"礼"就是"养"，是人们生活的一种必需，富人也应该好礼。田艺蘅说："善富者，羞德之不积，不羞金之不积；善贵者，耻德之不伙，不耻禄之不伙。德以聚金，则满不扑；德以居禄，则鼎不颠。"③ 在义利相通观的影响下，先义后利、以义制利、重利尚义成为一部分明清商人商业活动实践中一种重要的精神价值观，成为他们的经营管理之道和行为准则。明清时期的许多商人认为"义"与"利"两者之间彼此相通、并行不悖。"夫以父母之赀，远逐万里，而能一其利以操利，是善谋利也；以为利，子知之，吾取焉。抑以乡里之侪，相逐万里，而能一其利以同利，是善笃义也；以为义，子知之，吾重取焉。然而利与义尝相反，而义与利尝相倚者也。人知利之为利，而不知义之为利；人知利其利，而不知利自有义，而义未尝不利。"④ 他们不拘泥并冲破言义不言利等传统伦理道德的束缚，认为追求商业利益是正当、合乎情理的行为，不是什么可耻的事情，大力倡导求富有道，求富而好礼，要以善行、美德和仁义来追逐利益，在商品买卖过程中遵守义以制利、义中取利、诚信无欺、货真价实、讲求信誉的伦理原则，勇敢追求利润的最大化，反对唯利是图、见利忘义的不道德行为，并运用这些经营之道来发财致富。

尽管"不务仁义之行，而徒以机利相高"⑤ 的商人大有人在，但

---

① 章太炎：《太炎文录初编》文释一《释戴》，《章太炎全集》，上海人民出版社1985年版，第4册，第123页。

② （明）郑棠：《道山集》卷2《道山杂言》，清活字印本，第37页a。

③ （明）田艺蘅：《留青日札》卷7《玉笑零音》，上海古籍出版社1992年版，第131页。

④ 李华：《明清以来北京工商会馆碑刻选编》，文物出版社1980年版，第16页。

⑤ （明）李梦阳：《空同集》卷59《贾论》，《四库全书》本，集部，第1262册，第538页下栏。

奉行诚信不欺、以义逐利的商人也仍有很多。明代陕西扶风商人樊现经商足迹遍及南北，取胜之道就是"贸易之际，人以欺为计，予以不欺为计，故吾日益而彼日损，谁谓天道难信哉？"① 明代徽州歙县商人许宪认为自己经商致富的经验就是讲诚信、守仁义、得民心。他说："惟诚待人，人自怀服，任术御物，物终不亲。"② 告诫同行做生意时一定要以诚待人、以义服人，保持良好的道德和高洁的品质，切忌不顾名节而贪图蝇头小利。朱文炽"鬻茶珠江，逾市期，交易文契，炽必书'陈茶'两字，以示不欺，牙侩力劝更换，坚执不移。屯滞二十余载，亏耗数万金，卒无怨悔"③。明代山西蒲州商人王文显教育子孙要"以义制利"，他说："夫商与士，异术而同心。故善商者，处财货之场，而修高明之行，是故虽利而不污。善士者引先王之经，而绝货利之径，是故必名而有成。故利以义制，名以清修。"④ 著名晋商乔致庸认为经商之道，首重信，要以信誉赢得顾客；次讲义，不以权术欺人，该取一分得一分，昧心黑钱坚决不挣；再次才是利，不能把利摆在首位。明清时期的晋商，为贯彻以义取利的原则，把具有义薄云天、信义昭著等美德的山西人关羽，作为最敬重的神祇，呼吁以义来团结同仁，以诚信取信于民，并对"秤"这种最常用的计量工具，把它所具有的象征意义赋予了道德色彩，用来规范商人的商业行为是否公平、公正，用来约束商人的道德品行是否端正、坚定。他们不仅在口头上这样说，而且在行动上也这样做。比如，徽商吴鹏翔某年从四川运米数万石至汉阳，正值闹饥荒，米价腾贵，他没有见利忘义，乘机大捞一把，而是"减值平粜，民赖以安"。同时，在经商致富和稍有余资后，一些人把行义举、善举作为自己的价值取向，主动承担对家族和社会应尽的义务，见贫即施，积极奉献爱

① （明）康海：《康对山集》卷38《扶风耆宾樊翁墓铭》，转引自余英时《士与中国文化》，上海人民出版社1987年版，第558页。
② 《新安歙北许氏东支世谱》卷3，转引自郭孟良《从商经》，中国戏剧出版社2006年版，第42页。
③ 光绪《婺源县志》卷33，清光绪九年刊本，上海古籍出版社2010年版。
④ （明）李梦阳：《空同集》卷46《明故王文显墓志铭》，第420页上栏。

心。韩国珍"事亲笃孝，尝贸易以供膳养。亲疾，侍药饵惟谨，祈神愿以身代。与兄同居和睦，庭无间言，及析产多所推让"①。王发运"性直爽，有义气，贸易京都，为商界巨擘。凡同乡至京必款待酬应；有告贷者辄解囊相助，不计所报，对于慈善事业，乐施予无吝啬，其家受此影响，颇感困难"②。刘世英"业贾，勇于赴义，凡修桥梁，平道路，浚沟洫皆独任其劳"③。韩杰"业贾游吴越，胸次洒落，绰有风致，宗族贫者建义宅以处之。生平死葬悉瞻焉。戚友称之，多方赈助，捐金修学为诸生倡，平生所绩，以仗义散尽"④。他们成为人们称赞的行业楷模。

三 工商皆本论

"本末之辩"是中国古代经济伦理思想的重大主题之一。究竟是农业养民、富民乃至是富国之根本，还是工商业养民、富民乃至是富国之根本，是思想界争论的重点。应该说，农、工、商三者都是经济生活所必需的产业部门，也都是可供民众选择的致富途径。"本"和"末"的关系问题，实质上是对自然经济和商品经济的态度问题。两千多年来，对农业、手工业、商业三种行业如何看待，如何处理它们之间的相互关系，它们在创造利益方面具有何等价值等，一直是统治者和思想家思索的重要问题。在解决经济发展一些现实问题的基础上，政府的政策和人们的观念并不是一成不变的。随着社会经济的发展、实际问题的产生，对农、工、商相互关系的看法和观念是有所调整和转变的，大体而言主要形成以下一些看法：或以农为本，以工、商为末；或重本轻末；或重本禁末；或农末俱利等。到了北宋，有了农、工、商三者皆本、三者并重的先进思想，并且对后世影响很大。

---

① 民国《太谷县志》卷5《乡贤·孝友》，成文出版社有限公司民国二十年铅印本，第727—728页。

② 民国《翼城县志》卷29《孝义》，成文出版社有限公司民国十八年铅印本，第1105页。

③ 同治《稷山县志》卷6《孝义》，成文出版社有限公司民国十八年铅印本，第597页。

④ 民国《新绛县志》卷5《孝义传》，成文出版社有限公司民国十八年铅印本，第447页。

（一）传统的"农本商末"思想

传统中国是一个农耕社会，几千年来，农业作为最重要的生产部门，始终在国民经济中占有重要地位，因为它既是小农经济的基础，能解决百姓粮食和农副产品的供应问题，也是农耕民族和人类社会赖以生存、发展的前提。鉴于农业的重要性，虽然在一些朝代出现重商思想或农工商并重的思想，但在战国、秦、汉时代，中国传统的农本观念已经逐步确立，重农思想和农本思想始终在以后的民本经济思想中占据支配和统治地位，这也是当时自然经济形态的反映之一。在一定程度上，"以民为本"就是"以农为本"，"重民"亦即"重农"；与之相对应的是对商的贬抑和轻视，将其看作"末业"，并把商业和农业绝对地对立起来，认为商业非但不能创造实际的财富和价值，反而会阻碍农业的发展，导致立国之本的农业出现危机，会以其投机性、牟利性、流动性成为奸邪、兼并、动乱的主要根源，进而威胁到国家统治。作为中国农业文明时代根深蒂固的典型思想，"农本商末""重农抑商""强本抑末"为历朝历代大多数统治者所信奉和推行，成为传统中国统治者施政中最基本的方针政策和经济指导思想，"故明君莅国，必崇本抑末，以遏乱危之萌"[①]。

先秦众多思想家认为农业是富民强国的本业，是物质财富的主要来源，是国家和社会稳定的基石，工商则为末业，重本抑末是他们的基本主张。

老子极为欣赏自给自足的自然经济，塑造出"小国寡民"的理想社会："小邦寡民，使十百人之器毋用"，"有车舟，无所乘之"，"邻国相望，鸡犬之声相闻，民至老死不相往来"。在这样的社会里，"绝巧弃利"，"不贵难得之货"，"民多利器而国家滋昏；人多知而奇物滋起"。[②] 从中可以看出老子对工商业的轻视态度，他认为应该杜绝工业的正常生产和商业的正常流通。对于工商业技术表现出来的"巧"，工商业追求的目标"利"，老子完全抱着弃绝、鄙视的态度。

---

① （汉）王符：《潜夫论》卷1《务本第二》，上海古籍出版社1978年版，第25页。
② 曹音：《〈道德经〉释疑》，上海三联书店2012年版，第114页。

　　李悝提出，雕梁画栋、织锦绣花、装饰美化等所谓的"技巧"，于国于民只有害处，没有益处。直接来看，它们对从事这些行业的人会造成身体上的伤害，并且花费在上面的时间、精力太多，会影响农事的正常开展；间接来看，祸害更多，会使国家贫穷而民众奢侈；穷人成为奸诈邪恶的人，富人成为荒淫纵乐的人，会影响社会的发展进步。因此他主张"禁技巧"以"塞其本而替其末"。① 孟子强调"民事不可缓"，民事是"五亩宅，百亩田"的个体农业经济，只有依靠农业经济，才能实现"衣帛食肉"的小康生活。

　　《管子》将重农上升到基本国策的高度，提出"明王之务在于强本事，去无用，然后民可使富"，"善为政者，田畴垦而国邑实……仓廪实而囹圄空"②，"夫富国多粟生于农，故先王贵之……民事农，则田垦；田垦，则粟多；粟多，则国富；国富者兵强，兵强者战胜，战胜者地广。是以先王知众民、强兵、广地、富国之必生于粟也。故禁末作，止奇巧，而利农事"。他强调禁止末作、奇巧有利于农业的发展，最终实现富国强兵。"今为末作奇巧者，一日作而五日食。农夫终岁之作不足以自食也。然则民舍本事而事末作。舍本事而事末作，则田荒而国贫矣。"③ 他提出虽然农夫创造的财富不如奇巧者，但民是本，商是末，如果人们都舍本逐末，必然导致田地荒芜、国家贫穷，所以，奇巧只能富家，对富国无益。在他眼里，富家和富国是对立的，作为统治者，最根本的任务是发展农业生产，扫除阻碍农业生产发展的障碍，商不利于农，所以抑商便成为顺理成章的事。

　　荀子把农业看作唯一的财富生产部门，认为"不富无以养民情"，富民必须发展农业生产，"故家五亩宅，百亩田，务其业而勿夺其时，所以富之也"④，对一个有宅有田的家庭来说，务其本业，勿夺农时，就能实现富裕。他还说："士大夫众则国贫，工商众则国贫……故田

① 杨宽：《战国史料编年辑证》卷 3，上海人民出版社 2016 年版，第 221—213 页。
② 《管子·五辅篇》，赵守正译注，广西人民出版社 1982 年版，第 84 页。
③ 《管子·治国》，第 72 页。
④ 《荀子·大略》，第 328 页。

野县鄙者，财之本也。"① 在他看来，士大夫和工商业者都不是劳动者，都创造不了财富，只有农民才是财富的创造者，只有农业才是财富的源泉，必须做到"省工贾，众农夫"。

秦朝的商鞅积极推行农战（耕战）政策，把军队看作国家的保障，农业则是保障的保障，"国之所以兴者，农战也"，"故治国者欲民之农也。国不农，则与诸侯争权不能自持也，则众力不足也"②，意图通过农业的发展，加强新兴专制国家的军事实力，以称霸天下。他还说："民之外事，莫难于战，故轻法不可以使之。……民之内事，莫苦于农，故轻治不可以使之。奚谓轻治？其农贫而商富，故其食贱者钱重，食贱则农贫，钱重则商富，末事不禁，则技巧之人利，而游食者众之谓也。故农之用力最苦，而赢利少，不如商贾、技巧之人。苟能令商贾、技巧之人无繁，则欲国之无富，不可得也。"虽然农民最苦，农业赢利最少，但要富国，必须大力发展农业，限制过多的人从事商贾、技巧。为确保农户大力开展耕织活动，商鞅主张："勠力本业，耕织致粟帛多者复其身"，"事末利及怠而贫者，举以为收孥"③。只要农民勤于耕织就能免役，如果从事工商业则将沦为奴隶，以法令强制推行重本抑末政策。

法家的集大成者韩非也说："仓廪之所以实者，耕农之本务也，而綦组锦绣刻画为末作者富。"④ "夫明王治国之政，使其商工游食之民少而名卑，以寡趣本务而趋末作。"⑤ "其商工之民，修治苦窳之器，聚弗靡之财，蓄积待时，而侔农夫之利"，视之为"邦之蠹也"⑥。对那些从事"末作"的工商之民，可以把他们看作覆邦亡国的蛀虫。

西汉初年，由于距战国未久远，所以民众养成一些与战国时期相

---

① 《荀子·富国》，第 126 页。
② 《商君书·农战》，中华书局 1974 年版，第 37 页。
③ 《史记》卷 68《商君列传》，第 2230 页。
④ 《韩非子·诡使》，陈奇猷译注，中华书局 1958 年版，第 939 页。
⑤ 《韩非子·五蠹》，第 1075 页。
⑥ 《韩非子·五蠹》，第 1078 页。

近的时代特点，即"皆背本趋末"。贾谊说："今背本而趋末，食者甚众，是天下之大残也；淫侈之俗，日日以长，是天下之大贼也。"如何才能解决这一问题，他接着分析说："夫积贮者，天下之大命也。苟粟多而财有余，何为而不成？以攻则取，以守则固，以战则胜。怀敌附远，何招而不至？"最重要的措施是"殴民而归之农，皆著于本，使天下各食其力，末技游食之民转而缘南亩"，如此可以做到"畜积足而人乐其所矣"。①

传统的轻商思想下，商业至多被视为社会经济行业的一种补充，仅具有"通货财"的作用，虽然在社会生活中不可缺少，但总体价值不大，不值得大力提倡，尤其是不能让它充分发展，对农业造成严重冲击。西汉盐铁会议上，桑弘羊曾和贤良文学展开过一场激烈的辩论。桑弘羊认为，"富国非一道"，"富国何必用本农，足民何必井田也"，主张国家应该重视发展工商业，通过官营盐铁、经营粮食和其他商品来实现富国的目的。但贤良文学强调农业是国家的本业，要富国必须发展农业，提出"故衣食者民之本，稼穑者民之务也。二者修则国富而民安也"。② 贤良文学认为，从商业的地位和作用来看，根本不是"治国之本务"，它至多是"交万里之财，旷日费功，无益于用"③，如此必将"工商盛而本业荒""末盛则本亏"④，大力主张实行崇本逐末、重农抑商的经济政策。西汉文景二帝总结自己的统治经验，认为关键就在于发展农本经济，他们在诏书中阐述了"夫农，天下之本也"的思想。东汉崔寔论述了重农与治国的关系，认为"国以民为根，民以谷为命，命尽则根拔，根拔则本颠，此最国家之毒忧"⑤。南北朝农学家贾思勰高度概括老百姓生活和统治者统治的"要术"。"五谷者，万民之命，国之重宝"⑥，将富民强国与农业生产

---

① 《汉书》卷24《食货志》，第1130页。
② （汉）桓宽：《盐铁论·力耕》，陈桐生译注，中华书局2015年版，第20页。
③ （汉）桓宽：《盐铁论·通有》，第35页。
④ （汉）桓宽：《盐铁论·本议》，第2页。
⑤ （唐）崔寔：《政论》，北京理工大学出版社2013年版，第596页。
⑥ （北魏）贾思勰：《齐民要术》卷3《杂说第三十》，中华书局1956年版，第46页。

紧紧联系在一起。

北宋范仲淹虽然发起"庆历新政"，革新时政，但他的革新强调的还是务农、重农，认为这才是富国强国之本。他说："六曰厚农桑，臣观《书》曰：'德惟善政，政在养民'，此言圣人之德惟在善政，善政之要，惟在养民。养民之政，必先务农。农政既修则衣食足，衣食足……则寇盗自息，祸乱不兴。"他还提出"是圣人祸乱不兴之德发于善政，天下之化起于农亩"的主张。① 在当时的条件下，统治者推行善政，只能重视农桑发展，这才是保障民众"衣食足"的养民之善政。在他眼里，只有务农才能养民，只有重农才能富民，只有富民才能维护社会稳定。

综上而言，"农本商末""重本轻末"是统治者和思想家形成的共同认识和理解，他们把农业放在首位，并把它贯彻到国家治理的实践中去。传统社会基本上把统治者发不发展、重不重视农业，视为有没有实施善政的标准之一，甚至把发展农业提高到亡国与治国的高度。所以，农业被看作养民之本、富民之本、强国之本。这种重农思想，有积极的一面，即解决民众基本生存问题，推动农业经济的发展，协调社会生产关系；但也表现出消极的一面，即阻碍财富力量的壮大，阻碍商品经济发展，阻碍社会进步。

（二）"工商皆本"的新思想

明清时期，尽管重本抑末思想仍然占据着统治地位，但由于农业生产力的提高，促进商业和手工业发展，城乡商品经济比重大增。伴随着商品经济的发展，一些人抛弃传统礼教而放本趋末，形成一股强大的求富热潮，"人人不耻逐末，为之者众"②，商人队伍比以往任何一个朝代都大大增加，全国各地还形成许多地域性的商帮，出现一些以经营工商业驰名的城镇，传统的农本商末、重本抑末思想受到现实的冲击和人们的批判。经济实践活动当中，人们开始热衷于工商业活

---

① （宋）范仲淹：《范文正奏议》卷上《答手诏条陈十事》，《四库全书》本，史部，第 427 册，第 10 页。

② （清）恽敬：《大云山房文稿·初集卷一》，《万有文库》本，商务印书馆 1935 年版，第 12 页。

动；经济思想领域当中，人们开始转变对工商业的态度。这种转变主
要表现在对商业的地位和重要性的认识比以往更加深刻，发端于宋代
的"工商皆本"的思想，至明清时期有了更多的响应，农工商并重
和农工商皆为本业的观点越来越多地出现在时人的论述之中。对于统
治者，虽然曾宣布过一些抑商或贱商法令，但从总体上看，这两朝在
重农有加的同时，将抑商停留在表面现象，基本上可以说是抑商为
表，恤商为实，不仅扩大商业的减免税范围，而且商人及其子孙可以
入仕为吏，社会地位日益提高。这些思想和政策出现，既是工商业经
济地位日益提高的反映，也是工商业经济发展的必然产物。下面探讨
一下明清时人阐述的农工商并重和皆为本业等观点的具体表现。

邱濬提出"食货并重"论和"民自为市"论。他特别重视农业
和工商业的共同发展。在他看来，由于人类社会分工和自然资源的差
异，人们在积极发展农业生产的同时，应该通过商业活动来弥补自己
在生产和生活资料上的不足。市场就是一个人们"各求其所欲"的
场所。所以他说："食货者，生民之本也。民之于食货，有此者无彼。
盖以其所居异其处，而所食所用者不能以皆有，故当日中之时，致其
人于一处，聚其货于一所。所致所聚之处，是即所谓市也。人各持其
所有于市之中，而相交相易焉。以其所有，易其所无，各求得其所欲
而后退，则人无不足之用。民用既足，则国用有余也。"[1] 这一论断，
体现了浓厚的"农商并重"思想，对商品经济在国民经济中的地位
有了更高的认识。为促进商业发展，他还主张给商人充分的经营自由
和宽松的政策支持，市场所收商税可以减少甚至取消，即"市无征
税"[2]，这在某种程度上可以减轻商人的负担，鼓励更多的人投身商
业活动，从而促进市场活跃，加速商品流通，推动生产发展，满足不
同需求。

张居正提出"资商利农"论。在目睹一些地区商品经济发展萧条
后，张居正提出"厚农而资商""厚商而利农"的经济观点，明确主

---

① （明）邱濬：《大学衍义补》卷25《市籴之令》，第237页。
② （明）邱濬：《大学衍义补》卷26《铜楮之币上》，第249页。

张农商并重，他认为："古之为国者，使商通有无，农力本穑，商不得通有无以利农，则农病；农不得力本穑以资商，则商病。故商农之势，常若权衡，然至于病，乃无以济也。"① 认为农业和商业之间存在相辅相成、互为依存的关系，农业受损害会影响到商业，商业受损害同样会影响到农业。因此，为发展商业，必须在榷税制度上进行改革。"故余以为欲物力不屈，则莫若省征发，以厚农而资商；欲民用不困，则莫若轻关市，以厚商而利农。"② 张居正"厚农资商"政策的推行，既在理论和实践上对农商关系进行了总结，也为其日后改革赋役制度推行一条鞭法奠定了基础，成为中国商业经济思想史上的一个里程碑。

张翰提出"农末适均"论。比张居正略晚、时任南京工部侍郎的张翰持有同样的看法："四方之货，待虞而出，待商而通，待工而成，岂能废哉……是以善为国者，令有无相济，农末适均，则百工之事，皆足为农资而不为农病。"他套用《周书》中的话说："农不出则乏食，工不出则乏用，商不出则三宝绝。"③ 因此，认为商业与粮食棉布一样，都是百姓"衣食之源"。张翰把商业提到与粮棉同等重要的位置，是对传统思想的一大突破。

汪道昆提出"农商交相重"论。出身商贾世家的名儒汪道昆说："窃闻先王重本抑末，故薄农税而重征商，余则以为不然，直壹视而平施之耳。日中为市肇自神农，盖与耒耜并兴，交相重矣。耕者什一，文王不以农故而毕蠲……及夫垄断作俑，则以其贱丈夫也者而征之。然而关市之征，不逾十一，要之各得其所，商何负于农？"④ 也就是说，从神农氏日中为市开始，农与商就是并重的，农与商不应该有"轻""重"之分，而应该是"交相重"，因而他主张"一视而平

---

① （明）张居正：《张文忠公全集》文集8《赠水部周汉浦榷竣还朝序》，商务印书馆1935年版，第621页。
② （明）张居正：《张文忠公全集》文集8《赠水部周汉浦榷竣还朝序》，第621页。
③ （明）张翰：《松窗梦语》卷4《百工纪》，中华书局1985年版，第77—78页。
④ （明）汪道昆：《太函集》卷65《虞部陈使君榷政碑》，《明别集丛刊》第3辑，黄山书社2015年版，第31册，第90页。

施之"。作为统治者，对待商业的态度应该"便商"而不是"抑商"。汪道昆直言"商何负于农""以（重本抑末）为不然"，观点何等鲜明，是对传统崇本抑末、重农轻商观念的有力诘问和驳斥。

王阳明提出"四民异业同道"论。由于商人促进市场的繁荣，为人们的生产和生活带来极大便利，王阳明认为："工商以其尽心于利器通货者，而修治具养，犹其工与商也。故曰：四民异业而同道。"① 这句话清晰表明，士、农、工、商虽然所业不同，但地位和作用是一样的。

李贽提出"商贾不鄙"论。李贽先世多经营商业，从小耳濡目染，对工商业者经营的不易深有体会。他说："且商贾亦何可鄙之有？挟数万之赀，经风涛之险，受辱于官吏，忍诟于市易，辛勤万状，所挟者重，所得者末。"② 商人要忍辱负重、付出巨大的艰辛才能得到财富，他们完全依赖上天的眷顾、自己的强大韧劲和非凡胆识才能发家致富，所以他们的行为没有什么是他人可以随意鄙视的。"天与之以致富之才，又借以致富之势，畀以强忍之力，赋以趋时之识，如陶朱、猗顿辈，程郑、卓王孙辈，亦天与之以富厚之资也，足亦天也非人也。若非天之所与，则一邑之内，谁是不欲求富贵者，而独此一两人也耶。"③ 求富贵是推动他们前行的根本动力。

黄宗羲提出"工商皆本"论。针对传统的"重农抑末"观点，明清之际黄宗羲明确提出"工商皆本"的理论，即农业、工业和商业对国家经济来说同等重要，都是社会经济赖以存在的本业。他认为："今夫通都之市肆，十室而九，有为佛而货者，有为巫而货者，有为倡优而货者，有为奇技淫巧而货者，皆不切于民用，一概痛绝之，亦庶乎救弊之一端也。此古圣王崇本抑末之道。世儒不察，以工商为末，妄议抑之。夫工固圣王之所欲来，商又使其愿出于途者，盖

---

① （明）王阳明：《王文成公全书》卷25《节庵方公墓表》，中华书局2015年版，第1081页。

② （明）李贽：《焚书》卷2《又与焦弱侯》，第47页。

③ （明）李贽：《道古录》卷上，第357页。

皆本也。"① 认为 "本" 与 "末" 不应按农业与工商业的界限来划分，而应把凡是有利于社会财富增长的生产和流通行业都看作本业。这种将工商视为根本、公开呼吁发展工商业的思想非常有价值，在商品经济发展到一定程度并需要更大发展空间的历史背景下，其社会意义和可能产生的积极影响不言而喻。不过，需要指出的是，黄宗羲并非将所有工商都看作本，他对与佛、巫、倡优、奇技淫巧有关的工商 "一概痛绝"，认为只是 "切于民用之工商皆本"。

顾炎武提出 "富困贫死" 论。他严厉批评政府课盐政策的弊端，指出："两淮岁课百余万，安所取之？取之商也。商安所出，出于灶也。……商收其余盐，得银易粟以糊其口，若商不得利，则徙出海上……且商人皇皇求利，今令破家析产，备受窘困，富者以贫，贫者以死。"② 反对官府对盐商、灶户的压榨，反对官府对商业的强力干涉和对商人的过分剥削，提出如果商人窘困，富人破产，最终受损的只会是社会的贫困者。这种认识是对商人、富人作用的客观评价。

王夫之提出 "天下交相灌输" 论。对于商业和商品流通的必要性和重要性，王夫之的认识比较清楚。他充分肯定商业 "通天下之货贿" "通贫弱之有无" 的流通职能，认为 "商贾负贩之不可缺也"③，提出大力发展商业的 "天下交相灌输" 的 "裕民富国" 主张。他说："夫可以出市于人者，必其余于己者也。此之有余则彼固有所不足矣。而彼抑有其有余又此之所不足也。天下交相灌输，而后生人之用全，立国之备裕。金钱者，尤百货之母，国之贫富所司也。物滞于内，则金钱拒于外，国用不赡，而耕桑织纴采山煮海之成劳，委积于无用，民日以贫；民贫而赋税不给，盗贼内起，虽有有余者，不适于用，其困也必矣。"④ 各个生产者或生产地区都有多余或不足的产品，商业

---

① （清）黄宗羲：《明夷待访录·财计三》，第 40—41 页。

② （清）顾炎武：《天下郡国利病书·扬州府·盐法考》，上海古籍出版社 2012 年版，第 1252—1253 页。

③ （清）王夫之：《宋论》卷 2《太宗》，中华书局 1964 年版，第 47 页。

④ （清）王夫之：《读通鉴论》卷 27《昭宗》，第 987 页。

所发挥的主要作用就是"以此之有余补彼之不足",通过商业的发展、商品的流通,满足人们的需求,繁荣国家的经济,所谓"生人之用全,立国之备裕"。这就是肯定商业对"裕民富国"的重要作用,只有大力促进全国各地的商品流通,才能充分满足人民的多方面需求,增加国家财政收入,为国家强盛奠定坚实的经济基础。

唐甄提出"贾安于市财用足"论。他认为农业与商业同等重要,他说"为政之道,必先田市",政府要以农业和商业的发展作为施政的先要。如果"农不安田,贾不安市,其国必贫";而"农安于田,贾安于市",社会就会"财用足,礼义兴",才能"去残去盗之事"。[①] 在他弃农经商之后,针对有人劝他归本弃末、有人讥讽经商是辱及其身的说法,他反驳说:"我之以贾为生者,人以为辱其身,而不知所以不辱其身也。"[②] 唐甄认为经商为生是正当的谋生方式,亦救死之术,没有什么不体面的地方,至于一般社会上贱视商人的陈旧看法,唐甄也不认同。他把君子与商人并举,认为君子与商人都是在"争长短,讼是非,虽义利不同,其争一也"[③]。

沈垚提出"商贾亦豪杰"论。他提出社会历史的发展推动商业的发展,"天下之势偏重在商,凡豪杰有智略之人多出焉。其业则商贾也,其人则豪杰也"。商贾中不乏智略之人和豪杰之人,他们凭借自己的能力,勇于承担"睦姻任恤"等重要责任,这种社会责任感已"难见于士大夫,而转见于商贾"[④]。这是明明确确对商人道德品质的张扬和商人社会价值的认同。

王源提出"无商难为国"论。清初思想家王源坚决反对轻视甚至无视商业的传统做法,他说:"重本抑末之说固然。然本宜重,末亦不可轻。假令天下有农而无商,尚可以为国乎?"商业对国家来说,不是无足轻重,而是不可或缺,应将商业与农业同视为立国之本。他

---

① (清)唐甄:《潜书·善施》,第83页。
② (清)唐甄:《潜书·养重》,第91页。
③ (清)唐甄:《潜书·格定》,第56页。
④ (清)沈垚:《落帆楼文集》卷24《费席山先生七十双寿序》,《续修四库全书》,上海古籍出版社2002年版,集部,第1525册,第664页。

认为商人与士大夫并没有身份高低之分，主张应该提高商人的社会地位，根据商人纳税的情况，分别授予不同的官爵，让商人像读书人一样，凭借自己的能力和贡献进入仕途。他提出："夫商贾之不齿于士大夫，所从来远矣。使其可附于缙绅也。入资为郎且求之不得，又肯故瞒其税而不得出身以为荣哉！"他还反对官府过度向商人征税，提倡进行税制改革，以商人资本所能创造的盈利额为标准，征收合适的税额，有盈利才征税，"仅足本者则免其税"，以此来保证商人的正常经营和保护商人利益。这种征税方式已有近代所得税制之韵味，有利于减轻商人商税负担，进而促进商业发展。此外，他还要求统治者加强对商业的管理和保护，主张将六部中的吏部去掉，代之以专管商业的"大司均"，"吾欲于建官之法去吏部……置大司均以备六卿。货财者，与食并重者也，乌可置之六卿之外乎？"①

章谦提出"商人哀多益寡"论。针对商人在经济社会发展中的作用，嘉庆初的章谦说道："商察岁时之丰歉，知四方之贵贱，以有通无，哀多益寡。故谷贱而商籴至，其价必增，价增则利农；谷贵而商贩至，则其价必减，价减则人与农俱利。"②他把商人功能在传统的"以有通无"之外，又增加一条"哀多益寡"的商品分配作用，并认为商人活动对农民及一般消费者均有利，这是对商人作用的又一充分肯定。

包世臣提出"本末皆重、本末皆富"论。他认为既要重农，但也不能忽视工、商的作用。他说："无农则无食，无工则无用，无商则不给，三者缺一，则人莫能生也。"③借此，他提出"本末皆富"，认为这样可以使"家给人足，猝遇水旱，不能为灾"，并将"本末皆富"誉之为"此千古治法之宗，而子孙万世之计也"④。随着商品经济的进一步发展，他又说："少小讲求农事，为《郡县农政》一书。

①　（清）王源、李塨：《平书订》卷 11《财用第七下》，第 83 页。
②　（清）章谦：《备荒通论下》，《清经世文编》卷 39《户政十四·仓储上》，《魏源全集》第 15 册，第 219 页。
③　（清）包世臣：《安吴四种》卷 7《说储上篇前序》，第 75 页。
④　（清）包世臣：《安吴四种》卷 26《庚辰杂著二》，第 79 页。

近世人心趋末富，其权加本富之上，则制币以通民财，使公私交裕，实治道之宜急也。"① 工商活动越来越受到民众的重视。为顺应"趋末富"的发展趋势，他认为在"宜急"之需时，末富可"权加本富之上"；同时，应该革除阻碍商业活动的各种陈规陋习，"使商民无所疑虑"②。

鸦片战争前，中国先进思想家的代表人物龚自珍和魏源均主张重农抑工商。龚自珍提出"食货并重"论，他认为"人主之忧，食重于货"，"衣食之权重，则泉货之权不重"，提出"食固第一，货即第二""食货并重"的观点；主张政府应使"桀黠心计者，退而役南亩"③。魏源提出"师夷长技以制夷"论，他认为"金玉非宝，稼穑为宝，古训昭然，荒裔其能或异哉"④，把"末富"看作摆脱专制束缚的有效途径，主张"师夷长技"，即学习西方先进的生产技术，借鉴西方的商业发展和商业经营模式，推进工商业经营的西方化、私有化。这已经不是单纯地反对传统的重农抑商、重本轻末的观念，而是诉求发展近代社会经济意识的萌芽。

应该说，工商并重、工商皆本的思潮虽然动摇了农本商末的传统观念，体商恤商的政策措施也在一定程度上改善了商贾受压榨、工商业受摧残的状态，从而促进了工商业的发展，但它们并不足以彻底改变传统观念，也不能从根本上改善工商业者的生存和发展环境。到了晚明，由于工商业利润的易得和可观，遭遇朝廷和大小官吏的暴敛，工商业和商贾受到严酷摧残，苛税重征使许多地区呈现出"里巷小民十分凋敝，有资产一空者，有鬻子女者，有散之四方者，而向时富室不复有矣"⑤ 的景象。其结果必然是工商业凋敝，整个经济发展缓慢甚至停滞倒退，社会矛盾进一步加剧。

---

① （清）包世臣：《齐民四术·目录叙》，中华书局 2001 年版，第 1 页。
② （清）包世臣：《齐民四术·目录叙》，第 1 页。
③ （清）龚自珍：《龚自珍全集》卷 1《乙丙之际塾议第十六》，上海人民出版社 1975 年版，第 8 页。
④ （清）魏源：《海国图志》卷 61《外大西洋、弥利坚国》，《魏源全集》第 6 册，第 1656 页。
⑤ 《明穆宗实录》卷 44，隆庆四年四月癸丑，第 1112 页。

（三）民众自身观念的更新及实践——迁业

中国传统社会以农立国，在意识形态领域，长期以来一贯奉行着鄙视工商的伦理规范，士农工商等社会阶层的等级秩序俨然。但随着明清社会经济发展水平的不断提高，商品经济对人们日常社会生活的影响越来越大，社会经济的各个领域受到波及，各个阶层的人士开始更新"本""末"观念，"农本"意识大为减弱，日益重视发展工商业，"工商皆本"的思想观念逐渐浸润人心，大批民众从粮食生产中分流出来，从单一经营转向农、工、商并举的多种经营已蔚然成风，弃农经商，弃儒为商，弃吏从商，外出从工者，比比皆是。再加上小农经济本身具有的脆弱性，一旦遭受天灾人祸的打击，会使农民蒙受重大损失，而单纯种田也很难发家致富，因此越来越多的人开始选择转换职业。"赋税日增，徭役日重，民命不堪，遂皆迁业"；以正德为界，"昔日逐末之人尚少，今去农而改业为工商者，三倍于前矣"[①]。迁业主要表现为两种方式：一是农村务农人员的外流，即原先从事传统农业生产的人，已不再从事传统的农业，短期或长期离开农村，辗转到城市，居无定所，开始从事与手工业、商业相关的行业，大逐工商之利，不断增值商业资本。二是农村务农人员转而务工、务商，即照样留在农村，但不再从事传统的农产品生产，而是改田他种，重点发展经济作物来增加收入；或者直接从事与农业生产无关的家庭手工业和商业。"大约自16世纪初年开始，广大农民纷纷离开农村，或从粮食生产中分离出来，有的就地'迁业'，有的流入城镇，发展商品生产。……转向农、工、商并举的多元经济结构的历史轨迹。"[②]

在很多地方，工商业等同于甚至超越农业，为了谋生致富，许多人根据自然资源的实际状况以及从事不同行业所能得到利润的多少和大小做出生产决定。在时人心目中，"农事之获利倍而劳最，愚懦之民为之；工之获利二而劳多，雕巧之民为之；商贾之利三而劳轻，心

---

① （明）何良俊：《四友斋丛说》卷13《史九》，中华书局1959年版，第112页。

② 万明：《晚明社会变迁问题与研究》，商务印书馆2005年版，第21页。

计之民为之；贩盐之利五而无劳，豪猾之民为之"①。在江、浙等地，原来的田地主要是用来种植稻谷，但到了明朝中后期，大批劳动力开始由种田转为植棉、栽桑、纺纱织布，"吴人以织作为业，即士大夫家多以纺织求利，其俗勤啬好殖，以故富庶"②，"农田种稻者，不过十之二三。图利种棉者，则有十之七八"③。这主要是因为种植水稻收入有限，故乡民们"为他种以图利"④。如山东六府普遍种植棉花，"五谷之利不及其半"⑤，所产木棉成为当地农民主要的经济收入。福建、安徽、浙江、湖南、云南、四川等省的山区，因为种茶的收入更为丰厚，"价乃三倍，终岁泉流地上，几成乐园"⑥，所以当地人争相以种茶代替种稻。在福建，农民因"稻利薄，蔗利厚，往往有改稻田种蔗者"⑦，制作出来的蔗糖甚至远销外洋，"泉州附山之民，垦辟硗确，植蔗煮糖，黑白之糖行于天下"⑧。种植甘蔗、果树获利颇丰，致使闽地二千里甘蔗、果树"耗地已三分之一"。在广东，同样因为看到生产和经营糖的利润很大，"粤人开糖房者多以致富。盖番禺、东莞、增城糖居十之四，阳春糖居十之六，而蔗田几与禾田等矣"⑨。在山东，"兖州四民之业，农居六七，贾居一二"，潍县"则民务为贾"，临邑"地无遗利，人惯贸易"，安邱"富人则商贾为利"，于是到明后期，"缙绅士大夫多以货殖为急"⑩。当时，烟草种植在全国各地很普遍，如江西改粮食生产为种植、加工和销售烟草，"颇食其

---

① （清）顾炎武：《天下郡国利病书·江南四》，第 468 页。

② （明）于慎行：《谷山笔尘》卷 4《相鉴》，中华书局 1984 年版，第 39 页。

③ （清）高晋：《奏请海疆禾棉兼种疏》，《清经世文编》卷 37《户政十二·农政中》，第 911 页。

④ （清）黄印：《锡金识小录》卷 1《田土之利》，成文出版社 1983 年版，第 50 页。

⑤ 戴鞍钢、黄苇：《中国地方志经济资料汇编》，汉语大词典出版社 1999 年版，第 95 页。

⑥ 同治《临湘县志》卷 4，转引自江太新《三农与市场——以明清经济发展为例》，《中国经济史研究》2005 年第 4 期。

⑦ （明）陈懋仁：《泉南杂志》卷上，《四库全书存目丛书》，齐鲁书社 1996 年版，史部，第 247 册，第 842 页。

⑧ （明）何乔远：《闽书》38《风俗志》，明崇祯二年刻本，第 2 页。

⑨ （清）屈大均：《广东新语》卷 27《草语》，中华书局 1985 年版，第 689 页。

⑩ （明）黄省曾：《吴风录》，《续修四库全书》，史部，第 733 册，第 791 页。

利"①。造纸业在这一时期也很发达，其收入丰厚，吸引众多的从业者，如：江西宁都州，"州城本瘠区，岁得此 20 万金之入款，工商士庶咸有生机，气象郁郁葱葱"。② 可见，每年仅通过造纸能得到的收入高达 20 万金。经济作物种植的普遍化以及家庭副业的兴起，改变了农村单一的经济发展模式。农村由原先单纯的粮食作物种植转变为多种经济作物的种植，既保障农民的基本生活，又为农民增收创造条件，还为繁荣农村经济做出重大贡献。

明清国内外商品市场的发展，国内交通条件的改善，为商业的发展提供了广大的空间，为商人的壮大提供了重要的商机，为人们的生活提供了有利的条件，越来越多的人投身商贾。比如：山西之地素来有"习贾经商"的浓厚风气，影响到当地人的职业选择，商贾居然占据首位，读书反而居末位。"山右大约商贾居首，其次者犹肯力农，再次者谋入营伍，最下者方令读书"③，这可谓是社会观念的一大转变。清人徐继畬在给朝廷的奏疏中说到山西"农贾相半，绝少旷游，惜家身而畏官吏"④，农民和商人各占一半。徽州"以商贾为第一等生业"⑤，男人年满十六岁，就要出门做生意，从商人数极为可观。广东也是如此，尤其隆庆元年（1567 年）开放海禁，推动海外贸易的兴盛，务贾的人增多，务农的人减少，"人多务贾"，可以"获大赢利"，因此，"农者以拙业力苦利微，辄弃耒耜而从之"⑥。明中叶以后，儒学士子、官员经商者有很多，这不仅壮大了商人队伍，也提高了商人的文化水准和整体素质。如广东"民之贾十三，而官之贾十七"⑦。著名的徽州商人中有很多当官的，"商居四民之末，徽俗殊不

---

① 天启《赣州府志》卷 3《土产》，清顺治十七年汤斌刻本，第 41 页 a。
② （清）陈炽：《续富国策》卷 1《种竹造纸说》，彭泽益《中国近代手工业史资料》第 2 卷（1840—1949），生活·读书·新知三联书店 1957 年版，第 119 页。
③ 《硃批谕旨》第十五函二册，武英殿朱墨印本，清雍正十年至乾隆三年，第 2 页。
④ （清）徐继畬：《松龛先生全集·奏疏上·清整顿晋省吏治疏》，《近代中国史料丛刊续编》，第 42 辑，文海出版社 1977 年版，第 16 页。
⑤ （明）凌蒙初：《二刻拍案惊奇》卷 37，三秦出版社 2003 年版，第 567 页。
⑥ （清）屈大均：《广东新语》卷 14《食语》，第 372 页。
⑦ （清）屈大均：《广东新语》卷 9《事语》，第 304 页。

然，歙之业鹾于淮南北者，多缙绅巨族，其以急公议叙入仕者固多，而读书登第，入词垣跻朊仕者，更未易什数，且名贤才士，往往出于其间，则固商而兼士矣"①。著名文人朱舜水、著名思想家唐甄、东林党骨干李三才等都曾经过商，"舍儒就贾""以农商起家"的士大夫比比皆是，故何良俊感叹说："由今日而观之，吴松士大夫为商，不可谓不众矣。"②

在这样的环境下，明清工商业得到一定程度的发展，但由于统治者的经济政策并无太大变化，广大农民仍被牢牢束缚在土地上，城市工商业的发展依然举步维艰。特别是许多商贾因工、商业致富后，并没有把商业资本用于再投资，扩大生产和经营规模，反而用去农村购买土地或田宅，所谓"以末取财，以本守之"，商业资本和商业利润重新流归农业领域，影响社会经济的扩大再生产，这就使得中国丧失了经济发展的机遇，在近代世界经济发展中逐步落伍。

四 保富论

自唐宋以来，开始出现"保富"的论调。林文勋指出："唐宋时期，在经济发展、社会变革的推动下，经济思想领域也呈现出巨大转折变化，出现了许多新思想、新观念。其中，保富论是最能体现时代特征和社会发展变化的崭新经济思想之一。""保富论发端于中唐，主要形成于两宋，在明清得到继承与发展。"③

（一）传统富民思想中的"均贫富"思想

在古代中国社会，上至帝王君相、王公大臣，下到基层官吏、庶民百姓，都怀有极其深厚的均平情结，认为需要"令贫者富，富者贫"，甚至公然声称要"杀富"④。

孔子"均贫富"的主张就很著名，他说："有国有家者，不患寡

---

① （清）江依濂：《歙风俗礼教考》。
② （明）何良俊：《四友斋丛说》卷13《史九》，第108页。
③ 林文勋、谷更有：《唐宋乡村社会力量与基层控制》，云南大学出版社2005年版，第112、121页。
④ 《商君书·说民》，第56页。

而患不均，不患贫而患不安。盖均无贫，和无寡，安无倾。"① 在他看来，社会财富需要平均分配，如果分配不均，由少数人掌握绝大部分的社会财富，势必会造成严重的社会问题，富裕者会恃强凌弱、压榨他人，成为民众仇恨的目标；贫穷者会受贫穷的困扰，饥寒交迫而为盗，成为社会动乱的根源，进而势必影响到国家的富强安定。所以统治者要注意"均"的分配原则，防止大富大贫的两极分化，使富的人不至于骄横，贫的人足以养家糊口，大家相安无事，社会才会安定，统治才能稳固。他还阐述了"财聚则民散"② 的道理，意思跟前面大体相同，就是财富占有不能过于集中，贫富分化不能过于严重，如果有过多的贫穷者流离失所，最后会导致国家趋于灭亡。

《管子》提出要"贫富有度"，反对甚贫或甚富。政府采取措施"调通民利"，防止出现"贫者重贫""富者重富"的局面，做到"富能夺，贫能予，乃可以为天下"③。管子认为"万民之不治"的原因在于"贫富之不齐"，要使贫富尽量均衡，做到"散积聚，钧羡不足，分并财利而调民事也"④。

汉代桑弘羊认为，抑兼并就是要"除秽锄豪，然后百姓均平"，"损有余，补不足，以齐黎民"⑤。

历史上，凡是出现土地兼并严重，造成"富者日长，贫者日削"⑥，"强者规田以千数，弱者曾无立锥之居"⑦，"贫民无立锥之地，而富者田连阡陌"⑧ 的恶劣状况时，为缓和社会矛盾，统治者都会采取相应的强制措施，或实行"限民名田"，或实行"均田制"，或实行"占田制"等，限制对土地的占有数，打击兼并，防止农民

---

① 《论语·季氏》，第 172 页。
② 《礼记正义·大学》，（汉）郑玄注，（唐）孔颖达等正义，上海古籍出版社 2008 年版，第 2301 页。
③ 《管子·揆度》，第 322 页。
④ 《管子·国蓄》，第 261 页。
⑤ （汉）桓宽：《盐铁论·轻重十四》，第 141 页。
⑥ （宋）李觏：《李觏集》卷 19《平土书》，中华书局 1981 年版，第 183 页。
⑦ 《汉书》卷 99《王莽传》，第 4110 页。
⑧ （宋）李觏：《李觏集》卷 16《富国策第二》，第 135 页。

破产，就是所谓"贫富均平"。他们认为对富人进行限制和打击，让穷人得到一些好处，穷人自然就会拥护和支持这个政权。北魏李安世是均田制的首倡者，他给皇帝上《均田疏》，明确了均田制的基本主张："田莱之数，制之以限，盖欲使土不旷功，民罔游力；雄擅之家，不独膏腴之美；单陋之夫，亦有顷亩之分。所以恤彼贫微，抑兹贪欲，同富约之不均，一齐民于编户。"① 北宋王安石更以抑兼并而名世，他认为："孔称均无贫，此语今可取，譬欲轻万钧，当令众人负。"② 到明代，朱元璋采取"立法多右贫抑富"③，对"富民"实施打压，史书记载："时富室多以罪倾宗"，"豪民巨族，划削殆尽"④，"寄染遍天下，民中豪以上皆破家"⑤。但这些政策被有些学者称为：表面上打着"削富益贫""百姓均平"的幌子；实际上是实现国家财政的"富国足用"。秦晖就说："历史上权贵之兼并平民，在很大程度上正是通过针对平民富人的'抑兼并'之举来实现的。"⑥

"均贫富"思想反映在下层社会、庶民百姓那里，则是农民起义领袖利用它来号召民众，发展壮大力量。如大家最为熟悉的北宋前期王小波、李顺领导的农民起义，第一次明确喊出"均贫富"口号，扬言"吾疾贫富不均，今为汝均之"⑦。他们不仅在语言上大力鼓吹，而且还付诸实践，强制乡里富户只留下必要的生活需求，其余"一切调发，大赈贫乏"⑧。南宋时，钟相、杨幺率江南民众起义，进一步宣传："法分贵贱贫富，非善法也。我行法，当等贵贱，均贫富。"⑨

① 《魏书》卷53《李孝伯传附李安世传》，中华书局1974年标点本，第1176页。
② （宋）王安石：《临川集》卷5《酬王詹叔奉使江南访茶利害》，《四库全书》本，集部，第1105册，第38页下栏。
③ 《明史》卷77《食货志》，第1880页。
④ （明）吴宽：《匏翁家藏集》卷58《莫处士传》，《四库全书》本，集部，第1255册，第546页上栏。
⑤ （明）谈迁：《国榷》卷8，中华书局1958年版，第653页。
⑥ 秦晖：《中国经济史上的怪圈："抑兼并"与"不抑兼并"》，《战略与管理》1997年第4期。
⑦ （宋）杨仲良：《皇宋通鉴长编纪事本末》卷13《李顺之变》，《续修四库全书》，史部，第386册，第82页。
⑧ （宋）沈括：《梦溪笔谈》卷25《杂志二》，中华书局2009年版，第290页。
⑨ 华锺彦：《中国历史文选》，辽宁人民出版社2011年版，第191页。

否定贵贱贫富之分，反映要求财富平均的理想。明末农民大起义时也提出"贵贱均田之制"①和"均田免粮"②的口号。这是普通民众"均贫富"思想发展的高潮。

但古代社会也有人对富人和贫富问题持有不同的看法，认为富人都是勤俭的人、聪明的人、贤能的人。如韩非子认为，"侈而惰者贫，而力而勤者富"，之所以有贫富悬殊的现象，完全是由于百姓自己能力、习性上的勤与惰，消费、生活上的俭与奢等不同行为、习惯造成的，一般来说，勤劳、节俭的人更容易发家致富，懒惰、奢侈的人更容易穷困潦倒。基于此，他不赞同政府采取厚征富人而赈济贫民的做法，他说："今上征敛于富人，以布施于贫家，是夺力俭而与侈惰也，而欲索民之疾作而节用，不可得也。"③如果国家用这种方式去帮助贫者、困者，实际等同于鼓励人们好吃懒做、穷奢极欲；打击人们辛勤劳动、节俭生活，效果适得其反，对家庭生产劳作及社会生产发展都不利。

司马迁认为，个体的智商不等在一定程度上会造成贫富不均、贫富差距的现象。但富人不是平白无故就轻易占有财富，而是可能凭借自己的机智聪明和辛勤付出谋求财富；穷人也不完全是被掠夺财富，也可能是因为自己的迟钝落后、好逸恶劳，难免贫困破产，生活没有着落。这是正常现象，应顺其自然，对穷者不需要救济，对富者不能剥夺财富。所谓"贫富之道，莫之夺予。而巧者有余，拙者不足"。贫富不是谁能随意夺走或赐予。"富无经业，则货无常主，能者辐凑，不肖者瓦解。千金之家比一都之君，巨万者乃与王者同乐。"④

（二）明清时期"保富论"的大量出现

明清时期，经济思想领域有许多关于富民阶层的议论，一方面，有的对其持批判和否定的态度，认为富人剥削贫民，不劳而获，造成民贫国穷。如方孝孺就指出："富者之威，上足以持公府之柄，下足

---

① （明）查继佐：《罪惟录》卷17《毅宗烈皇帝纪》，齐鲁书社2014年版，第430页。
② （明）查继佐：《罪惟录》卷31《李自成传》，第2929页。
③ 《韩非子·显学》，第1089页。
④ 《史记》卷129《货殖列传》，第3283页。

以钳小民之财。公家有散于小民，小民未必得也；有取于富家者，则小民已代之输矣。"富家与小民财富与地位的不对等，更容易造成"富者益富，贫者益贫，二者皆乱之本也"。① 吕坤更是把穷人的缺衣少食、贫困交加归咎于富人对他们的残酷掠夺，他说："天下之财，自有定数。我不富则人不贫，我愈富则人愈贫。"② 富者愈富，贫者愈贫，"不生富贵人，贫贱安得死！"③ 因而主张抑制富民，缩小贫富差距。政府也有一些打击富民的举措。另一方面，有的对富民持肯定和支持的态度，鼓励人们凭勤劳、才智致富，承认贫富差距的正常存在，主张保护富民的正当利益。这些言论聚焦富民的正面形象和作用，认为富民阶层的产生和发展，有利于繁荣社会经济，有利于保障民众生存，有利于基层社会稳定。顾炎武的言论比较有代表性，他指出因为富民"为国任劳"，所以"保富"是国家的"根本之计"，他说："其为国任劳，即无事之时宜加爱惜。况今多事，皆备办富民，若不养其余力，则富必难保，亦至于贫而后已。无富民，则何以成邑？宜予之休息，曲加保护，毋使奸人蚕食，使得以其余力赡贫民，此根本之计。"④

明清时期"保富论"的广泛出现是社会进步的一种新动向，它从富民阶层正面影响的角度，对其所发挥的重要作用进行探讨，这些讨论总体上反映这样一种愿望：坚决要求国家鼓励和保护富民阶层，发挥富民的中流砥柱作用，凭借富民的强大力量，推动经济发展，保证社会稳定。余英时先生就说："十六七世纪，'藏富于民'、'富民为国家所赖'等议论已成为儒家思想的一个基调，不断地在明、清儒家的著作中再现。"⑤

1. 肯定贫富差异的存在，认为富人的产生是合理的

邱濬不主张人人皆富，他说："天生众民，有贫有富"，"贫吾民

① （明）方孝孺：《逊志斋集》卷11《与友人论井田》，第327页下栏。

② （明）吕坤：《去伪斋集》卷7《知足说自警》，清道光七年刻本，第61页a。

③ （明）吕坤：《去伪斋集》卷10《反挽歌七首·三》，《吕坤全集》，中华书局2008年版，上册，第593页。

④ （清）顾炎武：《菰中随笔》，章士钊《柳文指要（上）》卷32《答元饶州论政理书》，中华书局1971年版，第1007页。

⑤ 余英时：《现代儒学新论》，上海人民出版社1998年版，第17页。

也，富亦吾民也"①。天地有无穷之利，国家有无穷之财，贫富分化
是个人勤、怠、俭、奢所造成的自然之势，"勤者得之，怠者失之，
俭者裕之，奢者耗之"②。既然贫富不均是个体行为造成的自然现象，
不需要强行改变，只需要政府处理妥当，措施有效，方法正确，就能
协调贫富关系。所以，"富能夺，贫能与，乃可以为天下"的说法不
足取，统治者要做的是"省力役，薄税敛，平物价，使富者安其富，
贫者不至于贫，各安其分，止其所得矣"③。李贽说富人的产生是因
为"天与以致富之才，又借以致富之势，畀以强忍之力，赋以趋时之
识"④，所以"并""吞"生产条件较劣者是合乎自然规律，是"天
道"。他说："强弱众寡，其材定矣。强者弱之归，不归必并之；众
者寡之附，不附即吞之。此天道也。"⑤ 李雯坚决为富民辩护，认为
不具有政治特权的富民的地租剥削和土地扩张，不是"侵牟"，是
"与兼并者异科"的，当然应与那些靠权贵兼并土地财产的人区别对
待。他说："富何罪哉，苟非权贵之家，豪横相夺，其他勤力而广亩
者，不可谓侵牟也。贫者不立，富者以资易其田，捐半租与贫民而代
其赋，与兼并者异科。"⑥

　　清代类似的看法也很多。王夫之认为个人不必过分关心贫富不均
现象的存在，他说："天地不私贫人富人，抑岂私生人死人乎！……
天地不以有所贫有所死而损其心，则贫富无根。"⑦ 应该把它看作一
种必然的、不可改变的趋势，因为贫富之不齐是由于富者、贫者各自
智力、能力的高低不同，富贵者擅于"智力"⑧；"智者日富而拙者日
瘠"，"狡者日富而拙者日瘠"⑨，贫富是一场智力的较量；"富者骄而

---

① （明）邱濬：《大学衍义补》卷25《市籴之令》，第247页。
② （明）邱濬：《大学衍义补》卷20《总论理财之道上》，第201页。
③ （明）邱濬：《大学衍义补》卷25《市籴之令》，第242页。
④ （明）李贽：《道古录》卷上，第357页。
⑤ （明）李贽：《道古录》卷下，第375页。
⑥ （清）李雯：《蓼斋集》卷43《策三·赋役》，复旦大学出版社2017年版，第773页。
⑦ （清）王夫之：《庄子解》卷6《大宗师》，《船山全书》第13册，第175页。
⑧ （清）王夫之：《读通鉴论》卷5《哀帝》，第126页
⑨ （清）王夫之：《读通鉴论》卷3《武帝》，第78页。

贫者顽惰"①，贫富是一场能力的角逐；"莫之教而心自生、习自成"，连小民自己也"积习已久……且安之矣"，贫富是一场习惯的竞争。如强行平均贫富，则是"芟夷天下之智力，均之于柔愚"②，所以反对以政治的强制力量来抑制财富兼并和贫富分化。黄中坚说："贫富之不齐"，是自古以来就有的事，"智者、强者常有余，愚者、弱者常不足"，治理天下者没有必要设法"整齐之"。③ 袁枚认为贫富差别乃物之"常情"，反对政府凭借自己的公共权力干预社会财富的正常分配。他说："贫民乎？富民乎？夫物之不齐，物之情也。民之有贫富，犹寿之有长短，造物亦无如何。……孔门弟子业已富者自富，贫者自贫，而圣人身为之师，亦不闻哀多益寡，损子贡以助颜渊，劝子华使养原宪者。"④ 圣人不为之事，一般人也不应该为之。谢阶树宣扬富民的富不是剥削而来，他说："财积而富成焉……未尝夺于人而有之也。"⑤ "五官平则面不能错，十指齐则手不能握"⑥，人自身的五官、十指都不是整齐划一的，当然也就不能强制贫富均等，从而鼓吹贫富悬殊的合理性，"富之于贫以为须也"⑦。

不仅士大夫大谈富人存在的合理性，连雍正皇帝也为富人财产的"正当性"辩护："自古贫富不齐，乃物之情也。凡人能勤俭节省，积累成家，则贫者可富；若游惰侈汰，耗散败业，则富者亦贫。富户之收并田产，实由贫民之自致窘迫，售其产于富户也。"⑧ 皇帝对勤俭致富、积累成家的充分肯定，可以起到很好的示范和榜样作用，激励世人勇敢追求财富。

---

① （清）王夫之：《读通鉴论》卷3《武帝》，第67页。
② （清）王夫之：《读通鉴论》卷5《哀帝》，第126页。
③ （清）黄中坚：《蓄斋集》卷1《限田论》，任继愈《中华传世文选清朝文征》（下），第852页。
④ （清）袁枚：《书王荆公文集后》，《清经世文编》卷11《治体五·治法上》，第292页。
⑤ （清）谢阶树：《约书》卷1《辨惑》。
⑥ （清）谢阶树：《约书》卷8《保富》。
⑦ （清）谢阶树：《约书》卷11《制治》。
⑧ 《大义觉迷录·奉旨问讯曾静口供十三条》之四，北方妇女儿童出版社版2001年版，第66页。

2. 高度评价富民的贡献，重视发挥富民的作用

鉴于富民阶层在地方社会的影响力和作用，当时人认为，富民在强国、养民、救济保障、社会稳定等方面有相当重要的作用，应当保护富民的利益，使之充分发挥作用。

第一，富民对国家的统治、富强具有重要意义。

邱濬说："诚以富家巨室，小民之所依赖，国家所以藏富于民者也。……富者，非独小民赖之，而国家亦将有赖焉。"① 国家的强弱，依赖于"富民"的多少。国家统治中的大事、要事，都要借力于富民，所以应该培植富民的力量，而不能摧折。明神宗四十年（1612年），南京福建御史王万祚有切中要害的上言："祖制，赋役必验丁粮多寡，产业厚薄以均其力。……国有大事，不无借力于富民，谓宜善蓄其余力，以待不时之需。刳剥烧烁，无时暂息，将尽通都大郡，无殷实之民，欲如汉之徙关中实塞下，并力灭夷，其谁任之？卖富差贫，非也；而有意消折富户，亦非也。父有数子，或富或贫，必令富者亦贫，则祖宗之门户去矣。"② 唐甄全力鼓吹富民经济，认为每个家庭"莫不求富而忧贫"，"求富"对家庭很重要，对国家更重要，甚至可以把它提升为国家治理的方针和策略。他认为："立国之道无他，惟在于富。自古未有国贫而可以为国者。……国家五十年来，为政者无一人以富民为事，上言者无一人以富民为言。"③ 所以，强调富国必先富民，这是统治者为政的重要任务，"为治者不以富民为功，而欲幸致太平，是适燕而马首南指者也"④。黄中坚认为："今之承事于官者，率富民也"⑤，富民承担着国家统治基层的各种职责。魏源提出治国必须依靠富民的主张。他说："土无富产则国贫，土无中产则国危"，富产、中产都要由富民来支撑，"使人不暇顾廉耻，则国必衰；使人不敢顾家业，则国必亡"。将富民的作用提高到关系国家

---

① （明）邱濬：《大学衍义补》卷13《蕃民之生》，第123页。
② 《明神宗实录》卷491，万历四十年正月丙午，第9234—9237页。
③ （清）唐甄：《潜书·存言》，第114页。
④ （清）唐甄：《潜书·考功》，第111页。
⑤ （清）黄中坚：《畜斋集》卷1《限田论》，第853页。

兴衰、存亡的高度。他特别赞同《周官》里面所强调的"保富说"，认为富民是"一方之元气，公家有大征发，大徒役，皆依赖焉；大兵燹，大饥馑，皆仰给焉"。所以，他坚决反对为政的"贪人"专事损害富民的行为，提倡像种植柳树一样"薪其枝叶而培其本根"的做法，把富民作为培植、呵护的根本。① 王韬提出"富国强兵之本，系于民而已矣"，发展社会经济"要令富民出其资，贫民殚其力"②，富民与贫民相互依赖，利益共享，实现"民富国强"之目的。

第二，富民对发展社会经济的作用。

徐贞明大力赞扬富民发展经济的"力"和组织生产的"财力、智积"，"彼富民欲得官者，能以万夫耕，则其财力智识，已出万人之上；能以千百人耕者，亦出于千百人之上。其财力智识既足以为主帅之倚用，使之用部耕夫以为胜卒，又皆其衣食安养者，心附而力倍"③。说明富民是社会经济的先进代表，能带动百夫、千夫甚至万夫发展经济，促进社会的发展和进步。顾炎武对富民促进社会经济的作用进行了详细考察。唐宋以来，随着土地私有制的发展，租佃契约关系已成为劳动者与土地紧密结合的最有效方式，它作为富民选择的生产关系，之所以顺乎历史潮流，因其同生产资料配置、生产经营优劣、生产效益高低、社会财富积累等因素直接相关。所以，顾炎武从有益于社会生产的角度，肯定土地私有制尤其是富民田产的正当性、有效性。他说："盖贫民种田，牛、力、粪、草不时有，塘池不能浚而深，堤坝不能筑而固，一遇水旱，则付之天而已矣。今富室于此等，则力能豫为，故非大水旱，未有不收成者。况富室不能自种，必业与贫民，贫民虽弃产，而实与富室共其利，收一石，则人分五斗，收十石，则人分五石。又牛力、种子出于富室，乃贫民之所依，可有而不可无也。"④ 他指出，富室的生产有规模效益，在生产过程中，富民有经济财力的投资，贫民有劳动能力的投入，两者通过"租佃"

---

① （清）魏源：《古微堂内集》卷2《治篇十四》，《魏源全集》第13册，第63页。
② （清）王韬：《弢园文录外编》卷1《重民》，《中国近代经济文选》，第357页。
③ （明）徐贞明：《西北水利议》，《明经世文编》卷398《徐尚宝集》，第4318页。
④ （清）顾炎武：《天下郡国利病书·江宁庐州安庆·寄庄议》，第895页。

276

结合在一起,各自可以获得更多的经济收益。他的意图在于强调富民在劳动资料与生产资料的有效配置,以及对土地这种农业根本生产资料的合理利用方面显得极为重要,所以,反对任何以"恤贫民"为借口来抑制富民的言论和举措。在他看来,富民已日益成为经济发展的主力军和生力军。中国古代社会,家庭既是最小的生活单位,也是最小的生产单位,农业生产和手工业生产基本上都是由个体家庭独自完成的,那些凭自己的能力先富裕起来的家庭,实际上是推动当地生产发展的重要力量,只有对这些先进力量予以保护,这些"富裕家庭"对生产感兴趣,愿意为增加生产投入劳动力和生产资料,私家的财富得以增加,才能带动其他人家的生活和生产,最终推动整个社会经济的发展。

第三,"富民"是"小民"的依赖。(此内容在"以民养民"论中已详细论述,此处不再展开。)

综上所述,富民发展着地方的社会经济,承担着国家的赋役征收,维护着地方的社会秩序,并且为"小民"提供着生活资料、生产资料,作用极大。钱士升对富民这种功绩和作用有完整的论述:"凡富家必有庄田,有庄田必有佃户,佃户力田完租,以便富家办纳税粮,而因收其余以养(人)口,至于稽事方兴,青黄不接之际,则富家每出母钱以贷之,而商贾之拥厚资者亦以质库应民之急,且富家之用物也宏,凡养生、送死、宾客、游观之费,百工力役皆仰给焉。则是富家者,固穷民衣食之源也。不宁惟是,地方水旱则有司檄令出钱,储粟平价均粜,以济饥荒;一遇寇警,则令集庄客,缮器械,以助城守捍御之用。即今日因粮输饷,富家居多。……故富家者,非独小民倚命,亦国家元气所关也。"[1] 所以,富民于国、于民、于生产、于生活都十分重要,是社会的支柱。如果富民破产,不仅普通民众直接受损,在国家有需求时,也得不到他们的财富支援,还会破坏生产发展,既害民,又害国。

---

① (明)钱士升:《定人心消乱萌疏》,载光绪《重修嘉善县志》卷31《奏疏》,上海书店出版社1993年版。

3. 强调保护富民的利益，坚决反对打击富人

第一，肯定富民对财富的合理占有。

只要富民不是非法夺取与占有，国家就应该肯定他们对田产或财富的合理占有，不打击富人。张潮说："富民之田，非由攘夺及贱价而得，今勒贫民买田，不知田价从何出？恐贫者未必富而富者已先贫矣。大抵当今治道，惟宜以保富为急务，盖一富民能养千百贫民，则是所守约而所施博也。"① 时人对抑制富室、打压富民的做法极为反感，他们说："今之牧者，忮求互战，吹洗交攻，倾产破家，方以为快意，岂受牧之道哉？"② 王夫之强烈批评官吏压榨"大贾富民"的行为，在他看来，如果富民遭殃，贫民也不能安然无恙，相应会失去谋生的出路。唐甄说，如果"富室空虚，中产沦亡"，那么穷民将更"无所为赖"。③ 富民经济本身也很脆弱，经受不住打击。黄中坚指出，"恤农者当先恤富民"，而今"犹曰宜痛抑富民，岂欲使人尽为黔娄而已乎"④。魏源说："天下有本富有末富，其别在有田无田。有田而富者，岁输租税、供徭役，事事受制于官，一遇饥荒，束手待尽。非若无田之富民，逐什一之利，转贩四方，无赋敛徭役，无官吏挟制，即有与民争利之桑、孔，能分其利而不能破其家也。是以有田之富民可悯更甚于无田。"⑤ 也就是说，从富民所承担的社会责任来看，从社会经济的发展来看，只能保护、体恤，而不能痛抑、打击。

第二，主张减轻富民的赋税。

李豫亨说，"富民，国之元气"，"为人上者当时时培养"⑥。反对政府对富民一再征发、不加护惜。苏松赋重的情况在明代很严重，对

---

① （清）张潮：《昭代丛书》卷12《日录杂说》，上海古籍出版社1990年版，第32页。

② 嘉靖《固始县志》卷9《杂述志·义输》，《天一阁藏明代方志选刊》，上海古籍出版社1963年影印本。

③ （清）唐甄：《潜书·富民》，第107页。

④ （清）黄中坚：《蓄斋集》卷5《恤农》，《四库全书未收书辑刊》第8辑，北京出版社2000年版，第155—156页。

⑤ （清）魏源：《古微堂内集》卷2《治篇十四》，《魏源全集》第13册，第63页。

⑥ （明）李豫亨：《推篷寤语》卷8《毗间阎之政》，《四库全书总目提要》卷124，河北人民出版社2000年版，子部34，杂家类存目1，第24册，第161—162页。

富民造成很大的影响，有不少思想家和政治家提出减轻当时这一全国经济最发达地区的赋税负担，以利于经济发展。周忱书曰："独苏松二府之民，则因赋重而流移失所者多矣。"① 王士性说："然吴人所受粮役之累，竟亦不少。每每佥解粮头，富室破家，贵介为役，海宇均耳，东南民力，良可悯也。"② 林希元指出长江以北地区的民众，"大抵苦于重差"；江南地区的苏、松、常、镇等地的民众，又"大抵苦于重赋"。③ 黄宗羲说："今天下之财赋出于江南，江南之赋至钱氏而重，宋未尝改，至张士诚而又重，有明亦未尝改。"④ 因而要求"重定天下之赋"，顾炎武对此有总的论述：江南重赋，"以农夫蚕妇冻而织，馁而耕，供税不足则卖儿鬻女，又不足然后不得已而逃，以至田地荒芜，钱粮年年拖欠"，病国害民。所以，应该减轻田赋。同时，还要限制私租。"然江南与江北异，贫者佃富人之田，岁输其租；今所蠲特及田主，其佃民输租如故，则是恩及富室，而不被及于贫民也。""既减粮额，即当禁限私租"，应该对上交的私租规定一个最高限额，即"上田不得过八斗"。有政府对民众赋税的减免，"则贫者渐富，而富者亦不至于贫"。⑤

还有不少思想家痛陈明中叶以后粮长之役造成许多富民倾家荡产之弊。家庭世代担任粮长达五十年的何良俊将"粮长之设"定义为"处分"⑥。嘉靖时昆山人方凤感慨地说："吾乡中产三家俱败于粮役"，"予闻之惨然"⑦。庞尚鹏说："中人之家每遭此役，未有不荡覆身家者。甚至坐罪远遣，流祸子孙。臣每从系囚中询及此辈，为之恻然。"⑧

---

① （清）顾炎武：《日知录》卷10《苏松二府田赋之重》，第579页。
② （明）王士性：《广志绎》卷2《两都》，中华书局1981年版，第32页。
③ （明）林希元：《林次崖先生文集》卷2《王政附言疏》，厦门大学出版社2015年版，第58页。
④ （清）黄宗羲：《明夷待访录·田制一》，第23页。
⑤ （清）顾炎武：《日知录》卷10《苏松二府田赋之重》，第590页。
⑥ （明）何良俊：《四友斋丛说》卷13《史九》，第110页。
⑦ （明）方凤：《改亭存稿》卷5《杂著》，《续修四库全书》，集部，第1338册，第348页。
⑧ （明）庞尚鹏：《百可亭摘稿》卷1《均粮役以除民害疏》，清道光十二年刻本，第59页b。

李雯专为富人受役之累鸣不平，他说粮长、里正、仓兑、布花、牧马等役都由富民充当，他们"或一人也任数人之责，或一马也兼数马之费"。运官物到京，又要受到官吏和内官们的勒索，"其不弊衣号泣而归者，幸焉耳"，"是以郡县高资之家大抵无虑皆破"，以至服役的对象，"向之所役上户者，今及中户矣，向及中户者，今及下户矣"。①陈龙正提出，可由乡绅充北运，不查报富裕的大户，从而"安富以保贫"，使富民不苦于供应，贫民由之获得更多的依赖。②

上述言论都要求解决实际问题，缓和各种矛盾，反映了富民的愿望，代表了富民的利益，因为富民是赋役的主要承担者，减轻赋税对"田主""富室"有利，可以减轻富民的负担，增强他们的生存能力和发展能力；客观上则可以扩大农业生产投入，推动农村经济的发展，使小民获得更多的依靠。

第三，主张国家不与富民争利，不夺富予贫。

邱濬说："民之富，即君之富，民既贫矣，君孰与守其富哉？"③强调满足百姓的利益，使之富裕，反对国家、官府经营商业与民争利。他说："夺富之所有以予贫人，且犹不可，况夺之而归于公上哉？"所以，人君如果与商贾争利，"可丑之甚也"。"堂堂朝廷而为商贾贸易之事，且曰欲商贾无所牟利，噫！商贾且不可牟利，乃以万乘之尊而牟商贾之利，可乎！"他对于民间商业谋利活动则很赞成，他说："食货者，生民之本也。民之于食货，有此则无彼。"人们带着他们的货物在市场上进行交相，以有易无，满足各种需求，"民用既足，则国用有余也"④。唐甄说：富应在"编户"，而不应在"府库"⑤，也是要求把利益留给民众。

邱濬对"夺富予贫"的言行表示出极大的愤慨："乃欲夺富与贫

---

① （清）李雯：《蓼斋集》卷43《策三·赋役》，第774页。
② （明）陈龙正：《几亭外书》卷4《乡邦利弊考》，《续修四库全书》，子部，第1133册，第346—347页。
③ （明）邱濬：《大学衍义补》卷22《贡赋之常》，第211页。
④ （明）邱濬：《大学衍义补》卷25《市籴之令》，第237页。
⑤ （清）唐甄：《潜书·存言》，第114页。

以为天下，乌有是理哉！"① 黄绾提出行"王道"就不应该"裁富惠贫"。当今的统治者，不去寻找"民日就贫""海内虚耗"的根本原因，只是把这种状况归结为富家巨室对小民的吞并，采取一些不当的举措："故欲裁富惠贫，裁贵惠贱，裁大惠小；不知皆为王民，皆当一体视之。在天下唯患其不能富，不能贵，不能大，乌可设意裁之，以为抑强豪、惠小民哉？纵使至公，亦非王道所宜也。"② 东林学派的主张是贫富两便，"不使富者因贫者而倾家，斯为两便"③，要求恤贫民而不累富民。王夫之把国家采取政治手段"劫富济贫"的行为比喻为"割肥人之肉置瘦人之身"，结果是"瘦者不能受之以肥，而肥者毙矣"④，所以他对这种行为极为反感。在他看来，这是徒损富人而无补于事，如强行"夺人之田以与人"，必使他们之间"相倾相怨"，最终酿成"大乱"⑤。最好的办法是听其自然，只须减轻赋役和澄清吏治，严禁吏胥苛责，"使无苦于有田之民"，那么"贫富代谢之不常"问题自然解决。否则，即使用"峻法"，强行夺富人之田与贫民，"疲懦之民"也会"匿走空山而不愿受"。⑥ 他批评官吏以铲除"豪右"为名，来达到既遂其贪欲又博得美名的目的，其结果是"粟货凝滞"，"贫弱孤寡佣作称贷之涂室，而流死道左相望也"，使富民大贾还比不上"偷惰苟且之游民"。因此，他极力主张"惩墨吏，纾富民，而后国可得而息也"，使国家免于陷入贫困危亡的境地。⑦ 总之，他认为富贾巨商不可能抑制，"处三代以下，欲抑强豪富贾也难"⑧。黄宗羲一再强调，在土地分配上，实行夺富民之田给无地农民的方案是"不义""困苦富民"之事，应"听富民之所占"⑨。直

① （明）邱濬：《大学衍义补》卷25《市籴之令》，第242页。
② （明）黄绾：《明道编》卷4，中华书局1959年版，第45页。
③ （明）徐如珂：《徐念阳公集》卷7《候吴县万父母》，《乾坤正气集》，第78册，第12页a。
④ （清）王夫之：《宋论》卷12《光宗》，第218页。
⑤ （清）王夫之：《读通鉴论》卷19《隋文帝》，第639页。
⑥ （清）王夫之：《宋论》卷12《光宗》，第218页。
⑦ （清）王夫之：《黄书·大正第六》，中华书局1956年版，第29页。
⑧ （清）王夫之：《读通鉴论》卷2《惠帝》，第44页。
⑨ （清）黄宗羲：《明夷待访录·田制二》，第25页。

到清末，还有人提出："乡里之间，有富人焉，则百家皆恃以为生。故曰：富者，贫之母也。……盖人莫不有力，而苦于无可为食也。为之聚财于富人，使之各食其力，其游惰者则为之禁。富者出财，贫者出力，均一之术，莫过于此。……若必欲取贫富而齐之，财无所聚，则缓急谁为之济？缓急无济，虽欲不贫，不可得也。"① 不要"贫富齐之"，而要"聚财于富人"。一方出财，一方出力，贫富相济，家给人足。

4. 注重提高富民的社会地位，在政治上给予荣誉

第一，对那些安己守法的富民给予优礼和任用。

如洪武十九年（1386 年），朱元璋下令，应天、凤阳富民年八十以上赐爵"社士"，九十以上为"乡士"；江南等地的富民八十以上为"里士"，九十以上则为"社士"，"皆与县官均礼，复其家"。② 还选拔和任用富民为官吏，给予爵禄。洪武八年（1375 年），他提出："孟子曰：'有恒产者有恒心。'今郡县富民多有素行端洁、通达时务者，其令有司审择之，以名进。"③ 三十年（1397 年），又一次明确提出："人有恒产斯有恒心，今天下富民生长田里之间，周知民事，其间岂无才能可用者？其稽诸户籍列名以闻，朕将选用焉。"于是户部"稽籍得浙江等九布政司，直隶、应天十八府州田赢七顷者万四千三百四十一户，列其户以进，命藏于印绶监，以次召至，量才用之"④。如长洲的施景仁被朱元璋选派任官，史称："国初科举法未定，诏选富民入官，有初命为方岳牧守者，号曰人材。施之先曰景仁，时在选中，遂知闽之建宁。"⑤ 甚至还有任官至尚书者，如乌程人严震直，"洪武初……征富民出仕，号税户人材。上察公朴直勤事，召至授布政司参议而留治通政司事，累迁工部尚书"⑥。富户充当的

---

① （清）曾廉：《蠡庵集》卷 13《答杨生子玉书》，转引自赵靖、易梦虹《中国近代经济思想史》（修订本）下册，中华书局 1980 年版，第 401 页。

② 《明史》卷 3《太祖本纪三》，第 43 页。

③ 《明太祖实录》卷 101，洪武八年冬十月丁亥，1708—1709 页。

④ 《明太祖实录》卷 252，洪武三十年夏四月癸巳，第 3643 页。

⑤ （明）吴宽：《匏翁家藏集》卷 75《施孝先墓表》，第 748 页下栏。

⑥ （明）吴宽：《匏翁家藏集》卷 43《尚书严公流芳录序》，第 386 页下栏。

粮长、里长、塘长以及"实京师"富民充当的坊、厢长，成为国家统治机构的基层成员，管理地方的行政事宜，在管辖范围内享有极高的社会地位。

第二，招募富民垦田、兴修水利，并按出资多少予以官爵。

徐贞明、徐光启等人充分肯定、强调和发挥富商大贾在出资垦田、兴修水利等方面的组织作用，主张用保证富民现实的经济和政治利益的办法来提高他们垦田和兴修水利的积极性。徐贞明认为，通过对富民"蠲其负，宽其征，时其赈贷"，可以安顿流离、开辟荒田、增加税收，"不费公帑，不烦募民，而田功自举"；"田辟而税广，费省而用足"。富民本身不仅能"以田自利"，得到数倍于旱田的收获物，而且能"各以其长，邀上之赏"，获得各种官职。"则其田固己业，子孙相承，稽核自详，无隐占之患"，屯驻既久，"田益辟而人益聚，则海上为乐土"，于国于民都有利。① 徐光启认为，鼓励富民出资从事开垦，不仅要根据垦田数量授富民以官爵，还要大大地降低其赋税负担。如"能以万夫耕者，授以万夫之田，为万夫之长。千夫、百夫亦如之。三年后，视其成，以地之高下定额，以次渐征之"。并专门规定"耕垦武功爵例"："二十人耕百亩，入米十石为小旗，内以五石为本名粮，余半纳官……四百人耕二千亩，入米二百石为指挥使，内以一百石为俸，余半纳官，指挥使许县考童生八人。"对兴修水利的富民，也采取类似办法。如"开河渠、造闸坝等，有肯一力造办者，有集合众力造办者，俱报官勘明兴工，功成报勘，如费银一千两，准作水田一千亩，一体授职入籍，但无入米，亦无官俸"。② 总之，要富民经营就"应有鼓舞之方"③。

李雯提出对输粟京师及诸边达一定数量的工商"富民"实行免税或给予农官的奖励，认为这是一项使"末利举而本富兴"的政策。④ 对纳税的富商大贾，一些思想家明确提出要予以优待和奖励。王源提

① （明）徐贞明：《西北水利议》，第4316—4318页。
② （明）徐光启：《农政全书》卷9《开垦下》，中华书局1956年版，第166页。
③ （明）徐光启：《农政全书》卷12《水利·徐贞明西北水利议条》注，第232页。
④ （清）李雯：《蓼斋集》卷43《策五·盐策》，第807页。

出："且无问其商之大小，但税满二千四百贯者，即授以登仕郎，九品冠带以荣其身，以报其功。"① 他认为不管商人大小，只要有能力交税达"二千四百贯"，政府就应该予以奖励，这对激励商人致富、提高富商地位，很能发挥榜样和示范作用。

第三，鼓励富民子弟通过科举考试或捐纳进入仕途。

明政府给予富民子弟入府学读书的优惠，如洪武二十五年（1392年），"起取富民原系生员者，送应天府学读书"②。再加上京师是政治、经济、文化的中心，有许多优越条件，有的富民愿意把子弟送至京师充当富户，便利其求学。如浙江浦江郑沂，永乐初，"伯父景范以富室起实京师，尹尝往省焉。及卒……以子佑代。时佑已从学日有道，君谕之曰：吾闻独学无友，则孤陋寡闻，京师文物之渊薮，汝往亲之卒业焉"③。所以，许多富民借此得以通过科举考试，出任官员。针对对商人参加科举考试设置的限制，万历时期谢肇淛专门为他们争取这一权利，他说："国家取士，从郡县至乡试俱有冒籍之禁，此甚无谓。……商亦籍也，往年一学使苦欲逐之，且有祖父皆预山东乡荐而子孙不许入试者，尤可笑也。"明确提出从事工商业的民众无须"冒籍"，应当享有与其他民户一样能参加科举考试的权利。最后连皇帝都说："普天下皆是我的秀才，何得言冒？"④ 明清还实行捐纳制度，有钱即可买到官职，"凡文武迁擢，不论可否，但衡金之多寡而畀之"⑤。富民成为直接受益者，开启"曲线入仕"之路，实现"富而贵"的目标。如明朝万历年间，歙县富商吴养春"持三十万缗佐工者，一日而五中书之爵下"⑥。这些措施为富民的士绅化提供了有

---

① （清）王源、李塨：《平书订》卷11《财用第七下》，第82页。
② 《大明会典》卷78《礼部三六·选补生员》，《续修四库全书》，史部，第790册，第410页。
③ （明）李贤：《古穰集》卷15《赠文林郎江西道监察御史郑吾墓表》，《四库全书》本，集部，第1244册，第646页下栏。
④ （明）谢肇淛：《五杂俎》卷14《事部二》，上海书店出版社2009年版，第289页。
⑤ 《明史》卷209《杨继盛传》，第5540页。
⑥ （清）许承尧：《歙事闲谭》卷4《吴士奇：〈征信录·货殖传〉》，黄山书社2001年版，第109页。

利条件，提高了富民的政治地位，国家则借助富民的财富，达到解决地方财政困难、减轻百姓负担、进行社会救助、维护社会安定、壮大统治力量、加强基层控制的目的。

此外，政府还鼓励富民出资赈济，对其予以适当的表彰。

5. 强调行保富之道，对富民勿予侵扰

第一，主张用法律手段保护富民利益，严厉禁止官吏的侵扰和掠夺。

如何保富呢？李雯希望最高统治者严令禁止侵害富民利益的事情发生，严厉打击各级官吏借征收赋役之机、盘剥富民的行为，带头对富民予以支持、爱护，使官吏不敢慢待、苛剥富民。他说："今贫民无资寄种，不可得而役；游民转徙浮生，不可得而役；陛下所役者独富民耳。"他分析道："而长吏又从而饕餮之，龁齰之。"所以，"陛下其严行诏令，痛诛长吏之抑绝价值者，其输物上都有所留难役者，得竟上章报闻坐诸司之罪"，并"时召而慰问之"，"则陛下之富民，天子且护恤之矣，官长安得而顿辱之哉？官长不得而顿辱之矣，群下安得而谿刻之哉？"他认为，对胆敢侵夺富民之官吏，应严惩不贷，杀一儆百。"若其他侵扰，中丞、御史举主名以闻，逮一官、斩一军、诛一吏而足以大戒。"如能做到这些，"则富民无所患苦矣"。①

官吏的侵扰和掠夺往往造成富民的贫困、贫民的流亡。官吏对民的虐取，不仅使富者一人、一户受害，还势必连带危害依赖富民生产以维持就业和生活的更多人，这比盗贼的害民还要严重得多。因为虐取之害，"盖十倍于重赋"。"彼为吏者，星列于天下，日夜猎人之财。"② 因此，唐甄坚决反对官僚巨室对富民财富的掠夺。他举了两个例子作说明：一个例子是兖州东门有一个"鬻羊羹"的业主，已经经营两代，雇用十几个人，有人诬陷他盗羊，结果官僚上下大肆勒索，"上猎其一，下攘其十"，使他倾家荡产，"失业而乞于道"。此所谓"取之一金，而丧其百金者也"。另一个例子说："潞之西山之

① （清）李雯：《蓼斋集》卷43《策三·赋役》，第775页。
② （清）唐甄：《潜书·富民》，第107页。

中有苗氏者，富于铁冶，业之数世矣。多致四方之贾，椎凿鼓泻担挽，所藉而食之者常百余人。"但后来苗氏富商遭人诬陷，染上官司，手中的财产一些被籍没入官，一些被官吏洗劫一空，最终破产，结果原先依赖他的经营维持生计的几百户人家也随之陷入困顿。这就是虐取一家富户、上百户人家牵连遭殃的实情，"向之籍而食之者，无所得食，皆流亡于河、漳之上。此取之一室，丧其百室者也"。唐甄进一步分析，如果对富民不加侵扰、掠夺，"固其自然之利"，相反自会促进其生产经营的发展。"陇右牧羊，河北育豕，淮南饲鹜，湖滨缫丝，吴乡之民编蒉织席，皆至微之业也。然而日息岁转，不可胜算，此皆操一金之资，可致百金之利者也。"培养富民成长和发展的环境至关重要。就像种植柳树一样，"今夫柳，天下易生之物也；折尺寸之枝而植之，不过三年而成树。岁剪其枝，以为筐筥之器，以为防河之帚，不可胜用也。……若其始植之时，有童子者拔而弃之，安望岁剪其枝以利用哉！"所以，"不扰民者，植枝者也，生不已也；虐取于民者，拔枝者也，绝其生也"。①

汪辉祖从稳定社会秩序的角度出发，强调政府要"藏富于民"，要"护富"，要有"保富之道"。他说："藏富于民，非专为民计也，水旱戎役，非财不可。长民者，保富有素，遇需财之时，恳恻劝谕，必能捐财给匮。虽吝于财者，亦感奋从公，而事无不济矣。且富人者，贫人之所仰给也。邑有富户，凡自食其力者，皆可藉以资生。至富者贫，而贫者益无以为业，适有公事，必多梗治之患，故保富，是为治要道。"②保富的办法就是从法律的角度，对官吏严加约束，使其廉洁奉公、维护好社会治安，才能对辖区内的无赖之徒造成威慑之势，"除暴安良"，维护富人的利益。相反，如果"官不洁己"，无赖之徒为谋求利益满足私欲，自然而然会对地方的富有人家进行侵扰和欺诈，地方官也放纵这些无赖之徒的行径，并趁机从这种骚扰中谋求好处，甚至利用富人打官司来"生财"，"负国负民"，使"富人不能

---

① （清）唐甄：《潜书·富民》，第106页。
② （清）汪辉祖：《学治续说·保富》，齐豫生、夏于全《中国古典文学宝库》第60辑《政论散文》，延边人民出版社1999年版，第106页。

赴诉于官，不得不受无赖之侵凌"。他指出："故保富之道，在严治诬扰，使无赖不敢借端生事，富人可以安分无事，而四境不治者，未之有也。"①

明清统治者自身很重视富民利益的保护，保障富民在遵守国家法律的前提下发家致富的权利。因为这样既可以保护富民，又可以保证国家利益。张居正提出富民要奉公守法、依法纳税，进而依靠国家法律来保护他们的财富。他说："彼不以法自检，乃怙其富势而放利以敛怨，则人亦将不畏公法而挟怨以逞忿。……乌能长有其富乎？今能奉公守法，出其百一之蓄，以完积年之逋，使追呼之吏，足绝于门巷；驯良之称，见旌于官府，由是秉礼以持其势，循法以守其富，虽有金粟如山，莫之敢窥，终身乘坚策肥，泽流苗裔，其为利也，不亦厚乎？"② 富民的利益即意味着国家的利益。

针对"不法"人员对富民利益的侵扰，明清政府多用法律手段来维护秩序，立碑示禁，向社会颁布实施。这类示禁在江南地区有大量的碑刻实物资料留存下来，从中可窥一斑。康熙时名臣张伯行，在江苏巡抚任上亦"每苛刻富民"，如富民家堆积米粟，"必勒行贱卖，否则治罪"，圣祖谕之："此事虽穷民一时感激，要非正道，亦只为米价翔贵欲自掩饰耳。地方多殷实之家，是最好事，彼家资皆从贸易积聚，并非为官贪婪所致，何必刻剥之以取悦穷民乎？"③ 他怕无赖之徒"诈害富民"，经常强调"富民是国家所庇"，"商民领吴逆资本者甚多，隐匿者亦或有之，若据告追究，恐无赖之徒，借此诈害富民，有累百姓。商人为四民之一，富民亦国家所庇，藏富于民，不在计此铢两，以后有首告者，应不准行"④。雍正时又谕："直省各处富户，其为士民而殷实者，或由于祖父之积累，或由于己身之经营，操持俭约，然后能致此饶欲，此乃国家之良民也，……实为国家之所爱

---

① （清）汪辉祖：《学治续说·保富之道》，第 173 页。
② （明）张居正：《张文忠公全集》卷 29《答应天巡抚胡雅斋言严治为善爱》，第 378 页。
③ 《清圣祖实录》卷 266，康熙五十四年十一月辛丑，第 3 册，第 612 页。
④ 《清圣祖实录》卷 97，康熙二十年八月丙申，第 1 册，第 1223 页。

养保护。"① 从屡次诫谕中可以看出，侵扰富民之事，似是屡禁而不能止。19 世纪中叶，据说仍是"知府、知县，幸不甚知；知则劫富民，噬弱户，索土产，兴陋规"②。说明富民一直都受到官吏盘剥，苦不堪言。

第二，政府应制定保护富民利益、扶持富民经济发展的措施。

明中后期社会变革加剧，商品经济的浪潮进一步席卷全国各地，市场化的趋势扩大，工商业的发展势头日猛，对人们生活的影响越来越深，国家财政收入越来越依赖于工商业富民。在此背景下，统治者力求为工商业富民的发展创造条件。如嘉靖三十七年（1558 年），"诏恤京师铺商"③。清政府颁布"严禁各关违例征收"④ "凡商贾贸易之人往来关津者，宜加恩恤"⑤ 等恤商令，实行宽松的工商政策，鼓励富商的发展。如康熙三十二年（1693 年），皇帝诏谕："西安米价，尚尔翔贵。户部可招募身家殷实各省富商，给以正项钱粮，并照验文据，听其于各省地方，购买粮米运至西安发粜，所得利息听商人自取之。如此往来运贩，待西安米价得平之日，但收所给原银，于地方大有裨益。"⑥ 对殷实富商宽松，实际上是为地方财政开源，有益于地方财政增收。

总之，要正确对待富民，既要让他们为国家、社会、小民出力，又要切实保护他们的利益，不侵扰、掠夺他们，为他们创造良好的社会生存环境，扶植他们从事经济活动，进而资助、带动贫民，实现让人们都成为业主或富户的目标，实现国家的大治。相反，如果对富民存有偏见，一味无原则地强调铲富济贫、抑富扶贫，势必在对待富民的行为上会有所偏颇，造成一定的危害。如海瑞，"贫民田入于富室

---

① 《清世宗实录》卷 79，雍正七年三月戊申，第 2 册，第 32 页。
② （清）陈康祺：《郎潜纪闻二笔》卷 5《老吏论各省吏治之坏》，《清朝野史大观》（二），上海书店 1981 年版，第 7 页。
③ 《明世宗实录》卷 457，嘉靖三十七年三月乙亥，第 7737 页。
④ 《清史稿》卷 125《食货六·征榷》，中华书局 1977 年版，第 3674 页。
⑤ 《清朝通典》卷 8《食货八》，《四库全书》本，史部，第 642 册，第 95 页下栏。
⑥ 《清圣祖实录》卷 158，康熙三十二年二月乙亥，第 2 册，第 737 页。

者，率夺还之"①；小民若与富民打官司，他不问其中理由，总是断小民获胜，"凡讼之可疑者……与其屈贫民，宁屈富民……事在争产业，与其屈小民，宁屈乡宦"②；要求富户"将所积谷粟，借贷贫民，不许取利"③。这样的做法，受到一些人的质疑，认为它会对商业社会的发展造成危害。如何良俊说："此风一起，士夫之家，不肯买田，不肯放债，善良之民，坐而待毙，则是爱之实陷之死也。"④ 王元简也说海瑞"贫民有告富家者，必严法处之"的做法，造成"一时刁讦四起，富户之破亡者甚众"的局面，是为"大非"，实际上对那些善良之民也毫无益处。这种批评反映了那些生活在工商业相对发达地区的富民的意见，只要富民不是非法抢夺与占有财富，应该肯定其合理占有，予以保护，而不是打击和摧残。否则，"富者必贫，盖百千万室而皆赤贫，岂能长保"⑤。万衣说："夫大家巨室富于积蓄者，国之所恃以为安，当爱护休养以资其力，不当剥削摧折以自伤其弱。何也？富民之在一乡也，一乡之贫民皆赖之，称贷以养其生。"⑥ 这里强调的是要对富民爱护有加以"资其力"，因为富民的这种"力"是一地之贫民赖以生存和发展的基础，只有"保富"才能"安贫"。

6. 强调不能对富民禁奢，以发挥富民的作用

"在中国传统社会中，崇尚节俭和力戒奢侈是一以贯之的信条，也是社会各阶层共同推崇的道德风尚和消费观念。"⑦ 周初太史史佚曾提出"居莫若俭"⑧，孔子主张"节用"治国，墨子认为"俭节则昌，淫佚则亡"⑨，老子视"俭"为"三宝"之一，韩非要求"俭于财用，节于衣食"，商鞅提出要节省财政支出，杜绝过分奢侈性消费。

---

① 《明史》卷 226《海瑞传》，第 5931 页。

② （明）海瑞：《兴革条例·刑属》，《海瑞集》上册，第 117 页。

③ （明）海瑞：《劝赈贷告示》，《海瑞集》上册，第 179 页。

④ （明）何良俊：《四友斋丛说》卷 13《史九》，第 109 页。

⑤ （明）顾起元：《客座赘语》卷 5《三宜恤》，上海古籍出版社 2012 年版，第 109 页。

⑥ （明）万衣：《万子迂谈》卷 4《湖南救荒议》，清乾隆二十二年刻本，第 9 页 b—10 页 a。

⑦ 朱英：《近代中国商业发展与消费习俗变迁》，《江苏社会科学》2000 年第 1 期。

⑧ 《国语·周语下》，《中国史学要籍丛刊》，上海古籍出版社 2015 年版，第 74 页。

⑨ 《墨子·辞过》，张永祥、肖霞译注，上海古籍出版社 2015 年版，第 39 页。

所以，即便是在自给自足的自然经济条件下，人们已经形成俭用禁侈的普遍认识。明清时期伴随着商品经济的发展，虽然富民的奢侈生活同样受到很多批评，认为它使"伦教荡然，纲常已矣"①，但却出现一种相反的论调——崇"奢"消费观，认为富民阶层的奢侈是扩大消费，能刺激生产、增加就业，提高其他人的收入，增加贫民的生计。

这种肯定奢侈的观点最先在16世纪出现。陆楫有很重要的议论，认为统治者禁奢、节财可使民富裕，实则不然，实际情况是："天地生财，止有此数。彼有所损，则此有所益，吾未见奢之足以贫天下也。"俭只能"使一家一人富"，不能"均天下而富之"，而奢则不同。他进一步分析说："予每博观天下之势，大抵其地奢则其民必易为生；其地俭则其民必不易为生者也。"人们得以不耕田而食、不织布而衣，就是因为奢侈能为人们增加多种谋生手段。富商大贾、豪家巨族在宫室居住、车马出行、饮食穿衣等方面的奢侈消费，可以起到分散财富给相关劳作者的作用，"彼以粱肉奢，则耕者庖者分其利；彼以纨绮奢，则鬻者织者分其利"。他以苏、杭之俗"尚奢"为例，说明奢侈性消费为"舆夫、舟子、歌童、舞妓"等"仰湖山而待爨者"提供了大量的就业机会，使其地之民易以为生。相反，宁、绍、金、衢之俗"尚俭"，当地人生活反不能"自给"、不能"相济"而"游食于四方"。②王士性也有类似的看法，认为游观等"虽非朴俗"，但为了人们的就业和生计，不可以禁止，因为"细民所藉为利，日不止千金，有司时禁之，固以易俗，但渔者、舟者、戏者、市者、酤者咸失其其本业，反不便于此辈也"③。赵翼在广州时，对娱乐行业的奢侈消费采取听之任之的态度："广州珠江蜑船不下七、八千，皆以脂粉为生计，猝难禁。蜑户本海边捕鱼为业，能入海挺枪杀巨鱼，其人例不陆处。脂粉为生者，亦以船为家，故冒其名，实非真蜑也……

① （明）范濂：《云间据目抄》卷2《记风俗》，《明代社会经济史料选编》（下），福建人民出版社2004年版，第137页。
② （明）陆楫：《蒹葭堂稿》卷6《禁奢辨》，王文治《中国历代商业文选》，中国商业出版社1992年版，第350页。
③ （明）王士性：《广志绎》卷4《江南诸省》，第69页。

余守广州时，制府尝命余禁之，余曰：'此风由来已久。每船十余人恃以衣食，一旦绝其生计，令此七、八万人何处得食？且缠头皆出富人，亦哀多益寡之一道也。'事遂绝。"①

到 18 世纪，陆楫以富民之"奢"济贫民之"贫"的说法已相当流行。法式善公开反对朝廷禁止奢侈。他引用李豫亨的《推篷寤语》说："今之论治者率欲禁奢崇俭，以为富民之术。……富商大贾，豪家巨室，自侈其宫室车马饮食衣服之奉，正使以力食人者，得以分其利，得以均其不平，孟子所谓通功易事是也。上之人从而禁之，则富者益富，贫者益贫也。吴俗尚奢，而苏、杭细民，多易为生。越俗尚俭，而宁、绍、金、衢诸郡小民，恒不能自给，半游食于四方，此可见矣。"他认为，统治者的禁奢是不对的，非但不能使民富，反而还会拉大贫富差距，使贫者失去易以生存的保障，所以，崇俭禁奢，"此特一身一家之计，非长民者因俗为治之道也"②。其言在当时社会中颇有代表性。

顾公燮也同法式善一样，强调"奢"的社会功用。他说："苏郡尚奢靡……虽蒙圣朝以节俭教天下，大吏三令五申，此风终不可改。而亦正幸其不改也。……即以吾苏而论，洋货、皮货、绸缎、衣饰、金玉、珠宝、参药诸铺，戏园、游船、酒肆、茶店，如山如林，不知几千万人。有千万人之奢华，即有千万人之生理。若欲变千万人之奢华，而返于淳，必将使千万之生理亦几于绝。此天地间损益流通，不可转移之局也。……故圣帝明王从未有以风俗之靡，而定以限制者也。"③ 钱泳从安顿穷人的角度出发，提出不能过分禁绝奢靡。他说："治国之道，第一要务在安顿穷人。"他举例说，陈宏谋、胡文伯等治理地方时，"禁妇女入寺烧香""禁开戏馆"，使原来赖此相关工作为生的人"无以谋生"，于是"物议哗然""怨声载道"。所以，根本

---

① （清）赵翼：《檐曝杂记》卷4《广东蜑民》，中华书局1982年版，第62页。
② （清）法式善：《陶庐杂录》卷5引李豫亨《推篷寤语》，中华书局1959年版，第161页。
③ （清）顾公燮：《消夏闲记摘抄》卷上《苏俗奢靡》，《丛书集成初编》影印涵芬楼秘笈本，第27页。

不应该禁止此类无害而有益于小民生计的事情，而要听之任之。"金阊商贾云集，宴会无时，戏馆酒馆凡数十处，每日演剧养活小民不下数万人。……昔苏子瞻治杭，以工代赈，今则以风俗之所甚便，而阻之不得行，其害有不可言者。由此推之，苏郡五方杂处，如寺院、戏馆、游船、青楼、蟋蟀、鹌鹑等局，皆穷人之大养济院。一旦令其改业，则必至流为游棍，为乞丐，为盗贼，害无底止，不如听之。"①

这种思想观念影响到了最高统治者。乾隆帝说："常谓富商大贾出有余以补不足，而技艺者流籍以谋食，所益良多。使禁其繁华歌舞，亦诚易事。而丰财者但知自啬，岂能强取之以赡贫民？且非王道所宜也。化民成俗，言之易而行之难，率皆如此。"② 皇帝也懂得"禁奢"不可行的道理，必然对全国发生重要的影响。所以，清廷对当时东南富民中存在的严重奢靡风气，并未采取强有力的禁抑措施，基本上顺其自然，不加干预。

魏源对传统的崇俭思想作了新的解释。他说："俭，美德也；禁奢崇俭，美政也。然可以励上，不可以律下，可以训贫，不可以规富。"就是对那些没有官位和贵族地位但拥有资财的富民阶层来说，不仅不应崇俭，还要允许甚至鼓励他们奢侈。为什么呢？他认为："《周礼》保富，保之使任恤其乡，非保之使吝啬于一己也。"富人的奢侈生活，是"巨室与贫民所以通工易事，泽及三族"，可以"损有余以益不足"。如果禁止富人奢侈，"则富者益富，贫者益贫"。在他看来，富人的存在使他们周围的穷人得到工作和体恤，他们的奢侈消费可以增加社会消费，使穷人得到收入；可以扩大商品流通，增长社会财富。否则财聚而不散，会使"富者益富"，"贫民安所仰给"。③严复批判中国传统经济思想的"崇俭黜奢论"，论述了消费和积累二者的相互关系及在经济发展中的作用，认为崇俭对富国足民没有好处。他指出："中土旧说，崇俭素，教止足，故下民饮食，虽极菲薄，

---

① （清）钱泳：《履园丛话》丛话1《旧闻·安顿穷人》，第26页。
② 嘉庆《重修扬州府志》卷3，《中国地方志集成·江苏府县志辑》，凤凰出版社出版2008年版，第41册，第57页。
③ （清）魏源：《古微堂内集》卷2《治篇十四》，《魏源全集》第13册，第64页。

其心甘之，而未尝以为不足也。此诚古处，然计学家言，民食愈菲者，其国愈易饥，盖藏虽裕，业作虽剧，无益也。"如果以致富为理由，只讲生产，不讲消费，其结果只能导致经济的凋敝和人民的贫穷，"既富矣，又不愿为享用之隆，则亦敝民而已"①。

明清时期出现的崇奢思潮，并非只为富民的奢侈辩解，其背后有更为深刻的原因。这是明中叶以后经济繁荣、商品货币交换发达、生活水平提高、民众富庶的具体反映。陈祖范记录了此种表现："闻诸故老，享宾或二品四品而已，今以陈馈八簋为常供，器加大，味加珍；衣服多布葛，冬寒绝少裘者，今出必重裘以为观美，余时非罗绮不御矣；往时屦袜之属出女红，今率买诸市肆矣；往时茶坊酒肆无多家，贩脂胃脯者，恒虑不仇，今则遍满街巷，旦旦陈列，暮辄罄尽矣；往时非贵显不乘轩，今则肩舆塞路矣；歌酒之画舫日益增，倡优之技日益众，婚娶摄盛之仪日益泰，为土稚桂魄诸哗器之物日益巧，隙地皆构屋，官河为阳沟，而琴川故迹益湮，凡此者岂非人民富庶之效哉？"②

当时，奢靡之风盛行，奢侈性的消费已经从官僚贵族下移到一般富民，"奢靡风习创于盐商，而操他业以致富者群慕效之"③。范围从生活消费、科举官场消费延伸到宗族消费、文化娱乐消费、民间信仰消费等。这一消费变化刺激了民间工艺、建筑、旅馆、青楼、文艺等行业的发展，使人们对经济问题的认识发生变化。商品经济的发展，已改变传统的生产、生活方式，使更多的生产是为了出卖，使更多的人靠出卖劳动力来维持生活。在当时的条件下，一般民众的生活水平很低，购买力很弱，只有依赖于富人的消费，尤其是他们的奢侈消费来扩大需求，从而使贫者易为生，有谋生之路，有衣食所安，有利于

---

① （清）严复：《原富》，转引自卢云昆《社会剧变与规范重建——严复文选〈原富〉按语》，上海远东出版社1996年版，第355页。

② （清）陈祖范：《司业文集》卷2《昭文县志未刻诸小序·风俗》，《四库全书存目丛书》，集部，第274册，第142—143页。

③ 民国《歙县志》卷1《舆地志·风士》，《中国地方志集成·安徽府县志辑》，江苏古籍出版社1998年版，第51册，第41页。

"小民生计"。同时，这种崇"奢"论，是"要先富而后奢，先贫而后俭。奢俭之风起于俗之贫富"①，并不是纯粹宣扬无法无度的奢侈消费，而是从生产和消费的辩证关系入手，重点强调富民的奢侈消费对于促进消费、刺激生产、推动经济发展、扩大就业、增加他人收入等正面社会效果。从客观上讲，富人的奢侈会造成一定的危害，但富人的节俭非但不能使贫者富裕起来，反而会害己害国，造成民贫国困，破坏国计民生。因为"奢侈者浪费钱财，害在身；吝惜者各聚其财，害在财。害在身者，无损于天下之财；害在财，则财尽而民穷矣"。如果奢侈者"贱祖物品，不加爱惜，僭礼越法，害身而丧家，或者使其子孙因此而饥寒游离，以致于死"，这只是"害在自身"；如果他们"割文绣以衣璧柱，琢珠玉而饰其用器，倡优饮酒，日费百万"，必然有人会从中利益，"其财未始不流于民间"。相反，如果富有者吝惜节俭，积财藏钱，只会节衣缩食，不进行任何消费开支，那么，"一人小积，则受其贫者百家；一人大积，则受其贫者者万家"。所以，统治者从发展社会经济和保障人民生活的角度考虑，统治和管理国家都不得过分节俭，而是应找到有效的经营之道，消费与生产相互促进，达到富民富国的目的。因为"天下之穷易于富，民之凋敝易于养，上之人苟有道以经之，故未有十年而不复者"。②

综上所述，"保富"已成为明清时许多人士的共识，它继承唐宋"保富论"的基本内核，随着社会经济的发展得到进一步丰富和发展，显示出一种新的时代精神的萌动。在明清社会中颇为流行的"保富论"，与当时商品经济的高度发展、富民阶层的发展壮大以及富民作为社会中坚力量所发挥的重要作用遥相呼应。在特殊的历史条件下，更有其客观基础，因为富民是国家统治的政治、经济基础，是社会经济协调的主体，是明清基层社会乃至整个国家稳定的重要保障和基础所在，是中国社会内部发生变化的强大动力，是中国传统社会后期发展的一股先进动力，作用极大。明清社会的发展变化，都与富民

---

① （明）陆楫：《蒹葭堂稿》卷6《禁奢辨》，第350页。
② （清）魏世傚：《奢吝说》，任继愈《中华传世文选清朝文征》（下），第835页。

密不可分。鉴于此，强调保护富民，就是强调保护富民的经营方式，强调富民的存在是社会存在和发展的需要。这是富民阶层的壮大及其在地方事务中作用增强的社会现实的反映，体现了时代新的发展趋势、新的发展动力的作用。明清"保富论"的出现，客观上对明清的社会、经济、思想观念产生了进步影响。对于推动明清社会经济的发展，加快传统社会发展前进的步伐，加速社会利益的重新组合和分化，转变人们的社会价值观念，都有着极其重要的意义。

第五章　明清民本思想·教民篇

中国传统专制统治的特性之一，就是以政治手段统治民众，以礼治手段教化民众。在民本思想家那里，解决民众的温饱问题，只是君主实施"仁政"的初始阶段，达到这一步后，还应该向更高的目标前进，即用儒家所提倡的道德原则与规范去教化民众，这就是儒家民本思想一直强调的"先富而后教"的教民思想，指出统治者治理的终极目标是以仁义引导民众，以道义感化民众，使天下之民顺服，它是传统社会维护统治者长远根本利益的有力保证。

教育是人类自古以来就有的一项特殊社会活动，其目的就是培养各种各样的人才。中国的传统教育也是以此为目标，只是在培养方式、宗旨上，与我们的现代教育有所区别。当时的教育是以培养服从统治的"顺民"为宗旨，在具体方式上，或以科举考试、选拔人才为号召，培养"治术"人才，或以伦理道德、礼仪礼制为准则，培养忠臣顺民。其基本手段，就是"教化"。

传统社会最受重视的教化是对人们实施道德教化，因为它对个人的品质修养、自我约束、行为规范来说相当重要。孟子说，"后稷教民稼穑，树艺五谷；五谷熟而民人育。人之有道也，饱食暖衣，逸居而无教，则近于禽兽"①，认为人和其他动物的区别，在于人讲道德教化，道德的特征在于文与质的统一。孔子提出"文质彬彬，然后君子"②，主张人们必须用道德规范约束自己、提高自己，成为君子。

---

① 《孟子·滕文公上》，杨伯峻注，中华书局1962年版，第125页。
② 《论语·雍也》，杨伯峻注，中华书局1980年版，第61页。

道德教化更为重要的作用，在于稳定社会秩序，为统治者培养"驯民"。在儒家看来，国家的安危、社会的治乱，主要不取决于贫富、强弱，而取决于"风俗之厚薄""道德之浅深"。所以统治者极力主张教民，以德化民。贾谊说："教者，政之本也。"① 一方面，政治的根本不在权力，而在教化，把道德教化当作治国的根本要务，通过一系列教化手段，兴学施教，传授知识，陶冶情操，培养良好的社会风气，实现移风易俗，所谓"兴教化以正风俗"。另一方面，政府借助儒家的教化手段，可以把伦理纲常、尊卑秩序、等级观念等全部贯彻到地方社会，使之家喻户晓、人人皆知，从而自觉维护君主的专制统治。从历史上看，教化的实施，确实对端正民风、强化乡里统治起过十分重要的作用。教化行，则"闾里无讼，老幼无愁，邮驿无夜行之吏，乡间无夜名之征，犬不夜吠，鸡不夜鸣，老者息于堂，丁壮者耕于田，在朝者忠于君，在家者孝于亲"，一片和谐；教化废，则"时俗或异，风化不教，而相尚诽谤，谓之臧否，记短则兼折其长，贬恶则并伐其善"，一片混乱。②

　　这样的教化活动在中国持续了数千年，它在学校教育和科举功名的支撑和推动下，盛行于中国整个上层社会直至民间社会，到明清也是如此。明清绅士阶层为谋取功名，以传统教化为荣，自觉接受和传输纲常名教，统治者再以他们为媒介，把这一思想置入整个民间社会，从而保障了统治的稳固。张仲礼对此评价说："官学和整个科举制度旨在迫使绅士以及谋取绅士地位的人沉湎于'科举生涯'，将他们的思想导入以纲常名教为重点的官方思想渠道中去。再由接受灌输的绅士将这些儒学原则印入民众的头脑中。目的便是造就一个满足于清朝统治和现存社会结构的清平世界。"③

---

① （汉）贾谊：《贾谊新书》卷9《大政下》，上海古籍出版社1989年版，第67页。

② 《后汉书》卷43《朱穆传》，中华书局1965年版，第1465页。

③ 张仲礼：《中国绅士——关于其在19世纪中国社会中作用的研究》，上海社会科学院出版社1991年版，第205页。

第一节　继承传统的明清教民思想

中国传统社会，幅员辽阔，区域广大，但又彼此隔绝，如何使其一统到儒学教化体系下，牢牢控制基层社会及民众，实现社会"整合"，是任何一个专制王朝必须面对的重大课题。明清时期，在理解"道德教化"的内涵、承继先秦儒家所奠定的基本原则、完善君主专制中央集权制度的基础上，依托于皇权牢牢控制的教化体系，统治者对人们思想的控制达到登峰造极的地步。明清统治者精心构建了一张疏而不漏的教化体系之网，它迫使人们遵循礼制、不敢妄加逾越。"治国以教化为先，教化以学校为本"，可以说是明清传统教民思想的经典表达。

一　治国以教化为本

明清大一统盛世之下，更是注重对思想的一统和控制，以明太祖和清康熙、雍正为代表，将中国传统政治文化中的"治国以教化为本"发展到极致。

朱元璋非常尊崇儒家，尤其重视孔子的"礼义"教化思想，他即位之初，便在国子学以太牢祀孔子，还专门派使臣去曲阜祭孔，他郑重谕诫使臣说："仲尼之道，广大悠久，与天地并。有天下者莫不虔修祀事。朕为天下主，期大明教化，以行先圣之道。今既释尊成均，乃遣尔修祀事于阙里，尔其敬之。"① 他吸收孔子富民而教之的思想，将衣食和教化作为治国的第一要义，把这种思想落实到治国实践中。他说："治天下者当先其重且急者，而后及其轻且缓者。今天下初定，所急者衣食，所重者教化。衣食给而民生遂，教化行而习俗美。足衣食者在于勤农桑，明教化者在于兴学校。学校兴，则君子务德。农桑举，则小人务本。如是为治，则不劳而政举矣。"② 政权初定，朱元

---

① 《明史》卷50《礼志》，中华书局1974年版，第1296页。
② 《明太祖实录》卷26，吴元年冬十月甲辰，中华书局2016年影印本，第387—388页。

璋明确了治天下的轻重缓急，将发展生产和实行教化确定为基本国策。

为加强社会教化、劝善惩恶、端正民风，朱元璋即位之初就主张恢复"乡饮之礼"以明长幼、厚风俗。他认为，孝悌虽然是天性，但也要依赖教化才能实现，所以从上至下都应该加强这方面的道德教化。他说："孝弟之行，虽曰天性，岂不赖有教化哉。自圣贤之道明，谊辟英君莫不汲汲以厚人伦、敦行义为正风俗之首务。旌劝之典，贲于闾阎，下逮委巷。"① 基于这一理念，洪武三十年（1397年），他亲力亲为，自己花时间精力撰写《教民榜文》并颁布天下，顾名思义，就是精心教导子民要做到"孝顺父母，尊敬长上，和睦乡里，教训子孙，各安生理，毋作非为"，其因是皇帝钦定的六条基本伦理道德规范而被称为"六谕"②。《教民榜文》在社会上流传甚广，影响到各个阶层，民间甚至出现只需要学太祖圣谕而不必学其他内容的议论。如高攀龙教导自己的子孙说："人失学不读书者，但守太祖高皇帝圣谕六言……时时在心上转一过，口中念一过，胜于诵经，自然生长善根，消沉罪过。"③ 姚舜牧亦这样叮嘱子孙："凡人要学好，不必他求"④，严格按照太祖圣谕的要求去做，就可以做得很好。说明"六谕"对塑造人们的道德品质、规范人们的日常行为、协调人们的人际关系极为有用。朱元璋还亲自编撰家训训诫皇室子弟。如洪武二年（1369年）所编的《祖训录》，就是为巩固朱氏皇权、教导朱氏皇家子孙如何治理国家的训诫；洪武十一年（1378年）所编的《诫诸子书》，同样是教导皇家子孙要勤政爱民，树立良好品行。对民间社会，他督促地方州县设置专门的"教化设施"，最著名的要数建申明亭、旌善亭等亭式建筑，用来张贴政府的公文公告、申明统治者的"教化"意图，是当时宣读法理、表彰善行、抑制恶行、褒奖节孝、

---

① 《明史》卷296《孝义》，第7575页。
② 《明太祖实录》卷255，洪武三十年九月庚戌，第3677页。
③ （明）高攀龙：《高子遗书》卷10《家训》，《无锡文库》第4辑，凤凰出版社2011年版，第324页。
④ （明）姚舜牧：《药言》，中华书局1985年版，第18页。

解决争讼等事项的重要场所。通过奖惩、褒贬、扬弃等对比方式来处理不同人物、事件，达到感化民众、教育民众、提高人们道德品格的目的。他的措施，确实起到作用，促使地方社会"礼致耆儒，考礼定乐，昭揭经义，尊崇正学，加恩胜国，澄清吏治，修人纪"①。

清朝统治者很快接纳了儒家文化。清王朝所面临的思想意识统治任务则更为艰巨，清朝统治者在实践中确认了"教化为本"的统治原则，十分重视正风俗、厚人伦的社会教化，一帝一帝传承下来，逐渐形成并完善自己的社会教化体系。

顺治帝作为清军入关后的第一个皇帝，喜欢讲汉语，仰慕汉文化，所以他亲自撰写《孝经衍义》，宣扬孝文化；像朱元璋颁布"六谕"一样，在全国颁行《六谕卧碑文》，用于规范天下民众的行为道德；同时，还钦定颁行傅以渐撰写的女教读物《内则衍义》，书中包含为孝、为敬、为教、为礼、为让、为慈、为勤、为学八个方面为人处世的基本准则，用于教导民众、控制思想。他的后继者康熙，同样秉承"尚德化刑，化民为俗"的教化方针，强调以德化为主、以刑罚为辅来治理天下，因为教化手段比法律手段更加有效，发挥的作用更加持久。他发布诏谕："朕惟至治之世，不以法令为亟，而以教化为先"，明确宣布教化才是治国之根本。"盖法令禁于一时，而教化维于可久。若徒恃法令，而教化不先，是舍本而务末。"康熙九年（1670年），他在顺治帝颁布的《六谕卧碑文》的基础上，更亲自制定《圣谕十六条》，用以教导八旗子弟的言行举止，进而颁行天下，规范万民的言行举止，具体内容如下："敦孝悌以重人伦；笃宗族以昭雍睦；和乡党以息争讼；重农桑以足衣食；尚节俭以惜财用；隆学校以端士习；黜异端以崇正学；讲法律以儆愚顽；明礼让以厚风俗；务本业以定民志；训子弟以禁非为；息诬告以全良善；诫窝逃以免株连；完钱粮以省催科；联保甲以弭盗贼；解仇忿以重身命。"② 雍正帝当政时，进一步对康熙帝的《圣谕十六条》一条一条进行详细的

① 《明史》卷3《太祖本纪三》，第56页。
② 《清圣祖实录》卷34，康熙九年九月庚戌，中华书局1985年影印本，第1册，第461页。

解释说明，丰富演绎为《圣谕广训》，洋洋洒洒达万余言。雍正二年（1724年），他用国家行政力量促使它广为刊行、颁行全国。较之前的十六条，他的演绎、推衍更加详细周全、通俗易懂，可以"使群黎百姓家喻而户晓也"。"圣谕"把儒家的礼教规范和道德观念通俗化、大众化，便于更好地教化民众。雍正帝要求地方官员为政一方时，大力宣扬"圣谕"，把先帝端方的品德、重视民生的苦心昭告于天下，以期得到万民的景仰、树立良好的榜样，形成"风俗醇厚，家室和平"的盛世景象。[①] 雍正七年（1729年），他诏谕在全国各地乡村设立"乡约"，借助乡约这种乡村教化模式，诵读、宣讲、解释、推广圣谕，使之成为地方官施政及民众日常活动中的一项重要内容，对人们的社会生活产生了重大影响。

除中央王朝直接推行的官方教化外，清朝皇帝还很重视推动官员和子民进行家庭教化。顺治帝时，专门对那些道德品质比较优秀的官员父母进行表彰和奖励，认为正是因为他们教子有方，他们的子孙为官后才能造福一方。除书面表彰外，有时还会赐予官职，以激发他们的动力。

教育、培养皇室子弟也是一项重要工作，因为它不仅关系到皇帝个人和皇室家族的命运，很多时候还与国家和社会的前途紧密相连，所以明清皇帝对此格外重视。如：康熙帝一生皇子众多，他作为一位有远见胆识、鸿才大略的君主，从没有放松对皇子的教育和培养。《庭训格言》就是雍正帝根据康熙帝在日常生活中训诫诸皇子的细微琐事辑录整理而成，包括读书、修身、为政、待人、敬老、尽孝、驭下等多方面的内容，是他亲身经历和深有体悟而得出的金玉良言，具体生动、真实有用，具有深刻的启发意义。

除亲自颁布教谕、圣谕外，为了维护专制统治，明清统治者更是大力崇尚儒学，确立程朱理学的正统地位，大力提倡儒家礼教的伦理纲常，不停宣扬"存天理，灭人欲"，加强对子民的管束和教化，使

---

① 《圣谕广训·序》，《中华大家名门家训集成》，内蒙古出版社1999年版，下册，第1274页。

之成为维护专制统治的强大精神支柱。如朱元璋建明朝后，一直大力
提倡程朱理学，加强思想控制，把儒学定为治国之本，"以太牢祀先
师孔子于国学"①，招揽天下儒士参与国家治理。同时，还确定以程
朱理学为核心的八股取士科举考试，规定考试只在"四书""五经"
的范围内出题，并且只以朱熹的《四书章句集注》为答题标准，将
考试以标准、死板的面孔推向世人。一方面，是招揽人才、笼络人
心；另一方面，则是束缚士人、钳制思想，进行文化专制统治。当时
人对此描述说：太祖高皇帝"一宗朱子之书，令学者非五经孔孟之书
不读，非濂洛关闽之学不讲。成祖文皇帝，益光而大之"②。清朝统
治者也不例外，对程朱理学推崇有加。如顺治帝、康熙皇帝都曾下
诏，提高朱熹及其后裔的地位，以示对他们的尊崇。康熙时，编《朱
子全书》并亲自为书作序，极力赞扬朱熹的功劳："续千百年绝传之
学，开愚蒙而立亿万世一定之规……虽圣人复起，必不能逾此"③，
宣扬"朱子之功，最为宏钜"④。他下令明文规定："治天下，以人心
风俗为本。欲正人心，厚风俗，心崇尚经学，而严绝非圣之书。"⑤
他们的目的只有一个，把程朱理学完全变成僵化的思想教条，从而在
思想、教化上完全控制民众。

　　民既富，则需教礼仪，美教化，移风俗，为社会生活提供道德价
值标准。这也是思想家们的共识。"全能大儒"王守仁提出，统治者
的首要任务是推行礼制道德教化，目的就是移风易俗，劝导人心，通
过"表扬忠孝，树之风声，以兴起民俗，此最为政之先务"⑥。教化
的具体内容是：民众要"谦和""温良""逊让""含忍""毋轻斗
争"；要"父慈子孝，兄友弟恭，夫和妇从，长惠幼顺"；要"小心

---

①　《明史》卷2《太祖本纪二》，第20页。
②　（清）陈鼎：《东林列传》卷2《高攀龙传》，广陵书社2007年版，第38页。
③　（宋）朱熹：《朱子全书·前言》，上海古籍出版社2002年版，第1册，第7页。
④　《清圣祖实录》卷249，康熙五十一年正月壬辰，第3册，第466页。
⑤　《清圣祖实录》卷258，康熙五十三年正月甲午，第3册，第552页。
⑥　《王阳明全集》卷18《批增城县改立忠孝祠申》，上海古籍出版社2012年版，第
538页。

以奉官法，勤谨以办国课"，从思想上解除民众的反抗意识。① 所以实施教化之后，民易于统治。"若教之以礼，庶几所谓小人学道，则易使矣。"②

沈垚提出："天下之治乱系于风俗"，"风俗美则小人勉慕于仁义，风俗恶则君子亦宛转于世尚之中，而无以自异。是以治天下者以整饬风俗为务"③。整饬风俗，关键在兴道德教化，发挥教化的功能。

顾炎武明确指出，明朝灭亡的根源在于整个社会的颓风败俗，他说："自万历季年，缙绅之士不知以礼饬躬，而声气及于宵人，诗字颁于舆皂，至于公卿上寿，宰执称儿，而神州陆沉，中原涂炭，夫有以致之矣。"④ 要改变不良的社会风气，更好地治理国家，就要通过礼义道德教化来匡正人心、化成风俗。他认为："目击世趋，方知治乱之关，必在人心风俗，而所以转移人心，整顿风俗，则教化纲纪为不可缺矣。"⑤ 在他看来，"人心风俗"事关国家治乱，而行教化、定纲纪则是整顿风俗的重要手段。他提出："法制禁令，王者所不废，而非所以为治也，其本在正人心，厚风俗而已。"⑥ 针对当时"无官不赂遗"的不良官场风气，以及"无守不盗窃"的恶劣社会风气，他认为应该对官员和普通百姓进行讲正气、讲名节、讲道德的教化，塑造官风清廉、民风淳朴的良好社会风气。要实现这一目标，根本途径是树立礼义廉耻观。他说："礼义、廉耻，国之四维。四维不张，国乃灭亡。……而四者之中，耻为尤要。""礼义廉耻"对国家治理至关重要，是维系国家存在的四项基本道德准则，如果得不到贯彻推行，国家可能走向灭亡。"礼义治人之大法，廉耻立人之大节。盖不廉则无所不取，不耻则无所不为。人而如此，则祸败亡乱无所不

---

① 《王阳明全集》卷16《十家牌法告谕各府父老子弟》，第449页。
② 《王阳明全集》卷18《牌行南宁府延师讲礼》，第539页。
③ （清）沈垚：《落帆楼文集》卷4《史论风俗篇》，吴兴刘氏嘉业堂刊本影印版，第3页。
④ （清）顾炎武：《日知录集释》卷13《流品》，上海古籍出版社2014年版，第305页。
⑤ （清）顾炎武：《日知录集释》卷19《立言不为一时》，第429页。
⑥ （清）顾炎武：《日知录集释》卷8《法制》，第192页。

至。"① "礼义廉耻"对民众个人道德品质的养成、行为规范的引导也极为重要。所以,"礼义廉耻"是国家、民众内在的精神追求和价值标准,如果能精心修炼,得以保持,国可守而民亦可治。

王夫之主张"德治",明确提出"宽以待民"的理念,即统治者对民众要实施道德教化,尽量用宽松、柔和的方式来"安抚"民众,反对完全用严刑酷法来惩处民众。他说:"故先王忧人心之易驰而流也,劳来之以德教,而不切蘮之以事功;移易之以礼乐,而不切督责之以刑名。"② "治国推教而必有恒政,故既以孝弟慈为教本,而尤必通其意于法制,以旁行于理财用人之中,而纳民于清明公正之道。"③ 德教不仅是有效的、可能的,而且也是必要的。他认为"先王之政"的核心和精髓就是重德教。"今曰'先王之道,斯为美,小大由之',则固指教而言矣。" "教能止恶而诚明不倚于教,人皆可以为尧舜,人皆可以合天也。"④ 只要坚持德教,即便是邪恶的人也可能使他们恢复善良的本性,从而改恶从善,成为好人;对于普通民众来说,要通过学习和受教育,才能恢复、控制或弘扬本身所具有的善的本性,从而抵制外界种种恶习的污染。在他看来,德教的基本内容是儒家的三纲五常,对不同的对象要采取不同的教育形式,对于广大庶民百姓来说,主要依靠风化之教。他阐发孔子"君子之德风,小人之德草"⑤ 的思想,指出风化之教的特点和实质是统治者们"以己之正,正人之不正"⑥,以自己良好的道德做表率去带动、感化庶民。

陈宏谋以学人为官,看重知识,注意教育,尚名教,厚风俗。他秉承儒家学说,认为治民之道,不过教养二端。他说:"牧民之道,不过教养二端……教之一字,则惟勤宣化导、力行义学、广发书籍。

---

① (清) 顾炎武:《日知录集释》卷13《廉耻》,第303页。
② (清) 王夫之:《读通鉴论》卷13《成帝》,中华书局1975年版,第359页。
③ (清) 王夫之:《读四书大全说》卷1《传第十章》,中华书局1975年版,第44页。
④ (清) 王夫之:《张子正蒙注》卷3《诚明篇》,中华书局1975年版,第110页。
⑤ 《论语·颜渊》,第129页。
⑥ (清) 王夫之:《四书训义》卷6《论语二》,《船山全书》,岳麓书社1991年版,第7册,第278页。

学校为风俗之原，士习端，则民风亦厚矣。"① 教，即重视教育及人才的培养、教化，他倡设书院，大办义学，希望通过 "教" 来变化人的气质之性，恢复人的义理之性，他希望通过教育使天下人 "同归于善，济物利人"。他不厌其烦地宣讲教化的社会功能是 "化民成俗"，说："化民成俗，教学为先；兴贤育材，致治所尚。古者于国学之外，又有党庠家塾，以分教之，使天下无不学之人不学之地。所以造就人材，移风易俗，意甚盛也。地方各官，有牧民之责，专化导之司。四境之内，幅员广阔，既不可刑驱而势迫之，又不可家至而日见之。语及于教，事若有所难行；苟握其机，势尤处于易遍。莫如择其教之之人，多其教之之地，广其教之之法，使其星罗棋布，处处有向学之人，庶野市农村，在在皆率教之事。从此日就月将，俊秀者可以泽躬于尔雅，耳濡目染，椎鲁者可以渐娴于礼义，成材者可资以进取，童幼亦端其蒙养。"② 他认为统治者为政之德，躬行教化实践，以德化民，以礼教民，可以造就人才，移风易俗；庶民通过学习，耳濡目染，受礼浸染，必能心悦诚服，感戴拥护，实现国泰民安。为官一方，应造福一地，陈宏谋为政时，不仅帮助民众解决实际生活问题，而且还帮助民众解决思想伦理问题，积极编辑刊印社会读物，推行道德教化，引导民风民俗。其中，影响最大的是《五种遗规》，成为清代重要的社会教育教材。他的宗旨只有一个，就是传礼教之道，行化俗之事，身体力行，知行合一。"不知者以为迂，而知者以此为根本功夫。我之本意，总望化得一人是一人耳。"③

总之，明清社会强调以 "德" 教化民众，以 "礼" 引导民众，最终目的是维护自身统治。统治者试图在 "教""导" 的过程中，以礼治国，以德服人，让民众自觉遵守伦理道德规则，衷心拥护王朝统治，不用武力来反抗统治，尽量维持安定的统治局面。这样实施教化

---

① （清）陈宏谋：《培远堂手札节存》卷上《寄广西府书》，清同治十三年（1874）桂林唐济木活字本，第 1 册，第 9 页 b—第 10 页 a。

② （清）陈宏谋：《培远堂文檄》卷 5《天津道任·通查天河二府义学檄》，《清代诗文集汇编》，第 280 册，第 117 页。

③ （清）陈宏谋：《培远堂手札节存》卷上《寄四侄钟杰书》，第 1 册，第 1 页 b—第 2 页 a。

的过程和结果，可以借用王阳明的一句话来概括，就是破除民众的"心中之贼"①，如果"心中贼"破了，"山中贼"自然就不攻而破，在儒家伦理道德规范的束缚下，民众自然而然地顺从统治，不再反抗。统治者通过对人的思想行为进行控制，最终达到对社会整体进行控制的目的。

二 教化以学校为本

中国传统教育发展史上，随着宋明以后书院的发展，学校的职责发生了一些转变，除传统的传授知识和学习技能职责外，还增加了一些新的社会使命，如教化民众、传承文化、引领风气、移风易俗等。正如王夫之提出的那样，要"谨吾庠序以乐育其俊秀"。行"庠序"之教来实施教化，就是通过学校进行系统的理论教育和道德修养教育，即"所以然之理与所必饰之文"②，把空洞的说教与道德实践紧密联系起来，使人们懂得敬长、孝亲、忠君、劝善等，通过格物、致知、诚意、正心、修身，最后达到齐家、治国、平天下的目的。

明清时期学校教育发达，教育体制健全完善，中央有国子学，地方有府、州、县学，乡村有社学、有私塾等形式的私人学校，此外，还有书院。各类学校遍布城乡各地，使许多人有接受教育的机会。各级学校都强调儒学教育，教育内容皆以"四书""五经"为主，格外重视教化的作用，使子民直接受到儒家学说的浸润，以巩固、强化其王权专制统治。

朱元璋依据"武定祸乱，文致太平"③的认识，早在龙凤年间已经开始在各地兴办学校，建国前已设置国子学。开国后遂诏天下设立各级学校，"礼延师儒，教授生徒，以讲论圣道，使人日渐月化，以复先王之旧"④。他谕国子监学官说："治天下以人材为本，人材以教

---

① （明）王阳明：《王文成公全书》卷4《与杨仕德薛尚谦书》，上海古籍出版社2012年标点本，第205页。
② （清）王夫之：《四书训义》卷25《孟子一》，第42页。
③ （明）余继登：《典故纪闻》卷1，中华书局1981年版，第3页。
④ 《明太祖实录》卷46，洪武二年冬十月壬戌，第924页。

导为先。今太学之教，本之德行，文以六艺者，遵古制也。人材之兴，将有其效。夫山木之所生，川水之所聚，太学人材所出。欲木之常茂者，必培其根；欲水之常流者，必浚其源；欲人材之成效，必养其德性。"① 明太祖从稳定社会秩序、加强统治的角度出发，强调从中央到地方广办学校，重视教育，目的只有一个，要培育出能够符合统治者需要的人才。明清国子监作为最高学府和国家教育管理机构，发展规模宏大，监生众多，管理规范。据载：国子监对监生的管理、待遇、学习内容等都有明确的规定，学习内容方面，"造以明体达用之学，以孝弟礼义忠信廉耻为之本，以《六经》、诸史为之业，务各期以敦俗善行，敬业乐群"。"凡经以《易》《诗》《书》《春秋》《礼记》，人专一经；《大学》《中庸》《论语》《孟子》兼习之。"② 由此可见，国子监的学习教育以儒家重要经典为主，传授"孝弟礼义忠信廉耻"等有关道德品质的根本内容。

同历代帝王一样，朱元璋以儒学为治国的指导思想，尊崇孔孟，为扩大儒家思想的渗透力，他在全国各地兴建各类学校，充分发挥其社会整合与思想教化的作用。洪武二年（1369 年），他发布诏谕："朕惟治国以教化为先，教化以学校为本。京师虽有太学，而天下学校未兴。宜令郡县皆立学校，延师儒，授生徒，讲论圣道，使人日渐月化，以复先王之旧。"在他的督促之下，地方学校大力发展。为加强思想控制，他对地方学校的教学内容严加管控，基本上是以"四书""五经"等儒家经典为主，旁及学习一些礼仪制度、当朝律令及基本技能等。设立学校之后，他强调严格管理，在对地方官的考核当中，最重视学校实政的考核；同时，培养学生"务求实才"，要求生员"专治一经，以礼、乐、御、书、数设科分教，务求实才"。③

除府州县学之外，朱元璋亲下谕旨，命中书省及各地政府建立社学，史载："洪武八年春正月丁亥，命天下立社学。上谓中书省臣曰：'昔成周之世，家有塾，党有庠，故民无不知学，是以教化行而风俗

---

① 《明太祖实录》卷43，洪武二年六月癸亥，第844页。
② 《明史》卷73《职官志二》，第1789页。
③ 《明史》卷69《选举制一》，第1686页。

美。今京师及郡县皆有学,而乡社之民未睹教化。宜令有司更置社学,适师儒以教民间子弟,庶可导民善俗也。'"① 创立社学的宗旨是行教化、敦风俗,和睦邻里,维护乡村社会的稳定。为保证社学功能的正常发挥,他把社学的设置、管理和具体运作情况作为一项重要执政任务交给地方官严加管理,监督实施,并及时上报。如1381年,湖广宝庄卫百户舍人倪基在曾上疏朱元璋:"陛下即位之初,诏郡县兴举学校,作养贤材,与图治道,故乡社有校,郡县有学。今郡县之学兴举,而乡社之校颇废,非所以广教化也。伏愿陛下诏乡社举明经之士,或年老致仕之人,百家置一师,以经史教授民间子弟。日就月将,则渐染成材,自然向化,而官使有人矣。"② 倪基在从"自然向化,而官使有人矣"这一传统儒学教育的功能出发,就社学的有关创置要求、教师选配、课业内容等内容直接上奏皇帝,力图说明社学在基层社会所发挥的重要作用,以引起皇帝足够的重视。

社学是一种启蒙教育,教育对象是15岁以下的幼童,因为统治者认为,"王道莫急于教民,而养正莫先于童子"③,思想的教化要从儿童入手。正是在政府的积极倡导下,明代乡间各地都设有社学,"闾里皆启塾立师,守令程课,于是天下穷乡僻壤咸有社学"④。全祖望记载了这一盛况,对其管理方式、教学内容多有肯定。他说:"凡三十五家皆置一学,愿读书者皆得预焉。……守令于其同方之先辈择一有学行者以教之,在子弟称为师训,在官府称为秀才。其教之中,以《百家姓》《千字文》为首,继以经、史、历、算之属。守令亦稽其所统弟子之数,时以其勤惰而报之行省。三年大比,行省报其秀才之尤者贡之朝。"⑤

---

① 《明太祖实录》卷96,洪武八年春正月辛酉,第1655页。

② 《明太祖实录》卷213,洪武二十四年冬十月甲寅,第3154页。

③ (明)吕坤:《实政录》卷3《兴复社学》,《吕坤全集》,中华书局2008年版,第991页。

④ (明)傅维鳞:《明书》卷62《志八·学校志》,商务印书馆1912年影印本,第1230页。

⑤ (清)全祖望:《鲒埼亭集外编》卷22《明初学校贡举事宜》,《清代诗文集汇编》,上海古籍出版社2010年版,第303册,第235页。

　　为推广教化、传播儒文化，朱元璋甚至还把学校教育普及到边远地区，他说："边夷土官皆世袭其职，鲜知礼仪，治之则激，纵之则玩。不预教之，何由能化？其云南、四川边夷土官皆设儒学，选子孙弟侄俊秀者以教之，使之知君臣父子之义，而无悖礼争斗之事，亦安边之道也。"① 他认为要维护边疆地区的稳定，必须对当时掌控西南边疆地区的土司进行礼仪教化，方式就是在这些地区设立学校，用儒学教育土司子弟，使他们学会严格遵守君臣之间的尊卑秩序，自觉维护多民族国家的统一。可见，他把学校传播儒学同巩固安定边疆紧密联系起来，将学校教化提升到治国理政之要务的高度。所以，洪武二十八年（1395 年），他开始"诏诸土司皆立儒学"。② 后世沿袭这一政策，土司统治地区大力兴办各类学校，如成化帝曾针对云南"风俗不开"的历史现状，下诏命令："如地远年幼者督令开一社学，延邻境有学者以为之师，仍听提学官稽考。"③ 其他土司统治地区的学校也得以兴起，如万历十六年（1588 年），命令广西地区"巡抚广西右佥都御史刘继文条上制驭粤西土夷切要四事……一立社学以教獐竖。谓猺獞俗固骜悍，然性亦犹人，间有良者，颇知向学。往岁社学虽设，而督率尚无责成。宜行提学道查建申饬，庶渐磨之久，夷风可永革也"④。万历二年（1574 年），广东怀远县内"各立社师，择其嗜学敦行者，凡残民八岁以上俱入学听其教诲"⑤。万历四年（1576 年），甘肃庄浪"立乡约，建社学。择生员，厚廪给以教训生童。问知文理，送学作养，使崇礼义，以变夷习"⑥。正是这些政策的实施，形成"无地而不设之学，无人而不纳之教，庠声序音，重规叠矩，无间于下邑荒徼、山陬海涯。此明代学校之盛，唐、宋以来所不及"⑦的盛况。学校兴盛，教育普及，由此产生"家有弦诵之声，人有青云

①　《明太祖实录》卷 239，洪武二十八年六月癸亥，第 3475 页。
②　《明史》卷 3《太祖本纪三》，第 52 页。
③　《明宪宗实录》卷 212，成化十七年二月乙巳，第 3695 页。
④　《明神宗实录》卷 205，万历十六年十一月庚戌，第 3824—3825 页。
⑤　《明神宗实录》卷 28，万历二年八月壬寅，第 695 页。
⑥　《明神宗实录》卷 57，万历四年十二月己未，第 1303 页。
⑦　《明史》卷 69《选举志一》，第 1686 页。

之志"① 的社会现象。客观上对于促进人才成长、传播与发展儒学、发展边远地区的文化教育、改变边疆地区的社会风俗、加强少数民族的思想控制等，都发挥了积极作用，尤其是对增强中央政府的凝聚力、向心力，维护多民族国家的统一和巩固，起了更加重要的作用。

为从思想上加强对民众的控制，清朝统治者同样十分重视学校的教育。入关之后，顺治帝针对当时学校破坏严重的情况，命令各地迅速恢复和新建一大批学校，培养国家所需的统治人才，加强教化。他说："国家尊儒重道，各地方设立学官，令士人读书，各治一经"，"以培养教化"②。他确立"兴文教，开太平"的治国方针，宣称："朕惟帝王敷治，文教是先。……今天下渐定，朕将兴文教，崇经术，以开太平。尔部即传谕直省学臣，训督士子，凡六经诸史有关于道德经济者，必务研求通贯，明体达用，处则为真儒，出则为循吏。果有此等实学，朕当不次简拔，重加任用……佐朕右文之治。"③ 康熙帝重申学校的功能，"国家建立学校，原以兴行教化，作育人才"④。雍正帝很重视学校的建设，他命令扩大州、县学的规模，增加招生名额，下令奖励书院，鼓励私人捐资创立书院。从史料记载来看，顺治至雍正统治的近百年间，朝廷一直都下达设立社学的命令，要求"每乡置社学一所，择其文义通晓、行谊谨厚者补充社师"，重视老师的选用。"凡近乡子弟年十二以上二十以内有志学文者，俱令入学肄业……务期启发童蒙，成就后人，以备三代党庠术序之法"⑤，重视儿童的教育。从当时的实施情况来看，社学的教育责任是传授知识、启发生童、化民成俗，以收教化之功。它当属实行教化的官方组织范畴。经过统治者的提倡，清朝学校空前兴盛，教育体系比较完整，所谓"自家至于国莫不有学，自天子至于庶人莫不学，自幼至于长

---

① （明）田汝成：《西湖游览志馀》，东方出版社 2012 年版，第 413 页。
② 《清世祖实录》卷 74，顺治十年四月癸巳，第 585 页。
③ 《清史稿》卷 5《世祖本纪二》，中华书局 1977 年版，第 141 页。
④ 《清圣祖实录》卷 208，康熙四十一年五月壬午，第 3 册，第 116 页。
⑤ （清）素尔讷：《钦定学政全书》卷 73《义学事例》，武汉大学出版社 2009 年版，第 287 页。

莫不皆学"①。

　　除了学校这种专门的、正规的教化组织之外，明清中央王朝还采取其他一些形式对普通民众进行潜移默化的道德熏陶和品质塑造。比如大兴旌表之风。旌表是官府对民间社会当中讲求孝悌礼义、提倡忠信廉耻的人，或立牌坊，或赐匾额，对他们的行为或品德进行表彰。它以一种官方倡导的价值观引领民众的言行举止，钳制人们的思想。如早在顺治五年（1648 年），清政府专门批准："孝子、顺孙、义夫、节妇自元年以后曾经具奏者，仍行巡按，再为核实，造册报部，具题旌表。"这种表彰方式让教化更为醒目直观，引人注意。清政府倡导各地兴建"忠义孝弟祠""节孝祠"，对各种有忠孝节义行为的人进行旌表。如："顺天府、应天府、直省府州县卫分别男女，各建二祠：一为忠义孝弟祠，建于学宫内，祠门内立石碑一通，将前后忠义孝弟之人，刊刻姓名于其上，已故者设牌位于祠中。一为节孝祠，另择地营建，祠门外建大坊一座，将前后节孝妇女，标题姓氏于其上，已故者设牌位于祠中。"② 因为此举符合统治者的利益和要求，官方大力提倡，城乡各地到处建有彰显忠义的祠堂和宣扬贞节的牌坊。通过给予表扬和奖赏，树立精神榜样，民众在思想上对此产生强烈的认同，影响着他们以朝廷提倡的伦理纲常来规范言行举止，旌表对基层社会所起到的教化作用，确实不容小觑。

　　出于稳定和控制地方社会的考虑，明清王朝一直把兴学施教作为考核官吏的重要内容；出于彰显治理政绩和整顿民风民俗的考虑，地方官也一直把兴学施教作为治理一方、振兴一地的重要手段。如明朝福山知县段坚，"刊布小学，俾士民讲诵。俗素陋，至是一变，村落皆有弦诵声"，后任南阳知府，"召州县学官，具告以古人为学之指，使转相劝诱。创志学书院，聚秀民讲说五经要义及濂、洛诸儒遗书……居数年，大治"③。通过学校教育，改变风俗，实现大治。又

------

① （清）文庆、李宗昉等纂修：《钦定国子监志》卷首 1《圣谕·天章·圣祖仁皇帝》，北京古籍出版社 2000 年版，第 6 页。
② 《清朝文献通考》卷 69《学校考》，浙江古籍出版社 1988 年影印本，第 5485 页。
③ 《明史》卷 281《循吏传》，第 7209 页。

如"吴良守江阴，暇则延，儒生讲论经史。新学宫，立社学"。很重视最基层的社学的建设和发展。"万历中，林培为新化知县。县僻陋，广置社学教之。"① 程昌宰蕲水时，"务兴礼乐教化为第一义。未几，蕲之风移俗易"。程泰任河南参政"以其暇时葺二程夫子阙里祠宇，以风其士人"②。四川参政叶天球"撤淫祠，葺儒学，海生徒，正婚丧，表乡贤，奖孝士；明烈女，风厉化导不啻一养而已"③。朝廷明确规定地方官吏对学校学风、学生学习、教师教学的各种监督检查责任，如：学风方面，"禁约学校师生，不许索其束修馈送"④；每年对老师的工作考核方面，"择立师范，明设教规，以教人之子弟，年一考较，择取勤效"⑤；检查学生上课考勤及课业完成情况方面，"守令亦稽其所统弟子之数，时其勤惰而报之行省"⑥；检查学生的礼义学习方面，"每朔望随班谒庙，观少长之序，习揖让之容。诣讲堂环听毕，各还社学读书"⑦。清朝的情况大体类似。康熙时任登封知县的张埙，"大修学宫，复嵩阳书院……自县治达郊鄙，立学舍二十一所。课童子，以时巡阅，正句读，导之以揖让进退之礼……俾行化导，浇风一变"⑧。陈汝咸任漳浦知县，修文庙，修朱子祠，设义学，"延诸生有学行者为之师"，"教养兼施，风俗为之一变"。骆钟麟迁陕西周至知县，"为政先教化，春秋大会明伦堂，进诸生迪以仁义忠信之道。立学社，择民子弟授以《小学》《孝经》"⑨。刘体重调江西抚州，"创建河朔书院，仿朱子白鹿洞规条，以课三郡之士"⑩。他们为官一

① 《明会要》卷25《学校上》，中华书局1956年版，第412页。
② （明）焦竑：《国朝献征录》卷92《河南一》，台湾学生书局1984年版，第3976页。
③ （明）焦竑：《国朝献征录》卷98《四川》，第4310页。
④ 《明宪宗实录》卷212，成化十七年二月乙巳，第3695页。
⑤ 《大明会典》卷78《礼部三十七·风宪官提督》，广陵书社2007年版，第1246页。
⑥ （清）全祖望：《鲒埼亭集外编》卷22《明初学校贡举事宜记》，《清代诗文集汇编》，第303册，第235页。
⑦ 康熙《保德州志》卷11《艺文》中《贾允格：社学记》，《中国方志丛书》，成文出版社1976年影印本，第606页。
⑧ 《清史稿》卷476《循吏一》，第12974页。
⑨ 《清史稿》卷476《循吏一》，第12981页。
⑩ 《清史稿》卷478《循吏三》，第13053页。

任，造福一方，对民众不仅要爱之、养之，而且要教之、化之，使民众孝敬父母，兄弟和睦，互相之间仁爱礼让，同时自觉遵守政府法令，服从国家统治，建立起和好、有序、稳定的社会，达到风俗淳厚，"德化大行""天下大治"的目的。

以理学家为代表的知识精英力倡承流宣化，化导民众，对于地方民风的改善起到相当大的作用。有学者对此这样评价："从 11 世纪开始，以理学家为代表的知识精英发现了一种绝对平安而且体面、快乐的生存方式：他们既无需以绝望的心情看待现实，也不必迂回地反抗现实，而是对'人'或者更直接地说就是对民间社会的凡人实施道德教化。"① 对社会教化作用予以充分的肯定。在这方面表现最突出的就是王学仁和陈宏谋。

王守仁对学校教育同地方社会形成、变化之间的关系有深刻认识，他认为："教民成俗，莫先于学"②，他强调"设立学校，以移风易俗，庶得久安长治之策"③。他在各地为官时，把这种理念积极地贯彻到施政措施中，一直致力于地方学校的兴建和整顿。为推动地方教育发展，他极为重视教师的选用，通常是诚邀学有所成、志行高洁之士担任学校教师；同时，支持、奖励社会各界人士兴办私学，选取地方优秀子弟入学等。如王守仁在巡抚南赣时，在各地普遍兴办社学。他认为："民风不善，由于教化未明，今幸盗贼稍平，民困渐息，一应移风易俗之事，虽未能尽举，姑且就其浅近易行者，开导训诲，互相戒勉，兴立社学。"④ 兴社学的目的自然是要正人心、救风俗，去恶存善。他还指定社学以孝悌忠信礼义廉耻为教学内容，同时注重培训师资，或通过推选地方年高有德之人，对民众巡回讲解劝谕，引导风俗。他说："该府仍行各县，于城郭乡村推选素行端方、人所信

---

① 周勇：《知识、教化与欲望：中国十一世纪的教育话语》，载丁钢《中国教育：研究与评论》第 3 辑，教育科学出版社 2002 年版，第 75 页。

② 《王阳明全集》卷 18《批立社学师耆老名呈》，第 529 页。

③ 《王阳明全集》卷 9《添设清平县治疏》，第 268 页。

④ （清）杨希闵：《明王文成公守仁年谱》卷 1《十三年戊寅四十七岁》，台湾商务印书馆 1981 年影印本，第 30 页。

服者几人，不时巡行晓谕，各要以礼优待，作兴良善，以励末俗，毋行违错。"① 他在担任庐陵知县期间，专门发布文告，要求父老积极承担社会教育的职责，对其子弟加以教导。他认为，"庐陵文献之地，而以健讼称，甚为吾民羞之"，要改变"健讼"的不良风气，需要地方上知书达礼、厚德睿智的父老，主动出面劝解引导乡里子弟，平息他们之间的纷争。另外，还需要"谕告父老，为吾训戒子弟"②，让这些父老劝告乡里子弟对父母多行孝，对兄弟多友爱，大家共同抵抗各种灾害困难的发生。即便在他反对宦官刘瑾、被贬谪到边远的贵阳龙场后，他依然不改初衷，积极在当地发展文化教育事业，对少数民族实施教化。据载："先生抵龙场，履若中土，居职之暇，训诲诸夷。士类感慕者，云集听讲，居民环聚而观如堵焉，士习用变。意者文教将暨遐方，天假先生行以振起之乎？嘉靖甲午（1534 年）予奉圣天子命出按贵州，每郊行都闻歌声，蔼蔼如越音。予问之士民，对曰'龙场王夫之遗化也'。且谓夫子教化深入人心，今虽往矣，岁时思慕，有亲到龙场奉祀者。"③ 经过他的教育实践活动，他发现所谓的边疆"蛮夷"之地，因其民风淳朴、民心向善，人心未受浸染，当地民众反而更容易引导，教化也更容易推行。他称："夷之民方若未琢之璞，未绳之木，虽粗砺顽梗，而椎斧尚有施也，安可以陋之？"④

陈宏谋的一生当中，十分注重民众的教化工作。他认为对民众应"劝化导于先，严劝惩于后"⑤。他不厌其烦地宣讲教化的意义和办好义学的重要。"化民成俗，必由于学"⑥；而"人材之兴，惟资教育"⑦。在他看来，提倡教育是为了端正风俗，培养人才，创造有条

① 《王阳明全集》卷 16《仰南安赣州印行告谕牌》，第 480 页。
② 《王阳明全集》卷 28《告庐陵父老子弟》，第 848 页。
③ 王杏：《新建阳明书院记》，转引自高志刚《论明代贵州书院发展及对贵州区域文化的影响》，硕士学位论文，贵州师范大学，2008 年。
④ 《王阳明全集》卷 23《何陋轩记》，第 735 页。
⑤ （清）陈宏谋：《培远堂手札节存》卷上《寄孙隽书》，第 1 册，第 25 页 b。
⑥ （清）陈宏谋：《培远堂偶存稿》卷 1《全滇义学汇记序》，《清代诗文集汇编》，第 281 册，第 444 页。
⑦ （清）陈宏谋：《义学规条议》，（雍正）《云南通志》卷 29，《四库全书》本，史部，第 570 册，第 1215 页。

不紊、秩序井然、稳定安宁的理想政治。他从维护社会秩序稳定的愿望出发，非常注重发展义学、教育子弟。他认为"义学之设，诚教化之枢机，而地方之要务也"①。他深感边疆地区贫穷落后与教化不开关系甚大，故尤其重视边疆和少数民族的教育工作，提出"边土之义学，视中土尤宜；而乡村夷寨之义学，较城尤急"的看法，原因是"边土贫寒，力能延师者寡，至于乡村夷寨，刀耕火种，力食不暇，何有诗书无惑乎？椎鲁难移，礼义不讲，即有可造之才，亦委弃荆榛草莽之中，重可惜也"②。他还将理论付诸实践，努力为少数民族兴办义学，捐资刊印书籍，发展文化，使边远地区的民众多能读书。如他任云南布政使时，"设立义学七百余所，刻孝经小学及所辑纲鉴、大学衍义诸书，令苗民得入义学教之书，俾通文告，其后边人及苗民多能读书取科第"，世人称"公之教也"③。他把这一理念用来说服教育那些歧视少数民族的下属。他说："说者以夷倮狡悍，令之识字，适足长奸，似义学于夷地不宜，嗟乎！吾闻忠信以为甲胄，礼义为干橹，以诗书起衅，未之前闻。若夫粗识文义，挟诈行私，内地之人，亦所不免，岂得因噎而废食乎？且夷倮之为匪者，岂当由识字乎？此惑世诬民、充塞仁义之言，不可以不辩，并志之以告来者。"④ 以此劝导大家重视对少数民族的识字教育和仁义教化。

　　统治者在上提倡，施政官在下执行，精英思想家在中间推动，明清对地方社会的管理，以儒家仁德爱民为准则，采取行政管理和思想教化相结合的方式，亦官亦师，为政以德，注重以儒家仁德思想教民，"广教化""移风易俗""劝学与礼""不务治民而务治民心"，密切政权与民众的关系，增强民众的向心力和凝聚力，有利于政权的长治久安。所以，一直到晚清，社学的社会教化功能还被地方官所提

---

　　① （清）陈宏谋：《培远堂文檄》卷5《天津道任·通查天河二府义学檄》，《清代诗文集汇编》，第 280 册，第 117 页。
　　② （清）陈宏谋：《义学汇记序》，《湖海文传》卷 29，清道光十七年经训堂刻本，第 333 页。
　　③ 《清史稿》卷 307《陈宏谋传》，第 10560 页。
　　④ （清）陈宏谋：《义学汇记序》，第 334 页。

倡和重视，如同治时期，江苏巡抚丁日昌相当重视社学的发展，他认为社学在人才培养、移风化俗方面作用重大，"上为国家储有用之才，下为闾里化不齐之俗，转移风化莫善于此"。基于这样的认识，他主政江苏时，在苏州首先倡设社学，为加强管理，专门制定《设立社学章程八条》，要求其他城乡村镇相应陆续设立社学；同时，在规范管理方面，确定相应的责任人，"责成教官会同绅董经理一切"；强调办学宗旨为"教子弟以正其身心为首务"；详细规定学生的学业内容，"凡学徒入塾，须先读小学、孝经，以端其本。即已读经书者，亦令补读，尤须详细解说。就令学者向自己身上体贴，才有领会。每日功课毕时，将可法可戒故事解说两条，令之省惕"。① 社学为地方文化教育事业的发展做出了重要贡献。

第二节　明清教民思想的嬗变

虽然传统的教民思想中不乏"以德教治国"、"六艺"教育、"有教无类"、"因材施教"等传统文化教育的精华，但在维护以"君"为主的君主专制制度前提下，它在思想和实践的根本上是以培养与教化忠臣、顺民为指向。在教育内容上，从孔子开始，便主张用孝悌教化民众。"教民亲爱莫善于孝，教民礼顺莫善于悌。"② 尤其是在上位者致力于孝悌，民众就更会争相效仿，"起为仁厚之行"，"上有好者，下必有甚焉者矣"。"慎终追远，民德归厚矣。"③ 民众孝悌的德行得以发扬，能心甘情愿接受统治。"有子曰：其为人也孝悌，而好犯上者鲜矣；不好犯上而好作乱者，未之有也。"④ 如果人人遵守孝悌的伦理准则，就不会犯上作乱、干扰统治，就不会悖逆争斗、扰乱秩序，社会就会安定，自然就维护了统治者的统治。孝悌成为社会秩序

---

① 丁日昌：《抚吴公牍》卷9《札苏藩司饬属设立社学》，转引自徐茂明《同光之际江南士绅与江南社会——秩序的重建》，《江海学刊》2003年第5期。
② 《礼记·孝经》，胡平生、陈美兰译注，中华书局2011年版，第190页。
③ 《论语·学而》，第6页。
④ 《论语·学而》，第2页。

得以稳定、统治得以巩固的基础。孟子将孔子的道德教化思想发扬光大，提出"善政，不如善教之得民也。善政民畏之，善教民爱之；善政得民财，善教得民心"①。他直截了当地点明提倡孝悌的政治目的："人人亲其亲，长其长，而天下平。"② "亲亲，仁也，敬长，义也，无他，达之天下也。"③ "老吾老以及人之老，幼吾幼以及人之幼，天下可运于掌。"④ 落脚点是"天下平""天下可运于掌"。传统教育的教学方法主要是死记硬背经书古典及各种诠释，写文章只按照古人的语气，不允许有自己的想法和意识，做学问陷入虚妄的学风，不能解决现实问题。传统的教育观念一直传承下来，历代统治者均强调德育的重要性。所以说，中国传统教育以儒家文化为主体，其核心价值观是儒家的伦理道德。"这种教育价值观，有积极和消极的双重性。它的积极影响是，中国人历来重视教育，中国教育历来重视道德教育，学习，首先要学会做人，重视自身的道德修养，养成高尚的道德情操。其次，不重视科学知识的学习，影响到我国近代科学的发展。"⑤

中国传统教育的责任主体是深受儒家伦理道德熏陶的知识分子。传统中国作为世界四大文明古国之一，得益于知识分子对文化传承所发挥的重要作用。知识分子一直垄断着文化教育，他们通过"学而优则仕"的科举考试制度，成为国家政治统治依赖的核心力量，历代统治者强调的仁义礼制、伦理道德、行为规范教育，基本上依托于知识分子来完成。所以，他们既是文化教育的承担者，也是道德教化的承担者，在国家教化体系的构建中扮演着关键角色，使传统教育充满着政治与道德的气息。

明清时期，社会经济的发展、社会生活的变化，在社会发展的各个层面上都留下了印迹，它同样影响到国家、社会教化体系的发展，

---

① 《孟子·尽心上》，第306页。
② 《孟子·离娄上》，第173页。
③ 《孟子·尽心上》，第307页。
④ 《孟子·梁惠王上》，第16页。
⑤ 顾明远：《论中国传统文化对中国教育的影响》，《杭州师范学院学报》（社会科学版）2004年第1期。

随着社会发展一些新情况的渗透和社会经济生活新需求的出现，社会教化的形式、内容、主体、方法上开始夹杂一些新的内容，其身上浓郁的国家政治色彩、伦理道德色彩开始淡化，出现一些民间社会色彩、知识技能色彩。传统的教民思想发生的变化主要有二：一是"以民教民"成为主要的教化趋势；二是不再单纯地以儒家的伦理道德教化为教育的重心，开始出现对知识的重视和教育的普及。

一 "以民教民"论

在中国传统政治体制中，社会教化是历代文教政策的重要组成部分，是君主专制统治的重要特征，除政治控制外，就是思想控制，后者比前者更为牢固、隐蔽、突出，它是中国传统社会得以长期延续的重要思想基础之一。传统政治体制下的思想控制，主要是通过教化完成，它的作用如此强大，在于教化方式的日常化、平常化，这种潜移默化的教化更为彻底、顽固，可以不间断进行。所以，如何在高度分散聚居的基层社会建立完善的教化模式，如何把高高在上的儒家伦理道德灌输给天下的普遍大众，如何把纷纷复杂的现实世界凝聚在一统的思想控制之下，是中央王朝必须解决的棘手问题，对此问题解决的成败与否，不仅关系到王朝的"治世""衰世"，而且关系到社会的治乱兴衰。长期以来，统治者摸索出一种行之有效的方式，即通过兴建学校来推行教化，由地方官员和学校学官作为宣扬教化的主要责任人，这就是官方教化模式的生成。但是，在教化实践中，官方的教化途径和教化作用也显现出它的局限性和消极性，它的教育对象、教育范围、教育内容受到一定的限制，尤其是在基层社会，大部分普通民众无法被纳入这一教化体系当中。如何破解这个难题，明清政府在总结历史经验的基础上，构建出一套基层社会的教化体系和模式。一方面，仍沿袭原先官方在地方社会的教化体系和模式，由地方官和学校承担教化责任；另一方面，充分发挥已有的基层社会组织来承担教化责任。这样，粮长制、老人制、宗族、乡约等，统统被调动和利用起来，作为推动基层社会教化的工具。明清统治者仍以儒家文化为号召，借助基层社会组织这一媒介的独特作用，构建出一套适合中国传统乡村社会的教化体系和模式，对之前官方教化不涉及的群体广泛实施教化，加强对普通大众的思想控制，进而强化国家治理，稳固统治。王先明等学者就指出："清朝统治者在实践中确认了'教化为本'的统治原则，且逐渐形成并完善了自己的乡村社会教化体系。清代乡村社会的教化体系乃是一个二元同构性的组织系统，即以保甲制为代表的官方教化组织和形式与以宗族、乡约为代表的非官方教化组织与形式同构而成。"①

　　所以，明清社会教化模式有着多元化的趋向，这种多元化主要表现在教化责任主体的多元，宗族的族长、乡约的约正、里甲的里长、保甲的保长、地方的富民乡绅等，都参与到基层社会的教化事务当中。朝廷和地方官府开始依赖地方社会力量来对国家的法令法规进行相应的解释，在社会中树立榜样，进行劝善宣传，劝导、训示民众，使民众安分守己；而地方社会力量自身也乐于从事此项工作。在后来的发展中，官方教化组织形式弱化，非官方教化组织形式上升。明清政府自身所确定的教化目标——通过里甲制、老人制、社学、宗族和官办或民间的乡约等将国家的教化活动落到实处，促成这一变化的发生。在里甲松弛、社学失修的明代中后期，乡约与保甲、社学、社仓等相互关联，形成以乡约为中心的乡治体系，首举乡礼纲领以立教明伦，明人多有"敷教同风莫善于乡约"的感叹。② 清代也是如此，宗族、乡约的教化作用更为明显。在明清社会教化体系形成、发展和变化的过程中，地方社会很有影响力的富民或士绅化的富民在其中的作用凸显，在乡村社会二元同构的教化体系中，"绅士阶层起着社会纽带的作用。绅士们'出则为官，入则为绅'，成为连接官方系统与非官方系统的最佳契合点"③。他们凭借对地方社会经济资源、文化资

---

① 王先明、尤永斌：《略论晚清乡村社会教化体系的历史变迁》，《史学月刊》1999年第 3 期。

② 曹国庆：《王守仁的心学思想与南赣乡约的推行》，《中国哲学史》（人大复印报刊资料）1995 年第 2 期；《明代乡约发展的阶段性考察》，《江西社会科学》1993 年第 8 期；《明代乡约推行的特点》，《中国文化研究》1997 年春之卷等。

③ 王先明、尤永斌：《略论晚清乡村社会教化体系的历史变迁》，《史学月刊》1999年第 3 期。

料的垄断,成为官民联系的纽带,成为乡村社会的代言人与实际控制者,成为乡村社会教化的引领者。"士人有廉耻,而后乡里有风化"①,他们开始与政府一起分享教化社会的权力,在基层社会教育、教化方面占有一席之地,承担起化民成俗的主要责任,从而在社会教化中扮演着举足轻重的角色。他们对地方教化的责任感,反映了明中叶以后,国家对乡村社会控制失效的现象。"以民教民"成为主要的教化趋势。

明清基层社会教化体系之中,最能体现"以民教民"思想的是老人制、乡约、宗族。下面分别看一下它们是如何发挥社会教化作用的。

(一) 里设老人,劝民为善

让老人充分发挥在地方基层社会的教化作用,有两方面的考虑:一是因为社会上到处宣扬孝文化,一直存在尊老、爱老、重老和敬老的传统;二是从老人自身的角度来看,他们经历过人生多种磨难,经验丰富,眼界开阔,心胸宽广,而且熟悉地方社会的人和事,德高望重者,确实具有一定的表率作用和威慑作用,发挥老人在基层社会中的道德影响力,劝谕乡民和睦相处,从而醇化风俗。

前面已经提过,洪武年间开始建立老人制。明代设置里老(耆老)的作用之一是让他们"劝民为善"②。"里坊之民行谊纯洁者,每图公报三名,充为老人,岁时朔望,遍历里社,申明乡约,诱劝归善,亦化民成俗之一端也。"③ 每里推选里老一人或几人,负责劝民为善和理断乡里争讼。"国家之法,十户为甲,甲有首。一百一十户为里,里有长。……又于里中,选高年有德、众所推服者充耆老,或三人,或五人,或十人,居申明亭,与里甲听一里之讼,不但果决是非,而以劝民为善。"④ 明代在基层社会实施里甲制,在里甲之内设

---

① 许振祎:《奏设味经书院疏》,《皇朝经世文续编》卷65《礼政五·学校下》,文海出版社有限公司1972年版,第375页。
② 《明史》卷79《食货一》,第1877页。
③ 道光《龙岩州志》卷15《艺文志》,《中国方志丛书》,第342页。
④ (明)叶春及:《惠安政书》,福建人民出版社1987年版,第328页。

立老人制，对里老的选任、职责有明确的规定，职责之一是行教化，具体包括两方面的权力：一是行奖励之权，对义行、善行进行嘉奖，即把乡里那些孝子贤孙、义夫节妇、善人的名单上报给官府，官府根据他们的具体事例给予相应的精神或物质褒奖；二是行惩罚之权，对不义、恶行进行处罚，即对乡里那些不务正业、懒惰刁顽、无赖撒泼、为非作歹的人员或直接惩治，或押送官府。明廷还诏令各地置木铎，规定："每乡里各置木铎一，内选年老或瞽者，每月六次持铎徇于道路，曰：孝顺父母、尊敬长上、和睦乡里、教训子孙、各安生理、毋作非为。"[1] 木铎，即一种木舌的铜铃。官府要求这些被推选出来的里老或者身有残疾者，每个月要举行六次活动，到时他们要手拿木铎，在乡里的道路上来来回回宣讲《六条圣谕》，宣讲朝廷法令，告诫乡里民众要谨守孝悌、勤农、安居乐业、和睦邻里，还要加强对民众的息诉教育，以此引导舆论、推广教化。

乡村社会教化中最有效的，还是申明亭、旌善亭的设立。明代朝廷曾下令在全国各地普遍设立，乡民中有善行的，要在亭里写出来，有恶行的，同样要写出来，善、恶对比之后，乡民自然就会有所选择，以此让大家学习善行，避免或杜绝为恶。如洪武五年（1372 年），鉴于"田野之民，不知禁令，往往误犯刑宪"，特令"有司于内外府州县及乡之里社皆立申明亭，凡境内之民有犯者，书其过，明榜于亭上，使人有所惩戒，而发其羞恶之心，能改过自新则去之"[2]。有些地方设申明亭、旌善亭各一座。"左为亭曰申明，以辨争讼，亦书邑人之恶者以瘅之。明初以老人坐亭内，凡平婚、田土、斗殴、赌窃诸细事皆主之。右为亭曰旌善，以劝风化，亦书邑人之善者以彰之。"[3] 顾炎武通过对申明亭、旌善亭的兴废作对比，说明它们的确在教化乡民方面发挥重要作用。"洪武中，天下邑里，皆置申

① 《明太祖实录》卷 255，洪武三十年九月庚戌，第 3677 页。
② （清）薛允升：《唐明律合编》卷 26《杂犯·拆毁申明亭》，法律出版社 1999 年版，第 692 页。
③ （明）李世熊：《宁化县志》卷 1《公署志》，成文出版社 1968 年校勘影印本，第 40 页。

明、旌善二亭，民有善恶，则书之，以示劝惩，凡户婚、田土、斗殴常事，里老于此剖决。今亭宇多废，善恶不书，小事不由里老，辄赴上司，狱讼之繁，皆由于此。"① 申明亭、旌善亭的作用就在于扬善惩恶、处理乡村社会的各项纷争。

此外，老人的教化职能还体现在乡里社会推行的"乡饮酒礼"②。这既是一种传统的礼仪风俗，更是一种宣教化的手段，因为"乡饮酒礼"时的重要内容，是宣讲国家的礼仪制度和法律条文。据载："洪武五年，诏礼部奏定乡饮礼仪，命有司与学官率士大夫之老者，行于学校，民间里社亦行之。十六年，诏班《乡饮酒礼图式》于天下，每岁正月十五日、十月初一日，于儒学行之。"详细规定"乡饮酒礼"举行的时间一般是每年的春天；人户数额标准基本是一百户人家；里中德高望重老人的职责是率领乡里民众宣读誓词，具体内容如下："凡我同里之人，各遵守礼法，毋恃力凌弱，违者先共制之，然后经官；或贫无可赡，周给其家，三年不立，不使与会。其婚姻丧葬有乏，随力相助。如不从众，及犯奸盗诈伪一切非为之人，不许入会。"③ 全力褒扬三代邻里相助、患难相恤之古风。还要唱颂"恭惟朝廷，率由旧章。敦崇礼教，举行乡饮，非为饮食。凡我长幼，各相劝勉。为臣竭忠，为子尽孝，长幼有序，兄友弟恭。内睦宗族，外和乡里，无或废坠，以忝所生"，其目的是"明长幼，厚民俗"，最终劝民为善。宣读完毕后，最后的事项是："赞礼唱读律令，执事举律令案于堂之中。读律令者诣案前，北向立读，皆如扬觯仪。"④ 从这一整套烦琐的程序和仪式来看，乡饮酒礼活动本身的民风民俗性质退化，言行教化和思想控制的目的更强，官府大力提倡的背后，是要对民众进行儒家礼制道德的教育，以及要对民众进行国家法律条文的宣传，教化民众自觉遵守礼制、遵守法律，最终实现对基层社会的控制。

---

① （清）顾炎武：《日知录集释》卷8《乡亭之职》，第186页。
② 《明太祖实录》卷73，洪武五年三月戊申，第1342页。
③ 《明会典》卷87《工部一》，中华书局1989年版，第535页。
④ 《明史》卷56《礼志十》，第1421页。

　　清代的情况大体类似，老人在地方社会教化方面，同样发挥着重要作用。在教化上，主要用乡饮来完成，宣读的主要内容是《圣谕十六条》和清代相关的法律法规。有很多的史料记载，如：浙江江宁知府陈鹏年曾经在"南市楼故址建乡约讲堂，月朔宣讲圣谕"①。清初名臣于成龙说："朝廷设立乡约，慎选年高有德，给以冠带，待以礼貌。每乡置乡约所亭屋，朔望讲解上谕十六条，所以劝人为善去恶也。"② 除官员的积极倡导，法律也明确规定："凡各处人民合设耆老，须于本乡年高、有德、众所推服人内选充，不许罢闲吏卒及有过之人充应。违者，杖六十革退，当该管吏笞四十。"耆老的具体职责是，"责在化民善俗，即古乡三老之遗意"。③

　　（二）订立乡约，导善惩恶

　　前面已提到乡约的"治民"作用，这里主要从它的"教化"作用进行探讨。

　　乡约最早由北宋的吕大钧创制，因其宗旨强调"德业相劝，过失相规，礼俗相交，患难相恤"④，有强烈的扬善惩恶、道德教化色彩，故得到邻里乡党的认可而成为大家共同信守并遵循的一项制度。"乡约者，一乡之人共同订立，以劝善惩恶为目的，而资信守之一种具文规约也。"⑤ 明清时期，在朝廷的大力提倡和推广下，"乡约"成为基层社会普遍存在的一种教化组织，它是因地缘关系聚集起来的组织，以传统伦理道德相号召，强调群体内的互帮互助；以乡约法来规范、约束群体成员的行为，强调扬善惩恶；以一种"原始民主"的形式来管理基层社会、强调乡村自治。

　　乡约自明代中叶至清前期不断得到统治阶级的倡导和试行。早在明初，就有人开始提倡和推广乡约。明代洪武年间，解缙直接向明太

　　① 《清史稿》卷277《列传六十四》，第10093—10094页。
　　② 《保甲书辑要》卷3《广存·慎选乡约谕》，《中国方略丛书》第1辑，成文出版社1968年影印本，第175页。
　　③ 《保甲书辑要》卷1《定例·户部则例》，第36页。
　　④ （宋）吕大钧：《吕氏乡约乡仪》，陈俊民辑校《蓝田吕氏遗著辑校》，中华书局1993年版，第563页。
　　⑤ 黄强：《中国保甲实验新编》，南京正中书局1935年版，第21页。

祖建议:"古者善恶乡邻必记。今虽有申明、旌善之举,而无党庠乡学之规、互知之法,虽严训告之,方未备。臣欲求古人治家之礼、睦邻之法,若古蓝田吕氏之乡约、今义门郑氏之家范,布之天下"①,以正风俗。

除朝廷提倡,地方官推行乡约的也很多。地方官对地方实际社会生活状况更为了解,他们针对一些民众好讼好斗、纷争不断的情况,提出制定"乡约",从乡民中推选约正、约副,宣讲乡规民约,协调乡民关系,规范乡民举止,约束乡民行为,道德教化乡民,能够有效地减少纠纷事件的发生。明中叶社会危机出现以后,乡约更是大量出现,目的在于弥补官方基层组织对社会控制的不足。叶汉明指出:"明中叶时黄册崩坏,里甲废弛,地方礼学仅存,教法衰微。为挽颓风,地方官绅遂合力推行乡约保甲制,由家及乡端正地方风俗。"②地方官绅力推乡约保甲制,实际上是增大对基层民众进行思想灌输的渗透力。金声说:"力行乡约,崇务教化。"③ 从当时一些宗族对乡约的推行来看,有强烈的仪式感和威慑力。比如:在宣讲乡约的仪式上,"不仅排列坐立有序,鞠躬叩拜依礼,处处体现出封建的森严等级,而且敲锣集合,击鼓肃静,童生歌诗,钟磬琴鼓齐鸣,制造出一种超自然的富有宗教意味的神圣庄严气氛,使与会者容易产生对天子的崇拜和敬畏,在这种气氛下宣讲天子为子民规定的六条行为规范"④。正因为乡约能够起到劝勉善行、告诫恶行、匡正人心的作用,所以安徽祁门知县廖希元对陈氏乡约极为赏识,在上面批示说:"果能行之,岂惟齐一家,而通县亦可为法矣。"⑤ 然后把之前规范、约束一个宗族的乡约推广到整个祁门县通用,甚至认为它可以具有一定的法律效力。总的来说,明清时期乡约得以大规模兴起,正是因为它

① 《明史》卷147《解缙传》,第4117页。
② 叶汉明:《明代中后期岭南的地方社会与家族文化》,《历史研究》2000年第3期。
③ (明)金声:《金太史集》卷6《贺定斋集序》,《乾坤正气集》,同治五年影印本,第125册,第125页。
④ 《徽州文堂陈氏乡约》,转引自王日根《明清民间社会的秩序》,岳麓书社2003年版,第25页。
⑤ 王日根:《明清基层社会管理组织系统论纲》,《清史研究》1997年第2期。

能发挥宣教化、遵法纪、匡人心、为善行、正风俗的作用。"乡约大意，惟以劝善习礼为重。"①

清朝统治者很注重"乡约"于乡村社会的控制作用，早在顺治九年（1652 年）就已推行乡约，对乡民宣讲各种道义。"行八旗直隶各省举行乡约，于每月朔望日聚集公所宣讲：孝顺父母，尊敬长上，和睦乡里，教训子孙，各安生理，毋作非为。"② 在《大清会典》里直接规定乡约的设置场所，约正的选立，宣讲的时间、内容、目的等，具体内容是："凡直省州县乡村巨堡及番寨土司地方，设立讲约处所，拣选老成者一人，以为约正，再择朴实谨守者三四人，以为值月，每月朔望，齐集耆老人等，宣读圣谕广训，钦定律条，务令明白讲解，家喻户晓。"③ 从当时的地方志，也可以看到类似的详细记载："雍正二年，增颁乡约法律二十一条。乾隆十九年，（绩溪）知县较陈锡奉府太守何达善札，令坊乡村镇慎举绅士耆老足以典刑闾里者一二人为约正，优礼宴待，颁法规条，令勒宣化导，立彰善瘅恶簿，俾民知劝惩。"④ 它在具体的实施过程中，是将成员的行为登记下来，扬善惩恶，对遵守协约、有善行者要予以奖励，鼓励大家仿效；对违反协给、有过失者要予以惩治，警惕不再发生。"凡同约之组合员，其遵守协约者，则有善行之记载，以昭激励；其违犯协约者，则有过失之登录，以示惩戒。且罚行三度，怙过不悛者，即与众弃之，而绝其享受团体教化之机会。"⑤

教化是乡约孜孜以求的目标，如王守仁的《南赣乡约》、黄佐的《泰泉乡礼》、曾惟诚的《帝乡纪略》、章潢的《图书编》、吕坤的《实政录》、刘宗周的《乡保事宜》、陆世仪的《治乡三约》等著作中提出的乡约方案，主旨都是推广儒家礼仪，以安民弭盗息讼为美俗，

---

① 《文堂乡约家法》，《明清徽州族规家法选编》，黄山书社 2014 年版，第 212 页。
② 《清朝文献通考》卷 21《职役一·考五〇四七》，第 5047 页。
③ 《钦定大清会典事例》卷 397《礼部·风教·讲约一》，《续修四库全书》，史部，第 804 册，第 314 页。
④ 嘉庆《绩溪县志》卷 5《学校志·乡学附乡约》，《中国地方志图书集成·安徽府县志辑》，江苏古籍出版社 1998 年版，第 54 册，第 447 页。
⑤ 黄强：《中国保甲实验新编》，第 26 页。

目的都在于正风俗、救人心。所以说，"劝善惩恶，莫如乡约"①。乡约所发挥的教育和约束作用，是其他社会组织所不能替代的。"乡约一行，恶人没处存身，善人得以自保。"② 乡里社会的秩序能得到保证。

其中以颁布于明正德十五年（1520 年）的王守仁《南赣乡约》影响最大。王守仁本身相当重视社会教育，他在巡抚南赣等地时，因其地社会危机深重，为防止民众"犯上作乱"，受《吕氏乡约》的启发而作《南赣乡约》，内容更加具体详尽，涉及道德熏陶、军事训练、政治教育等多方面，是要求全乡民众共同遵守的道德准则、公约，堪称乡约的又一典范之作。他的乡约模式，"变民众的自发为官府的谕令，变出入约自由为不可规避的义务，利用行政的力量，化'知行合一'为百姓之言行，其以乡约条规而为约众的自觉行动"③。它的颁行，本身是因为当时"南赣乏镇，溪谷凶民，聚党为盗，视效虐劫，肆无忌惮，凡在虔楚闽广接壤山泽，无非贼巢，大小有司，束手无策，皆谓终不可理"④。山民的反抗此起彼伏，从稳固统治的角度出发，必须对当地民众加强教化，重建秩序。他说："民俗之善恶，岂不由于积习使然哉……故今特为乡约，以协和尔民。自今凡尔同约之民，皆宜孝尔父母，敬尔兄长，教训尔子孙，和顺尔乡里。死丧相助，患难相恤，善相劝勉，恶相告诫。息讼罢争，讲信修睦，务为良善之民，共成仁厚之俗。"⑤ 该约凡十六条，内容包括设置彰善纠过簿册，彰善、纠过的方式，约所地址的选择，由约众推选约中职员，约众必须参加会饮，约长同民众得调解民事争讼等。它的推行，对于南赣社会的风俗和治安确实产生积极影响，促成"朝夕歌声达于委

① （明）吕坤：《实政录》卷 3《民务·查理乡甲》，第 987 页。
② （清）王凤生：《查办保甲告示附明吕司寇卿乡甲劝谕》，徐栋辑《保甲书》卷 2《成规下》，安徽师范大学出版社 2012 年版，第 65 页。
③ 曹国庆：《王守仁的心学思想与他的乡约模式》，《社会科学战线》1994 年第 6 期。
④ 《王阳明全集》卷 39《明军工以励忠勤疏》，第 1462 页。
⑤ （明）王阳明：《乡约告谕》，《嘉靖赣州府志》卷 11《艺文志》，《天一阁藏明代方志选刊》，第 672 页。

巷，雍雍然渐成礼让之俗"①。史载，乡约推行之后，瑞金县"近被政教，甄陶稍识，礼度趋正，休风日有渐矣。习欲之交，存乎其人也"②；大庾县"俗尚朴淳，事简民怡，为先贤过化之邦，有中州清淑之气"③；赣县亦如此，"人心大约淳正，急公输纳，守礼畏法……子弟有游惰争讼者，父兄闻而严惩之，乡党见而耻辱之"④。它对"仁厚之俗"的倡导与重视，它在日常生活中所发挥的教化作用，它对地方社会所产生的重要影响力和号召力，使得朝野上下不同层次的人都能接受，并为后世所仿效。《南赣乡约》的影响区域越来越广，"其乡约法在南赣及福建龙岩、江西吉安、广东揭阳等地得到了推广"；影响范围也越来越大，"嘉万（1522—1614）之世，乡约的举行，在劝善惩恶、广教化厚风俗的总体精神指导下，全国各地还产生了一些为某一具体目的而建立的专门性乡约，如护林乡约、禁宰牛乡约、御倭乡约、御虏乡约、御贼乡约等"⑤。一些地方官吏也自觉倡行乡约。如，程廷策出守辰州，故守告之"吾第宝不贪，尔入境则兴学校，赡诸生，劝农桑，举乡约"⑥。抚州知府曾汝檀"行乡约法，岁时集郡邑弟子于拟岘台讲论邹鲁之业"⑦，连暂时署理奉新县政事的知事黄奎壁，同样克尽职守，"率六隅乡约百姓讲陈圣谕，敬礼贤士，谈义理，终日忘倦"⑧。

（三）宗族族规，训诫族人

宋元明清，中国宗族社会进一步发展，形成一些比较典型的特征，比如建宗祠、修族谱、立族长、置族田、订族规等，已经形成一套完整的组织体系。他们普遍聚族而居，从同一个男性祖先那里繁衍

---

① 《王阳明全集》卷33《年谱一》，第1253页。
② 嘉靖《瑞金县志》卷1《风俗》，天一阁本，第6页。
③ 同治《南安府志》卷2《疆域附土俗》，同治戊辰重刊本，第38页。
④ 同治《赣县志》卷8《风俗》，同治十一年刻本，第1页。
⑤ 曹国庆：《明代乡约推行的特点》，《中国文化研究》1997年第1期。
⑥ （明）焦竑：《国朝献征录》卷89《汪道昆：辰州守程廷策传》，道光三年刊本，第43页。
⑦ 宣统《临川县志》卷35《名宦》，宣统元年版，第17页。
⑧ 同治《南昌府志》卷26《名宦》，同治十二年刊本，第66页。

生息下来的子子孙孙，组建成无数个个体小家庭，他们通常还集合聚居在一定区域内，形成一个聚落并不断扩大发展，相互之间以血缘关系为纽带，形成一种联系紧密的地方社会组织。为了维护自身的存在和利益，这个血缘共同体会要求族人遵守一整套行为规范，对族人的思想道德品质、人际交往关系、社会生活方式等形成约束。同时，还要求族人接受国家政权的统治和儒家文化的教育。"宗族的发展实践，是宋明理学家利用文字的表达，改变国家礼仪，在地方上推行教化，建立起正统性的国家秩序的过程和结果。"① 宗族一直强调"教民""化民"的宗旨，以儒家的伦理秩序训导族众，让他们遵纪守法，服从统治。甚至把这一原则贯彻到对族人的救济当中，如有些宗族族规针对救济对象有严格的限制："不孝不悌、赌博、健讼、酗酒、无赖，并僧道、屠户、壮年游惰、荡费祖墓及为不可言事、自取困究者，概不准给。"② 伦理道德教化色彩相当浓厚。所以，宗族在明清地方社会普遍存在，在某些层面可以触及国家行政权力顾及不到的地方，通过开展一系列宗族活动，以"敬宗收族"为旗号，以族权为后盾，达到对族人进行管控和教化的目的。"宗法者，佐国家养民教民之原本也。"③ 正因为宗族所具有的各种政治和社会功能，统治者对此大力提倡和支持，利用它来对宗族社会的民众进行思想教化，实现对地方社会的治理。明清统治者一直强调利用族权来统治民众，从朱元璋时候已经开始，到后来乡约、里甲制、保甲制等各种地方基层组织或制度的实行，更是如虎添翼，宗族的权力进一步强化，把地方民众牢牢地控制在族权之下。族权又借助宗族本身的血缘特性，更容易用道德征服控制族人，更容易达到"管摄天下人心"④ 的目的。

---

① 科大卫、刘志伟：《宗族与地方社会的国家认同——明清华南地区宗族发展的意识形态基础》，《历史研究》2000 年第 3 期。

② 《常熟邹氏隆志在四方堂义庄规条》，王国平、唐力行主编《明清以来苏州社会史碑刻集》，苏州大学出版社 1998 年版，第 232 页。

③ （清）冯桂芬：《复宗法议》，《皇朝经世文续编》卷 67《礼法七·宗法》，第 607 页。

④ （宋）程颢、程颐：《二程遗书》卷 15《伊川先生语一》，上海古籍出版社 2000 年版，第 134 页。

宗族以睦宗收族、传播儒家伦理道德为重要事务，它们在统治族人、控制民众的实际过程中，用一些具体可行的措施、方式来实施教化之责。具体而言，就是利用族人对宗族的认同感、归属感，把儒家纲常伦理作为理论武器，把族规家法作为法律武器，强行向族人灌输要做王朝的顺民，避免给宗族造成不必要的麻烦。宗族实施的具体教化措施包括利用宗族的号召力来宣扬皇帝的圣谕六条，教导族人遵从国家的统治。一些族谱甚至将其载入族规，以约束族人。如万历时所修江苏海安《虎墩崔氏族谱·族约》，就有"宣圣谕条"，把朱元璋的"圣谕六条"记在前面，然后说："此六事乃太祖皇帝曲尽做人的道理，件件当遵守，能遵守的便是好人，有一件不曾遵守，便是恶人。愿我一族长幼会集祠中，敬听宣读，悉心向善，皆作好人。有之即改，共为盛世良民，贻子孙无穷福泽。"在"立宗会"条规定："族人每月于朔望齐集祠中，宣读圣谕。"① 清代族谱族规家训中收录康熙"上谕十六条"并依据它来制定族规家训的情况更多。或强调族人要尊崇君权，要按时完粮纳税，要族众履行对国家的义务；或用儒家的伦理纲常、道德，规范族人之间的人伦关系，确定宗族成员的名分等级，规定宗族成员的行为准则；或在族规中直接规定族人必须遵守的日常行为准则，规定族人破坏儒家纲常名教、损害国家利益、违反相应族规、损伤宗族利益时要受到的各种处罚等，具有很强的训诫功能。所以，宗族族规对族人来说至关重要，宗族经常采取多种形式宣读族规，务必使用族人都明了各项规定，进而严格遵守，用各种强制手段保证其执行，从而控制族众，稳定地方秩序，发挥教化功能。宗族还借助经济手段来进行伦理道德教化，加强社会控制，对那些懒惰不从事生产的族人，对那些为非作歹、破坏家声、言行不检点或犯有刑事罪的族人，不给予赈济或资助，如苏州王鎏《义田记》规定赈济时"厚其有志务本业者，而游堕者不与，寓劝惩于周恤之中"。江苏洞庭席氏《义庄规条》规定凡作奸犯科者，崇奉异端者，

---

① 《虎墩崔氏族谱·族约》，转引自冯尔康《中国宗族史》，上海人民出版社 2009 年版，第 262 页。

本有恒产因游堕破家者，出嗣他姓及乞养异姓者，不遵家规者，不得享受义庄赡济。① 义田收入用于宗族聚会，可"相与劝于修礼勤力，而勿蹈于匪彝"②。安徽桐城方氏祭田赡贫规程规定："其怠于作业而贫窭者，不得告贷。"③

此外，宗族实施教化，还有一种最重要的手段是发展教育，因为"非儒术无以亢吾宗"④，宗族很重视族内子弟的教育，如安徽歙县黄氏宗族要求："子姓十五以上，资质颖敏，苦志读书者，众加奖励，量佐其笔札膏火之费。另设义学，以教宗党贫乏子弟。"⑤ 徽州胡氏宗族亦规定："为父兄者幸有可选子弟，毋令轻易废弃，盖四民之中士居其首，读书立身胜于他务也。"⑥ 可见，各地宗族一般会采取许多措施来发展教育，比如，"积极创办各类宗族性教育机构、重视家庭早期教育和宗族蒙学教育的规范化、对宗族子弟的学业进行严格的考核并予以奖惩、慎择教师等是其兴学重教所采取的具体措施"⑦。它尤为重视通过教育来培养族内子弟良好的"德行"，认为这对一个宗族的繁荣昌盛来说是极其关键的因素。"人之立身本于孝弟。孝弟克全则礼义自生，而忠信廉耻悉举之矣。夫孝弟由于天性，自生而即全者上也，否则唯读书明理，斯可由人以合天。是以读书为要也。"⑧

---

① 李文治、江太新：《中国宗法宗族制和族田义庄》，社会科学文献出版社 2000 年版，第 215 页。

② （清）钱大昕：《潜研堂文集·三》卷 20《陆氏义庄记》，商务印书馆 1935 年版，第 294 页。

③ （清）方苞：《甲辰示道希兄弟》，《方苞集》卷 17《家训四首》，上海古籍出版社 2008 年版，第 483 页。

④ （明）汪道昆：《太函集》卷 67《明赠承德郎南京兵部车驾司署员外郎事主事汪公暨安人郑氏合葬墓碑》，《徽学研究资料辑刊》，黄山书社 2004 年版，第 1386 页。

⑤ 安徽歙县《潭渡黄氏族谱》卷 4《家训》，转引自李琳琦《明清徽州宗族与徽州教育发展》，《安徽师范大学学报》（人文社科版）2003 年第 5 期。

⑥ 徽州《明经胡氏龙井派宗谱·祠规》，转引自李琳琦《明清徽州宗族与徽州教育发展》，《安徽师范大学学报》（人文社科版）2003 年第 5 期。

⑦ 李琳琦：《明清徽州宗族与徽州教育发展》，《安徽师范大学学报》（人文社科版）2003 年第 5 期。

⑧ （清）张习孔：《家训》，《檀几丛书》卷 18，上海古籍出版社 1992 年影印本，第 84 页。

徽州作为中国历史上的文化重地，相当重视教育，强调"读书非徒以取科名，当知作人为本"①，认为读书受教育并不仅仅是为了谋取功名，而且是为了学会做人的根本。因为儒学教育能够塑造人的气质、培养人的品质。"儒者所学何事，欲变化气质，以希圣贤耳。此正学津梁，所宜加意者。"② 这些"气质""品质"教育，从族内子弟很小的时候就已开始，因为这时候子弟最聪明，可塑性最强，培养前途最好。"子弟在妙龄时，嗜欲未开，聪明方起。譬之出土之苗，含华结果，全赖此时栽培。灌溉得宜，以资发荣。"③ 很多宗族族规有这样的远见卓识和明确要求，如徽州汪氏宗族规定："小成若天性，习惯成自然。身为祖父不能教训子孙，贻他日门户之玷，岂是小事！但培养德行当在少时。平居无事，讲明孝弟忠信礼义廉耻的道理，使他日闻善言，又戒放言、戒胡行、戒交匪类，无使体被绸绢、口厌膏粱。"④

总之，明清时期的老人制、乡约和宗族，它们作为传统的基层社会组织，功能多样，层次多种，涉足于基层社会的各项具体事务，与基层社会道德教化相关的事务，基本上由它们来主掌。它们本身就来自民间，又服务于民间，与基层社会和乡民之间有着自然而然的、千丝万缕的联系，最容易被认同和接受，由它们来引导社会教化，能保证基层社会的良性运转。虽然这些道德教化是在官府主导下进行，维护国家统治的政治意图相当明显，不可避免地带有政治化倾向，但其出发点和归宿点是维护基层社会的稳定。这一方面是国家利益的需要，有利于实现国家治理，有利于节约基层社会相应的治理成本。"明中后期地方财政危机日渐加深和地方行政职能的不断萎缩，使官

---

① 民国《黟县四志》卷14《胡在乾先生传》，《中国地方志集成·安徽府县志辑》，第58册，第300页。

② 光绪《婺源县志》卷36《人物十一·质行二》，转引自李琳琦《徽州教育》，安徽人民出版社2005年版，第139页。

③ 《绩溪·西关章氏族谱》卷36《师说》，转引自李琳琦、宗韵《明清徽商妇教子述论》，《华东师范大学学报》（教育科学版）2005年第3期。

④ 民国《平阳汪氏宗谱》卷1《家规》，转引自李琳琦、宗韵《明清徽商妇教子述论》，《华东师范大学学报》（教育科学版）2005年第3期。

方更注重利用民间力量来对社会进行有效控制。"① 另一方面也是基层社会自我管理的需要，是民间社会力量发展壮大后谋求自身利益的要求。它们各自发挥优势，相互渗透、相互为用，共同履行教化乡里的职责，起了重要的中介传播和社会凝聚作用。但不管乡规民约、宗族族规如何制定，内容如何丰富，形式如何多样，贯穿其中的宗旨，仍是当时中国传统社会统一的伦理道德规范和基本文化意识，国家治理的目的以及基层社会教化的目标，是社会成员一体遵守和一体认同它们。从这个层面上来讲，国家利益和基层社会利益被统一起来，国家意志和基层社会意识被统一起来，它们相互交叉、良性互动，维持着基层社会秩序的稳定，对基层社会民众的物质生产和精神生活都产生重大影响。

二 从重教化到重知识

"仕而优则学，学而优则仕"②，"万般皆下品，唯有读书高"，"劳心者治人，劳力者治于人"③，这是几千年中国传统社会占主导地位的儒家教育价值观和学习价值观一直的倡导。通过科举考试入仕为官，获得生存所需的一切条件，成为所有读书人接受教育和学习的动机与目标，统治者则借此控制和笼络民心，培养出符合统治者需求的人才，传播统治者认可的伦理、道德价值观并予以遵守，最终达到维护统治者利益及稳定社会秩序的目的。在这种教育理念和教育实践的支配之下，教育的主要内容是以程朱理学为主，比较单一。教育的目的是以培养道德、教化安民为本，以传授知识、开启民智为末。

明清时期，商品经济的进一步发展，社会从业观念的转变，对人的素质提出了比以往更高的要求，社会的发展不仅需要能够担负政治教化和为官从政职责的"士"，而且需要经世致用的人才。从一个家庭来看，要能养家并走上致富之路，也必须通过发展教育来培养子女

---

① 陈伟：《传统社会的民间组织与乡村社区的道德教化——以〈泰泉乡礼〉为中心的考察》，《石家庄学院学报》2006年第5期。
② 《论语·子张》，第202页。
③ 《孟子·滕文公上》，第124页。

自养、自立的能力。顺应这一要求，出现儒学的"平民化"、平民意识的发展和教育的普及。一些儒家开始关心社会下层，"阳明心学的平民化，固然有使下层百姓接受儒家正统价值观，以'大传统'同化'小传统'的一面，但同时也为儒家民本主义走向近代平民意识提供了普泛的哲学文化基础和方法途径"①。又如王艮的"百姓日用之学"之中，包含着提高普通民众精神生活水平和发展平民文化教育的要求。他说："夫良知即性，性焉安焉之谓圣；知不善之动，而复焉执焉之谓贤。惟'百姓日用而不知'，故曰'以先知觉后知后'。一知一觉，无余蕴矣。此孔子学不厌而教不诲，合内外之道也。"②所谓"圣人"的责任在于"以先知觉后知"③，使"愚夫愚妇皆知所以为学"④。他不但在理论上予以重视，而且还身体力行，终其一生始终以布衣从事讲学，以"不以老幼贵贱贤愚，有志愿学者，传之"⑤为讲学传道的宗旨。他的学生中，虽然也有官僚士大夫，但更多的是布衣平民，甚至有佣工、樵夫、陶匠等。罗汝芳也主张在人伦日用之极平易处悟道，论学阐道通俗平实、易于接受，在下层社会比较容易推广发展，影响甚大。黄宗羲对此有很好的评价："微谈剧论，所触若春行雷动，虽素不识字之人，俄顷之间，能令其心地开明，道在眼前，一洗理学肤浅套括之气，当下便有受用。"⑥

　　这一时期社会的整体发展变化，促使教育冲破一些阻碍和界限，产生新的教育群体即大众教育群体，他们对教育提出新的要求。因为教育需求和社会力量更能推动教育的发展，所以官方和民间都兴办各级各类地方学校，使社会各阶层读书受教育成为可能，尤其是当官办教育不能满足大众教育需求时，民间教育就获得了发展契机，大量的民间人士积极投身教育行业，或有接受教育的需求，或有资本投入教

---

①　李振纲：《论王阳明道学革新及其历史地位》，《中国哲学史》1997年第3期。

②　（明）王艮：《王心斋先生遗集》卷2《答徐子直》，《王心斋全集》，江苏教育出版社2001年版，第43页。

③　（清）焦循：《孟子正义》卷19《万章上》，中华书局1987年版，第654页。

④　（明）王艮：《王心斋先生遗集》卷2《王道论》，第65页。

⑤　（明）王艮：《王心斋先生遗集》卷3《年谱》，第69页。

⑥　（清）黄宗羲：《明儒学案》卷34《泰州学案三》，中华书局1985年版，第762页。

育事业，使得整个文化教育发展呈现蓬勃兴盛的趋势。民众受教育的机会普遍大大增加，形成一种教育下移的重大趋势，教育的内容发生变化，教育不再单纯地以儒家的伦理道德教化为重心，教育的目的也不单纯是应付科举考试，而开始出现对经世致用之学的重视。

这开创了教育的新局面，最鲜明的体现是这一时期教育的发展有两个方向，一个方向仍是满足读书人应试科举的需要，继续加强对民众伦理道德的教化；另一个方向则是满足普通民众基本技能培养的需要，提高他们从事农、工、商活动的能力。教育既使民众提高道德思想水平，又使民众摆脱贫困、提高物质生活水平。此外，伴随着西学东渐，西方的科学技术文化传入，明清时期，一些有识之士还树立起经世致用的科学价值观，开始重视、传播和发展科学技术知识。

（一）重视经世致用之学局面的出现

从明清时期教育发展的初衷来看，它被强调为一种伦理道德的教育、改善社会风气的教育；一种以科举考试为目的、培养统治者所需人才的应试教育。如：朱元璋在谈到兴办教育的重要性时，对掌管太学的官员说："治天下以人才为本，人才以教导为先。"① 这是当时社会对教育的一致看法，"学校，治天下之本也"。"学校，王政之本也。自三代而降，有国家者，莫不以此为先务。诚以非此为务，则风俗何由而厚，人材何由而兴哉！"② "盖治天下必本于贤才，而贤才者，学校之所由出也。"③ "天下之事，似缓而实急者，似轻而实重者，学校也。有民社之寄者，孰不以土地、甲兵、赋税、民籍之属为今所当先！殊不知结人心、固邦本、明彝伦、厚风俗、教育人材，立万世太平之基，学校之所自出，其不缓且轻者甚较然矣。"④ 顺治帝说："朕惟帝王敷治，文教是先；臣子致君，经术为本。自明季扰乱，

---

① 《皇明宝训·明太祖宝训》卷6《育人才》，台湾学生书局1986年影印本，第509页。
② （明）魏骥：《南斋先生魏文靖公摘稿》卷1《六安州修庙学记》，《北京图书馆古籍珍本丛刊》，第109册，第785页。
③ （明）王直：《抑庵文后集》卷7《送彭御史序》，《影印中国国家图书馆藏文津阁四库全书》，别集6，商务印书馆2006年版，第42页。
④ 张适：《甘白先生文集》卷2《送章教授东归序》，《北京图书馆古籍珍本丛刊》，第109册，第726页。

日寻干戈,学问之道阙焉未讲。今天下渐定,朕将兴文教、崇经术,以开太平。尔部即传谕直省学臣,训督士子,凡六经诸史,有关于道德经济者,必务研求贯通,明体达用。入则为真儒,出则为循吏。果有此等实学,朕当不次简拔,重加任用。又念先贤之训,氏优则学。仍传谕内外大小各官,政事之暇,亦须留心学问,俾德业日修,识见益广,佐朕右文之治。"① 这些言论强调学校在教化和培养人才方面的重要作用,都认为学校是统治者为政的根本,兴文教是最亟须办理的事务。在这一思想指导下,明清时期,从上到下都很提倡和重视学校教育,确立起以"科举考试"为核心的完备的学校教育体系。

以往学者们对明清教育进行研究时,一般认为明清时期的教育是以科举考试为中心的应试和功利教育。在科举入仕这一单一目标指引下,"两耳不闻窗外事,一心只读圣贤书"成为很多读书人受教育的正常状态,他们的求学不关注社会现实,不参与社会实践,使教育陷入无趣、僵化、死板的境地。然而,随着对中西历史认识的深化和西方中心论的破产,一些学者发现实际情况并非如此,认为科举应试教育并非当时教育的全部内容,很多读书人不再以追求功名利禄为受教育的唯一目标,他们的兴趣开始转向其他领域,或可以从事传统的农工商,或可以从事一些新型的社会服务行业,以便维持生计或谋求更好的发展。这种情况主要在经济发达的地区表现得比较突出。关于这一问题,李伯重先生已经进行了详细的考察和论证,他认为,明清时期,江南地区基本实现教育的普及,这种教育可以区分为精英教育和大众教育,传统的科举考试教育可归结为精英教育,但它并不是当时教育的全部。这一时期教育发展的新现象应该是注重读写能力和计算能力培养的大众教育,其结果是造就了一大批小农场主和小作坊主,他们因为接受过相关的能力培养和教育,所以在经营生产方面有更多的自主性和创造性。他们的成长对于促进明清江南社会经济的发展,对于推动江南社会经济发展

① 光绪《广州府志》卷1《训典一·顺治十二年》,上海书店出版社2003年影印本,第17页。

模式的形成，发挥了相当重要的作用。

李伯重先生在文章中进一步指出，明清江南以科举考试为目的的精英教育，对社会各个阶层都具有巨大的吸引力。因为一直以来，它都把读书提到一个重要的高度，它把读书人推到一个重要的阶层，使得全社会各阶层都趋之若鹜，掀起了兴读书、求科举之风。虽然学者们一直批判明清的八股取士是完全的应试教育，训练写八股文是机械的操作，但不可否认的是，在乡试和会试当中，除了考"四书""五经"的经义和要写八股文，还是会有史、策、论等考试内容涉及一些现实问题。并且，当时的学习已不只限于"四书""五经"等儒家经典的学习，"经世致用"之学，如历史、地理、法律、实用数学等方面的知识，在精英教育中也越来越受到重视，这种"经世致用"的理念已经开始向教育渗透。受此浸染，那些通过科举入仕的知识分子，实际上已经在求学的过程中，接触和学习了很多实用的知识。这种状况在江南地区比较突出，因为经济、文化方面占据领先地位，江南的科举精英人士，同时也是科技精英人才。当时有很多著名的知识分子科学家，如兼天文学家与数学家于一身的李之藻，数学家项名达、戴熙与李善兰，天文学家王锡阐与陈杰，天文气象学家王贞仪，地理学家徐霞客与顾祖禹，地理学家与人口学家洪亮吉，医学家王肯堂、吴有性、叶天士、徐大椿与王士雄，药物学家赵学敏，等等。还有一些著名的技术专家和发明家，如水利工程专家沈启、潘季驯、陈潢，农学家张履祥与姜皋，兵器制造专家龚振麟，机械制造家与化学家徐寿，机械制造家与数学家华蘅芳等，对中国科学技术的发展都做出了卓越贡献。因此，精英教育在科技人才培养上也有其积极的一面。此外，精英教育谋求的是读书做官，但实际能考中举人、进士的可能性微小。面对这个残酷的现实，大多数读书人不得不面对现实，金榜题名尽管荣耀，但很可能只是理想化的追求，或只是一场美梦，更多的时候他们要解决的是生计问题，读书只能变成他们谋生的一种手段，为了自己的生计和养家糊口，他们就需要学习一些实用知识和技能，为日后能从事社会服务行业做准备。

针对下层社会民众所进行的大众教育，其就更不是为了金榜题名，而直接是为了日后从事传统的农工商业或社会服务行业的相关工作。与这些工作能力相适应的教育内容，就变成识读能力、写字能力和计算能力。《三字经》《百家姓》和《千字文》是识字教育的基本教材，时人吕坤提出："初入社学，八岁以下者先读《三字经》以习见闻，《百家姓》以便日用，《千字文》亦有义理。"① 尤其是《三字经》，作为中国传统社会的基本启蒙教材，其中包含诸子之学、四书五经、历史哲学、天文地理、伦理道德等方面的各种基本知识，短小精悍，通俗易懂，朗朗上口，容易记忆背诵，效果最好。此外，明清江南还风行看图识字类儿童识字读本，也有利于识字教育的普及。明清江南的学堂教育，还有一项重要内容是数学基本知识和技能的教育。当然，各项实际工作所需计算能力的培养，还是要通过民间数学知识的传播和民间实践工作的推动来进行。当时，民间应用数学的发展和普及，如珠算、笔算和口算等方法的使用，使民众的计算能力有了普遍提高。此外，在学童的启蒙教育中，除了识普通汉字之外，还要学习简单的加、减运算。这样，通过各种渠道，民众做到简单的读、写、算后，基本上也就能独立从事一般的经济活动。而读、写、算的基本能力，对那些以个体家庭为基础的小农场主、小作坊主，以及那些已经扩大了生产规模的业者，甚至对那些以出卖劳动力为生的无产者来说，都是他们日常经济活动或维持生存所必须具备的基本能力。所以，明清江南实用教育的发展和普及，对江南地区整体发展水平的提高来说，确实相当重要。②

　　通过李伯重先生的研究，可以看出，在当时经济比较发达的地区，教育已经相当普及，并且教育的内容已突破以教化和科举为中心的限制，而开始追求实用。正如张岱所说："后生小子无不读书，及至二十无成，然后习为手艺。"③ 所谓的"无成"，便是没有考取功名。这部分人虽然没有考取功名，但他们因为接受过教育，同样可以

①　（明）吕坤：《实政录》卷3《民务·兴复社学》，第993页。
②　李伯重：《八股之外：明清江南的教育及其对经济的影响》，《清史研究》2004年第1期。
③　（明）张岱：《琅嬛文集》卷1《夜航船序》，巴蜀书社1998年版，第1页。

通过操持百工之业而谋生。所以这时的教育是科举与实用教育兼顾。并且一些人读书并不是一味地追求科举入仕，而把教育看作培养道德品质和培养技能的场所，如福州《通贤龚氏支谱祠堂条例》"书田"条说："书田培元气也，子弟不可以不读书，不特发科甲高门第也。读书明大义识道理，即经营生理明白者，自不至于受人之愚，但往往父兄无力，遂至子孙废学，目不识丁，即数目字尚不能悉，何异马牛而襟裾乎？且长大何处觅生活也。谓宜捐置书田，立义塾于祠堂左右之地，请业师于其中，使贫无力之子弟得以肄业其中，上可以辍科名为祖宗光显，下亦可以识字明理，不至如马牛之踟蹰，夫吾祖吾宗之所乐欤？"江苏昆陵《恤孤家塾规条》云："生徒如质地平常，粗能识字记账，即须学习生理，藉以养母成家。拟于长夏饭后请熟于算法者一人，赴塾教孤子算法，酬送劳金，年在十一岁以上者方令学习，能出塾习生理，每生送钱一千四百文以助置衣履之费。"① 这些记载表明，科举固然是教育的主要目标，但教育还包含人们各项生计活动中其他诸多实用的需要，在教育、培养子弟方面应顺应社会发展的需要，教一些实用的知识。连康熙皇帝都曾号召皇室子孙掌握一些技艺、学习一些先进的科学技术知识，认为"凡学一艺，必于自身有益"②。

当时人们日益感到经学教育的空疏无用，感到应试教育的死板教条，一些有识之士开始对教育进行反思，主张从现实的社会需求出发，安排教育内容，调整教育目标，让教育回归"经世致用"的根本，发展实学教育，培养实用人才。这在学者颜元那里体现得最为突出。他认为当时围绕程朱理学进行学习，然后参加科举考试，导致教育被理学所束缚，理学书本上的知识成为人们行动的坐标，教育所具有的实学实用之功能反而被忽略。所以他强调接受教育的宗旨应该是在实践中进行学习，"习行于身者多，劳枯于心者少。……为做事故求学问，做事即是学问"③。在他看来，传统的宋明理学教育使学生

---

① 咸丰《屠氏毗陵支谱》卷1，转引自王日根《明清科举制度对民营教育的促进》，《厦门大学学报》（哲学社会科学版）2001年第4期。

② 康熙：《庭训格言》，《丛书集成初编》，中华书局1985年影印本，第64页。

③ （清）李塨纂、王源订：《颜习斋先生年谱》卷下《癸未六十九岁》，中华书局1985年版，第85页。

的学习与实际生活相脱离，"所学非所用，所用非所学"①。即使读书万卷，也是毫无用处。尤其是倡行八股取士后，把士人囿于文字之中，造成"举世无一真德真才"的可怕局面。他说："汉宋以来，徒见训诂章句，静敬语录与帖括家，列朝堂，从庙庭，知郡邑，塞天下；庠序里塾中白面书生，微独无经天纬地之略、礼乐兵农之才，率柔脆如妇人女子，求一腹豪爽倜傥之气，亦无之！"② 所以这种教育是"中于心则害心，中于身则害身，中于家国则害家国"。"误人才，败天下事者，宋人之学也。"他把学校看作培养人才的重要场所，把人才视为治国安民的根本，指出："学术者，人才之本也。人才者，政事之本也。政事者，民命之本也。无学术则无人才，无人才则无政事，无政事则无治平、无民命。"③ 他正确地揭示了学校、人才、治国三者之间的关系，突出了学校教育的重要地位和人才的重要作用。

　　既然人才如此重要，那么究竟应该怎样培养人才呢？他认为，学校里培养出什么人才，朝廷里就有什么人才，"令天下之学校皆实才德之士，则他日列之朝廷者皆经济臣"；相反，"令天下之学校皆无才无德之士，则他日列之朝廷者皆庸碌臣"。可见，他主张学校应当从社会现实出发培养能够治国、平天下的"实才实德之士"，这种人才既要品德高尚，又要有真才实学，是经世致用之人才。通过这类人才的治理实现太平盛世，"俾家有塾，党有庠，国有学。浮文是戒，实行是崇，使天下群知所向，则人才辈出而大法行，而天下平矣"。④ 他的这一理念，表现出一种教育应该崇实戒虚的新取向和新风气。为培养"实才实德之士"，在教育内容上，颜元提出"真学""实学"的主张。他认为："尧舜之道在六府三事，周公教士以三物，孔子以四教。"⑤ 尧舜的"六府"指"水、火、金、木、土、谷"，"三事"

　　① （清）李塨：《平书订》卷6《取士第四》，中华书局1985年版，第49页。
　　② （清）颜元：《习斋记余》卷1《泣血集序》，《颜元集》（下），中华书局1987年版，第399页。
　　③ （清）颜元：《习斋记余》卷1《未坠集序》，《颜元集》（下），第398页。
　　④ （清）颜元：《存治编》卷1《学校》，《颜元集》（上），第109页。
　　⑤ （清）颜元：《存治编》卷1《学校》，《颜元集》（上），第102页。

指"正德、利用、厚生";周公的"三物"指"六德、六行、六艺";
孔子的"四教"指"文、行、忠、信"。这些先贤提倡的"六府三
事""三物""四教"就是他所重视的教育内容,涉及如何维持生计,
如何聚敛财物,如何修身养性,如何与人交往,如何培养基本技能
等。其中"三物"中的礼、乐、射、御、书、数等"六艺"用来培
养学生的礼法、乐舞、射箭、驾车、书法、算法等六种基本才能,被
他认为是教育的核心和根本,是其他教育的基础,说明他把实践教育
提高到道德教育之上。他后来创漳南书院,其特色就在于教育宗旨和
内容与传统书院有根本不同。他制定严格的规定:"凡为吾徒者,当
立志学礼、乐、射、御、书、数及兵、农、钱、谷、水、火、工、
虞。"① 从中可以看出他的教育、学问强调的就是经世致用。书院分
设文事斋、武备斋、经史斋、艺能斋、理学斋、帖括斋等六斋,分门
别类教授各种专门知识和技能。尤其是前四斋,完全是其"真学"
"实学"宗旨和主张最明确、最有力的说明。后两斋因为学习程朱理
学,涉及八股举业之事,只是为了"应时制","俟积习正",后来则
直接予以关闭。他亲手制定"习斋教条",从各斋设置的教育内容来
看,已超越传统儒学当中的理学教育或单纯的"六艺"教育,完全
变成实学教育。比如文事斋和经史斋的科目涉及的是礼乐诗书、天文
地理、章奏诰制等文化知识和造诣,武备斋的科目涉及的是军事知识
和技能,艺能斋的科目涉及的是自然科学技术知识,这些科目增强了
人们学习的兴趣和能力,这些举措推动了教育的发展和进步。有学者
对此评价:颜元的教育"几乎已将当时自然科学和社会科学的所有领
域囊括在内……将诸多门类的自然科技知识列入教育内容,并且分科
设教,这已经蕴涵着近代课程设置的萌芽"②。

在教学方法上,他抛弃宋明书院不言习行的空疏陋习,强调"习
行"教学法,即讲求实用、重视践履的教育方法。他强调教育要

---

① (清)李塨纂、王源订:《颜习斋先生年谱》卷上《乙卯四十一岁》,第48页。
② 章小谦、杜成宪:《中国课程概念从传统到近代的演变》,《华东师范大学学报》
(教育科学版)2005年第4期。

"躬行而实践之"，才能培养"实才实德之士"①，即所有真正有用的知识都取自自己的潜心思考，得益于自己的亲身体验，来源于自己的社会实践，所以，教育的重中之重，就是要进行实践教育，把书院中的学习同现实社会紧密联系起来，在客观实际中求得知识，在现实生活中验证知识，只有通过不断的书本学习和实践活动相结合积累起来的知识才能称为有用的知识；相反，没有和自己的躬行实践相结合的知识是无用的。

总之，连梁启超都对颜元的教育思想大加推崇，称赞他"以实学代虚学，以动学代静学，以活学代死学"②。他的教育宗旨是从经世致用出发，极力提倡"实学""实践"，培养文武双全、德才兼备的通经致用的人才。今人也有美誉，认为颜元的"实学教育思想蕴含着近代学术思想的萌芽，他所提倡的水利、火学、工学等含有科学因素的学科，在当时社会无疑是富有启蒙意义的先进思想。……可以说，颜元的教育思想实开近代教育制度改革的先声"，他"称得上是中国实学教育的先驱"③。他的实用之学主张，是当时社会经济发展在文化教育领域内的反映。

明清时期提倡"经世致用"之学，还可以从这一时期农书、商业书的大量涌现中反映出来。这些书的作者，意识到实践的重要性，多能结合社会实际，把自己的试验、心得和询问得来的经验记录下来，编纂成实用性很强的书籍，从而指导人们进行生产和经营。所以连朱元璋都认为，应该"作务农技艺商贾书"，以此来提高农工商子弟的文化素养和普及农工商知识。他说："其民商工农贾子弟亦多不知读书"，"宜以其所当务者直辞解说，作务农技艺商贾书"④。对从事农、工、商的普通民众子弟来说，因为读书不多，要普及那些与他们从事的行业紧密相关的务农、技艺、商贾等书籍，最好的办法就是用通俗

---

① （清）颜元：《习斋记余》卷1《送王允德教谕清苑序》，《颜元集》（下），第403页。

② 梁启超著，朱维铮校注：《梁启超论清学史二种》，复旦大学出版社1985年版，第24页。

③ 李伟波：《颜元的实学思想与书院制度改革》，《零陵学院学报》2004年第5期。

④ 《明太祖实录》卷21，丙午八月庚戌，第308页。

易懂的语言进行解释，便于他们了解相关基本知识，为将来的谋生奠定基础。在皇帝的旨意下，这类型的书籍得到大量纂修和传播，成为农、工、商从业人员的技能指导教科书，也推动了实业教育的发展。

　　明清农书，洋洋大观，可谓集传统农业的大成。今人王毓瑚著《中国农学书录》，著录明代农书共有一百三十多种，清代农书也有一百多部。综合性农书的篇幅和内容，大大超过前代。从文献引用上看，以明代徐光启撰的《农政全书》和清代鄂尔泰撰的《授时通考》被引用最多。在内容方面，综合性农书如徐光启的《农政全书》、宋应星的《天工开物》等，因为有亲身经验和实地考察，内容都有新增。还有大量有影响的地方性农书，如明代马一龙的《农说》，清代杨屾的《知本提纲》、杨秀元的《农言著实》、吴邦庆的《泽农要录》等，这些地方性农书来自对各地农业实际情况的记载，有一定的心得体会，具有很强的现实性和可操作性，便于深入探讨各地农业的不同特点。单是江南的地方农书就有邝璠的《便民图纂》、黄省曾的《稻品》《沈氏农书》、张履祥的《补农书》、姜皋的《浦泖农咨》、奚诚的《耕心农话》、潘曾沂的《丰豫庄本书》、许旦复的《农事幼闻》等，它们所记述的那种非常精致的农作技术，正是当时江南平原各地普遍使用的技术。[①] 此外，还有一些专业性农书也相当引人注目，如关于蚕桑、果蔬、林木、花卉的经济作物类农书，家禽、家畜的畜牧类农书，鱼、虾养殖的水产类农书，兽医、虫害的医学类农书，气候、气象的天文类农书等，种类繁多，科学实用，书中所记生产经验切实可行，是指导生产经营的手册。

　　其中，《农政全书》和《天工开物》堪称古代农业、手工业科学技术的集大成之作。

　　徐光启目睹"名理之儒士，苴天下之实事"，以致酿成"实者无一存"[②] 的现状，一生为学"务求实用"，志在"率天下之人而归于

---

　　① 李伯重：《有无"13、14 世纪的转折"？——宋末至明初江南农业的变化》，《多视角看江南经济史（1250—1850）》，生活·读书·新知三联书店 2003 年版，第 91 页。

　　② （明）徐光启：《刻同文算指序》，《徐光启集》卷 2，上海古籍出版社 1984 年版，第 80 页。

实用"①。所以他极力提倡实学，致力于经世致用。《明史》称他"雅负经济才，有志用世"②。徐光启最杰出的是农学，他"博究天人，而皆主于实用，至于农事，尤所用心"③。他在吸取前代农书农业知识的基础上，亲自进行农业实验，得出许多宝贵经验，写出大量与农作、农作物相关的著作，最后才编撰完成这部大型农书。该书内容涉及当时农业生产及民众生活的方方面面，除记载传统农业技术外，最大的特色在于农政思想和农政措施。农政措施方面，他大量记载和讨论与国计民生密切相关的开垦、水利、荒政等问题，占了全书将近一半的篇幅，这些内容是以往农书中不大常见的。农业技术方面，因为他有自己种植、引种、耕作农作物的经历，所以有许多实践经验的内容。比如，以前农书中记载棉花栽培技术大都较为简略，他则从当时国家的种植制度及相关的种植技术、增产措施进行了详细记载，提出棉花增产的重要环节在于"精拣核，早下种，深根短干，稀科肥壅"④。从农政思想出发，他还非常热衷于新作物的试验与推广，比如，他亲自试种当时从美洲引进的蕃薯类作物，之后他根据自己种植的成功经验，写了《甘薯疏》一书，用以指导、推广甘薯的种植、加工，因其产量较高，成为备荒的重要农产品。这就使得《农政全书》成为一部名副其实的农业百科全书。此外，他同当时的耶稣会士有许多接触，他把向他们学习得来的西方先进的农业科学技术知识，记载到《农政全书》当中，进一步丰富了内容，增强了科学性。徐光启对后一代苏松文人影响至深。张溥、陈子龙等都尊其为师辈，而光启亦"勉以读书经世大义"⑤。

宋应星的《天工开物》是一部技术百科全书，除农业生产技术外，还记载了大量的手工业生产技术。其特点是图文并茂、注重实

---

① （明）徐光启：《几何原本杂议》，《徐光启集》卷2，第77页。
② 《明史》卷251《徐光启传》，第6494页。
③ （明）徐光启：《农政全书·凡例》，中华书局1956年版，第4页。
④ （明）徐光启：《农政全书》卷35《蚕桑广类·木棉》，石声汉校注，上海古籍出版社1979年版，第975页。
⑤ （明）徐光启：《农政全书·序》，第5页。

际、重视实践。作为一部综合性著作，它所载内容基本囊括了中国传统社会工农业所有生产领域，系统总结了农业方面的丰富经验，全面反映了工艺技术的成就，完整构成了一套工农业生产技术体系。农业方面，主要涉及农作物的类型、种植区域、种植技术、生产工具等；手工业方面，主要涉及工业原料产地、提炼方法、加工技术、生产工艺等。书中的记载来自当时农业、手工业生产组织的实践经验，有具体数据，有精美插图，并配以说明，展示工农业各有关生产过程，生动而真实。书中绝大部分内容是在各地实地调查的资料，丰富翔实，上、中、下三卷各有所记。上卷的侧重点是人们的农业生产活动和日常生活所需，如与吃有关的谷类豆类农作物的种植和盐糖食品的加工，与穿有关的麻棉蚕丝的纺织等；中卷的侧重点是一些轻工业产品的制作，如与住有关的砖瓦制造，与用有关的陶瓷制造，与行有关的车船制造，与劳作有关的农具制造，与文化有关的造纸，与生活有关的榨油工艺等；下卷的侧重点是一些重工业产品的制作，如金属的开采和冶炼，火药、兵器的制造，玉石的采集、加工等。这些生产技术因其全面、细致、详尽、先进，所以到近代还在使用。这一著作是作者讲求实学、实用，重视农业、重视工业，重视一切生产活动的思想的反映，具有珍贵的历史价值和科学价值。

除农业书、工业书之外，这一时期最具特色的就是适用于商业用书的通俗实用读物大量出版。

前面已经提到过，明清社会变迁，思想观念随之发生改变，人们对"工商皆本"的认识日益深化，士商相混的现象较为普遍，商业不再受到歧视，商人不再受到轻贱。在此历史条件下，专门性的日用类商书应运而生，此类书针对性较强，主要就是教导人们如何经商、如何谋生、如何在激烈的商品市场竞争中立足。当时主要的代表性商书有：黄汴的《一统路程图记》八卷，陶承庆的《商程一览》二卷，余象斗的《新刻天下四民便览三台万用正宗》，周文焕、周文炜的《新刻天下四民便览万宝全书》三十五卷，商濬的《水陆路程》八卷，壮游子的《水陆路程》，程春宇的《士商类要》六卷，李德晋的《新刻客商一览醒迷天下水陆路程》，儋漪子的《士商要览》三卷，鼎锲的《商贾指南》，吴中孚的《商贾便览》八卷，崔亭子的《路程要览》二卷，王秉元的《生意世事初阶》，赖盛远的《示我周行》全三卷附续集等。这些商业性书籍，因为适应大批外出经商商贾的实际需要，尤其受人欢迎。它们的编撰渠道不一，有依据自己的经商实践而写，有依据他人的经商经验而写；成书来源不同，有自己亲自动笔写，有请他人代笔；编纂内容多样，有介绍商业往来的水、陆交通，有记载商品生产、交易的流通过程，有记载商品的价格、市场管理的经营规则，有介绍商业经营的方法、条规、准则等，属于经商实用指南，是经商必备之手册，是商业经营的教科书，有利于培养商人的基本知识和基本技能，塑造商人的职业道德和行为规范。因为是当时人记当时事，所以较为真实可靠、通俗可行，成为后世了解明清经商之道的重要资料，从中可以看出当时商人的经商理念、经商思想、经商形式。它们在经商人士中广为刊行和流传，成为明清商品经济发展和商业日趋繁荣的社会现实的反映，说明明清时期经商同其他职业一样，成为人们的正常选择甚至是首要选择。这种社会风气转变的背后，是商人群体自身力量发展壮大，商人群体自我肯定和自我意识觉醒的信息反馈，也是社会发展与商人互动的结果。

针对这一现象，余英时作出这样的评价："商人是士以下教育水平最高的一个社会阶层，不但明清以来'弃儒就贾'的普遍趋势造成了大批士人沉滞在商人阶层的社会现象，而且更重要的是，商业本身必须要求一定程度的知识水平。商业经营的规模愈大，则知识水平的要求也愈高。即以一般商人而言，明清时代便出现了大批的所谓'商业书'，为他们提供了必要的知识。"[1] 这些必要的知识为商贾治生、致富，取得经营上的巨大成功发挥了极大作用。有些商业书的治生经验描绘得相当详细，如《商客一览醒迷》反映的治生之学（术）有：投牙三相，入座试言；心存警觉，防身有术；涨跌先知，壅通预识；守本经营，艺贵专精；乐善好施，好与益多；薄利招财，厚利失

---

[1]　余英时：《中国思想传统的现代诠释》，联经出版事业公司 1987 年版，第 363—364 页。

财；监者启疑，制者取忿等。《生意世事初阶》分析了具体职业所需要的治生之学（术），有学徒的职业技能论，详细到：必须学会官话，必须学会打算盘，必须学会称戥子，必须学会看银水，必须学会写字，必须学会说话，必须学会观察；有店员的生意经，包括：关于银钱支付的技巧，讨价还价术，定价的策略，货款的结算方式的选择等。①

总之，商业书的大量出现是商业实践活动推动的结果，也充分反映了明清时期整个社会重视实用知识的思想与作风。

（二）经世致用的科学价值观

明清时期对实用知识的重视还表现出一种新质，即社会上开始重视和发展科学技术知识，逐步形成经世致用的科学价值观。这主要是伴随着西学东渐的过程产生的。自 16 世纪下半叶开始，西方传教士陆续来华，他们为了在中国站住脚，在传播天主教的同时，还学习汉语，穿知识分子的服装，向知识分子传授西方先进的科学文化知识，以此与知识分子拉近距离。中国的知识分子受他们传授的西学的吸引，开始向他们学习，同他们一道探讨学问、钻研科学技术，西学开始东渐，对明清的知识分子及部分官僚乃至整个社会产生了相当大的影响。当时，接受西学最快就是明清的实学思想家们，因为西方传教士传授的知识与他们的经世主张有异曲同工之处，所以他们一直积极响应，站在时代前沿，同西方传教士一起引进、翻译与宣传西方的科学技术知识，由此，西文的天文历法、地理测量、物理数学、机械制造、医学生物、历史哲学、文学艺术等大量知识得以传入中国，带来了中国社会的相应变化。"西方传教士对西方自然科学知识的介绍，使中国固有的文化结构和思维模式发生了重大变化，中国文化重道德伦理、重修身养性，轻自然科技等特点决定了中国文化自先秦以来几乎一成不变的发展理路和格局随着西方科学知识的传入被打开了一个缺口，它使中国知识界在孜孜沉浸于儒家经典的同时，开始接触和吸纳西方的一些新知识、新思想、新领域，扩大和丰富了中国文化的内

---

① 邹进文：《明清商业书中的治生之学》，《北京商学院学报》2000 年第 1 期。

容和内涵。"① 传教士与中国知识分子互相合作、互相促进，让国人在一定程度上吸收西方知识、了解西方技术，知道中国之外还有其他世界和文明的存在，这无疑对他们的观念形成巨大的冲击，促进了中国传统知识体系的变更，促使人们的传统思想观念开始向近代发生转变，对于明清之际诸儒经世致用思想的进一步发展有着重大影响。"由利玛窦为代表的耶稣会士群体所传播的西方学术，给传统中国哲学在天道观、认识论和方法论方面所带来的具有近代气息的影响及其引起的相应气质的变化"，有的学者把这种变化称为"前近代启蒙"。②

在此之前，传统社会一直重伦理道德而轻科学技术，将科学技术斥为"奇技淫巧"，正如李之藻所说，"士占一经，耻握从衡之蒜，才高七步，不娴律度之宗；无论河渠历象，显弐其方，寻思吏治民生，阴受其蔽"③。再加上以"天朝上国"自居的自大心理，瞧不起西方的科技文明，所以缺乏与西方的广泛交流。当时最著名的传教士利玛窦对中国社会有很深刻的认识，他说："他们不知道地球的大小而夜郎自大，所以中国人认为所有各国中只有中国值得称羡。就国家的伟大、政治制度和学术名气而论，他们不仅把所有别的民族都看成是野蛮人，而且看成是没有理性的动物。他们看来，世上没有其他地方的国王、朝代或者文化是值得夸耀的。"④

以西学东渐为契机，一些有识之士摆脱了自大心理，不再以传统的"蛮夷"观念来看待西方世界，对西方产生了浓厚兴趣，对传教士传入的西方知识有了积极回应，他们开始转变中国传统文化和传统教育中重人伦轻物理，尊道贱艺，重视学习修身养性之学，轻视自然科学的研究和探讨等陈旧的观念和意识，认为程朱理学导致读书人"束书不观，游谈无根"的不良现象，应该予以批判，从实用性的角

① 王杰：《明清之际：思想的冲突、批判与创新》，《理论学刊》2003 年第 3 期。
② 苏志宏：《论中国哲学的前近代启蒙》，《文史哲》2002 年第 1 期。
③ （明）李之藻：《同文算指·序》，中华书局 1985 年影印本，第 2 页。
④ 何高济等译，何兆武校：《利玛窦中国札记》，中华书局 1983 年版，上册，第 181 页。

度来读书，"凡天文、地理、兵农、水火及一代典章之故，均在探究之列"①，兴起经世致用之学。"在新的实学价值取向下，科学技术被作为经世之学而接纳。"受西学影响较深的士大夫们，热烈赞扬西学的务实精神，树立起经世致用的科学价值观，承认科学技术的价值，作出了理论说明。"人富而仁义附焉，或东西之通理也。"人的道德精神与伦理行为是建立在物质基础之上的，而物质生活的提供恰是科学技术的任务。"道之精微，拯人之神；事理粗迹，拯人之形。器虽形下，而切世用。……因小识大，智者视之，又何遽非维德之隅也！"至此，儒学理性的领域已由德性之知扩及广义的科学知识。科学的含义则由具体的"器"和"技"上升为"道"，开始影响国人的思维方式和价值取向。②与之相适应，科学知识日益受到重视，教育明显向实用方面倾斜，经世思潮兴起，向学界注入一股新风，造就了明清时期科学事业的辉煌成果。

晚明接受西学并对后世有较大影响的有徐光启、李之藻、朱载堉、方以智等。

一方面，他们接受西方的天文、历算、机械、地理、农学等，热衷于翻译、介绍西方科技、天文历法方面等科技著作，为西方科学技术的传播做出重大贡献。他们提出"欲求超胜，必先会通；会通之前，必先翻译"③的口号，对"有益世用"的图书"渐次广译"，积极推广和传播西方自然科学成果，试图以"西学"来开启民智，纠正中国学术的弊端，从西方科学技术那里找出一条富国强兵的道路。在他们的引领和示范作用下，大量的西方科学技术知识得以引进中国，西学得以东渐。

另一方面，他们以开放的眼光接受和吸收西方科技文化知识的同时，也以科学的精神、求实的态度对中国的传统科学技术进行考

---

① （清）顾炎武：《亭林余集·三朝纪事阙文序》，《四部丛刊初编》，商务印书馆1936年影印本，集部，第339册，第152页。
② 施威、王思明：《晚明学人的科学思想及其历史意义》，《南京农业大学学报》（社会科学版）2006年第2期。
③ （明）徐光启：《历书总目表》，《徐光启集》卷8，第374页。

察、总结，凡与中国现实社会联系比较紧密、关系国计民生的天文历法、农田水利、工艺制造、兵器兵法、屯田盐政等问题，他们都身体力行，亲自学习，运用数学语言、崇尚实证、实验科学方法进行积极研究，寻求西学与中国传统文化的结合，力求"会通"，利用西方的先进科学技术，发展农业，繁荣工商业，希望由此振兴国家，"超胜"西方，极大地推动了中国古代科学技术文化的发展，在农政、地质、技艺、医药、音律、历算等领域内有不少建树。如徐光启的大型农书《农政全书》及他与传教士合作编的《崇祯历书》、宋应星的科技著作《天工开物》、徐霞客的地理游记《徐霞客游记》、潘季驯的河工专著《河防一览》、屠本畯的水产书《闽中海错疏》、李时珍的药学著作《本草纲目》、吴有性的医学著作《瘟疫论》、朱载堉的乐舞律历类书《乐律全书》、方以智的百科全书著作《物理小识》、王锡阐的天文历法专著《晓庵新法》、梅文鼎的大量天文历算著作、程大位的数学著作《算法统宗》等的问世，标志着中国古代科学技术发展达到一个新的阶段，取得令人瞩目的成绩。而且他们在研究著述中所体现的实事求是的科学思想和唯物主义的世界观，开阔了人们的眼界，从而促使了科技、经济及思想文化上的近代化萌动。

西方传教士输入的主要是希腊科学，与近代科学理论和方法尚有差距，但它确实让中国的知识分子开始睁开眼睛看世界，这对于中国传统的士大夫来说，因为一直学习"四书""五经"，一直追逐科举考试，没有类似西方科学知识所建立起来的公式、公理、系统、符号等概念，所以深受这些知识的吸引，对西方的科学体系充满好奇。中国士大夫们积极学习和吸收西学的科学知识，把它们与"经世致用"的观念相结合，关注国计民生，使科学进入人们的视野。其中表现最为突出的就是徐光启，他"以天下为己任"[①]，竭力提倡"生平务有用之学"，梁启超称他为务实派的代表，"此派所揭橥之旗帜，谓学问有当讲求者，在改善社会增其幸福，其通行语所谓'国计民生'

者是也。故其论点,不期而趋集于生计问题"①。徐光启在务实精神指引下,开风气之先,成为中国学习西方科学技术知识的排头兵,他非常乐于与传教士交往,通过学习交流,他对中国传统科学技术知识有了深入认识,认为中国科学技术要取得进步,只有在原有的基础上,借鉴西方的科学技术,才能利用科技来改变中国已经落后的现状,最终实现富民强国的愿望。他同很多传教士都有合作,比如与利玛窦合译数学著作《几何原本》和《测量法义》,与熊三拔合译水利著作《泰西水法》等;他将"器虽表下,而切世用"的《泰西水法》编入《农政全书》,专门论述农业水利机械;他主持的太史局开始用望远镜观测天象;他会通中西历制,"容彼方之材质,入大统之型模"②,利用西方天文学和数学的知识,主持编修《崇祯历书》,对改造传统历法贡献极大;他还力主军工火器"尽用西术",以实现"富国强兵";他极力呼吁"富国必以本业,强国必以正兵"③,对于国家的富裕来说,必须依赖于农田水利事业的发展,对于国家的强盛来说,必须依赖于军事国防事业的发展。他尤其重视农业,"至于农事,尤为用心",认为农业能发挥基础性作用,"资兵农之用,为永世利"④。

应该说,西学东渐更多的是使中国士大夫普遍对经世致用之学产生了浓厚兴趣,西学的传入成为一个契机,他们认为西学正好能发挥改革社会弊病、促进社会进步的作用,所谓的"远西奇器"并没有作为"奇技淫巧"而遭到排斥,反而因其实用价值得到他们的广泛认可,使"经世致用"之学成为贯穿明清整个社会变革的主脉。徐光启编写《勾股义》的目的,就是用于"西北治河,东南治水利,皆目前救时至计"⑤。王征翻译《远西奇器图说录最》的原因,也是"兹所录者,虽属技艺末务,而实有益于民生日用,国家兴作甚急也"⑥。

① 梁启超:《清代学术概论》卷33,中华书局1989年版,第93页。
② (明)徐光启:《历书总目表》,《徐光启集》卷8,第374页。
③ (明)徐光启:《复太史焦座师函》,《徐光启集》卷10,第454页。
④ (明)徐骥:《先文定公行实》,第560页。
⑤ 徐宗泽:《明清间耶稣会士译著提要》,中华书局1989年版,第273页。
⑥ 邓玉函口授,王征译绘:《远西奇器图说录最·序》,清道光十年重刊本,第9页。

当时国家危急，社会问题突出，凡是对国计民生有用的，他们都想借鉴，他们认为可以用书籍当中记载的科学技术知识来推动农业、工业、商业的发展，积累财富，因为书中"内载耕织造作炼采金宝，一切生财备用秘传要诀"，"于民生财计大有利益"。人们只要掌握这些技术，就可以从蕴藏着丰富物质资源的自然界中获取相应的生产资料和生活资料，"天覆地载，物数号万"，"夫财者，天生地宜，而人工运旋而出者也"。① 这种"经世致用"思想，无疑有利于推动整个社会对科学的重视，有助于社会的发展和进步。

西学还逐渐渗入学校教育之中。一些有识之士已经意识到，当时只会诵读、照抄儒家经典的传统教学模式，只会灌输、讲解儒家伦理道德的传统教学方法，已经适应不了变化中的社会，必须对传统儒学教育进行改革。改革的核心内容就是按照西学学科体系设置教学科目和内容，所以一些新型的学科被引入传统教学内容之中，比如与天文历法相关的天文学、气象学，与农田水利相关的水利学，与大型工程相关的建筑学、测量学，与军事实力相关的机械制造学、力学，与经济财政相关的会计学、与身体健康相关的医学等，皆因其实用而备受推崇，要求传授给学生，这使整个教学内容趋向于实用，有利于国计民生。这种趋势影响到统治者，比如崇祯二年（1629 年），为编撰与农业生产密切的历法、了解西方的天文学，朝廷专门下令，要求读书子弟学习西洋历法和天文知识。所以，有学者指出，"这一时期，西方科学知识的教育和启蒙思想的教育虽没有取代儒学教育的地位，但其对科学技术发展的积极作用已远远超过了儒学教育"②。

当然，我们应该看到，西学是由传教士所垄断并被动输入的，传入的科技只在社会上层一部分学者中传播，不可能产生强大的影响，范围也仅限在天文、数学和测绘地图等方面，在解决历法计算等问题之后就再也不思进取，而其他科学技术则基本上被湮没和融合在传统

① 邱峰：《宋应星与〈天工开物〉》，中华书局 1981 年版，第 35 页。
② 姜国钧：《略论中国古代教育与科学技术的兴衰波动》，《科学技术与辩证法》1996 年第 2 期。

文化之中。因为这些变革的呼声和新的见解，最终又被纳入传统的思想框架体系当中，用"新瓶"装了"老酒"，其内涵并没有发生质的变化。"人们都用与古代涵义相应的概念来表述意见，所以很少能看到我们在同一时期欧洲所发现的那些新的和多样化的见解。……在社会秩序的观念上，更多的是一种可以上溯几个世纪的连续性。"① 并且，中国社会从上至下，都是把科学知识最终停留在有"用"的技术层面上，用之于道德和政治的统治与教化。士人们对西方的科技多是出于实用与好奇的动机而研习和赏玩，统治者除了注意西方火器制造技术外，对其他方面并未认真地学习和应用。在处理传入的西学同传统儒家伦理纲常之间的关系时，就算站在时代前列的知识分子，也未能认识到西方科学技术知识对社会生产发展所具有的巨大推动作用，也未能体味到西学背后蕴藏的文明内涵，在他们看来，传统儒家伦理纲常才是当时社会正常运转不可动摇的根本，对西方科学技术知识只能利用其实用功能的一面，所以他们即便对西方科学科技知识抱着包容的态度，也只是把它们放在他们的政治目标与道德趋向之下，用儒家的价值观和世俗的功利性来操作、使用、改造这些知识，不可能从真正意义上用西方科学科技知识来改变中国，这导致中国失去了利用西方科学技术知识实现社会转型的一次历史机遇。对此，梁启超有言："我国数千年学术，皆集中社会方面，于自然界方面素不措意，此毋庸为讳也。而当时又无特别动机，使学者精力转一方向。"②

有学者就说，"西方科技知识的传入，在中国历史上占有重要地位。但总体效果并不理想，它本来有可能推动中国的科学技术走上近代化的道路，结果却没有，充其量不过是一次'不圆满的交流'"③。西学东渐所传入的新知识虽然在一定程度上让知识分子甚至皇帝开了眼界、有了兴趣，推动了中国传统科技的进步，但没有动摇其根基，没有激活其动力。

① ［美］王国斌：《转变的中国——历史变迁与欧洲经验的局限》，江苏人民出版社1998年版，第190页。
② 梁启超：《清代学术概论》卷9，东方出版社2012年版，第26页。
③ 张云台：《明末清初西方科技输入中国之管见》，《科学学研究》1995年第2期。

第六章　明清民本思想解析

　　明清时期，伴随着专制政治危机的深化、商品经济的活跃，以农、以工、以商等不同途径致富的富民阶层日益发展壮大，推动中国传统社会结构的整体发展变迁，促进政治、经济、文化、思想、观念、生活等社会各个构成要素的相应变化。尤其是明末清初剧烈变迁中的社会需求及其意识，给思想家带来思考的根本动力，使得他们不再沉湎于空谈，而是把关注的目光投向社会、投向现实，思想的发展变化与社会现实紧密联系起来，批判精神得到空前强化。社会的发展与变迁在一定程度上促进与滋长了人们对于中国传统民本思想的重新审视。

　　正如有的学者指出的那样，"社会思潮的形成与发展往往具有上下互动的特点，有悠久的历史渊源和广泛的社会基础"①。明清时期民本思想的发展就是如此。明清民本思潮中盛行的"重民论""养民论""富民论"和"教民论"，是以传统的"民本"为旗帜，同时，因为当时社会发展的客观要求，它被新的时代内容所改变，提出新的核心命题和概念范畴，实现传统价值观念的突破和转向。这就使得它既继承悠久的民本传统，极大地充实和丰富传统民本思想的内容，又因为上下互动，在明清时代的社会实践中发生嬗变，在这种嬗变背后，有其广泛的社会基础。

　　明清时期是传统民本思想发展的最后时期，这一时期，思想家对

---

　　①　刘泽华、张分田：《开展统治思想与民间社会意识互动研究》，《天津社会科学》2004 年第 3 期。

传统民本思想进行理论升华，使民本思想达到历史的最高水平。一方面，它"继续沿着历史的惯性向下延续"，是发展最成熟的时期，达到民本思想的高峰。另一方面，"虽然官方大唱民本高调，但在现实生活中，全然是尊君、重官和轻民倾向，'民本'只是政府的纸上空话"，它已经"走向穷途末路"。"民本思想走向末路的事实，激发了正义思想家进行改造的志向。他们或把民本思想从'民本—尊君'的体系中剥离出来，全面倒向左翼，强烈抨击君主专制制度，否定君主存在的合理性，从而成为中国传统社会中的'异端'思想——无君论……或者在民本思想的基础上，加以全面的改造和创新，既肯定君主制度的存在，又反对任何专制君主，如黄宗羲、唐甄等在抨击君主专制、强调万民地位中形成的'新民本'思想。"① 在传统民本思想走向末路时，"新民本"思想应运而生。

第一节　明清民本思想的历史定位
——继承与嬗变

思想文化形态的发展演变有一定的规律可言，其历史发展的因袭性和变革性经常交织在一起，尤其是民本思想，既源远流长、深入人心，又紧跟时代、随机而动，表现出强大的生命力和影响力，在任何时代都有其广泛的适应性和灵活的变异性。具体到明清时期民本思想的渊源来看，有一种从前到后的继承关系，它从以前的思想资料中吸取营养，在某些方面重申传统民本思想的观念，使之不断丰富、完善和发展。同时，它又应时代发展而动，针对社会发展的新情况，一些进步的思想家，以其胆略和卓识，敏锐地观察时政，紧紧把握时代脉搏，对传统民本思想进行加工和改造，赋予其新的含义，在某些方面则是予以批判、革新和突破，发出代表时代进步的呼声，提出许多独到的见解，使民本思想不断更新，表现出新的活力，显示出一种新的时代

---

① 冯天瑜、谢贵安：《解构专制——明末清初"新民本"思想研究》，湖北人民出版社 2003 年版，第 53—59 页。

精神的萌动，而且拉开从古代向近代民本思想变迁的序幕，成为民本思想发展史上的一个不可或缺的重要环节和组成部分。可见，明清民本思想既有对历代民本思想精华、成果的继承和延续，又在此基础上结合时代特征进行创新和变革，是二者的辩证统一，从而把民本思想大大地推向前进，成为"从传统民本到新民本的突破性尝试"①。

　　关于明清"新民本思想"出现，已经有不少学者关注到，并作出一定的评价："'新民本'思想是传统民本思想的革新形态，是明末清初（即 17 世纪前后）由黄宗羲、唐甄为代表的思想家在传统民本'重民—尊君'的政治模式基础上创建的以'重民—限君'为模式的政治理念和思想形态，其主张是强调万民'自私自为'的利益，强烈抨击君主专制制度及其罪恶，要求建立限制君主权力的政治制度。是先秦以迄唐宋民本传统的创造性继承和发展，是在世界政治从专制趋向民主的大背景下，中国社会内部迎合历史潮流出现的具有近代性因素的思想观念。"② 这一认识有助于我们了解"新民本"思想的本质特征和历史地位，它是对传统民本思想创造性的继承和发展，从而成为具有"近代性因素"的思想观念。

一　明清民本思想对传统民本思想的继承

　　明清时期，统治者中的精英一直认同民本思想的积极因素和时代精华，充分肯定和重视民的价值，他们坚信，统治者唯有主动地尽心尽力为民服务，才能获得民众的认同，民众的归顺是支撑起政权合法性的坚固基石。所以，他们继承和发扬传统民本以民为本、尊重民意、养民安邦、教民顺从、民富国强等核心思想，在很大程度上同情广大民众的处境，关注民生，并在社会政治实践活动中，坚持不懈地施行一系列"重民""养民""富民""教民"政策和措施，多多少少地顾及"民"的利益，在一定范围内和一定程度上达到民生安定、国家安宁的目的，对当时社会的发展无疑地起到积极

---

　　① 唐凯麟：《中国明清时期伦理思潮的早期启蒙性质论纲》，《道德与文明》2002 年第 2 期。

　　② 谢贵安：《试论明末清初"新民本"思想》，《江汉论坛》2003 年第 10 期。

的推动作用。

明清民本思想对以往的继承，主要体现在帝王和所谓"精英政治家"的统治言论、思想和政治实践之中。他们从民本的角度，提出一切为"民"的"设君之道""养民之道""富民之道""教民之道"等，它们是传统民本思想中的基本要素，对统治者有一定约束力，弥补了专制集权统治的某些不足。

一是"设君之道"。既然君主为民父母，他就必须关爱民众；既然立君为民，他就必须养育庶民，否则他就辜负天命，违背道义，失去为君的资格和条件。要确保"以民为本"，必须正视君主对民众的依赖关系，提出重视民众，强调民为社会的基础，立君为民，这是自三代迄明清公认的"设君之道"。在明清文献中，"天之生民，非为君也。天之立君，以为民也"① 这类说法很常见。明清统治者为维护统治的需要，在传统的重民思想基础上，立足于国家安定、统治长久、社会发展的考虑，认识到君主的地位有赖于国之存亡，国家的盛衰系于民之苦乐，从上至下都以安民为务。吕坤说："天下之民，皆朝廷之民，皆天地之民，皆吾民。"既然天下的百姓都是朝廷的百姓，都是在天地间生长的百姓，那么，君主所要做的，就是"因天地自然之利，而为民开导搏节之；因人生固有之性，而为民倡率裁制之。足其同欲，去其同恶。凡以安定之，使无失所，而后天立君之意终矣。岂其使一人肆于民上，而剥天下以为自奉哉！"② 这说的是"设君之道"问题，做君主要遵守的规则并没有很特别的，关键是要根据大自然提供的条件，去引导百姓开发利用并节约资源；根据人固有的性情，提倡人们的正当要求，抵制过分的要求，满足大家都有的欲望，去除大家都厌恶的思想行为，使百姓安定，不要流离失所，只有这样去做，上天为民立君的意图才算达到。所以君主所作所为一切要以民为本，不能使一个人高居于百姓之上而剥夺天下百姓来满足个人的私欲。

---

① （明）吕坤：《呻吟语》卷5《治道》，岳麓书社2002年版，第845页。
② （明）吕坤：《呻吟语》卷5《治道》，第845—846页。

二是"养民之道"。在整个人类发展历史上，自社会产生以来，民生就是社会发展矛盾的集中反映。民生问题，自古就是一个重要的社会问题，无论哪一个人生活在哪一种社会，都离不开吃、穿、住、行，只有解决基本生存问题，才可能去考虑发展问题。明清时期，民生问题被民本思想家们充分考虑。被誉为万历年间天下"三大贤"之一的山西巡抚吕坤，对地方官的养民责任有深刻的认识，他说："惟守令，人称之曰父母，父母云者，生我养我者也，称我以父母，望其生我养我者也。"州县长官要以父母养育子女的责任心来对善待民众，无微不至，细心周到。他指出："使四境之内，无一事不得其宜，无一民不得其所。深山穷谷之中，无隐弗达，妇人孺子之情，无微不至，是谓知此州，是谓知此县。"① 唐甄说："诸司庶事，内宫外庭，凡有所事，皆为民也。茅舍无恙，然后宝位可居；蓑笠无失，然后冠冕可服；豆藿无缺，然后天禄可享。"② 就是说，各级政府、宫庭内外要做和应做的大小事务，都应从民的角度出发，首先民众要有草房可以居住，然后君主的皇位才可以坐稳；民众要有蓑衣草帽，然后才有皇帝的皇冠龙袍；民众不缺米豆野菜，然后才有官吏们的俸禄享用，即要先解决民众安居、穿衣、吃饭问题，统治者才能保其位、享其用。直到清末，沈家本仍认为"政令之烦苛，而民生贫困"是犯罪的根源，养民教民才是"治本"之道。"止奸之道在教养，教养之不讲而欲奸之格也，难矣哉。"③ 所以，统治者应以养民理念为指导，爱惜民力，轻徭薄赋，赈灾济民，鼓励垦荒，解决人们的生计问题，提供多方面的社会保障。

三是"富民之道"。钱财与地位，是每个人都想得到的，明清民本思想以富民为出发点，强调求富的传统，给民众予实际的利益。对一个好的统治者来说，应该做到关心人们的利益，这样做的结果也符合统治者的利益。因为国家的兴衰与民众的利益是一致的，民众富

---

① （明）吕坤：《新吾吕先生实政录七卷》，"知州知县之职"条，《官箴书集成》，黄山书社 1997 年版，第 1 册，第 423 页。

② （清）唐甄：《潜书·明鉴》，中华书局 1963 年版，第 109 页。

③ （清）沈家本：《历代刑法考·刑法分考五》，中华书局 1985 年版，第 166 页。

裕，国家也就富足，社会也就安定。所谓"民贫则国不能独富，民富则国不能独贫"①，"立国之道无他，惟在于富"②。治理国家，最根本的就是要使人们富裕。统治者要在满足人们基本生存的前提下，实施一系列"富民""利民"的政策，如休养生息、以农为本、使民以时、轻徭薄赋、节用裕民等，以增加人们的财富，导民生财。所谓"善理财者，不病民以利官，必生财以阜民。前代理财窃名之臣，皆罔知此道，谓生财裕国，惟事剥削蠹蚀，穷锱铢之利，生事要功。如桑弘羊之商贩，杨炎之两税，自谓能尽理财之术，殊不知得财有限，而伤民无穷。我国家赋税已有定制，撙节用度，自有余饶。减省徭役，使农不废耕，女不废织，厚本抑末，使游惰皆尽力田亩，则为者疾而食者寡，自然家给人足，积蓄富盛"③。富民之道，就是要为民理财。善于理财的人不能使百姓穷困而让官府获得利益，必须生财以富民。前朝那些有理财之名的大臣，都不知道其中的道理，说是生财富国，实际上是为追求细小的利益，向君主邀功请赏，而损害百姓的利益。比如桑弘羊的均输法、杨炎的两税法，自以为是理财的最好办法，结果却是得财有限，而伤民无穷。正确的做法是把赋税固定下来，然后节约费用，自然就会有富余；再减轻徭役，使农民不停止耕作、妇女不停止纺织，重农抑商，使那些游民或懒惰之人把力气都用在土地上，这样，大家都积极地去耕作，吃闲饭的人变少，自然就家给人足，积蓄富盛。

四是"教民之道"。通过教育并进行科举考试是隋以后各个王朝选拔官吏的非常重要的途径，在中国传统社会中占有相当重要的地位。所以，明清时期非常重视学校教育与科举取士，借此培养符合统治者所需要的人才。学校在明清时期的普遍设立，正是统治者重视教化的反映。统治者提倡用伦理道德、礼制礼仪、文化教育等方式教导民众、引人向善、感化天下，以此加强统治，安定秩序。"天下之安

---

① 《明太祖实录》卷253，洪武三十年五月壬子，中华书局2016年影印本，第3649页。
② （明）唐甄：《潜书·原本》，第114页。
③ 《明太祖实录》卷177，洪武十九年春正月戊午，第2681—2682页。

危系于风俗，而正风俗者必兴教化。"① 兴教化是正风俗的根本要务，正风俗是维系统治安危的根本要务。因为道德教化、思想控制、价值观念对国家统治和社会发展所发挥的作用是多方面的，它提供了一种积极的规则、规范教育和舆论、民情导向，从个人到群体，从家庭到社会，都以此为修身养性、治国平天下的重要思想武器，这既是官方层面的价值要求，也是民间层面的行动标准，所以"教民之道"成为官与民紧密联系的重要纽带，地方官员对民众的道德教化责任重大。陈宏谋指出："地方官勤政秉公，体民心以己心，筹民事如家事。官有平政理讼之实功，民自收移风易俗之实效。教养出其中，化导亦出其中。"② 地方官按这些原则体谅民心，处理民事，是达到"社会和谐"理想状态的关键。

总之，历史上主张"重民""养民""富民""教民"的民本思想，要比"轻民""瘠民""暴民""愚民"的思想进步得多，而且历史也客观地证明，只有民本问题解决得好，才能带来一个个盛世。在传统民本思想的影响下，明清那些具有战略眼光、政治智慧并取得卓越治理业绩的优秀政治家，尤其是那些被称为"亲民之官"者，他们继承并发扬这一光辉思想，掌握"以民为本"的统治理论，在坚持以民为本这一总原则下，通过以民为基，以食养民，以利惠民，以礼教民，遵守得民之道、治民之道、养民之道、富民之道、教民之道，综合运用各种手段，对社会现实抱有着强烈的关怀或具有丰富的实践经验，亲身力行，最终为安定民生、发展经济、富裕百姓、稳定统治起到很好的表率作用，为人心控制、政治统治、君主专权、王朝秩序披上一层合法的、道德的外衣。可见，传统民本思想的确有精华可言，它作为社会的主流意识形态，维护了统治者的利益，成为中国传统文化的优良部分。在民本思想指引下，民对君负有义务，君对民负有责任，义务与责任的结合使得古代中国在专制制度下最大限度地

---

① （清）管同：《因寄轩集初集》卷4《拟言风俗书》，《清代诗文集汇编》，上海古籍出版社2010年版，第532册，第290页。

② （清）陈宏谋：《手札节要·寄熊绎祖书》，张原君、陶毅编《为官之道——清代四大官箴书辑要·牧令书》，学习出版社1999年版，第29页。

实现统治者与被统治者的和谐共存。强调以民为本、以社会为重，关注民众利益，在一定程度上反映人们的愿望和要求，它有着强大的凝聚力，维护了社会的秩序，敦厚了人与人的关系，从而推动了国家兴旺、天下太平。所以传统民本思想是安邦治国、长治久安的大本大源，有着持久的生命力，它在明清时期同样发挥着重要的作用，其中不少精华之论甚至可以为我们今天的社会提供借鉴。

二 明清民本思想对传统民本思想的超越

明清时期的民本思想又并非对传统民本思想简单地继承，而是在继承的基础上有所发展、完善和改造。尤其当传统民本思想的局限性和消极面表现得越来越明显、越来越不能适应整个社会的发展变化时，它必然受到挑战，并开始发生嬗变。明清民本思想发展的重心，不在于对传统民本思想单纯地继承，而在于对传统民本思想的超越和嬗变。所谓"新民本"思想就是这种超越和嬗变的结果，它既是当时现实社会的产物，具有非常强烈的时代气息，同时也是以先驱者传下来的传统民本思想为出发点，进一步改造的结果。这一时期，经济的繁荣和政治的腐败并存，对人们的思想观念形成强大冲击。一方面，随着经济的发展繁荣，富民阶层日益发展壮大，反映他们要求和利益的言论越来越多，"经世致用""利用厚生""实利功效"成为思想家们的主要思想取向，成为中国传统社会意识形态的核心，这必然反映到民本思想当中来。另一方面，中央专制集权制度在明清时期被推向极端，以致最后走向它的反面，衰落腐朽，必然会促使那些关心民众疾苦、有眼光的思想家、政治家逐渐觉醒，开始对旧的传统进行清算，出现对君主专制主义的否定和反叛。他们利用民本思想来反对皇权至上的专制主义统治，从而使中国传统民本思想展现出新生的曙光。

从 16 世纪开始，传统的自给自足的自然经济开始分化，手工业、商业与农业越来越并驾齐驱，新兴的工商业市镇经济极为繁荣，财富力量崛起并日益占据主导地位，他们因勤劳努力而起家，因聪明才智而致富，因商品意识而得势，所以他们的个体价值、自主意识和平等理念得以表现，原动力、生命力和创造力得以发挥，生存权、财产权和发展权得以关注，这进一步促进了商品经济的发展以及社会观念的转换。社会价值观念由重道德价值向重物质价值、由重群体价值向重个体价值转变，利益是一切价值的根源，也是道德价值的根源。面对时代的剧变，要解决当时社会所面临的现实问题，这激起有识之士的思考，也促进民众意识的觉醒，古老的"民惟邦本"思想，在新形势下得到延伸、发展和超越，"新民本"思想应运而生。

明清新民本思想是适应时代需求的新的思想火种，并适时地为其披上时代的外衣。很多有识之士依据现实意识和实用要求，从一切有利于民众生活安定、保护民众的利益出发，自发地、不自觉地提出多方面的主张，掀起一股反传统的思潮。针对君主独裁天下，他们以天下"为万民，非为一姓"来反驳；针对君主专权统治，他们以"以天下之权，寄之天下之人"来反驳；针对君主贪婪腐败，他们称君主为"天下之大害"①；针对君主凶残无道，他们说"凡为帝王者皆贼也"②。为谋求社会发展，他们提倡基层自治；为谋求社会地位，他们宣扬平等；为谋求经济发展，他们强调工商皆本；为保障民众生存，他们肯定"人欲"正当；为谋求民众富裕，他们坚持"义利并重"。最为突出的是，他们将"富民"这种行为和"富民"这个阶层提高到重要的地位，提出"正其谊以谋其利"③，主张富民是"国之司命"④，公然为财富呐喊，为富民出声。总之，他们主张的"以民治民""以民养民""以民富民""以民教民"等概念，成为民本思想嬗变的典型表现。

这些典型表现就是"新民本"思想中"新"之所在，这种"新"，是在传统民本思想重民、养民、富民、教民体系下进行的创新、超越，突出反传统精神和商品经济发展的时代特征，较为全面系

---

① （清）黄宗羲：《明夷待访录·原君》，中华书局1981年版，第2页。
② （明）唐甄：《潜书·室语》，第196页。
③ （清）颜元：《四书正误》卷1《大学》，《颜元集》（上），中华书局1987年版，第163页。
④ （清）王夫之：《黄书·大正第六》，中华书局1956年版，第28页。

统，所波及的内容几乎涵括传统民本思想的方方面面。重民思想的嬗变具体表现为公天下论、平等论、限君论、"以民治民"论；养民思想的嬗变具体表现为"治生为要"论、"以民养民"论；富民思想的嬗变具体表现为崇私论、义利并重论、工商皆本论、保富论；教民思想的嬗变具体表现为"以民教民"论，从重教化到重知识。这些命题为很多有识之士所倡导，成为民本思想演进的一种标识，对后世影响很大，与商品经济发展、富民阶层崛起的过程相一致，成为民本思想嬗变的重要特征。

重民思想方面，思想家们以民本主义为武器，猛烈抨击和多方限制君主、君权和君主专制制度，形成一股思潮，这是"新民本"思想表现最为突出的领域。一般说来，传统民本思想并不否定君主制度；相反，它还强调维护君主制度。"民本论有一个'君为民主——民为国本'的理论结构。"[①] 而明清新民本思想已意识到君主制度本身存在权力独裁的潜在危害和弊端，因此对专制体制下的专权君主要猛烈抨击、严加防范，甚至要予以取缔。以前的思想家即便有对君主的批判，这种批判大多也是对君主"个体"的批判，诸如"暴君""独夫"或导致亡国的"孤家寡人"等。这时则不然，批判的对象已经是君主群体以及君主制度。新民本思想还提出改革君主制度，调整君主权力。如他们提出"公天下"的主张，就是抨击专制君主的"私天下"，反对君主把天下当作一家一姓之产业，强调"天下是天下人的天下"；改变"上之所是必亦是之，上之所非必亦非之"的传统观念，开始提出"以天下之是非为是非"和"公其是非于学校"的主张；强调万民"以天下为己任"的社会意识，喊出"天下兴亡，匹夫有责"这句千古名言；倡言圣凡平等、贵贱平等、君民平等、君臣平等、四民平等等，体现对民、对人的主体地位的认知，从而建立起具有平等观念、个性自由等特点的思想体系；非君思潮开始大量涌现，斥责帝王为"独夫""民贼""祸害"；大胆地阐述天下万民与君

---

① 张分田：《从民本思想看帝王观念的文化范式》，《天津师范大学学报》（社会科学版）2004 年第 1 期。

主的关系为"民主君客";提出一系列的分权主张和具体的政治设计蓝图,试图以君臣共治、学校议政、地方分权来限制、分割君主的权力;让地方基层社会广泛存在的粮长、老人、宗族、乡约等充分发挥自我管理、自我治理作用,以民治民,其治必善。这些主张将民权最大化,将君权限定在最小化的程度上,从而触及传统民本思想的要害,突破传统民本思想中"民本"总是与"君本"紧密相连的局限,将民本主义推进到极致。作为一种历史性的尝试,它透露出当时社会变化的新的信息。这些命题切中要害,虽然没有完全抛弃君主制度,只是对君主制度的修正,但它已经显露出民众的一些重要地位和民众的一丝权利意识,蕴含着一定的民主气息,已有了向近代民主转换的萌芽,表现出对传统民本思想的超越。正是通过批判与传统民本思想相辅相成的君主和君主专制制度,才将民本思想之精华分解出来,从而走向新民本思想。它流传于后世,在思想界产生很大的影响,后来又被清末的思想家作为武器冲破思想禁区,探索走向近代社会的途径。黄宗羲的《明夷待访录》是新民本思想理论的代表之作,他提到新民本思想是富民阶层的政治宣言,是近代法权的发端,也是从人治走向法治的起始,它代表着明清富民社会"从君民一元的专制向'富民'分权的专制"的转变。① 梁启超对此书的评价甚高,他说:"其最有影响于近代思想者,则《明夷待访录》也……而后此梁启超、谭嗣同辈倡民权共和之说,则将其书节抄印数万本,秘密散布,于晚清思想之骤变,极有力焉。"②

养民思想方面,人们的生计问题被提到一个前所未有的"道"的高度,"饮食男女"被认为是人的天性,"百姓日用是道"把百姓的日用民生、日常生活需求提高到"道"的标准;专门探讨一个个具体家庭的养家问题、经营家业问题的所谓"治生之学"被提上日程,治生之学被当作一种积极进取的发展生产、扩大衣食之源、谋求财产和收入增加的正当要求,其方式多样,其途径多种,士、农、工、商

---

① 〔日〕沟口雄三:《中国前近代思想的演变》,索介然等译,中华书局 2005 年版,第 261 页。

② 梁启超:《清代学术概论》,天津古籍出版社 2003 年版,第 22—23 页。

"四业"皆为治生之道,传统的四民界限已经趋于模糊,出现士商合流的趋势,形成"贾儒相通"的新观念,社会上对士、农、工、商井然有序的社会分工和行业情趣发生更加明显的变化;为解决社会财富占有不平等的现实问题、缓解社会矛盾、解决民生问题,养民观由"立君养民"转变为"以民养民",已发展壮大的地方社会力量——富民阶层被广泛动员起来或自发地行动起来,利用他们手中掌握的社会财富来救助社会困者、弱者,使他们的基本生存有保障。如此一来,可以实现真正的"贫富相依",促进社会安定。

富民思想方面,明清高度发展的商品经济,开阔了时人的视野,引发了观念的更新,传统的富民思想发生了剧烈的变化。这时所提倡的富民,已不再总是以国家(王朝)为本位,重视国家(王朝)整体的利益,而更多的是以个人为本位,放任私欲的无限膨胀,放任对利益的热烈追逐,认为这是实现自我价值的最高目标,即从"崇公论"嬗变为"崇私论";社会上已不单纯重视道德品质的培养,更多地重视如何谋求最大的物质利益,即从"贵义贱利论"嬗变为"义利并重论";所重视的富,主要已不是"本富",而恰是古代富民思想所反对或很不重视的"末富",即从"重本抑末论"嬗变为"本末并重论";所同情、关心的民,已不只是从事农业耕作的"民",而且还包括那些从事农副业、手工业或商品生产、商品流通而致富的"富民",希望能安其富、保其富,即从"均贫富论"嬗变为"保富论"。总之,"崇私论""义利并重论""工商皆本论""保富论"构成明清富民思想嬗变的有机组成部分。这些主张,不仅反映时代的新要求,而且在实践中富有潜力,更适应社会经济的要求,成为反映时代经济条件的先进思想。

教民思想方面,明清时期,社会经济、社会生活的发展、变化影响到社会生活的各个层面,同样,它也渗透到社会教化体系之中并对之产生影响,随着新的教化内容的渗透和社会经济生活新需求的出现,社会教化的形式、内容、方法上开始夹杂着一些新的内容,传统的教民思想发生的变化主要有二:一是"以民教民"成为主要的教化趋势,充分调动基层社会组织来履行教化职责,通过设粮长制、老人制、在乡里社会推行"乡饮酒礼"、在乡村普遍设立"申明亭"，利用宗族、乡约等进行教化，所以明清承担社会教化的责任主体多元、作用多元，从而实现思想意识的良好管控。二是商品经济的进一步发展，社会从业观念的转变，对人的素质提出比以往更高的要求，社会的发展不仅需要能够担负政治教化和为官从政职责的"士"，而且需要经世致用的人才，所以，涌现出一大批提倡经世致用之学的思想家，他们或探究"切用于世"的学问，以求实功实用；或会通西学，树立起经世致用的科学价值观。教育的内容不再单纯地以儒家的伦理道德教化为教育的重心，开始出现对知识的重视和教育的普及。

由此可见，明清民本思想是中国民本思想史上一个新的阶段，虽然还保留着传统的内容，但大部分反映了新的思想和观点，孕育出了新民本思想。尤其是对与君主制度密切相关的观点上，新民本有一些全新的认识，比如：对君主的认可，传统观点批判的是暴虐的君主，新民本观点批判的是专权的君主；对君主的权力，传统观点主张用口诛笔伐的形式限制君主的权力，新民本观点主张用强制议政的形式分割君主的权力；对君主的态度，传统观点以"尊君"为前提，新民本观点以"限君"为前提；对君主的行为，传统观点以明君为标准来规范君主，新民本观点以制度为标准来规范君主。这些观点是明清社会经济政治生活的反映，也是当时思想家们放弃"得君行道"的旧途，眼光向下，开始关注地方基层社会的发展，重视现实问题的反映，体现了民本思想由传统向近代转换更新的动向，它随时代前进而前进，随社会发展而发展。

第二节　明清民本思想嬗变的基点
——富民阶层

历史上每一次大的社会震荡都伴随着对政治问题的深刻探讨，"民"的地位和作用因此受到更多关注。"对民众力量的关注往往产生于王朝更迭或政权面临生存危机的时候。一方面因为旧王朝失去民心，在民众的反叛声中行将崩溃；另一方面新兴的反对势力又要依靠民众的力量推翻旧的统治，这时正反两方自然都会感受到民众力量的重要，他们都会主动总结王朝覆灭的原因和提出相应的重民保民主张。"① 在社会急剧变革的时候，受到重视的一般就是对历史进程产生重大影响的社会主体力量——民。明清时期是社会转型的重要时期，民在国家政治生活、经济生活、文化生活、社会生活中的地位和作用有了空前的提高，民本思想也随之取得重大发展并嬗变为"新民本"思想，它演化成为一种重要的社会思潮，使民本思想在理论上取得重大飞跃。恩格斯指出，如果要去探究那些隐藏在——自觉或不自觉地，而且往往是不自觉地——历史人物的动机背后并且构成历史的真正的最后动力的动力，那么应当注意的，与其说是个别人物，即使是非常杰出的人物的动机，不如说是使广大群众、使整个的民族，并且在每一民族中间又是使整个阶级行动起来的动机；而且也不是短暂的爆发和转瞬即逝的火光，而是持久的、引起伟大历史变迁的行动。② 明清时期，正是富民阶层成为推动社会发展的主体，带来持久的、引起伟大历史变迁的行动，从而构成新民本思想嬗变的基点。

明清富民阶层经济实力的大增，使得他们力图谋求在政治实践、文化教育、社会生活等各个方面的"统治力"，促进了政治意识和个体意识的觉醒。所以，"新民本"思想中，"民"的内涵有了具体所指，就是已经发展壮大起来的"富民"阶层。明清以前，正因为"民"没有具体所指，所以在实际的政治、经济、文化、社会生活之中，并没有主体民众的参与，或者说主体民众无法参与，民本思想的发展失去稳定和可靠的支撑，它更多的是在不断的重复总结中迂回发展。到"新民本"思想这里，在富民阶层的直接参与或主导下，它形成一股强大的社会思潮，遍及社会的各个领域，谋求实力的增强与社会的变革，"这种变革显然是以商品经济发展所引发的社会利益多

---

① 罗弋：《"多元学科视野下的中国社会史研究"学术研讨会综述》，人大复印报刊资料《历史学》2003 年第 12 期。

② ［德］恩格斯：《路德维希·费尔巴哈和德国古典哲学的终结》（1886 年初），载《马克思恩格斯选集》第 4 卷，人民出版社 2012 年版，第 255—256 页。

元化为基础的"①，它最终促进了经济发展和社会变迁。

一 明清"新民本"思想中"民"的内涵

中国传统民本思想所代表的"民"的含义，一般有两种认知，一种是把它当作一个抽象的、整体的概念，是相对于君主来说的，君主是专制国家的主体，那么除君主之外的其他社会成员，均被归入"民"的范畴，它是一个最宽泛的概念，没有具体的所指，是国家的客体；另一种则是具体的民，它随着时代的发展变化而变化，会有不同的含义，尤其是在不同的思想家那里，它会有不同的指称，但主要的还是指没有政治特权的、从事各种行业的普通民众，是处于被统治地位的那些人。这两种认识中，"民"都是一个笼统的概念，没有明确的内涵，只是被作为一个模糊的整体来看待他们与君主、与国家之间的关系，更多的是强调君民之间伦理意义上的责任和义务关系，"民"的具体的政治权利和经济利益则往往被忽略。明清"新民本"思想中"民"的内涵，与传统民本思想中的"民"的内容有根本性的区别，有必要进行专门的探讨。一方面，"民"由国家的客体变成国家的主体，在政治生活、经济生活、文化生活、社会生活中有自己的权利要求；另一方面，"民"的内涵有具体的所指，他们就是处于特定历史发展阶段的特定历史群体——富民阶层。

（一）新民本思想中"民"的主体地位的确立

不同经济条件下的"民"，他们的需要是不同的，不同的政治家、思想家代言的也是不同的"民"。传统的"民本"思想是在"君本位"视角下的民本论，而新民本思想则变成"民本位"视角下的民本论，"民"的主体地位得以确立。"如果说传统民本思想中民常常作为一种抽象的精神力量的话，那么新民本思想中民则是一种实实在在的社会力量，对君主起了一种分治和限制的作用。"②

中国传统政治中，君主和臣民是国家政体的两个核心部分，他们

---

① 葛荣晋：《明清之际"实心实学"的价值观》，《中共宁波市委党校学报》2007年第1期。

② 冯天瑜、谢贵安：《解构专制——明末清初"新民本"思想研究》，第180—181页。

紧密相连，构成不可分割的整体，对二者关系的经典表达——"君为民主""民为君本"成为政治文化的重要组成部分。君民"二元"构成中国主体社会结构中不可或缺的两个要素。在中国传统社会里，"君"是国家、权力、意志和社会秩序的象征，它通过国家强制机构和伦理道德观念发挥着自己的作用；"民"是国家赋税、社会财富、劳役、兵力的主要来源，是养活特定阶层的群体，同时，它还是维护社会稳定和实现改朝换代的决定力量。但传统民本思想主要是从维护君主专制统治利益、保持一个王朝统治政权的巩固和长治久安的角度提出来的，它是献给君主的一服清醒剂，是要让君主对民众的力量有清醒的认识，如果肆意虐待民众，导致民众揭竿而起，会对统治构成强大的危险，最好的办法是自觉重视民众，妥善处理好与民众的关系，它是统治阶级用来统治民众、对付民众的手段。君民这一对密不可分的政治体，是一对统一体中的矛盾双方，传统民本思想评价的就是从它们的地位和作用来看，谁才是根本。传统民本思想回答这一问题时，表面上是民本位，而实质上是君本位。它虽然明确地主张以民为本，却不是民自为本、民自为主，而是君以民为本、君为民主；它明确地主张"民贵君轻"，却不是民自为贵，而是君使民贵。冯天瑜指出："民本学说在本质上不是民本位理论，而是一种明智的，眼光远大的君本位理论。"① 基于这样的逻辑，中国传统民主思想的基本功能是巩固君主的宝座，它也不可能承认民众所具有的价值和权利。在它那里，相对于君主是国家一切活动的主体地位而言，民仅仅是被动接受的客体而已，只能成为君主维护其专制统治的策略、技巧和治术。

历代统治者和思想家所倡导的重民、养民、富民、教民思想和政策，并不是完全真正地关心民生疾苦，并不是发自内心重视民众，而是因为害怕民众能"载舟"，也可能"覆舟"，为避免"覆舟"的惨剧、保住统治的地位，才倡导民本，重视民生。他们一般把重民、养民、富民、教民作为治民、养君、富国、治国的前提和基础。所以

---

① 冯天瑜：《人文论衡》，武汉出版社 1997 年版，第 279 页。

说，中国传统社会的民本思想虽然一直作为一种政治文化被提倡、被颂扬，但实际的政治生态却不尽如人意，民众的生活现状反而是对民本思想的嘲弄。统治者所标榜的"君主民本""君舟民水"实际上是在强化君主的权威，是为实现"本固邦宁"的政治目标服务，至于人们所希望的安居乐业、丰衣足食，在传统政治体制之下，根本不可能实现，民本思想所倡导的重民、养民、富民往往沦为空话。

传统民本思想未能突破民本思想与中国传统专制政治制度的紧密结合，它发出相关议论的前提就是君主制度和君主权威的存在，它本身就要求对民众实施严格控制，在这种控制之下，才把民众视为"邦本"。因民本思想与专制政治密不可分，民本强调的"重民"同专制强调的"尊君"是共存互补的，从根本上来说，前者更多时候是屈从和服务于后者，表面上是爱民如子、视民如子，实际上尊君忠君才是传统政治文化的主旨，一切重民思想和实践都是围绕尊君忠君才得以存在和实施，并且传统的教化体系就是要培养民众的尊君忠君意识，塑造民众的尊君忠君品格，引导民众的尊君忠君行动，在这样的过程中，"民"失去了自身的独立地位和独立价值，只有工具性的价值。

明清时期的思想家在进行民本价值探讨时，其出发点开始与传统错位，显示出从群体到个体、从客体到主体的蜕变。新民本思想改变传统民本思想以君为主体的状况，开始强调以民为主体，强调民的目的性价值。

新民本思想倡导建立平等的君臣关系和君民关系，倡导政治体制的设计要以万民为基础，倡导改变君主集权制，实行"分治"或"分权"，倡导"天下为公"、以"天下的是非为是非"等。新民本思想还提出"人性自私论"，肯定民个体价值的存在，重点关注民的生存权、财产权和发展权。从这些命题来看，它得以回答万民才是国家政治生活的重心，是国家政治权力的核心，是国家政治运行的保障。万民为主，民意为大，民利为重，民的主体意识、社会价值、历史地位得到前所未有的重视和伸张。而统治者只是执行民意的工具，要以服从民意、维护民利为务。这反映了明清时期"民"的社会地位的提高、改善和自我意识的觉醒，万民成为天下的主人，他们的意志和利益成为国家政治生活的核心。日本学者沟口雄三说："由于把治世的原点从君主移到了万民，从而就架空了古来的皇帝一元的专制权力，进而由公论为基础的'分治'来填充架空了的专制权力。依照这种见解，他把公论导入专制权力之内，试图谋求权力之重新整编与再生，在所谓专制分治的这种政治路线上，设想一种新的君臣关系。这就进一步打破了从来的以君主为原点的德性主义的政治观，以及在其范围内的君臣一体式的家产官僚的君臣观和官僚观。"① 一种新型的君臣关系、君民关系得以建立，而民又在其中占据了主体地位，只有在这种意义下，才称得上"新民本"。

（二）明清"新民本"思想中"民"的内涵

新民本思想中的"民"，突破以往传统民本思想中空泛、笼统的定义，有了具体所指。学者们对"民"的内涵的认识，有不同的解释，如侯外庐认为是指市民阶级或"城市平民反对派"②；谢国桢认为明末清初思想家代表的"民"仍是地主阶级，"明末的学者，终究属于地主阶级中的知识分子，从阶级立场上来分析，虽然同情于人民，然终是维护其阶级之利益的"③。对新民本思想颇有研究的谢贵安提出："在明清之际这个特定的时段里，'新民本'中的'民'作为具体的社会成员，包括三个社会群体，第一是城市手工业商业者和市民，第二是与城市手工商业者相关的商业性地主或经营性地主，在城市工商业者和市民形成后，地主阶级内部的一些人转向经营性或商业性土地耕作，第三是基于二者之上形成的以东林党和复社为代表的'新士人'，是代表手工商业者和经营性地主利益的文人士大夫集团。这三个既有区别又相互关联的社会阶层便构成新民本思想的社会基础。"④ 与他们的研究主题相关，他们界定的"民"各有自己的具体界定。

---

① ［日］沟口雄三：《中国前近代思想之曲折与展开》，上海人民出版社1997年版，第237—238页。
② 侯外庐：《中国思想通史》第5卷，人民出版社1956年版，第306页。
③ 谢国桢：《明末清初的学风》，人民出版社1982年版，第14页。
④ 谢贵安：《试论明末清初"新民本"思想》，《江汉论坛》2003年第10期。

　　林文勋指出，可以以"民"的演变为主线来探讨中国古代史，"'民'在中国古代经历了从先秦依存于部族到汉唐出现'豪民'，唐宋以来崛起'富民'，近代以来逐渐形成'市民'的历史进程。相应地，中国古代社会经历了从'部族社会'到'豪民社会'，再到'富民社会'，并走向'市民社会'的演进过程。'富民社会'是解构中国古代社会的重要理论基石。"①"民"对生产发展和社会发展的决定性作用得到普遍的认知，民本思想一直为历代所倡导。作为国家统治基础的"民"，随着社会经济的发展，政治水平的提高，"民"的身份和角色已经由一个空泛的概念而逐渐地具体、明晰起来。到唐宋时期，随着社会分层的加剧，形成所谓的"富民社会"，富民阶层崛起，并且他们在国家社会经济、政治生活当中的地位和作用越来越明显，他们慢慢成为作为抽象概念而空泛存在的"民"的具体指代者，这种发展态势一直持续到元、明、清时期。

　　本书认为，在明清富民社会中出现的"新民本"思想，构成"民本"主体的"民"，就是明清时期社会的主导力量——富民阶层或士绅化的富民。他们是明清历史发展的"火车头"，是最有发展前景的社会成员。其实谢贵安所说的三个社会群体的"民"，都可以归结为富民阶层或士绅化的富民。日本学者沟口雄三也指出："黄宗羲以及后来的顾炎武、王船山首先强调保护富民阶层的权益，他们所谓的民是'富民'阶级，所谓自私自利也是指富民阶级的私有权益。"②他进一步分析认为，根据黄宗羲《明夷待访录》对"民"的探讨，"民"不只是一种符号，不只是一般意义上的普通民众，而且是有具体所指，即"有私产"的民。"这个民不是所谓的一般民，而是被当时视为有力量的、包括自耕农在内的地主阶层与他的伙伴都市工商业者，亦即富民阶层。黄宗羲所说的为了万民的政治，就是为了富民阶层的政治，这个富民阶层就是以所谓的治世原点为己物的民。说到底，奴仆、佃户、贫雇农、都市劳动者等无产者的声音，不一定和这

---

　　①　林文勋：《中国古代史的主线与体系》，《史学理论研究》2006 年第 2 期。
　　②　［日］沟口雄三：《中国公私概念的发展》，《国外社会科学》1998 年第 1 期。

些民并列。"① 比如对于明中期以来发生在江南学者当中的"是非"之论，王培华的评论可谓一语中的："归有光的廷议论，顾宪成的'外人之是非'论，顾炎武的庶人议政论，及黄宗羲的学校是非论，其实质是什么？他们果真认为政治是非应由全体人民决定吗？非也。他们其实是在要求江南富户对国家大事的决定权。"②

富民占有大量的社会财富，他们在社会经济中的作用提高，社会地位亦发生相应的改变。然而，"四民之业，惟士为尊"还是社会普遍认可的价值观念，在当时大多数人的心目中，"士"一直是高高在上的存在，富民要实现向上层社会的流动，由经济地位的提高向政治地位的提高转化，也必须成为士，他们想借机进一步扩大自己的影响力，谋求政治、社会地位和权利以及在国家政治事务中的发言权，跻身统治阶级的行列，开始寻求财富与权力的结合。这样的过程促使了富民的"士绅化"，一个流动而自立于民间的士绅化富民阶层出现，富民"拥雄赀者，高轩结驷，俨然缙绅"③。

从总体情况来看，明清时期富民要加入"士"的行列，途径有二：一是科举入仕，金榜题名。富民由于经济条件好，大都具有"富而教不可缓也，徒积赀财何益乎"④ 的思想意识，所以大力发展教育，精心培养子弟，鼓励他们科举入仕。张习孔《家训》说："世间平人多，贵人少，科甲岂可常得乎！然书香不可绝，书香一绝，则家声渐夷于卑贱。家声既卑，则出人渐鄙陋。人既鄙陋，则上无君子之交，下无治生之智，其安于农樵负担者，犹为善也，甚至人既粗蠢，心复雄高，狎比下贱，冥行蹈险。呜呼，人生至此，不忍言矣！若敖之鬼，从此长馁矣。猛念几此，安可不教子读书？"⑤ 科举入仕是光

---

① ［日］沟口雄三：《中国前近代思想的演变》，第263—264页。
② 王培华：《明中期以来江南学者的"是非"之论》，《苏州大学学报》（哲学社会科学版）1998年第2期。
③ （清）许承尧：《歙事闲谭》卷18《歙风俗礼教考》，黄山书社2001年版，第603页。
④ 歙县《新馆鲍氏著存堂宗谱》卷2，转引自刘伯山《徽州文化的基本概念及历史地位》，《安徽大学学报》（哲学社会科学版）2002年第6期。
⑤ （清）张习礼：《张黄岳家训》，楼含松主编《中国历代家训集成》第6册，浙江古籍出版社2017年版，第3516页。

宗耀祖、提高社会地位、实现自我价值的重要途径；读书应举，需要经济做基础。正如汪道昆所言："夫养者，非贾不饶；学者，非饶不给。君（程长公）其力贾以为养，而资叔力学以显亲，俱济矣。"①这正是富民阶层具备的条件和需要达到的目的。清人沈垚认为："古者士之子恒为士，后世商之子方能为士。此宋元明以来之大较也。天下之士多出于商。"②取得功名的商家弟子是不胜枚举。

二是捐资纳粟，用钱买官。明清时期实行捐纳制度，有钱即可捐官，"凡文武迁擢，不论可否，但衡金之多寡而畀之"③。所谓的捐纳，通俗地说，就是政府允许除"贱民"以外各等级的人，用钱财从政府那里买到官职的一项政策。捐官者的出身中，富民最多，他们以解囊捐资的方式从朝廷换得官衔、顶戴的事情比比皆是。如万历年间，太常寺卿吴士奇记载了家乡的一个真实事例，"近国有大役，宗人有持三十万缗佐工者，一日而五中书之爵下"④。说的是安徽歙县有一个富商吴养春，因为国家发生大役，捐纳了 30 万两银子，作为回报，朝廷一日当中授其五位家人为中书舍人。相似的事例在当地的地方志中也有，如"汪朔周，字曼思，歙人，业盐，籍扬州……尝捐资修范公堤，岁荒赈粥。事闻，给七品顶戴"⑤。盐商汪朔周，因捐资修范公堤和灾荒时赈粥，朝廷授予其七品顶戴。同样是扬州盐商的程晋芳，最初热衷于科场却失意，在 40 多岁时，借乾隆帝南巡，"献赋行在，赐中书舍人"⑥。他后来继续举进士，一步步高升，编四库时，还被授予翰林院编修，完全由富民转变为官场中人，一直为时人

---

① （明）汪道昆：《太函集》卷 42《明故程母汪孺人行状》，《徽学研究资料辑刊》，黄山书社 2004 年版，第 895 页。

② （清）沈垚：《落帆楼文集》卷 24《费席山先生七十双寿序》，吴兴刘氏嘉业堂刻本，第 125 页。

③ 《明史》卷 209《杨继盛传》，中华书局 1974 年版，第 5540 页。

④ （清）许承尧：《歙事闲谭》卷 4《吴士奇：〈征信录·货殖传〉》，第 109 页。

⑤ 乾隆《歙县志》卷 13《义行》，转引自刘凤云《江户时代的町人与明清商人之比较——兼论中日都市文化的差异》，《中国人民大学学报》1996 年第 6 期。

⑥ 《碑传集》卷 50《翁方纲：翰林院编修程君晋芳墓志铭》《徐书受：翰林院编修程鱼门先生墓表》，转引自刘凤云《江户时代的町人与明清商人之比较——兼论中日都市文化的差异》，《中国人民大学学报》1996 年第 6 期。

津津乐道。

富民培植士绅，而士绅又维护富民的利益，富民凭借官方认可的功名和身份，提高自身在乡村中的权威性；士绅也因为有资产的支持而更能在地方社会公共事务中游刃有余，两者相得益彰。正如汪道昆指出的："新都（徽州）三贾一儒，要之文献国也。夫贾为厚利，儒为名高。夫人毕事儒不效，则弛儒而张贾。既则身飨其利矣。及为子孙计，宁弛贾而张儒。一弛一张，迭相为用，不万钟则千驷，犹之能转毂相巡，岂其单厚计然乎哉！"①

士绅化的富民凭借对知识的占有以及享有一定的政治特权，充当着基层社会权威和文化规范的角色，在乡里传统社会形成一定的威望，受到人们的敬重。他们基本是熟读诗书、深受儒家伦理道德影响的读书人，他们在追逐私欲的同时，往往会顾及乡民和国家的利益，因此，在大多数情况下，他们更容易成为地方的代言人，是维护地方社会稳定和安宁的正面和主导力量；他们在明清人口激增和社会经济不断发展，社会事务日益繁多，直接管民的州县官员很难事事亲理的情况下，充当起政府和普通民众的中介，在一定程度上左右着地方政局，是地方社会事务的实际掌控者，如维护学校和寺院、承担公益活动、排解纠纷、兴修公共工程，有时还组织团练等；他们还是乡村社会和文化生活的主导者和组织者，提高了乡村的文化和生活水平。借此，富民的作用由经济职能延伸至政治职能，替代政府在基层社会的部分政府职能，影响地方权力的分配，社会权威已然出现。对国家层面而言，士绅化后的富民本身也成为国家管理体系的主体，在政治、经济、文化方面对中央政权的向心力增强，对皇权的信赖性增强，在基层社会中发挥越来越大的作用。国家需充分利用他们的社会地位和地方影响力，与乡村实现更好的沟通，对乡民实行更严密的控制，从而充分发挥行政效能，减小国家和社会的摩擦力，加强对基层社会生产、生活的有效组织和治理。汪辉祖明确提出要"礼士"，将士人转化为政治辅助力量。他说："官与民疏，士与民近，民之信官，不若

---

① （明）汪道昆：《太函集》卷52《海阳处士仲翁配戴氏合葬墓志铭》，第1099页。

信士。朝廷之法纪，不能尽谕于民，而士易解析，谕之于士，使转谕于民，则道易明而教易行。境有良士，所以辅官宣化也。且各乡树艺异宜，旱潦异势，淳漓异习。某乡有无地匪，某乡有无盗贼，吏役之言不足为据。博采周咨，惟士是赖，故礼士为行政要务。"① 正如他们自己所说："易儒而贾，以拓业于生前；易贾而儒，以贻谋于身后。"② "绅衿阶层的兴起造成社会权力结构的变动，在地方权力中出现了政治权力向社会权力的转移。也就是说绅衿阶层开始代替政府行使一定的权力，处理众多的公共事务，从而控制了地方社会"③，"在本身不大的官僚阶级之外拥有最高的社会权力"④。

富民阶层是明清中国社会变革的先锋。他们既是社会经济发展的产物，也是推动社会经济进一步发展的主力军。他们不仅是地方基层社会的主要控制力量，而且极力谋求本阶层的政治权利和在国家政治层面上的"话语权"。富民士绅化之后，获得了更多的话语权。"富民士绅化是富民阶层成长壮大的重要标志，表明这个阶层已经由一股基层社会力量走向国家政治舞台。"⑤ 士绅化的富民凭借经济地位、文化背景、知识结构、价值观念等成为官民的中介，他们具有双重身份，既是官府工具，又是地方利益的代表和"民"的代言人。明清时期"新民本"思想所提出的各种以"民"为核心的重民、养民、富民、教民命题，打着"万民"的旗号而实际上是反映富民或士绅化的富民阶层的利益和意愿，他们主导了整个社会思想的进程。民本中"本"的对象逐步转向这个重要的社会群体，他们长期活跃在基层社会和大众中间，随着群体力量的壮大，代表富民阶层利益与需求的呼声越来越高，他们或提出一些突破传统约束的要求，或表达对君

---

① （清）汪辉祖：《学治臆说》卷上《礼士》，中华书局 1985 年版，第 10 页。

② 婺源：《三田李氏宗谱·环田明处士松峰李公行状》，转引自张海鹏、王廷元主编《明清徽商资料选编》，黄山书社 1985 年版，第 470—471 页。

③ 赵毅、刘晓东：《16—17 世纪中国社会结构问题笔谈——传统向现代的萌动》，《东北师大学报》（哲学社会科学版）1999 年第 1 期。

④ ［美］费正清、赖肖尔：《中国：传统与变革》，江苏人民出版社 1996 年版，云南大学出版社 2008 年版，第 193 页。

⑤ 林文勋：《中国古代"富民"阶层研究》，云南大学出版社 2008 年版，第 112 页。

主专制、君主权威的质疑，或以某种有组织的方式来表达自己的利益要求，反映了他们主体意识的确立。

二 明清民本思想嬗变的社会基础——富民阶层

思想来源于社会现实的沃土之中，每一种思想观点和学说的发展都是时代发展的反映，都有其所代表的社会基础。明清民本思想的发展与嬗变，既有它的历史渊源，也有它的现实状况，更有它日益强大的社会基础。这就是自唐宋早已开始崛起并且在数世纪以来日益成长壮大的富民阶层，它是新民本思想产生的社会基础。许多有识之士提出"新民本"这个命题，是与当时的时代特点分不开的。明清时期，中国传统社会面临转型，社会经济较之前代有长足发展，商品流通规模、市场发育程度、富民的实力较以往社会有很大提高，在社会中发挥着越来越重要的作用。富民试图通过自身作用的发挥，向朝廷证明他们的实力，寻求国家的认可。整个社会对富民阶层的作用有了更多的认同和支持，把他们看作统治者施政、管理地方的重要支持和处理棘手问题的依靠对象。

林文勋指出，富民阶层一经崛起，就对唐宋以来的中国社会产生了极其重要的作用，表现在四个方面：一是推动了租佃契约关系主导地位的确立和发展；二是推动了社会经济特别是乡村经济的发展；三是推动了乡村文化教育的发展；四是推动了唐宋以来国家基层控制方式的转变。① 他同时指出，明代推行粮长制，粮长就是由一区之中的富民世充；还有"明清'士绅社会'的形成乃至宗族势力的发展，以及诸如明代苏松地区'重赋'这些特殊的经济现象，实际上都与富民阶层有关"②。本书即受此认识的启发，放开视野，将富民阶层的影响进一步拓展到思想领域。正是明清时期富民阶层的发展壮大及富民阶层的士绅化，才推动了新民本思想的出现和发展。明清新民本思想主要反映的就是富民阶层的利益和愿望，这是商品货币经济的发

① 林文勋：《中国古代"富民"阶层研究》，第8—9页。
② 林文勋、谷更有：《唐宋乡村社会力量与基层控制》，云南大学出版社2005年版，第5页。

展和富民地位的提高等客观现实的反映。富民阶层在寻求自身发展壮
大的同时，继承、发展和丰富了传统的民本思想，适应形势的剧变，
给它注入了新的时代精神、增添了新的内容，推动了社会观念的变
革，使整个社会产生了很多新气象。

　　明清时期，土地买卖异常频繁，社会变动激烈，家庭贫富兴衰无
常，贫富分化不定。"土地则屡易其主"①，"人之贫富不定，则田之
去来无常"②。对此，何良俊说得更为明确、具体："（正德以后）诸
公竞营产谋利……皆积至十余万。自以为子孙数百年之业矣。然不五
六年间，而田宅皆已易主，子孙贫匮至不能自存……然此十万之业，
子孙纵善败，亦安能如是之速，盖若天怒而神夺之然。然一时有此数
家，或者地方之气运耶，或诸公遗谋未善耶，皆不可晓也。"③ 经营
土地者如此，经营商业的也不例外。如顾炎武所说的："寻至正德末、
嘉靖初，则稍异矣：商贾既多，土田不重，操赀交接，起落不常。能
者方成，拙者乃毁；东家已富，西家自贫；高下失均，锱铢共竞；互
相凌夺，各自张皇。"之后的情况更甚，"迨至嘉靖末、隆庆间，则
尤异矣：末富居多，本富益少；富者愈富，贫者愈贫"。④

　　但富民阶层作为一个整体，依然在壮大、巩固，依然是整个社会
发展的决定性、支配性因素。明清农业、手工业、商业的发展繁荣和
多种经营模式，使时人依靠各种多种手段经营，有"以末起家，以本
守之"，有"以农起家，以末辅之"，或"农商兼营"。富民的经济收
入，有地租，有手工业，有商业，还有其他途径。沈榜看到人们致富
形式的日趋多样化，他说："今观衢术之交，绣窗绮席，曳罗衬锦，
累褥重裀，而鹑结者尚次诸途，彼何有于桑？钟鼎水陆，鲭五侯，调
易牙，筦弦优俳，杂沓并进，而柯罄者尚叹诸室，彼何有于耕？即使

---

　　① 康熙《栖霞县志·序》，山东省栖霞县志编纂委员会编《栖霞县志》，山东人民出
版社1990年版，第870页。

　　② 李光坡：《答曾邑侯问丁米均派书》，《皇朝经世文编》卷30《户政五·赋役二》，
《魏源全集》第14册，第701页。

　　③ （明）何良俊：《四友斋丛说》卷34《正俗一》，中华书局1959年版，第312页。

　　④ （清）顾炎武：《天下郡国利病书·风宁徽备录·徽州志·风土论》，上海古籍出版
社2012年版，第1026页。

国门之外，画地而畦，围堘而庄，疑于农业矣，而所植非珍果奇花，则蓝蓼卉草。何者？彼一畦之入，货之固抵阡陌也。山甃之民，岩居谷汲，披裘舐犊，疑于农业矣，而所治非薪厂煤窑，则公侯斯养。何者？彼丝毫之利，岁计固致倍蓰也。"① 张瀚说："关中之地，当九州三分之一，而人众不过什一，量其富厚，什居其二。闾阎贫窭，甚于他省，而生理殷繁，则贾人所聚也。""（江西）九江据上流，人趋市利，南、饶、广信，阜裕胜于建、袁，以多行贾，而瑞、临、吉安，尤称富足。""（福建）兴、泉地产尤丰，若文物之盛，则甲于海内矣。"最后他总结说："余尝总览市利，大都东南之利，莫大于罗、绮、绢、纻，而三吴为最。即余先世，亦以机纾起，而今三吴之以机杼致富者尤众。西北之利，莫大于绒、褐、毡、裘，而关中为最。有张姓者，世以畜牧为业，以万羊称，其畜牧为西北饶，富甲于秦。其他籍以富厚者，燕、周、齐、晋之郊亦夥矣。"② 人们根据各地环境、自我能力选择不同的谋生、致富手段："浮梁之俗……富则为商，巧则为工，盖以山甚稠，田甚狭，以故食多不足，士与工商皆出四方以就利。其富家巨室，不至于巨万。而贫者亦不至于馁死，虽游手之徒，亦皆能自售。"③ 可见，致富确实已非一途。在商品经济的推动下，在利益追逐的驱动下，人们想方设法利用各种条件或从事农业经营，或从事手工业生产，或从事商业流通，既解决生计问题，发家致富，又繁荣经济，促进社会进步。

这导致明清富民剧增。江南农村，自元至明几乎每个县都有几家富民巨室盘居一方，如松江"青龙则有任水监家，小贞有曹云西家，下沙有瞿廷发家，张堰有杨竹西家，陶宅有陶与权家，吕巷有吕璜溪家，祥泽有张家，干巷有一侯家"④。无锡有四宦室，"曰江、虞、

① （明）沈榜：《宛署杂记》卷1《日字·宣谕》，北京古籍出版社1980年版，第8页。
② （明）张瀚：《松窗梦语》卷4《商贾纪》，中华书局1985年版，第82、84、84、85页。
③ 雍正《江西通志》卷26《风俗·饶州府》，《四库全书》本，史部，第513册，第843页。
④ （明）何良俊：《四友斋丛说摘抄四》，第136页。

强、邵，谓其富甲一郡也"①，常熟"富民有曹善城、徐洪、虞宗蛮三家"②，浦江有龙溪张氏、麟溪郑氏、深溪王氏、左溪于氏、溪吴氏③，昆山有"百年富室许氏"④ 等。朱元璋问户部："天下民孰富？产孰优？"户部臣对曰："以田税之多寡较之，惟淮西多富民巨室。以苏州一府计之，民岁输粮一百石以上至四百石者，四百九十户。五百石至千石者，五十六户。千石至二千石者，六户。二千石至三千八百石者，二户。计五百四十二户，岁输粮十五万一百八十四石。"⑤钱士升指出：江南"士民富家数亩以对，大率以百计者十之六七，从千计者十之三四，以万计者千百中一二尔。江南如此，他省可知"⑥。"（山西）平阳、泽、潞，豪商大贾甲天下，非数万不称富，其居室之法善也。"⑦ 清乾隆年间达到鼎盛时期，"山西富户，百十万家资者，不一而足"⑧。徽州、山西的富室是其中的佼佼者。明人谢肇淛曾说："富室之称雄者，江南则推新安，江北则推山右。新安大贾，鱼盐为业，藏镪有至百万者，其他二三十万，则中贾耳。山右或盐，或丝，或转贩，或窖粟，其富甚于新安。"⑨ 东南地区，"江浙殷富至多，拥巨万及一二十万者更仆难数。且在不为人所知者，惟至百万则始播于人口"⑩。王夫之指出："其他千户之邑，极于瘠薄，亦莫不有素封巨族冠其乡焉。"⑪ 清代，拥资百万、千万的富民层出不穷，如徽商汪廷璋，淮商程可正、汪应庚、黄仁德、江广达、程位德、洪箴

① （清）黄印：《锡金识小录》转引《毗陵漫录》，成文出版社1983年版，第449页。
② （清）王应奎：《柳南随笔·续笔》卷3，中华书局1983年版，第52页。
③ （明）宋濂：《宋文宪公全集》卷46《题张如心初修谱叙后》，中华书局1912年影印本，第112页。
④ （明）归有光：《震川先生集》卷25《敕封文林郎分宜县知县前同洲判官许君行状》，上海古籍出版社1981年版，第586—587页。
⑤ 《明太祖实录》卷49，洪武三年二月辛酉，第965—966页。
⑥ （明）孙承泽：《山书》卷9《看详票拟》，浙江古籍出版社1989年版，第213—214页。
⑦ （明）沈思孝：《晋录》，中华书局1985年版，第3页。
⑧ 《清高宗实录》卷1257，乾隆五十一年六月丙午，第889页。
⑨ （明）谢肇淛：《五杂组》卷4《地部二》，影印明德聚堂刊本，第26页。
⑩ （清）金安清：《水窗春呓》卷下《豪富二则》，中华书局1984年版，第42页。
⑪ （清）王夫之：《黄书·大正第六》，第28页。

远等，浙商何永和、吴康成等，长芦商王至德、杨永裕、王德宜等，粤商李念德、李延实、胡大展、伍秉鉴、潘正炜等。他们的资本富者或以数百万计。晋商"太谷县孙姓，富约二十万；曹姓、贾姓富各四五百万"，"平遥县之侯姓、介休县之张姓，富各三四百万；榆次县之许姓、王姓聚族而居。计合族家资约各千万；介休县百万之家以十计，祁县百万之家以数十计"①，"元氏号称数千万两"。其他各地商人的资本也发展到可以与徽商、晋商相伯仲的程度，如"淮商资本之充实者，以千万计"②。有些富商"蓄资以七八千万计"③。到清末还是如此，谭嗣同说："抑尝观于乡矣，千家之聚，必有所谓富室焉。"④

因商致富者剧增是明清时最为突出的现象。由于商业的发展，商业利润的丰厚，引发"末利大炽"，商人的地位不再被人轻视，"弃农经商""弃儒就贾"的人很多，全国各地经商成风。于是，"富者缩资而趋末"。一般平民"苦田少，不得耕耨而食，并商游江南北，以通齐、楚、燕、豫，随处设肆，博铢于四方"⑤，或"执技艺，或贩负就食他郡"⑥。到明后期，连"缙绅士大夫多以货殖为急"⑦。在此背景下，全国各地形成颇具经济实力的商帮集团，他们拥有大量的商业资本，都是天下巨富，他们以血缘、地缘为纽带，在激烈的商业竞争中崛起，是称雄于商界的商人群体，在当时的商业舞台和社会生活中发挥着重要作用，开启一个重要的商帮时代。商帮更成为富民阶层的杰出代表，尤其令人关注。他们的经营活动、生活方式、思想观念，对其活动地域的经济发展、社会风气以及社会思潮都有很大的影响。

---

① 《军机处录副》，咸丰三年十月十三日，张正明等编《明清晋商商业资料选编》，山西经济出版社 2016 年版，上册，第 252 页。

② （清）李澄：《淮鹾备要》卷 7，转引自朱世良《徽商史话》，黄山书社 1992 年版，第 60 页。

③ （清）汪喜孙：《从政录》卷 2《姚司马德政图序》，影印汪氏丛书本，第 56 页。

④ （清）谭嗣同：《仁学》，《谭嗣同全集》，生活·读书·新知三联书店 1951 年版，第 40—41 页。

⑤ （清）顾炎武：《天下郡国利病书·苏州备录·东洞庭》，第 538 页。

⑥ （清）顾炎武：《天下郡国利病书·凤宁徽备录·徽州志》，第 1024 页。

⑦ （明）黄省曾：《吴风录》，中华书局 1991 年版，第 4 页。

　　富民阶层占据着绝大部分社会财富，又拥有知识力量，毫无疑问地成为地方基层民众的领袖，开始在各个舞台上施展能力、发挥影响。在政治生活领域，他们或科举入仕，或捐纳为官，采取各种手段努力谋取功名，提升地位，加入上层社会行列，出现士绅化的社会趋向，成为基层社会的实际控制者，是政府施政、管理地方的重要支持和依靠，开始走向国家政治舞台，为整个社会所重视。在经济生活领域，他们或种植经济作物，或投资商品性农业，或经营工商业，推动农业发展，开拓各级市场，刺激工商业繁荣。在文化教育领域，他们促进科举制度发展，引领市俗文化兴盛，带动地方文化教育事业发展。在地方社会的各项事务中，富民参与地方社会管理，维护地方社会秩序的稳定，办理地方公事事务，如修建桥梁、兴修水利、举办慈善活动、创办学校等，都发挥着重大作用。总之，富民是明清基层社会乃至整个国家稳定的重要保障和基础所在，他们在征取赋税、发展经济、稳定社会、济养穷困、发展地方文化教育等方面都发挥着支柱作用，是社会的中坚力量。

　　但是富民阶层在发展壮大、发挥着重大作用的同时，也遭到国家的残酷掠夺和压迫，因为富民的经济实力雄厚，有能力完成国家的各种摊派任务，所以官府在征发赋税徭役时，经常以他们为对象。这种强制性的赋税徭役征发对富民财富消耗很大，有时甚至让他们倾家荡产。比如朱元璋的时候，强调"立法多右贫抑富"①，越富裕的人家，纳粮当差的负担越重。官僚个人对庶民富户的掠夺也十分严重。富民不甘心这种经济上的掠夺，不容忍这种强权下的束缚，一方面，为了争取自身的权利和利益与官方展开长期的不懈斗争，另一方面，试图向朝廷呼吁，寻求国家的保护和支持。这期间，一些有识之士对腐败的专制制度产生了怀疑。另外，富民欲求得自身发展，必须建立起自己的价值观，即以新的价值观对抗传统的价值观。他们的新价值观，集中表现在对自身社会价值的估量以及表达出自己的政治主张、价值取向和各种利益要求。明中叶以后，商品经济发展带来富民财富实力

---

　　① 《明史》卷77《食货志一》，第1880页。

的增强，他们在地方基层社会的地位和作用日益突出，对地方社会的影响力日益增强，他们对自身社会价值的估量也越来越明显，反映出他们寻求主流社会地位的企图。

这样的历史进程中，富民受到前所未有的关注。富民在地方基层社会活跃、寻找各种话语权、谋求社会认可等现象，引发社会的重视和思考，一些有识之士开始发出重视富民要求和利益的政治呼声。富民的"自主性"意识也在逐渐强化，他们作为社会先进生产力的代表，站在时代的最前列，顺应时代潮流，面对时代课题，发出时代声音，表达自己的要求和愿望，从不同角度对传统民本思想进行发挥、创新，促使传统民本思想向"新民本"思潮的演化。这从一个侧面记录了"富民"进入政治系统的历史轨迹，反映了富民在明清社会转型中所扮演的重要角色，富民登上社会历史舞台，成为政治、经济、文化、社会生活的主角。他们的思想观念被大量地引入主流文化，其社会吁求也前所未有地受到各方的重视。富民作为整个社会重要的依靠力量，有着广泛的社会影响力，由于经济上占有优势，并因此而增强其政治影响力，在思想意识上也谋求占主导地位。林文勋在讨论富民阶层的地位和作用时，曾指出，唐宋时期富民是社会的"中间层"和"稳定层"①，到明清时期他们更是社会的"发展层"和"动力层"②。他强调的就是富民已经成为明清社会发展变迁的"动力源"和近代化因子萌芽的"内生源"，明清社会内部已经蕴含了迈入近代社会的潜在因素。明清新民本思想顺势而动，它是富民在思想领域内释放力量和发挥作用的集中反映，是富民话语权取得的结果，是富民在各方面发挥作用后"自我意识"的觉醒。

（一）富民阶层的治民作用

傅衣凌先生指出："中国传统社会的控制系统分为'公'和'私'两个部分。在公和私两大系统之间发挥重要作用的，是中国社会所特有的'乡绅'阶层。……乡绅一方面被国家利用控制基层社

---

① 林文勋：《唐宋乡村社会力量与基层控制》，云南大学出版社2005年版，第5页。
② 林文勋：《中国古代"富民"阶层研究》，第10页。

会，另一方面又作为乡族利益的代表或代言人与政府抗衡，并协调、组织乡族的各项活动。"① 傅衣凌先生所说的乡绅，实际上就是富民或士绅化的富民。明清时期的基层社会基本上由这些富民或士绅化的富民把控，他们凭借手中握有经济资源，进而向地方文化资源和政治资源领域扩展势力，树立更多的权威声望，发挥更多的社会作用。富民发挥作用，主要是通过里甲制度或民间社会组织来实现。地方官员在维持政府运作和管辖社会事务方面，对富民阶层一直有较大的依赖。在国家政权的实际运行中，皇权不能直接深入基层社会，面对幅员广阔而又相互隔绝的基层社会，只有借助富民阶层的力量，对社会底层实施控制。富民作为官与民发生联系的中介，拥有基层社会赋予的"天然"权威。他们凭借对地方经济资料、文化资料的控制，有较多的受教育机会，能够为基层民众代言，积极介入各种地方公共事务，建构对于地方社会的支配权。对地方社会实行有效的管理控制，成为地方权力的实际代表，在地方社会居于领导地位。

明清时期，政府设置的基层社会行政组织里甲制度和保甲制度，形成一张严密的管理网，加强对基层社会的控制，既保证赋役的科派和征收，又对地方公共事务进行统一管理，以维护基层社会秩序。这种理想化的状态要保持下去，地方政府所能依赖的力量就是富民，尤其是山高皇帝远的乡村地区，为减少政府的运作成本，就地取材，以丁粮多者担任里长。这种以富民担任里甲、保甲首领的方式是一举多得的选择，一是富民拥有社会财富，有经济实力保证完粮纳税、徭役征派的正常完成；二是富民拥有天然权威，有影响力、号召力保证区域内的民众服从国家统治；三是富民热心公共事务，他们大都积极倡导、组织和管理建校兴学、修路搭桥、建仓备荒等公共设施和公共事务，尤其是有天灾人祸时，他们经常出面组织各种社会救助活动。他们努力的方向正好是政府支持的方向，双方目标一致，政府也乐于利用他们，既让他们发挥在民间社会的权威作用、领导作用，又对他们

---

① 傅衣凌：《中国传统社会：多元的结构》，《中国社会经济史研究》1988 年第 3 期。

进行有效的管理和控制。所以，在里甲、保甲体系崩溃之后，政府的控制能力日益弱化，无法对基层社会进行有效控制时，富民作为"国之望""乡民之望"，作为官民联系的纽带，他们对政府的影响力日益增强，对基层社会的控制力日益增强，自然而然成为基层社会的实际支配者。

富民还是维护基层社会稳定的主要保障。富民具有武装力量，可以维护地方安全和秩序，"保障乡里，称元帅者不可胜数"①，"一遇寇警，则令集庄客，缮器械，以助城守捍御之用"②。他们为地方防护的巩固出资出力，为社会造福。如："谭晓、谭照兄弟俱有智算。家傍档湖，共修陶猗之术，累赀数十万。嘉靖癸丑岛夷犯境，仓卒筑城，王邑侯铁命晓独任其半，献银四万两助工。至今镌像城门，春秋致享。"③为地方安全保障出资出力。

民间社会组织广泛兴起后，富民的治民作用得到最充分的体现。比如在推动地方宗族发展方面，建宗祠、修族谱、立族田、设族学等事项，基本上都是由富民或士绅出资捐款来完成，他们还通过调解族人纠纷、赈济贫困族人等方式，在宗族中发挥领导作用，强化对族人和当地社会的控制。他们还凭借政治和经济实力直接担任族长，如冯尔康指出，"宗族机构的人选标准一般也是遵循经济、政治、血缘这样三重标准，富户、乡绅和尊长者一般享有优先权"④。能推举族长的只是族中的长老和或富或贵者，起决定性作用的还是财富和权势。所以明清时期的宗族制，实质就是"绅衿富人宗族制"，族长已经由先秦时期的宗子继承制，转变为族中殷实富民或绅士推举制。那些因农、因工、因商致富的富民本身掌控着地方社会的经济资源，他们凭借经济实力，通过一系列方式主导或参与宗族内部的事务，得到宗族成员的信任和推崇，获得管理宗族的权力，谋求在宗族内部的特殊身份，由宗族内的经济优势而拓展至政治优势、文化优势、思想控制优

① 《明史》卷124《陈友定传》，第3717页。
② （明）孙承泽：《山书》卷9《看详票拟》，第214页。
③ 王春瑜：《明代商业文化初探》，《中国史研究》1992年第4期。
④ 冯尔康：《中国宗族社会》，浙江人民出版社1994年版，第16页。

势，进一步享有族规规定的各项权利，进而扩大影响，泽被后世，成为宗族的实际掌控者，政府也可以顺理成章地借用绅衿富民的力量来治理基层社会的民众。富民担任族长后，利用宗族组织，在地方基层社会拥有主持祭祀、支配族产、裁判族众、组织武装、经济自救、催索赋役、鼓励教育、户籍管理、宣传教化、管理族内杂事等权力①，从而获得对宗族的控制权及对族众的治理权。

除宗族外，本来由政府倡导设置的保甲、乡约等民间组织，也被富民控制在手中，他们利用财富实力和地方影响力，通过担任甲长、保长、约长等职务，同这些组织融为一体，体现了富民阶层的壮大及其在地方事务中作用增强的社会现实。如王守仁颁布的《南赣乡约》，里面对担任约长的资格作出具体规定，原先规定"同约中推年高有德为众所推服者一人为约长"，定的是道德标准，即"年高有德""为众推服"，但后来马上进行调整，"各自会推家道殷实、行止端庄一人充为约长"②，定的是经济标准在前、道德标准在后。

除直接担任基层社会组织的领导外，富民还凭借拥有厚资，通过修道路、建桥梁、办学堂、修水利、救孤寡、济灾贫、助丧葬等活动，积极参与地方社会公共事务的管理，对乡民施予经济上的顾恤，换取对族人和乡人的控制权，对地方社会实行有效的控制。有的富民甚至主导地方基础设施建设。如清代康熙年间，福建提督蓝理，在家乡修建桥梁、道路，用的都是"富民钱"。③ 明清富民慷慨助人，扶危济困，乐善好施。地方社会各项公共事务的处理，如"建宗祠、置祭田、立义庄、义学，以及修理学堂、兴复书院与桥梁道路"④ 等，不仅成为富民的义务，而且在一定意义上也成为他们的责任，兴办"慈善事业"更成为他们的一种时尚。因为许多商人发家后，常以儒家礼义来规范自己的行动，如安徽歙县人余兆鼎，"少废书，读《大

---

① 叶娟丽：《我国历史上宗族组织的政权化倾向》，《学术论坛》2000 年第 2 期。
② 曹国庆：《明代乡约推行的特点》，《中国文化研究》1997 年第 1 期。
③ 《清史稿》卷 261《列传第四八·蓝理传》，中华书局 1977 年版，第 9879 页。
④ 嘉庆《两淮盐法志》卷 46《人物四》，转引自李刚、曹向阳《明清时期陕西商人民间慈善活动及现实启迪》，《西部学刊》2013 年第 1 期。

学》未半。行贾后，益好书，日疏古人格言善事而躬行之"①。这种行为得到政府的鼓励和旌表，如兴修水利时，政府"劝谕富民，有能慕义、倡众捐资助役者，酌量旌异，以示劝率"②。时人也主张运用奖励手段，动员富民捐输资财修建基础设施。如周文英提出：以富户为征资对象，把自愿出资和奖励结合起来，由富民承担工赈之费并负起督率之责，实质是动员和利用社会上大量私人资金兴修水利，由民众自行生产救灾。总之，明清富民们不吝啬拥财，纷纷投资地方公共事务的建设，关注公众利益。一方面，他们的义举善行能获得地方政府和民众的极大信任，可以为其社会、经济地位的长久稳固，为其成为民间的"乡望"，在当地社会具有一定权威奠定重要的基础。另一方面，他们享受经济财富、提高社会地位的同时，也自觉地承担社会责任，履行社会义务，说明他们的自主意识、权利义务意识都在增强，以积极参与地方社会事务这一形式来表达他们的权力要求。

明清地方基层社会组织中"以民治民"的现实，集中体现了国家对地方社会控制权的下移和地方社会结构的改变，显示了地方社会"自治化"的趋势。民间自我管理能力的提高，在一定程度上对专制统治产生冲击和挑战。富民或士绅对基层社会的控制，实际是代表国家政权对基层社会进行控制，他们由原来的控制对象演变成为基层社会系统真正的主体力量，"地方官兴除利弊，体察民情，必须访之乡绅"③；他们对地方事务的积极参与，他们对地方发展的献计献策，他们对地方建设的出资出力，他们对地方利益的热心维护，有效地表达和代表地方社会的要求或民意，从而保持着地方社会的稳定并对国家政权起到一定的制约作用。在明清社会发展变迁加剧、基层社会事务纷繁复杂、乡里利益矛盾纠纷不断的情况下，以富民为代表的民间力量的介入，既是时代发展的客观要求，也是解决问题的有效途径。

---

① （清）方苞：《余君墓志铭》，《方苞集》卷11《墓志铭二十首》，上海古籍出版社2008年版，第316页。
② 《明神宗实录》卷170，万历十四年正月丙申，第3070页。
③ 石成金：《官绅约》，转引自王先明《清代社会结构中的绅士阶层的地位与角色》，《中国史研究》1995年第4期。

所以，有学者指出："明清时期民间社会组织的发展呈日益完备的趋势，与民间经济力量日益加强密切相关。民间社会组织凭借其强大而坚实的经济基础，积极参与到乡里社会的建设中，就成为明清时期社会管理中一道亮丽的风景。"①

（二）富民阶层的养民作用

富民积极参与民间社会救助事业的发展，充分发挥养民作用。宋代以前，"虽然地方资源已经常直接用于地方福利之上，但是宋代社会救济制度基本上仍由中央政府所策划，在社会救济的意识形态方面，宋代仍沿着唐中期后以中央为主导的传统，政府被视为唯一有资格组织长期济贫机构的制度，民间的力量只能作适度的配合；因此政权的衰落必然带来济贫制度的衰落。已相当壮大的社会力量仍未被长期地、有组织地动员起来"②。明清时期的社会救助则发生了很大变化，这与明清"以民养民"思想的发展变化不无关系。

明清时期，民间社会救助活动兴盛。这里所说的民间社会救助活动，是指由地方社会自发举办，面向由各种原因导致生活困境的成员提供物质援助的行为。施济行善是一种非常古老的行为，不过长期地、持续地由富民筹集资金，大量举办社会救助活动，甚至建立、管理社会救助组织，则是明清以来大量出现的新现象。"以民养民"思想为民间社会救助活动的兴盛提供了思想基础。

明清时期，虽然政府极为重视社会救助事业，但作为官办的社会救助机构，财源也少不了地方富人的田银捐助，运转往往仰赖地方富户的捐赠得以维持。并且这些机构在经营管理上出现许多弊端，加上政府财政空虚，不能正常向地方提供支援，政府救助能力弱化，作用日益下降，与此形成鲜明对照的则是民间自助、自救的社会救助事业蓬勃发展。

这与政府积极倡导、鼓励利用民力和"以民养民"理念相呼应，

---

① 王日根：《论明清乡约属性与职能的变迁》，《厦门大学学报》（哲学社会科学版）2003 年第 2 期。

② 梁其姿：《施善与教化——明清的慈善组织》，河北教育出版社 2001 年版，第41 页。

中国传统社会救助事业进入一个新的阶段。梁其姿认为，宋以及明清时期中国民间慈善机构才空前发展起来，她指出：俗世的慈善机构，普遍地出现在宋代以后，"明末以来，又是另一段变化激烈时期，而此时出现的民间慈善机构也就更盛况空前"①。

广泛运用社会力量救灾，鼓励富民出资赈济，是明清荒政一个明显的特色。灾荒发生，政府财力有限，赈济不及时，就会劝谕富民之家捐、借钱谷，对穷民进行赈贷，以民救民，以解燃眉之急。史书中有大量记载，如：洪熙元年（1425年），"直隶常州府奏武进、宜兴、江阴、无锡四县去岁水涝，田谷无收，民缺食者二万九千五百五十余户"，针对这次水灾，地方政府"劝富民分借米麦二万九千九百九石有奇赈之"②。紧接着的宣德元年（1426年），"巡按山西监察御史沈福奏山西平阳府蒲、解、临汾等州县自去年九月至今三月不雨，二麦皆槁，人民乏食，尽室逃徙河南州县就食者十万余口"，因为受灾情况严重，明宣宗直接下令："宜再下所在有司，如仓储不足，则劝谕富民分贷济之。"③ 同年，"江西、淮安饥，吉水民胡有初，山阳民罗振出谷千余赈济"，对胡有初、罗振等的善举，政府派人"赍玺书旌为义民，复其家"④。一般来说，作为奖励，国家会以道德表扬的形式来酬答富民的仗义疏财。对他们或"旌为义民"，"免本户杂泛差役"⑤；或"敕赐义官"⑥，"给与冠带"⑦；或给予"竖坊""置扁"等形式的表彰⑧。这种义民旌表制度收效甚广，既能缓解灾情中的粮食短缺问题，又能调动富民投身社会救助事业的积极性，还可以维护地方社会的稳定和秩序。富民亲身获得皇帝下赐的玺书无疑是一种莫大的荣耀，能起到很好的榜样树立和道德标杆示范作用。以富民在地

① 梁其姿：《施善与教化——明清的慈善组织》，第18页。
② 《明宣宗实录》卷8，洪熙元年八月戊寅，第205页。
③ 《明宣宗实录》卷43，宣德三年五月壬子，第1053页。
④ 李文海、夏明方：《中国荒政书集成》，天津古籍出版社2010年版，第5册，第3178页。
⑤ 万历《慈利县志》卷15《义士》，明万历刻本，第74页。
⑥ 光绪《重修安徽通志》卷259《人物志·义行十三》，清光绪四年刻本，第3059页。
⑦ 《明英宗实录》卷214，景泰三年三月甲午，第4615页。
⑧ 崇祯《松江府志》卷13《荒政》，书目文献出版社1991年版，第349页。

方社会的影响力而言，世人必参照他们的行为，发善心，行善事，更多地救济他人、帮助他人，从而形成急公尚义的良好社会风气，进一步推动地方社会救助事业的发展。对这种现象，时人予以充分肯定："有是义举，朝廷旌之，邑乘之，父老传之，后世颂之，人亦何惮而不为义哉？"①

富民本身也热衷于赈济施舍。如江南地区多富民，自明清以来便形成远胜于其他地方的救助传统，"吴中富厚之家多乐于为善。冬则施衣被，夏则施帐扇，死而不能殓者施棺，病而无医者施药，岁荒则施粥米"②。富民是"一家得食，不独一家得食"，"其大者能活千家百家，下亦至数十家数家"③。除临时救助外，富民还注重平时捐建仓库，积极储粮备荒，因为仓储建设在灾荒年间对地方民众作用重大。地方志中有大量的事例，如江西吉安府富民朱信，"曾捐谷为族姓子弟膏火，又独力捐建社仓，储谷千石以备荒歉。正统四年饥，出谷二千石助赈，复建义仓储谷，听官敛散"④；同样，江西新城县富民余铨，"善理财而好施予，贷不能偿者辄焚其券，岁修桥梁亭宇，遇凶年必平粜以赈，复储粟为义廪，乡里赖之"⑤。浙江安吉县商人郎志后，"慷慨好施，乐善不倦"，积极参与修建书院、道路、南门渡等地方公共设施；还积极兴建育婴堂、善会、善堂等，周济地方的贫者、困者、弱者等，最后把整个家产都耗尽，"早年家甚饶裕，不下二万金，至晚年施舍一空，家徒四壁"⑥。浙江德清县商人蔡状猷"性慷爽好施……先世遗田三四顷，状猷鬻产得钱十数万，别弄一室，而置一素册于案，凡宾朋有缓急者，俾自取之，而列其数于册。皆所

---

① 康熙《永康县志》卷13《义民序》，《中国方志丛书》，成文出版社有限公司1983年影印本，第911—912页。
② 民国《吴县志》卷52上《风俗》，《中国地方志集成·江苏府县志辑》，江苏古籍出版社1991年版，第11册，第848页。
③ （明）金声：《金太史集》卷4《与歙令君书》，海南出版社2000年版，第82页。
④ 光绪《吉安府志》卷36《义行》，《中国方志丛书》，成文出版社有限公司1983年影印本，第1168页。
⑤ 同治《新城县志》卷10《善士》，《中国方志丛书》，第1646页。
⑥ 同治《安吉县志》卷12《人物·义行》，《中国方志丛书·浙江府县辑》，上海书店1993年版，第29册，第289页。

欲而去"①。把家产大多用于兴办地方公共救助事业，让有需要的人自取。明清之际浙江商人卓禺"为善里中，尝斥千金修桥梁之圮坏者，岁饥出囷粟，所全活以百数"②。其他史料中关于富民善举的记载，也比比皆是。如明景泰年间，淮河南北发生大饥荒，沿淮上下商船在政府号令下出米散赈，富民出米 25 万多石，"给饥民五十五万七千家"③。明天顺年间，顺天府发生灾荒，富民江聪也救助了大量饥民，"自出米豆于崇文门外，日为粥以食饥民，凡四月得济者八万七千五百余人，用米豆七百四十余石"④。康熙年间，徽州商人汪廷俊，"慷慨好施，以缓急告之者靡不应。康熙中浙遭闽变，道路流离，廷俊首先创捐，收赎子女，务使完聚"⑤。同是徽商的程汝彦，"所至病者予药，饥者予粟，缓急者予金钱"⑥，人们都十分感激他。

可见，灾害、困难发生时，因国家救济力度有限，很多地方需要富户的捐资接济，富民往往成为地方救助的中坚力量。富民赈济施舍在明清救荒中的作用十分重要，对稳定社会秩序大有益处。他们十分踊跃地参与政府救荒。除支持政府救荒外，还独自、主动开展一些救灾备荒活动，成为其中的主导者，在有些方面甚至替代政府的角色和作用，为地方社会救助事业做出重要贡献，反而使地方官在救荒赈济中只是充当一个普通参与者的角色。本来在备荒赈灾方面，政府一直占据优势和主导地位，但到明中后期，这种状况开始发生转变，究其原因，是官员在赈灾中的贪污腐败问题，国家的财政状况欠佳，以及整个官方赈济系统的迟缓、无力等因素。官方开始向民间进行劝赈，民间社会力量壮大，也趁机取代官方在地方社会救助中担任起重要地位和角色，以谋求对地方社会的控制。清代的情况也大体如此，在前

---

① 民国《德清县志》卷 8《人物·武功》，《中国方志丛书》，第 529 页。

② （清）王同：《唐栖志》卷 17《冢墓·卓海幢墓表》，浙江摄影出版社 2006 年版，第 307 页。

③ 《明史》卷 177《王竑传》，第 4707 页。

④ 《明英宗实录》卷 275，天顺元年二月乙未，第 5835—5836 页。

⑤ 嘉靖《黟县志》卷 7《尚义》，《明清徽商资料选编》，第 124 页。

⑥ （明）叶向高：《苍霞续草》卷 10《封文林郎兰溪知县程公墓志铭》，《苍霞草全集》第 6 集，广陵古籍刻印社 1994 影印本，第 824 页。

期国家力量强大时，由政府来主导荒政，但到中后期，随着国家经济的衰败以及对基层社会控制力度的减弱，由富民或士绅主导的社会救助活动越来越兴盛，推动了民间社会救济事业的蓬勃发展。

富民还热衷于宗族内部的救助活动。兴办义田资助族人是其中重要的一项内容，如莆田曾德"少孤家贫，年十六走粤东，至两京，抵辽东，不数岁家渐裕"，于是就出资"创义塾以训才子弟，又以五百金市田充庠士饩"①。清时，徐万安"初习商贾，后渐裕……立宗祠，置义田"。义田的作用极大，可济贫，如张永铨认为："义田者，收族者也……子姓之生依于食，食则给于田，无义田则无以保生者。"②陈瑞指出，明清时期宗族内部救济涉及的具体内容相当广泛，包括"通过义田实施族内救济、通过义仓实施族内救济、通过学田实施族内救济、通过义屋实施族内救济、通过义冢实施族内救济"③ 等。在宗族比较发达的地区，宗族内部通过以上方式进行救济的现象相当普遍，因为它们往往作为族规被写进族谱，要求族人严格遵守扶危济困的义务，对族人有强制作用，如果不遵守，会受到严厉谴责甚至攻击。如浙江余姚徐氏的族规就规定："宗中子侄，或有志趋善，贫不自给，而勉强自守者；或少妇新寡，贫不能存者，族中务要会众量力扶持，以将顺其美。如有强沮公议，不肯成人之美者，众共攻之。"④宗族正是利用对族人的经济控制来实现人身控制，达到"敬宗收族"的目的。所以，族内救济是宗族保证基层社会稳定、维护基层社会秩序的一种有效机制，成为保证宗族和谐稳定的要件，使贫富分化导致的社会矛盾趋于缓和。

明中后期国家对地方社会的救助能力减弱，随着商品经济发展，富民阶层的经济实力较为雄厚，社会影响力不断扩大，他们或者出于

---

① 同治《福建通志》卷219《明人物孝义传·莆田县》，吴伯雄编《陈寿祺全集》，广陵书社2017年影印本，第42册，第330页。

② （清）张永铨：《先祠记》，《清经世文编》卷66《礼政十三·祭礼上》，中华书局1992年版，第1659页。

③ 陈瑞：《明清时期徽州宗族的内部救济》，《中国农史》2007年第1期。

④ 费成康：《中国的家法族规（附录）》，上海社会科学院出版社1998年版，第289—290页。

血缘亲情，或者出于人道主义，或者出于社会责任感，或者出于安定社会乃至获取名誉和地位等因素考虑，开始自觉地加入地方社会救助活动中，代替官府或与官府结合共同承担社会救助责任，在灾害救济、济贫恤穷、扶弱解困、养老慈幼等方面都十分活跃，使得民间的社会救助往往表现为一种富民事业，这不仅成为富民的义务，而且在一定意义上也成为他们的责任，收到的效果比较显著，在整个社会养民体系中起了相当重要的作用。民间社会救助作为政府社会救助系统的补充乃至主力，其社会整合功能的发挥无疑是极大的。正如诺思所说，"是使社会稳定、经济制度富有活力的粘合剂"①。同时，富民在举办社会公益事务中的过程中，有效缓和了贫富间的对立与矛盾，维护了社会的和谐与稳定；倡导了乐善好施、扶困济贫的社会风尚；树立了良好形象，扩大了社会知名度，提高了自己的声誉、社会地位和影响力；也为其自身的长期发展和经营培育了良好的社会土壤和气候，达到控制地方、稳定社会的目的，成为中国基层社会的直接控制者。如果说财力雄厚是富民社会救助活动的物质前提，仁义道德是富民社会救助活动的心理基础，那么寻求社会声望则成为富民社会救助的目标追求。作为掌握大量社会财富、力量日益壮大的群体，富民在明清社会救助事业中发挥主导作用，对其自身有着特殊的重大意义。他们通过这些方式，极大程度地分担了政府责任，谋求到权力与地位等潜在政治利益，实现了基层社会控制权的扩张。

（三）富民阶层的经济作用

富民依靠自己的努力经营、依靠自己的聪明才智致富，显现时代本色，在性质上是推动社会经济发展的进步力量。当时社会对仁义致富、勤劳致富予以充分肯定。在社会安定、朝廷轻徭薄赋之时，勤、惰一般是决定农民贫富分化的主要原因。如明人蔡羽所分析："民之贫富，由来尚矣。富者必起于勤，而贫者必由于惰业。故勤者日众日樽，以至盖其藏；惰者日荒日废，以至于流亡。是故贫者役于富，流

① ［美］道格拉斯·C. 诺思：《经济史上的结构和变革》，厉以平译，商务印书馆1992年版，第48页。

亡者庸于土著，此利其利，彼资其力，亦犹农末相资而不相病也。"①
他深知，贫且不良者乐乱，富者乐治，而且更加惜身，所以从维护统
治稳定的角度来说，民富易治。沈榜有相同的看法，认为"民生在
勤，勤则不匮，而民性至愚，愚则易惰"②。田艺蘅说："善富者，羞
德之不积，不羞金之不积；善贵者，耻德之不伙，不耻禄之不伙。德
以聚金，则满不扑；德以居禄，则鼎不颠。"③ 李贽说："勤俭致富，
不敢安命。"发财致富是人力所能为，不管是"天与以富厚之资"，
或是个人"勤俭"，总之工商富人应该发财。④ 唐甄则从相反的角度
进行论证：他看到当时吴地有一些有技艺者反而贫于无技艺者，认为
这是懒惰造成的，故专门写文《惰贫》以警诫之。他举震泽严氏一
家为例，指出在一般情况下，一个手艺人只要勤快工作，一定会有好
的收成。但严氏夫妇空有技艺，却"桑不尽土，不剪不壅，机废不
理，不畜不疏"，因而"其贫甚于无艺者"⑤。

　　富民是社会经济协调的主体。明清时期农业、手工业、商业的高
度发展，都与富民密不可分。顾炎武对富民促进社会经济的作用进行
了详细考察。中国传统社会的土地私有制之下，租佃契约关系是一种
合理有效的生产关系形式，它有利于劳动者与生产资料以最佳、最灵
活的方式结合在一起，对土地经营、农业收益、财富状况等有直接影
响。劳动者可以根据以上经济因素对其进行适时调整，顺乎自然，资
源会在这种情况下进行有效配置，不需要受任何人为的干预。如果有
人为的、政治的干预，反而会"拂人情而讼繁兴。且如人孰不爱其
子，岂待君子者之禁"⑥。这种情况下，土地在不同所有者间实现转
移，贫富分化出现就是自然而然的事情。富民正是在土地转移、贫富
分化的过程中产生的，他们深知田产得来不易，为保住财富和地位，

---

① （明）张萱：《西园闻见录》卷96《政术》，杭州古旧书店1983年影印本；第11页。
② （明）沈榜：《宛署杂记》卷1《日字·宣谕》，第8页。
③ （明）田艺蘅：《留青日札》卷7《玉笑零音》，上海古籍出版社1992年版，第282页。
④ （明）李贽：《墨子批选》卷2《批非命》，转引自胡寄窗《中国经济思想史》，上
海人民出版社1981年版，第390页。
⑤ （明）唐甄：《潜书·惰贫》，第157页。
⑥ （清）顾炎武：《天下郡国利病书·河南·屯田论》，第1434页。

最好的办法是采取有益于社会生产的租佃方式，与贫民一起尽量促进农业增产。顾炎武对此深有体会，他说："盖贫民种田，牛、力、粪、草不时，有塘池不能浚而深，堤坝不能筑而固，一遇水旱，则付之天而已矣。今富室于此等，则力能豫为，故非大水旱，未有不收成者。况富室不能自种，必业与贫民，贫民虽弃产，而实与富室共其利，收一石，则人分五斗，收十石，则人分五石。又牛力、种子出于富室，乃贫民之所依，可有而不可无也。"① 他指出富室田产有生产上的规模效益，在农业生产中，富民有经济财力的投资，贫民有劳动能力的投入，两者通过"租佃"结合在一起，从而可以获得更多的经济收益。这种强调劳动资料与生产资料的最佳配置，强调土地资源的合理利用的见解，是颇有见地的。他的论述充分显示出富民日益成为社会经济发展的主力军和生力军。从社会生产力的角度来看，富民有能力使用和更换新农具，组织较大规模的生产，给社会提供更多的产品，可以促使农、牧、虞、工、商诸业俱兴，从而加速经济发展。

从富民自身的特点来看，他们在商品经济面前有明确的目标利益追求，就是以各种方式求生存、谋发展、得富足，农业、手工业的持续发展和商品经济的更大发展，为他们的利益追逐、财富梦想带来更多的商机，他们的人生价值、理想信念本来就根植于商品经济，所以更能适应商品经济的要求。富民致力于农业、手工业、商业的发展，促使农、工、商并举的多元经济结构的形成。这个时期，从事多种经营，投身工商业和手工业的人增多，一个专业的商人群体——商帮兴起。明清"富民社会"著名的"十大商帮"有晋商、徽商、齐鲁商、江右商、宁波商、洞庭商、龙游商、闽商、粤商、陕商，他们都是在15世纪下半叶至16世纪这一历史阶段形成和发展起来的。② 这些商帮经济实力雄厚、活动范围广泛，社会影响力强，商人、商品、商业资本都是社会经济发展中的一些积极因素。明清各地商帮的形成标志着富民以群体的力量出现在商业舞台上，既促进全国各地商品的交

① （清）顾炎武：《天下郡国利病书·江宁庐州安庆备录·寄庄议》，第895页。
② 张海鹏、张海瀛：《中国十大商帮》，黄山书社1993年版。

流，也促进商品生产的进一步发展。

富民的经济作用还有一个突出表现就是承担国家的赋役。明代黄册制度实行后，里甲正役虽按户编充，但户等的划分仍以"丁、粮多寡，产业厚薄"为据，里长、粮长、塘长等重役，皆由"丁、粮多者"充当。即粮长、里长、塘长由殷实大户——富民充当，政府的赋役摊派和乡村公共事务都交由他们代办。从而使他们既要向国家承担职役，又成为国家统治机构的基层成员。富民还承担其他一些交通运输的职役，如："今当广增递运舡数，于税粮内定民赀力厚者充之。"① "自龙江驿至河南中滦驿凡三十二。有司既已选民粮百石者为马户，不足则益取邻县有粮之民充之。五户以上，十户以下，共为一夫。惟临濠府民田粮有及其例。请于民间择丁产稍富者，合粮三十石为一夫。"② "今拟以苏、松、嘉、湖四府之民，田粮多者为马户。"③ "命兵部遣使籍杭、湖、严、衢、金华、绍兴、宁波及直隶徽州等府市民富实者出资市马，充凤阳、宿州抵河南郑州驿马户。"④ "以浙江杭州、直隶徽州等府市井富民备马应役。"⑤ 成祖时，"徙直隶、浙江民二万户于京师，充仓脚夫"⑥。

正因为富民对经济有重大作用，朱元璋专门迁徙富户到京师发展，为国家所用，促进京师的经济繁荣，维护、巩固统治。正如隆庆年间大学士高拱所说："夫至尊所居根本之地，必使百姓富庶，人心乃安，而缓急亦有可赖。祖宗取天下富室填实京师，盖为此也。"⑦ 明成祖也是如此，把迁徙到北京的富民按里甲制度组织编制起来，提供徭役。史称："成祖时，复选应天、浙江富民三千户，充北京宛、

① 《明太祖实录》卷 53，洪武三年六月戊午，第 1054 页。
② 《明太祖实录》卷 68，洪武四年九月庚戌，第 1273—1274 条。
③ 《明太祖实录》卷 156，洪武十六年八月壬申，第 2427 页。
④ 《明太祖实录》卷 186，洪武二十年冬十月戊申，第 2788—2789 页。
⑤ 《明太祖实录》卷 189，洪武二十一年三月乙卯，第 2856 页。
⑥ （清）赵翼：《廿二史札记》卷 32《明初徙民之令》，上海古籍出版社 2011 年版，第 669 页。
⑦ （明）余继登：《典故纪闻》卷 18，中华书局 1981 年版，第 336 页。

大二县厢长，附籍京师，仍应本籍徭役。"① 坊、厢的职责和里长基本相同。明初富民实京师后，仍能开拓产业，"勤俭治生，用成厥家"②，因而"家累万金""家累千金"者比比皆是。有从事农副业商品生产的，如章和，宁波府鄞县人，"永乐初徙江南闾右实京师……籍大兴县，受廛于安定关，垦荒作圃艺蔬自给，家资浸厚。"③ 有从事商业活动的，如许荣，行医兼经营药店书肆，"多蓄古书镂板缃帙，定为市价，四方文字之士入肆相取而莫之贵贱焉。……精本草医药，有求诊者，与之药，辄效报以金"④。经营商业的规模和范围都很大。周忱说："作富户于北京者，有一家数处之开张。"⑤ 这对于促进工商业发展、繁荣京师经济，都起到一定作用。至于后来富户匮乏、贫难，则并非明初迁徙富户实京师的本意，正如尹谢杰所说："观古者徙郡国豪杰实茂陵，国初徙富民实京师，皆所以培植根本，使之富强，未闻划之削之使之告匮不支如今日者也。"⑥

此外，富民在垦田、充实仓廪边储方面也发挥了积极作用。"永乐中，下输粟于边之令。凡富商大贾，悉于三边自出财力，自招游民，自垦荒田，自艺菽粟，自筑墩台，自立堡伍。田曰熟年谷屡丰，盖至天顺、成化间，甘肃、宁夏粟石直银二钱，而边以大裕。"⑦ 如金濂正统时擢佥都御史，参赞宁夏军务，就让富民屯边输粮，解决军需。"时诏富民输米助边，千石以上褒以玺书。濂言边地粟贵，请并旌不及额者，储由此充。"⑧

① 《明史》卷77《食货志一》，第1880页。
② （明）韩雍：《襄毅文集》卷13《先考行实》，《四库全书》本，集部，第1245册，第778页。
③ 《宁波府志》卷24《章镒传》，转引自田培栋《明史披拣集》，三秦出版社2011年版，第16页。
④ 张作霖：《金陵通传》卷14《许荣传》，《明史披拣集》，第18页。
⑤ （明）周忱：《与行在户部诸公书》，《明经世文编》卷22《周文襄公奏疏》，中华书局1962年版，第174页。
⑥ 万历《顺天府志》卷3《食货志》，明万历刻本，第98页。
⑦ （明）朱健：《古今治平略》卷10《国朝盐课》，影印浙江省图书馆藏明崇祯钟铉刻本，第28页。
⑧ 《明史》卷160《金濂传》，第4358页。

总之，富民作用极大，是国家统治的基础，统治者对此深有认识。明神宗四十年（1612 年），南京福建御史王万祚上言说："祖制，赋役必验丁粮多寡，产业厚薄以均其力。……国有大事，不无借力于富民，谓宜善蓄其余力，以待不时之需。刳剥烧烁，无时暂息，将尽通都大郡，无殷实之民，欲如汉之徙关中实塞下，并力灭夷，其谁任之？卖富差贫，非也；而有意消折富户，亦非也。父有数子，或富或贫，必令富者亦贫，则祖宗之门户去矣。"①

（四）富民阶层的教民作用

首先是富民促进了地方文化教育事业的兴盛。

富民的"贾而好儒""学而优则贾"追求，使他们不仅经商，而且非常重视教育，积极投资文化教育事业。如方来贺长于经商，"跋涉水陆，操赢制余，不数年间，业隆隆起"。之后，他热心于地方文化教育公事业，凡遇州县中修筑试院、书院、义仓、庙宇事，"无不踊跃输助"。② 他们雄厚的经济实力是民间文化教育事业形成发展的重要经济基础。正如清人沈垚所说："仕者既与小民争利，未仕者又必先有农桑之业，方得给朝夕，以专事进取。于是货殖之事益急，商贾之事益重，非兄老先营事业于前，子弟即无由读书，以致身通显。"③ 他明确指出业贾对业儒的保障作用，即经济势力对读书应试的保障作用。富民凭借财力优势投资兴修书院，兴办义塾、义学，购置书籍，资助当地人学习，延名师课子弟，多方位、多层次地资助和发展地方教育。

富民的重教兴学为地方精英的成长提供了物质保证，促使教育勃兴、文化昌盛。一是他们精心培养子弟，希望子弟中有人能得到向上递进的机会，实现社会阶层的流动，成为他们的代言人和保护伞。二是本身接受过儒学教育的富民子弟，即便未能入仕而进入商界，这些有文化的商人，也会成为基层社会的中坚力量。三是推动

---

① 《明神宗实录》卷 491，万历四十年正月丙申，第 9234—9237 页。

② 光绪《重修炉桥方氏家谱》卷首下《叔高祖存斋公传，党明德、何成《中国家族教育》，山东教育出版社 2005 年版，第 282 页。

③ （清）沈垚：《落帆楼文集》卷 24《费席山先生七十双寿序》，第 125 页。

儒学在地方基层社会的传播，为民间社会文化的繁荣创造良好的条件。当时地方文化教育事业的发展，民众素质的提高，都与富民的兴学之举相关。四是富民的最高追求目标是"富贵合一"，所以他们热衷于科举考试，推动科举制度的发展。史载："自科举之法行，人期速效，十五而不应试，父兄以为不才，二十而不與胶庠，乡里得而贱之。"① 科举制度确实在一定程度上为社会提供阶层流动的途径，促使富民的士绅化。五是富民本身对文化有强烈的追求。富民出于对学问的尊重，或是为了附庸风雅，乐于与士大夫交往，或者"喜交士大夫以为干进之阶"，或者以财货吸引"士大夫多与之游"②。同时，他们纷纷慷慨解囊，资助学问。他们并不仅仅资助本门子弟业儒中考，有的还投资府州县学，有的则设置社学、义塾、书院。一般说来，在富民、富商集中的地区，学校文化设施也比较好。歙县大盐商鲍肯园不惜花费万金兴建地方书院："出库金增诸生膏火，自以私财白金三千两益之，于是城内之紫阳书院成。又出白金八千两自置两淮生息，以复城外之山间书院。"③ 又比如徽州商帮的一个重要特色是"贾而好儒"，徽商之家多延师课子；不少徽商从贾之前就曾知晓诗书，粗通翰墨，从贾之后，还是好学不倦，"俨然有儒者气象"；富商之家，在"富而教不可缓"的同时，毫不吝惜地捐资助学、振兴文教等。④ 据戴震记载，歙县之汪氏"用监盐起业于斯地也久"，资助学术，"祖若孙相绳有终"⑤。六是富民热衷于藏书。时人吴翌凤描述说：乾隆初，扬州殷富。"商人好文墨者如马秋玉、张四科等，皆大开坛坫，招集词人。……秋玉尤富藏书，有希见者，不惜千金购

---

① （清）戴钧衡：《桐乡书院四议·课经学条》，《清朝经世文正续编》卷65《礼政五·学校下》，广陵书社2011年影印本，第4册，第111页。
② 刘志琴：《商人资本与晚明社会》，《中国史研究》1983年第2期。
③ 歙县《堂樾鲍氏宣忠堂支谱》卷21《中宪大夫肯园鲍公行状》，转引自《清代全史》第5卷，方志出版社2007年版，第236页。
④ 张海鹏、唐力行：《论徽商"贾而好儒"的特色》，《中国史研究》1984年第4期。
⑤ （清）戴震：《戴震集》卷11《汪氏捐立学田碑》，上海古籍出版社1980年版，第220页。

之。玲珑山馆中四部略备，与天一阁、传是楼相埒。"① 为读书人提供丰厚资源。

富民重视教育，还体现在兴办族学上。族学的范围比较广泛，它主要由家族或宗族用族产或由族中富者出资设立，教族人识字写字和学算等日常基本知识，是乡村地方的启蒙性、基础性教育。马克斯·韦伯曾说："在必要时，宗族还施医舍药、操办丧事、照顾老人和寡妇，特别是：兴办义塾。"② 说明族学在宗族中占有十分重要的地位。宗族兴办各种义学、义塾，教育族人，一方面是使族中富人子弟能科举入仕、光宗耀祖，发展壮大宗族势力；另一方面，也为家境贫寒的子弟提供学习机会，培养他们的一些基本生存技能，对基层社会普及教育和培养人才具有一定作用。宗族教育的经费主要源于宗族富人的资助，所以在经济比较发达、宗族经商氛围比较浓厚的地区，经常也是教育比较发达、宗族人才辈出的地区，因为教育需要坚实的经济实力作支撑。

总之，富民阶层在地方文化教育中的作用充分显示出富民的主导性和能动性。他们对地方文化教育事业表现出极大的热情，成为推动其发展的主体力量，通过控制族人子弟的教育来控制基层社会，产生了良好的社会效应，提高了族人的文化素质和谋生才能，提高了宗族的发展竞争力，反映了富民阶层要求发展社会生产的对于人才的新要求，在当时无疑具有进步意义。所以，富民热衷于文化教育事业，于国于民都有利。

其次是富民直接参与地方教化。

富民或士绅通过制定家法、宗规、乡约，宣讲皇帝谕旨来掌管地方教化。基层社会制定的各种乡规民约，本身反映的就是富民或士绅等制定者的意图，代表的是他们的利益，最终的执行者也是他们。所以他们为官府所倚重，成为地方教化的主要承担者和责任者。"士肯好修，同学见其人而爱慕，居乡熏其德而善良。官于内则为朝著仪

① （清）吴翌凤：《逊志堂杂钞》丙集，澳门中华出版社 1994 年版，第 39 页。
② ［德］马克斯·韦伯：《儒教与道教》，王蓉芬译，商务印书馆 1995 年版，第 143 页。

形，官于外则为缙绅师表"①，故此无论是民办，还是官督民办、官倡官办之乡约，富民或士绅都是核心力量，发挥着举足轻重的作用，使地方社会"礼让风行"、一派祥和。"其绅士居乡者，必当维持风化，其耆老望重者，亦当感劝闾阎，果能家喻户晓，礼让风行，自然百事吉祥，年丰人寿矣。"② 尤其是统治者极为重视的圣谕宣讲，因为标榜的是重视农桑根本、提倡人伦道德、端正士人习气、敦厚社会风俗等，对规范社会成员行为、培养忠诚顺民极为有用，所以地方官府把它规定为富民或士绅的责任和义务，明确要求："于大乡大村，设立讲约所。选举诚实堪信，素无过犯之绅士，充为约正，值月分讲。"③ 通过他们的宣讲，确实端正了社会风气，"若 18 世纪中国社会较以前更具整合性与稳定性，此说可以成立，官绅士人在庶民教化上的努力实不可低估"④。

富民或士绅是明清承担社会教化责任的主体，发挥了教化基层社会的作用。他们本身也热衷于接受儒家的文化教育，或读书应试，或藏书兴学，或教化民众，或推广礼仪，或移风易俗，惠及广大基层社会。他们对地方教育、教化的责任感，反映了明中叶以后国家对基层社会控制失效的现象。他们着力于对庶民的教化和管理，借以发挥其影响力，因而得以树立其地方权威，从思想上控制基层社会。

综上所述，这些针对富民阶层作用的议论，总体上表达这样一种声音：富民在国家、地方社会的各个方面都发挥着中流砥柱的作用。富民对地方社会乃至各项事务表现出空前的热情，代替了政府的部分作用，发挥着越来越重要的影响。从实际效果看，富民汲汲于乡里，产生了官府和百姓敬之、感之、信之的效果，增强了地方社会凝聚力，他们借此在地方获得相应的社会声望和社会影响力，从而增强对地方社会的发言权，树立权威，巩固地位，成为地方社会的直接控制

---

① 《王征遗著》，陕西人民出版社 1987 年版，第 181 页。

② （清）张集馨：《道咸宦海见闻录》，中华书局 2006 年版，第 274 页。

③ （清）田文镜：《钦颁州县事宜》，许乃普辑《宦海指南五种》，光绪十六年（1890 年）本，第 8 页。

④ 游子安：《劝化金箴：清代善书研究》，天津人民出版社 1999 年版，第 39—40 页。

者和代言人，这意味着富民在增强经济力量和提高实际社会地位的同时，他们对国家事务的参与意识、主导意识同样增强，从中也反映出明清中央集权能力的下降和基层社会权力的膨胀。张兆裕通过探讨晚明富民的救荒活动，指出：富民"经历了从支持政府到晚明独自开展救荒的过程。这种情况反映了晚明富民势力的壮大和自主意识的增强，同时也意味着政府荒政的失败，以及社会权力的分化"①。

富民阶层的这些作用和"新民本"思想是相伴相生的。自唐宋至明清，富民阶层崛起于地方基层社会后，他们一直上传下达，既是具体事务的执行者，又是社会发展的引领者，成为基层社会的重要群体，影响力、辐射力一直呈上升趋势。他们积极参与地方社会各项事务，代替地方官府行使各项权力，发挥着实际治理基层社会的作用。因为是官民联系的纽带，很多时候可以发出自己的声音，谋求自己的利益。所以，富民阶层成为新民本思想的重要社会基础，成为国家关注的重点，成为民众依靠的对象，对占人口绝大多数的基层社会起着举足轻重的作用。随着他们在政治、经济、文化、思想等领域一系列新诉求的提出，他们对中国传统社会所产生的影响越来越大，最终加快了传统社会向近代社会转变的步伐。

到了近代，"新民本"思想中对富民极其重视的余绪还一直存在，很多思想家提倡要让富民发挥他们的这种动力层作用。

如郑观应提出应"劝勉"富民投资新式工商业，对卓有成效者要给予各种"奖励"："富商大贾，巨室富家，或乐善好施，或急公奉上，亦宜宠之以簪缨，荣之以衣顶，以励庸流，用知劝勉。"甚至还要为他们"歌功颂德"，"纠合公司，大兴商务，如利薮可兴，办有成效者，国家给以称颂功牌"。②

谭嗣同鼓励中国的富民投资办新式工业。他认为大机器工业有巨大的生产力，能够为社会生产更多财富，吸收更多劳动者就业，同时能使投资者获得丰厚利润。因此，他要求富人踊跃投资，在各种生产

① 张兆裕：《晚明富民的救荒》，《中国社会科学院院报》2004年5月。
② 郑观应：《盛世危言》卷4《户政·捐纳》，华夏出版社2002年版，第288页。

部门创建和发展大机器工业。他说："有矿焉，建学兴机器以开之，辟山、通道、浚川、凿险咸视此。有田焉，建学兴机器以耕之，凡材木、水利、畜牧、蚕织咸视此。有工焉，建学兴机器以代之，凡攻金、攻木、造纸、造糖咸视此。大富则设大厂，中富附焉，或则为分厂。富而能设机器厂，穷民赖以养，物产赖以盈，钱币赖以流通，己之富亦赖以扩充而愈厚。"① 谭嗣同还提出，为保证富民带动社会发展的力量得以发挥，进而发展资本主义，使中国富强，暂时不能均贫富，只有等中国发展富强，才有能力解决发展所带来的贫富严重分化问题。他说："以目前而论，贫富万无可均之理，不惟做不到，兼恐贫富均，无复有大力者出而与外国争商务，亦无复贫者肯效死力，国势顿形弱矣。"② 应完全鼓励、支持富人自由兴办工商业，迅速发展资本主义生产，壮大力量，与外国展开经济竞争。

1897 年，梁启超发表《〈史记·货殖列传〉今义》一文，结合司马迁"长富贵""羞贫贱"的思想，批判中国传统思想中的抑富商思想，大力宣扬"保富"。他针对富人"求大利"的特性，鼓励富民投资新式工商业，发展资本主义经济。因为富民投资新式工业，对促进经济发展具有推动作用，可以带动许多相关产业投资的增加，创造更多就业机会，使更多人有谋生机会，从而摆脱生活困境；有了生活资本后，又可以刺激消费、扩大市场、推动生产，使资本能够良性循环。他提出："秦西尤视富人为国之元气，何以故？国有富人，彼必出其资本兴制造等事以求大利。制造既兴，则举国贫民皆可以仰糊口于工厂，地面地中之货，赖以尽出，一国之货财，赖以流通，故君子重之。"③ 富人兴起制造业后，能带动一系列相关经济领域的生产，能解决大量相关人员的就业和生计问题。"如兴一机器（织）布之厂，费本二十万，而造机器之人得其若干；种棉花之人得其若干；修房屋之人得其若干；工作之人得其若干；贩卖之人得其若干。而且因

---

① 谭嗣同：《仁学》，《谭嗣同全集》，生活·读书·新知三联书店 1951 年版，第 40 页。
② 谭嗣同：《仁学》，《谭嗣同全集》，第 39 页。
③ 梁启超：《〈史记·货殖列传〉今义》，《饮冰室合集·文集二》，中华书局 1989 年版，第 171—172 页。

买机器也，而炼铁之人得其若干；开矿之人得其若干；因买棉花也，而赁地种植之人得其若干；造粪料造农器之人得其若干；因修房屋也，而木厂得其若干；窑厂得其若干。推而上之，炼铁开矿，以至窑厂等人，其货物又有所自出。……而此种种人，持其所得者，复以经营他业，他业之人有所得，复持以经营他业，如是互相摄引，沾其益者，亦不可纪极，此之谓行如流水。"① 梁启超寄希望于大资本家（富民）来振兴实业，他说："自今以往，我中国若无大资本家出现，则将有他国之大资本家入而代之，而彼大资本家既占势力以后，则凡无资本者或有资本而不大者，只能宛转瘝死于其脚下，而永无复苏生之一日。"② 国家所要做的，就是实施各种经济政策，保护、鼓励资本家的发展，"吾之经济政策，以奖励、保护资本家并力外竞为主，而其余皆为辅。苟持论反于吾之政策者，吾必认为国贼，竭吾力所及以申讨，虽殉之以身亦所不辞"③。资本家（富民）不仅可以带动百姓富，而且对国家前途命运有重大作用，应该予以奖励、保护。

康有为提倡像外国一样，大力发展工商业，多多培植富豪。他说："中国今者公私交匮，几成赤地，全在增资本，奖富实耳。资本增矣，富豪多矣，而后贫者依以谋生，中产得以渐富，地利赖以广辟，大工大商赖以举办，而后国赖以立。……吾国若多富豪，如迦利忌、落基花路、摩根者，岂止内地之农工商矿可大起，即远边之辽、蒙、回、藏之实利可速拓殖，中国之贫民，岂复忧生，中国之富源，岂可思议也？"④ 非常重视富民对"贫者"、对"中产"乃至对"国家"所能发挥的各种作用。

正是因为富民本身所具有的强大动力和先进能力，所以他们坚决要求国家鼓励和保护富商大贾，创办现代企业，推动中国整个社会经济发展，这是在新的历史发展阶段对富民作用的进一步肯定和发挥。

① 梁启超：《〈史记·货殖列传〉今义》，《饮冰室合集·文集二》，第175页。
② 梁启超：《杂答某报》，《梁启超文集·随感》，北京燕山出版社1997年版，第554页。
③ 梁启超：《杂答某报》，《梁启超文集·随感》，第562页。
④ 汤志钧编：《康有为政论集》，中华书局1998年版，下册，第791—792页。

第三节 明清"新民本"思想的历史作用
——近代民主思想传入的"桥梁"

通过对明清民本思想的考察，可以发现，新民本思想产生于传统民本思想的土壤之中，同时它确实对传统民本思想进行了改良、创造，它的产生预示着中国社会开始出现了由传统向近代化过渡的苗头，它为中国社会接纳近代民主思想准备了一定的条件。判断明清民本思想的历史地位，要把它置于一个长时段的过程中来看，历史地说，它是传统民本思想的继承者；现实地说，它为19世纪中叶以后近代民主思想进入作了铺垫。对它可以作这样的定位："'新民本'具有从民本思想向近代民主思想过渡的性质，一方面它没有达到近代民主政治的高度，从而与传统民本思想十分接近；另一方面它又在某些方面超越了民本思想的框架，从而逼近近代民主思想。"① 所以新民本思想具有过渡特征、桥梁作用。

一 新民本思想的桥梁作用

把"新民本思想的历史作用"看作"近代民主思想传入的桥梁"，这一观点在冯天瑜、谢贵安的著作中已经被提出。他们说："及至鸦片战争之后，西方近代民主主义思想传入，中国传统的政治思想受到强烈的冲击，先进的中国思想家，以新民本思想为切入点，将君主立宪制和共和民主制引入中国文化体系之中。以黄宗羲《明夷待访录》为代表的新民本思想，成为近代民主思想传播的桥梁。"② 进入近代社会后，随着西方势力的进入，他们不仅在政治、经济方面寻求对传统中国的渗透，而且在思想、文化方面也寻求突破点，企图将西方的民主思想植入中国。新民本思想中蕴含一些具有近代民主韵味的内容，正好与此有相互吻合之处，中国的知识界力图从传统思想

---

① 冯天瑜、谢贵安：《解构专制——明末清初"新民本"思想研究》，第19—20页。
② 冯天瑜、谢贵安：《解构专制——明末清初"新民本"思想研究》，第59—60、296—326页。本书受这些研究成果的启发，并参考了其中的某些观点。

文化当中找到可以与西方民主思想媲美之处，所以新民本思想再次被提起，受到普遍重视。到此时，明清新民本思想因其本身所带有的民主近代化因子，不自觉地被这一世界民主化浪潮所席卷，创造了西方一些进步政治理念可以植入的机遇，"从而使西方民主观念在中国这一特殊的环境和土壤中扎下根来"[1]。但是，必须清醒地认识到，新民本思想的根还是"民本"，不是"民主"，中国传统社会的文化根基及对外来事物的天然排斥，当时即便有西方民主的嫁接意图，它却终究发展不成近代民主思想，而只能成为传统民本思想与近代民主思想之间的一种过渡形态。

当然，明清新民本思想在民本思想发展史上的地位同样毋庸置疑，因为它反映的是富民阶层的愿望，代表的是富民阶层的利益，富民阶层是当时历史舞台上最为活跃的群体，他们作为社会发展的中间层、稳定层、发展层和动力层，作用确实显著。"新民本"思想将中国传统民本思想推向一个新的高度，它提出的一系列命题，为迎接新的时代准备了某些思想条件，成为嫁接近代民主观念的肥沃土壤，在中国起到一定的积极作用。所以，它既是中国传统民本思想发展的最后理论形态和终结，又是中国传统民本思想走向近代民主思想的中介和桥梁。中国的民主思想可以从明清新民本思想中寻找到它的胚胎和萌芽。

一直以来，在统治者和思想家的眼里，中国传统民本思想都作为一种宝贵的政治理念和政治思想存在着，一代一代传承下来。到明清新民本思想这里，它对君主专制主义的批判，使得它从传统的君民关系理论体系——"民为国本，君为民主"中解构出来，可以单独地强调"民为国本"，给清末维新派极大的启发。比如梁启超就说他在读到上述惊世骇语之后，受到极大的刺激，他后来的政治运动，受黄宗羲思想的影响最早且最深。[2] 当它与西方传入的民主思想相逢时，它又成为近代志士仁人顺利接受西方民主思想的思想基础，被作为西方

---

① 谢贵安：《试论明末清初"新民本"思想》，《江汉论坛》2003年第10期。
② 梁启超：《中国近三百年学术史》，东方出版社1996年版，第56页。

民主思想的基点或出发点，而产生了"误读"①。在当时的知识界看来，中国传统民本思想，尤其是明清"新民本"思想与西方民主思想有很多异曲同工之处，可以将它们融会贯通。近代中国人基本上是通过"民本"思想特别是"新民本"思想来认识近代民主思想的。梁启超说："清初几位大师——即残明遗老——黄梨洲、顾亭林、唐甄、王船山……之流，他们许多话，在过去二百多年间，大家熟视无睹，到这时忽然像电气一般把许多青年的心弦震午直跳。"② 深受触动后，他直接断言："最近三十年思想界之变迁，虽波澜一日比一日壮阔，内容一比一日复杂，而最初的原动力，我敢用一句话来包举他，是残明遗献思想之复活。"③ 这种误读，使得西方民主思想能够顺利地为国人所接受，从而对清末的民权运动产生极其重大的社会影响。这一现状说明新民本思想已发展到一定的高度，它所倡导的重视"民众"、通晓"民情"、顺从"民意"等基本理念，所提出的谴责虐待民众、限制君主权力等基本观点，确实与西方民主思想有一些共同语言，凸显实实在在的"民"的地位和作用。这样，新民本思想作为打通传统民本思想与近代民主思想之间通道的中间环节出现，是历史发展的趋势所致，显示出它在历史上应有的夺目光彩。

新民本思想中所包含的对君主专制制度的批判精神和强烈的限君意识，使它在传统民本思想和近代民主思想之间具有中介、过渡、承上启下、继往开来的重要作用。本身当君主专制制度发展到极致，对国家和民众造成的祸害积重难返时，儒家就会发挥批判精神，重新考虑民本问题，讨论谁是"本"、谁是"主"的问题，把与"君"相对的"民"作为国家政治的主体再次彰显出来。明清新民本思想就是在君主制的祸害已达到极其严重的地步，从而对它进行批判而产生的，所以新民本思想蕴含着"从民本走向民主的种子"，实质上就是处于从民本走向民主的萌芽状态，开启中国近代民主主义思想的先河。它是伴随着明清商品经济、手工业发展而产生的一种先进的思想

---

① 冯天瑜、谢贵安：《解构专制——明末清初"新民本"思想研究》，第316页。
② 梁启超：《中国近三百年学术史》，第35页。
③ 梁启超：《中国近三百年学术史》，第36页。

意识，被赋予新的含义，增添新的内容，代表着时代的发展方向。

二　从明清民本思想中没有导出近代民主思想

在充分肯定明清新民本思想对近代西方民主思想传入的积极作用时，我们也必须看到它对中国民主进程所产生的消极作用和负面影响，明清新民本思想与西方民主思想从根源上来讲就不一样，一个是中国传统政治、思想与文化之下的产物，一个是西方资本主义经济发展下的产物，二者虽有一些形式上的相似，但它们之间的界限更为明显，如果把民本误当作民主，反而不利于民主思想的确立和发展。新民本思想虽然在一些观念上提出了新见解，但这些"新"并未突破民本思想本身的桎梏。

正如许多研究者已经注意到的那样，新民本思想在中国近代民主思想的萌芽和形成之中，是一个极重要的时期，可以说是开了中国近代民主思想的先河。但具有如此多新特征和新功能的新民本思想，本身却缺乏向近代民主直接发展的内在因素，它最终并没有转变为类似近代西方的民主思想。"新民本思想试图以'贤人政治'修正君主制度，而非以民选议会为基础葬送君主制度，这使它仍然具有浓厚的传统性，而不具有近代民主性质。"①

梁启超在论及"儒教"（儒学）的最大缺点时，就说："儒教之所最缺点者，在专为君说法，而不为民说法。其为君说法奈何？若曰：汝宜行仁政也，汝宜恤民隐也，汝宜顺民之好恶也，汝宜采民之舆论以施庶政也。是固然也。若有君于此，而不行仁政，不恤民隐，不顺民之所好恶，不采民之舆论，则当由何道以使之不得不如是乎？此儒教所未明答之问题也。……试观二千年来，孔教极盛于中国，而历代君主能服从孔子之明训，以行仁政而事民事者，几何人也？然则其道当若何？曰：不可不钳制之以民权。……（孔教）其立言之偏，流弊之长，则虽加刀于我颈，我固不得为古人讳也。"② 他指出儒学

---

①　冯天瑜、谢贵安：《解构专制——明末清初"新民本"思想研究》，第10页。
②　梁启超：《论中国学术思想变迁之大势》，上海古籍出版社2001年版，第69—70页。

的最大缺点，是虽有民本的思想，但无"民权"（民主）的思想。萧公权在论及民本思想时指出："先秦以来之政论家，发扬'民为邦本'之学说虽不乏人，然以近代之语述之，彼等大体只知'民享'、'民有'，而未知民治之政治。且孟子一派虽有'得乎邱民为天子'以及'一夫'可诛之说阐明'民有'之精义，然既无民治之说以伸之，则有体无用，二千年中，亦只传为原则上之空谈。况孟子以后之人，多半仅有民享之观念。不知民有，何况民治。人民虽为政治之目的，而君主永为政治之主体。民本者未实现之理论，而专制为不可否认之事实。故古代之民本思想，乃不完全之民权思想，其去近代民主政治之观念，实有若干距离。"① 当代学者的研究表明，传统民本思想和近现代民主思想是产生于两个不同世界的两种不同政治思想，它们的区别显而易见，主要表现在：一是二者的权利主体不同，前者的主体是以君主为代表的统治阶段，后者的主体是广大民众；二是二者的经济基础不同，前者建立在农业经济发展的基础之上，后者建立在商品经济发展的基础之上；三是二者的价值目标不同，前者的目标是保证君主专制统治的长治久安，后者的目标是反对专制统治，为资本主义的发展扫清障碍；四是二者的实现方式不同，前者依赖于统治者的道德自觉来实现，后者依赖于国家的政治法律制度来保障民众的各项权利。

根深蒂固存在于传统民本思想中的这些特征，在新民本思想中总有体现，它一直受到传统与环境的制约。传统民本思想的根基就在于君主专制制度的存在，虽然后世对君主专制统治有批判，但没有触及推翻专制制度的存在这一根本。新民本思想中最出格的表达，就是削弱或分割君权，这最多只是对传统君臣关系的一种调整和制衡，并没有完全取缔君权；并且，新民本思想的变化是从传统的民本思想中脱胎而来，在讨论它的立论依据时，又会回归传统民本思想所倡导的基本范畴，不敢与它完全决裂；甚至连"民本"也只会流于口号，重视民众的力量，注意民众的生计，关心民众的哀乐，归根结底是出于

---

① 萧公权：《中国政治思想史》，辽宁教育出版社 1998 年版，第 865 页。

民众为统治剥削对象的考虑。

所以，明清新民本思想没有脱离传统民本思想的桎梏，它仍然被包藏在民本思想的厚硬外壳之中，这是中国传统民本思想难以走出的圈子。民本思想普遍忽视对人现实的自由、权利、平等的关注，权利问题并未能进入思考的视野之中。社会上存在的平等观念也没有上升到"法律平等"和"政治平等"的高度。并且只要君主存在，他的权力就是绝对权力，任何人都分享不到，在君主面前人们只能是无条件地服从，只有俯首称臣，甘做顺民，没有任何权利意识。就连传统民本思想最高成就的"代表"，黄宗羲的民本思想中有许多标新立异的看法，但他都没有直接提出"无君"或"废君"的观点。他对未来政治制度进行设计时，君主仍然是高居于宰相、众臣之上。天子之位还是世袭的，天子仍然大权在握，相权之有无并不能从根本上抑制君权。在黄宗羲的观念中，君权是天赋的、先验的，是不能够否定的，他曾经说过，"夫三纲五常"是"传自尧舜"的"中国之道"①，是不可否定的，"人主受命于天"②。他批判的只是"恶"君主专制。王夫之还直接表达过强化君权的呼求，主张人主"居重驭轻"③，"君德独任"④。他们尽管抨击"专制之短，深切著明"，但因为找不到一条新的出路，只希望君主能以万民安乐为政治根本，全部议论在于"持此以遇明主"⑤。他们仍提倡道德约束，而没有提出法制概念，他们都认为君主要做"圣君""明君""贤君"。如此背景下建构起的新民本思想的光辉，到清朝中期又逐渐被君主专制的思想所湮没。

此外，明清社会是继唐宋而来的富民社会，它不是市民社会，故没有产生代表市民阶层利益的启蒙思想，即近代民主思想，也没有高度发展的商品经济作为产生近代民主思想的经济基础。新民本思潮的

---

① 程志华：《儒学民本思想的终极视域——卢梭与黄宗羲的"对话"》，《哲学研究》2004年第2期。
② （清）黄宗羲：《明夷待访录·奄宦》，第45页。
③ （清）王夫之：《读通鉴论》卷21《高宗》，中华书局1975年版，第637页。
④ （清）王夫之：《读通鉴论》卷26《晋泰始元年起》，第299页。
⑤ （清）黄宗羲：《明夷待访录·序》，第1页。

载体是富民阶层，他们不像西方世界的市民阶层那样，一开始就是资本主义经济发展的产物，独立于专制体制之外，具有强烈的独立、自由精神。他们本身就是在传统社会中崛起、发展并成长起来，与传统社会有千丝万缕的联系，对专制政体的依赖性很强，没有形成强大的自我力量同国家政权相抗衡。并且富民阶层在发家致富后，追求的不是扩大再生产，进一步促进社会经济发展。相反，他们或者弃贾业儒，捐纳买官，追逐功名利禄；或者买田置地，回归农业生产领域；或者贪图享受，进行奢侈消费。这样的价值观念和追求目标对他们自己的发展壮大形成极大束缚。可见，富民毕竟还没有发展成为能够脱离中央王朝的一股强大、独立的政治力量，还没有产生足够的反抗旧传统的觉悟。就拿富民阶层在其中发挥重大作用的地方事务来说，"在国家与社会之间的关系中，他一般保持这样的认识：'社会力量也没有超越国家和地方政权的能力与企图，毕竟，乡贤在举办公共事务时，所预期的乃是让自己更受官府的器重以对地方社会事务更具影响，而非希望自己成为与官方对抗的民间领袖'"①。他们无法摆脱固有的身份和立场，当他们在畅谈利益和要求时，他们只是从富民阶层的长远利益来认识民众的价值，所有民众本身不是他们关心研究思考的对象。

所以说，明清新民本思想的思维逻辑并没有超出民本论固有的框架，它既不是"启蒙思想"，更没有直接导向西方民主思想。这一切都决定了新民本思想的过渡性质、"桥梁"作用。

---

① 谢泳：《灾难时期中的社会力量——我读〈清代江南的瘟疫与社会〉》，《文汇报》2003 年 5 月 9 日。

主要参考文献

一　古籍文献

《北京图书馆古籍珍本丛刊》，书目文献出版社 1998 年版。

《丛书集成初编》，上海商务印书馆 1935 年版。

《大明会典》，广陵书社 2007 年版。

《皇朝经世文续编》，文海出版社有限公司 1972 年版。

《皇明宝训》，"中央研究院"历史语言研究所 1967 年版。

《皇明诏令》，文海出版社有限公司 1984 年版。

《孔子家语》，高志忠译注，商务印书馆 2015 年版。

《礼记正义》，郑玄注，孔颖达等正义，上海古籍出版社 2008 年版。

《明实录》，"中央研究院"历史语言研究所 1962 年版。

《明实录》，中华书局 2016 年影印本。

《明太祖宝训》，"中央研究院"历史语言研究所 1962 年版。

《明太祖集》，黄山书社 1991 年版。

《明太祖御制文集》，台湾学生书局 1965 年版。

《清朝文献通考》，浙江古籍出版社 2000 年版。

《清实录》，中华书局 1985 年版。

《全晋文》，严可均辑，商务印书馆 1999 年版。

《日本藏中国罕见地方志丛刊》，书目文献出版社 1991 年版。

《尚书》，李民、王健译注，上海古籍出版社 2004 年版。

《圣谕广训》，世界书局 1988 年版。

《四库丛刊初编》，上海商务印书馆缩印明正德刊本 1922 年版。

《四库禁毁书丛刊》，北京出版社 1997 年版。

《四库明人文集丛刊》，上海古籍出版社 1993 年版。

《四库全书存目丛书》，齐鲁书社 1996 年版。

《四库全书未收书辑刊》，北京出版社 2000 年版。

《四库全书总目提要》，河北人民出版社 2000 年版。

《天一阁藏明代方志选刊》，上海古籍出版社 1963 年版。

《天一阁藏明代方志选刊》，上海古籍书店 2014 年版。

《万有文库》，上海商务印书馆 1929 年版。

《文渊阁四库全书》，台湾商务印书馆影印本 1986 年版。

《续修四库全书》，上海古籍出版社 2002 年版。

《中国地方志集成》，凤凰出版社 2008 年版。

《中国地方志集成》，上海书店 1993 年版。

《中国地方志图书集成》，江苏古籍出版社 1998 年版。

《中国古代禁书文库》，大众文艺出版社 2010 年版。

（春秋）管仲：《管子》，房玄龄注，刘绩补注，上海古籍出版社 2015
年版。

（春秋）孔丘：《论语》，杨伯峻译注，中华书局 1980 年版。

（春秋）左丘明：《春秋左传》，杨伯峻注，中华书局 1981 年版。

（战国）谷梁赤：《春秋穀梁传》，承载译注，上海古籍出版社 2004
年版。

（战国）韩非：《韩非子》，陈奇猷译注，中华书局 1958 年版。

（战国）吕不韦：《吕氏春秋》，廖名春、陈兴安译注，巴蜀书社 2004
年版。

（战国）孟轲：《孟子》，杨伯峻译注，中华书局 1981 年版。

（战国）墨翟：《墨子》，毕沅校注，上海古籍出版社 2014 年版。

（战国）商鞅：《商君书》，高亨译注，中华书局 1974 年版。

（战国）荀况：《荀子》，王先谦译注，中华书局 1988 年版。

（汉）班固：《汉书》，中华书局 1962 年版。

（汉）董仲舒：《春秋繁露》，凌曙译注，中华书局 1975 年版。

（汉）桓宽：《盐铁论》，陈桐生译注，中华书局 2015 年版。

（汉）贾谊：《新书》，卢文昭、李轨校注，上海古籍出版社 1989

年版。

（汉）刘向：《说苑校证》，向宗鲁校证，中华书局1987年版。

（汉）刘向：《战国策》，上海古籍出版社1985年版。

（汉）司马迁：《史记》，中华书局1959年版。

（汉）王符：《潜夫论》，汪继培笺，上海古籍出版社1978年版。

（晋）陈寿：《三国志》，中华书局1959年版。

（晋）葛洪：《抱朴子》，上海古籍出版社1990年版。

（南朝）范晔：《后汉书》，中华书局1965年版。

（南朝）刘义庆：《世说新语》，蒋筱波编译，三秦出版社2008年版。

（北朝）贾思勰：《齐民要术》，中华书局1956年版。

（北朝）魏收：《魏书》，中华书局1974年版。

（唐）崔湜：《政论》，北京理工大学出版社2013年版。

（唐）杜佑：《通典》，中华书局1988年版。

（唐）韩愈：《韩昌黎文集》，古典文学出版社1957年版。

（唐）吴兢：《贞观政要》，上海古籍出版社2008年版。

（唐）武则天：《臣轨》，中华书局1985年版。

（唐）武则天：《臣轨》，中华书局1985年版。

（唐）长孙无忌等：《唐律疏义》，中华书局1983年版。

（宋）程颢、程颐：《二程集》，中华书局1981年版。

（宋）范仲淹：《范文正公文集》，中华书局1985年版。

（宋）李昉：《太平御览》，中华书局1960年版。

（宋）李觏撰，王国轩点校：《李觏集》，中华书局1981年版。

（宋）沈括：《梦溪笔谈》，中华书局2009年版。

（宋）司马光：《司马光奏议》，山西人民出版社1986年版。

（宋）司马光：《资治通鉴》，中华书局1956年版。

（宋）文天祥：《文山先生全集》，商务印书馆1936年版。

（宋）叶适：《习学记言》，中华书局1977年版。

（宋）叶适：《叶适集》，中华书局1961年版。

（宋）周敦颐：《周子通书》，上海古籍出版社2000年版。

（宋）朱熹：《四书集注》，三秦出版社2005年版。

（宋）朱熹：《朱熹集》，四川教育出版社 1996 年版。

（宋）朱熹：《朱子全书》，上海古籍出版社 2002 年版。

（宋）赵汝愚：《宋朝诸臣奏议》，上海古籍出版社 1999 年版。

（元）马端临：《文献通考》，中华书局 1986 年版。

（明）陈鼎：《东林列传》，广陵书社 2007 年版。

（明）陈确：《陈确集》，中华书局 1979 年版。

（明）陈子龙等：《明经世文编》，中华书局 1962 年版。

（明）方孝孺：《逊志斋集》，宁波出版社 2000 年版。

（明）冯梦龙：《喻世明言》，中华书局 2009 年版。

（明）傅山：《傅山全书》，山西人民出版社 1991 年版。

（明）傅山：《霜红龛集》，山西人民出版社 1985 年版。

（明）顾起元：《客座赘语》，上海古籍出版社 2012 年版。

（明）归有光：《归有光全集》，上海人民出版社 2015 年版。

（明）归有光：《三吴水利录》，中华书局 1985 年版。

（明）归有光：《震川先生集》，上海古籍出版社 1981 年版。

（明）海瑞：《海瑞集》，陈义钟编校，中华书局 1962 年版。

（明）何良俊：《四友斋丛说》，中华书局 1959 年版。

（明）何乔远：《闽书》，福建人民出版社 1994 年版。

（明）何心隐：《何心隐集》，中华书局 1960 年版。

（明）胡侍：《真珠船》，中华书局 1985 年版。

（明）黄道周：《黄漳浦文集》，国际华文出版社 2006 年版。

（明）黄省曾：《吴风录》，中华书局 1991 年版。

（明）黄绾：《明道编》，中华书局 1959 年版。

（明）焦竑：《国朝献征录》，学生书局 1984 年版。

（明）金声：《金太史集》，海南出版社 2000 年版。

（明）李光缙：《景璧集》，福建人民出版社 2012 年版。

（明）李乐：《续见闻杂记》，上海古籍出版社 1986 年版。

（明）李维桢：《大泌山房集》，齐鲁书社 2009 年版。

（明）李雯：《蓼斋集》，复旦大学出版社 2017 年版。

（明）李贽：《藏书》，中华书局 1959 年版。

（明）李贽：《焚书·续焚书》，中华书局 1975 年版。

（明）李贽：《李贽全集注》，社会科学文献出版社 2010 年版。

（明）李贽：《李贽文集》，社会科学文献出版社 2000 年版。

（明）李贽：《四书评》，上海人民出版社 1975 年版。

（明）林希元：《林次崖先生文集》，厦门大学出版社 2015 年版。

（明）凌濛初：《二刻拍案惊奇》，浙江古籍出版社 2010 年版。

（明）刘基：《诚意伯文集》，吉林出版集团 2005 年版。

（明）刘宗周：《刘子全书》，华文书局 1968 年版。

（明）吕坤：《呻吟语》，岳麓书社 2016 年版。

（明）吕柟：《泾野子内篇》，中华书局 1992 年版。

（明）罗汝芳：《孝经宗旨》，中华书局 1985 年版。

（明）邱濬：《大学衍义补》，京华出版社 1999 年版。

（明）沈榜：《宛署杂记》，北京古籍出版社 1980 年版。

（明）沈思孝：《晋录》，中华书局 1985 年版。

（明）宋濂：《宋文宪公全集》，中华书局 1912 年版。

（明）孙承泽：《山书》，浙江古籍出版社 1989 年版。

（明）谈迁：《国榷》，中华书局 1958 年版。

（明）谭友夏：《鹄湾文草》，岳麓书社 2016 年版。

（明）唐顺之：《唐之顺集》，浙江古籍出版社 2014 年版。

（明）田汝成：《西湖游览志馀》，东方出版社 2012 年版。

（明）田艺蘅：《留青日札》，上海古籍出版社 1985 年版。

（明）汪道昆：《太函集》，黄山书社 2004 年版。

（明）王鏊：《王鏊集》，上海古籍出版社 2013 年版。

（明）王艮：《王心斋全集》，江苏教育出版社 2001 年版。

（明）王畿：《龙溪王先生全集》，齐鲁书社 2009 年版。

（明）王士性：《广志绎》，中华书局 1981 年版。

（明）王阳明：《王文成公全书》，中华书局 2015 年版。

（明）王阳明：《王阳明全集》，上海古籍出版社 2015 年版。

（明）王源、李塨：《平书订》，中华书局 1985 年版。

（明）王徵：《王徵遗著》，陕西人民出版社 1987 年版。

（明）谢肇淛：《五杂俎》，上海书店出版社 2009 年版。

（明）徐光启：《农政全书》，中华书局 1956 年版。

（明）徐光启：《徐光启集》，中华书局 1963 年版。

（明）徐渭：《徐渭集》，中华书局 1983 年版。

（明）薛应旗：《薛方山纪述》，中华书局 1985 年版。

（明）颜钧：《颜钧集》，中国社会科学出版社 1996 年版。

（明）杨涟：《杨忠烈公集》，华文书局 1968 年版。

（明）杨士奇等：《历代名臣奏议》，上海古籍出版社 1989 年版。

（明）姚舜牧：《药言》，中华书局 1985 年版。

（明）叶春及：《惠安政书》，福建人民出版社 1987 年版。

（明）叶向高：《苍霞草全集》，广陵古籍刻印社 1994 年版。

（明）于慎行：《谷山笔尘》，中华书局 1984 年版。

（明）余继登：《典故纪闻》，中华书局 1981 年版。

（明）张瀚：《松窗梦语》，中华书局 1985 年版。

（明）张居正：《张太岳集》，上海古籍出版社 1984 年版。

（明）张居正：《张文忠公全集》，商务印书馆 1935 年版。

（明）张燮：《东西洋考》，中华书局 2000 年版。

（明）张萱：《西园闻见录》，杭州古旧书店 1983 年版。

（清）包世臣：《包世臣全集》，李星点校，黄山书社 1997 年版。

（清）包世臣：《郡县农政》，农业出版社 1962 年版。

（清）焦循：《孟子正义》，中华书局 1987 年版。

（清）陈宏谋：《五种遗规》，线装书局 2015 年版。

（清）陈康祺：《郎潜纪闻四笔》，中华书局 1990 年版。

（清）戴震：《戴震集》，上海古籍出版社 1980 年版。

（清）戴震：《孟子字义疏证》，中华书局 1961 年版。

（清）法式善：《陶庐杂录》，中华书局 1959 年版。

（清）方苞：《方苞集》，上海古籍出版社 2008 年版。

（清）方苞：《方望溪先生文集》，中国书店 1991 年版。

（清）冯桂芬：《采西学议——冯桂芬马建忠集》，辽宁人民出版社
　1994 年版。

（清）傅维鳞：《明书》，商务印书馆 1912 年版。

（清）龚炜：《巢林笔谈》，中华书局 1981 年版。

（清）龚自珍：《龚自珍全集》，上海人民出版社 1975 年版。

（清）谷应泰：《明史纪事本末》，中华书局 1972 年版。

（清）顾炎武：《日知录》，陈垣校注，安徽大学出版社 2007 年版。

（清）顾炎武：《日知录集释》，上海古籍出版社 2014 年版。

（清）顾炎武：《天下郡国利病书》，上海古籍出版社 2012 年版。

（清）顾炎武：《亭林文集》，中华书局 1959 年版。

（清）顾沅：《乾坤正气集》，同治五年影印本。

（清）贺长龄等：《皇朝经世文编》，中华书局 1992 年版。

（清）黄印：《锡金识小录》，成文出版社 1983 年版。

（清）黄宗羲：《黄宗羲全集》，浙江古籍出版社 2012 年版。

（清）黄宗羲：《明儒学案》，中华书局 1985 年版。

（清）黄宗羲：《明文海》，中华书局 1987 年版。

（清）黄宗羲：《明夷待访录》，中华书局 1981 年版。

（清）金安清：《水窗春呓》，中华书局 1984 年版。

（清）李颙：《二曲集》，中华书局 1996 年版。

（清）龙文彬：《明会要》，中华书局 1956 年版。

（清）吕留良：《吕留良全集》，中华书局 2015 年版。

（清）祁彪佳：《祁彪佳集》，中华书局 1960 年版。

（清）钱大昕：《嘉定钱大昕全集》，凤凰出版社 2016 年版。

（清）钱大昕：《十驾斋养新录》，商务印书馆 1935 年版。

（清）钱谦益：《列朝诗集》，中华书局 2007 年版。

（清）钱谦益：《列朝诗集小传》，上海古籍出版社 1983 年版。

（清）钱谦益：《牧斋初学集》，上海古籍出版社 2009 年版。

（清）钱泳：《履园丛话》，中华书局 1979 年版。

（清）屈大均：《广东新语》，中华书局 1985 年版。

（清）沈垚：《落帆楼文集》，上海古籍出版社 2009 年版。

（清）素尔讷：《钦定学政全书》，武汉大学出版社 2009 年版。

（清）孙诒让：《周礼正义》，中华书局 1987 年版。

（清）谭嗣同：《谭嗣同全集》，生活·读书·新知三联书店 1951 年版。

（清）唐甄：《潜书》，中华书局 1963 年版。

（清）汪辉祖：《学治臆说》，中华书局 1985 年版。

（清）汪辉祖：《佐治药言》，中华书局 1985 年版。

（清）王夫之：《船山全书》，岳麓书社 1991 年版。

（清）王夫之：《读四书大全说》，中华书局 1975 年版。

（清）王夫之：《读通鉴论》，中华书局 1975 年版。

（清）王夫之：《黄书·噩梦》，中华书局 1956 年版。

（清）王夫之：《尚书引义》，中华书局 1976 年版。

（清）王夫之：《诗广传》，中华书局 1964 年版。

（清）王夫之：《周易外传》，中华书局 1977 年版。

（清）王韬：《韬园文录外编》，中华书局 1959 年版。

（清）王先谦：《荀子集解》，中华书局 1988 年版。

（清）王应奎：《柳南随笔·续笔》，中华书局 1983 年版。

（清）王有光：《吴下谚联》，中华书局 1982 年版。

（清）王晫、张潮：《檀几丛书》，上海古籍出版社 1992 年版。

（清）魏源：《魏源集》，中华书局 1976 年版。

（清）魏源：《魏源全集》，岳麓书社 2004 年版。

（清）文庆、李宗昉等纂修：《钦定国子监志》，北京古籍出版社 2000 年版。

（清）吴翌凤：《逊志堂杂钞·乙卯札记（外二种）》，中华书局 2006 年版。

（清）谢阶树：《约书》，道光二十四年刊本。

（清）徐栋：《保甲书》，安徽师范大学出版社 2012 年版。

（清）许承尧：《歙事闲潭》，黄山书社 2001 年版。

（清）许乃普：《宦海指南五种》，咸丰九年本。

（清）薛允升：《唐明律合编》，法律出版社 1999 年版。

（清）颜元：《颜元集》，中华书局 1987 年版。

（清）雍正皇帝：《大义觉迷录》，北方妇女儿童出版社 2001 年版。

（清）袁枚：《小仓山房诗文集》，上海古籍出版社 1988 年版。

（清）查继佐：《罪惟录》，齐鲁书社 2014 年版。

（清）张潮：《昭代丛书》，上海古籍出版社 1990 年版。

（清）张岱：《琅嬛文集》，巴蜀书社 1998 年版。

（清）张岱：《四书遇》，浙江古籍出版社 1985 年版。

（清）张集馨：《道咸宦海见闻录》，中华书局 2006 年版。

（清）张履祥：《沈氏农书》，中华书局 1956 年版。

（清）张履祥：《杨园先生全集》，中华书局 2002 年版。

（清）张廷玉等：《明史》，中华书局 1974 年版。

（清）张英、张廷玉：《聪训斋语　澄怀园语——父子宰相家训》，安徽大学出版社 2013 年版。

（清）章梫：《康熙政要》，中州古籍出版社 2015 年版。

（清）章学诚：《章学诚遗书》，文物出版社 1985 年版。

（清）赵尔巽等：《清史稿》，中华书局 1976 年版。

（清）赵翼：《廿二史札记》，上海古籍出版社 2011 年版。

（清）赵翼：《檐曝杂记》，中华书局 1982 年版。

（清）郑板桥：《郑板桥集》，中华书局 1962 年版。

（清）郑端等：《为官须知外五种》，岳麓书社 2003 年版。

二　著作、论文集、资料汇编等

白莉民：《西学东渐与明清之际教育思潮》，教育科学出版社 1989 年版。

白寿彝：《中国通史》，上海人民出版社 1999 年版。

曹德本：《宋元明清政治思想研究》，辽宁大学出版社 1987 年版。

常建华：《明代宗族研究》，上海人民出版社 2005 年版。

常建华：《明代宗族组织化研究》，故宫出版社 2012 年版。

常建华：《宗族志》，上海人民出版社 1998 年版。

陈宝良：《明代社会生活史》，中国社会科学出版社 2004 年版。

陈宝良：《明代社会转型与文化变迁》，重庆大学出版社 2014 年版。

陈德述：《儒家文化论》，巴蜀书社 1995 年版。

陈鼓应等：《明清实学思潮史》，齐鲁书社 1989 年版。

陈桦：《多元视野下的清代社会》，黄山书社 2008 年版。

陈桦、刘宗志：《救灾与济贫：中国封建时代的社会救助活动（1750—1911）》，中国人民大学出版社 2005 年版。

陈来：《宋明理学》，辽宁教育出版社 1991 年版。

陈来：《中国近世思想史》，商务印书馆 2003 年版。

陈瑞：《明清徽州宗族与乡村社会控制》，安徽大学出版社 2013 年版。

陈绍闻：《中国古代经济文献》，上海人民出版社 1982 年版。

陈绍闻：《中国近代经济文选》，上海人民出版社 1984 年版。

陈胜粦：《林则徐与鸦片战争论稿》（增订本），中山大学出版社 1990 年版。

陈学文：《明清时期商业书及商人书之研究》，洪叶文化事业有限公司 1997 年版。

戴鞍钢、黄苇：《中国地方志经济资料汇编》，汉语大词典出版社 1999 年版。

戴炎辉：《清代台湾之乡治》，联经出版公司 1979 年版。

邓小军：《儒家思想与民主思想的逻辑结合》，四川人民出版社 1995 年版。

邓云特：《中国救荒史》，北京出版社 1998 年版。

丁钢：《中国教育：研究与评论》第 3 辑，教育科学出版社 2002 年版。

董宝良：《陶行知教育论著选》，人民教育出版社 1991 年版。

董建辉：《明清乡约：理论演进与实践发展》，厦门大学出版社 2008 年版。

杜万华：《马克思法哲学与法律社会学理论研究》，法律出版社 2003 年版。

费成康：《中国的家法族规》（附录），上海社会科学院出版社 1998 年版。

费孝通：《乡土中国》，北京大学出版社 1998 年版。

冯尔康：《清人社会生活》，天津人民出版社 1990 年版。

冯尔康：《中国古代的宗族和祠堂》，商务印书馆 1996 年版。

冯尔康：《中国古代的宗族和祠堂》，商务印书馆 2011 年版。

冯尔康：《中国宗族社会》，浙江人民出版社 1994 年版。

冯尔康：《中国宗族史》，上海人民出版社 2009 年版。

冯尔康、常建华：《清人社会生活》，沈阳出版社 2002 年版。

冯天瑜：《明清文化史散论》，工学院出版社 1984 年版。

冯天瑜：《人文论衡》，武汉出版社 1997 年版。

冯天瑜：《中国文化史断想》，华中理工大学出版社 1989 年版。

冯天瑜：《中华元典精神》，上海人民出版社 1994 年版。

冯天瑜、谢贵安：《解构专制——明末清初"新民本"思想研究》，
  湖北人民出版社 2003 年版。

冯天瑜等：《中华文化史》，上海人民出版社 1990 年版。

复旦大学历史系编：《古代中国：传统与变革》，复旦大学出版社
  2005 年版。

傅衣凌：《明清社会经济变迁论》，人民出版社 1989 年版。

傅衣凌：《明清社会经济史论文集》，人民出版社 1982 年版。

傅衣凌：《明清时代商人及商人资本》，人民出版社 1956 年版。

傅衣凌等：《明史新编》，人民出版社 1993 年版。

傅筑夫：《中国古代经济史概论》，中国社会科学出版社 1981 年版。

高翔：《近代的初曙——18 世纪中国观念变迁与社会发展》，社会科
  学文献出版社 2000 年版。

葛荣晋：《中国实学思想史》，首都师范大学出版社 1997 年版。

葛荣晋：《中国实学文化导论》，中共中央党校出版社 2003 年版。

葛兆光：《中国思想史》，复旦大学出版社 2001 年版。

葛兆光：《中国思想史》，复旦大学出版社 2013 年版。

龚鹏程：《晚明思潮》，商务出版社 2005 年版。

龚书铎：《中国近代文化探索》（增订本），北京师范大学出版社 1997
  年版。

郭成伟：《官箴书点评与官箴文化研究》，中国法制出版社 2000 年版。

郭孟良：《从商经》，中国戏剧出版社 2006 年版。

郭绍虞：《照隅室古典文学论集·明代的文人集团》，上海古籍出版社 1983 年版。

韩大成：《明代社会经济初探》，人民出版社 1986 年版。

韩锴：《中国民本思想》，红旗出版社 2006 年版。

韩喜凯：《民惟邦本丛书》，齐鲁书社 2000 年版。

何俊：《西学与晚明思想的裂变》，上海人民出版社 1998 年版。

侯外庐：《中国近代启蒙思想史》，人民出版社 1993 年版。

侯外庐：《中国早期启蒙思想史》，人民出版社 1956 年版。

侯外庐：《中国思想通史》，人民出版社 1957 年版。

胡寄窗：《中国经济思想史》，上海财经大学出版社 1998 年版。

胡朴安：《中华全国风俗志》，上海科学技术文献出版社 2008 年版。

胡适：《中国中古思想史长编》，华东师范大学出版社 1996 年版。

华锺彦：《中国历史文选》，辽宁人民出版社 2011 年版。

黄启臣：《黄启臣文集》，天马图书有限公司 2003 年版。

黄强：《中国保甲实验新编》，正中书局 1935 年版。

黄山市徽州区地方志编纂委员会：《黄山市徽州区志》，黄山书社 2012 年版。

黄宗智：《中国乡村研究》第 1 辑，商务印书馆 2003 年版。

嵇文甫：《晚明思想史论》，东方出版社 1996 年版。

蒋平陛：《东林始末》，北京古籍出版社 2002 年版。

金耀基：《从传统到现代》，时报出版公司 1978 年版。

金耀基：《中国民本思想史》，法律出版社 2008 年版。

李伯重：《多视角看江南经济史（1250—1850）》，生活·读书·新知三联书店 2003 年版。

李伯重：《江南的早期工业化（1550—1850）》，中国人民大学出版社 2010 年版。

李华：《明清以来北京工商会馆碑刻选编》，文物出版社 1980 年版。

李龙潜：《明清经济史》，广东教育出版社 1988 年版。

李文海、夏明方：《中国荒政书集成》，天津古籍出版社 2010 年版。

李文治：《明清时代的农业资本主义萌芽问题》，中国社会科学出版社 1983 年版。

李文治、江太新：《中国宗法宗族制和族田义庄》，社会科学文献出版社 2000 年版。

李向军：《清代荒政研究》，中国农业出版社 1995 年版。

李洵：《明清史》，辽宁人民出版社 1985 年版。

李洵等：《清代全史》，方志出版社 2007 年版。

李泽厚：《中国古代思想史论》，人民出版社 1985 年版。

李志军：《西学东渐与明清实学》，巴蜀书社 2004 年版。

梁方仲：《梁方仲经济史论文集集遗》，广东人民出版社 1990 年版。

梁方仲：《明代粮长制度》，上海人民出版社 2001 年版。

梁其姿：《施善与教化——明清的慈善组织》，河北教育出版社 2001 年版。

梁启超：《论中国学术思想变迁之大势》，上海古籍出版社 2001 年版。

梁启超：《清代学术概论》，东方出版社 1996 年版。

梁启超：《先秦政治思想史》，东方出版社 1996 年版。

梁启超：《中国近三百年学术史》，商务印书馆 1997 年版。

林金树：《中国古代思想史·明清卷》，广西人民出版社 2006 年版。

林文勋：《唐宋乡村社会力量与基层控制》，云南大学出版社 2005 年版。

林文勋：《中国古代"富民"阶层研究》，云南大学出版社 2008 年版。

林文勋、张锦鹏：《中国古代农商·富民社会研究》，人民出版社 2016 年版。

刘述先：《儒家思想与现代化》，中国广播电视出版社 1992 年版。

刘泽华：《中国传统政治思维》，吉林教育出版社 1991 年版。

刘泽华：《中国传统政治思想反思》，生活·读书·新知三联书店 1987 年版。

刘泽华：《中国传统政治哲学与社会整合》，中国社会科学出版社 2000 年版。

刘泽华：《中国古代政治思想史》，浙江人民出版社 1995 年版。

刘泽华：《中国政治思想史》，浙江人民出版社 1996 年版。

刘泽华：《中国政治思想通史》，中国人民大学出版社 2014 年版。

刘泽华等：《中国古代政治思想史》（修订本），南开大学出版社2001
　年版。

刘志琴：《晚明史论》，江西高校出版社2004年版。

柳诒徵：《中国文化史》，东方出版中心1996年版。

楼含松：《中国历代家训集成》，浙江古籍出版社2017年版。

吕洪业：《中国古代慈善简史》，中国社会出版社2014年版。

吕振羽：《中国政治思想史》，生活·读书·新知三联书店1955年版。

马伯煌：《中国经济政策思想史》，云南大学出版社1993年版。

马德普：《中西政治文化论丛》第1辑，天津人民出版社2001年版。

毛礼锐、沈灌群：《中国教育通史》，山东教育出版社1987年版。

毛泽东：《毛泽东选集》，人民出版社1991年版。

孟森：《明史讲义》，上海古籍出版社2002年版。

孟昭信：《康熙评传》，南京大学出版社2006年版。

明清史国际学术讨论会论文集编辑组：《明清史国际学术讨论会论文
　集》，天津人民出版社1982年版。

南炳文、汤纲：《明史》，上海人民出版社2014年版。

彭泽益：《中国近代手工业史资料》，生活·读书·新知三联书店1957
　年版。

齐豫生、夏于全主编：《中国古典文学宝库》，延边人民出版社1999
　年版。

钱杭、承载：《十七世纪江南社会生活》，浙江人民出版社1996年版。

钱杭、谢维扬：《传统与转型江西泰和农村宗族形态》，上海社会科
　学院出版社1995年版。

钱穆：《中国近三百年学术史》，东方出版社1996年版。

乔健：《中国人的观念与行为》，天津人民出版社1995年版。

邱峰：《宋应星与〈天工开物〉》，中华书局1981年版。

任继愈：《中华传世文选》，吉林人民出版社1998年版。

荣新江：《唐研究》第10卷，北京大学出版社2004年版。

容肇祖：《明代思想史》，齐鲁书社1992年版。

商传：《走进晚明》，商务印书馆2014年版。

上海市地方志办公室：《上海乡镇旧志丛书》，上海社会科学院出版社 2006 年版。

上海中医学院中医文献研究所：《历代中医珍本集成》，生活·读书·新知三联书店 1990 年版。

沈定平：《明清之际中西文化交流史——明代：调适与会通》，商务印书馆 2001 年版。

沈乃文：《明别集丛刊》，黄山书社 2015 年版。

沈云龙：《近代中国史料丛刊续编》，文海出版社 1977 年版。

沈云龙：《近代中国史料丛刊三编》，文海出版社 1989 年版。

时正新：《中国社会救助体系研究》，中国社会科学出版社 2002 年版。

孙尚扬：《基督教与明末儒学》，东方出版社 1994 年版。

孙中山：《孙中山选集》，人民出版社 1956 年版。

唐凯麟等：《中国古代经济伦理思想史》，人民出版社 2004 年版。

陶一桃：《评述中国古代经济思想》，中国经济出版社 2000 年版。

田广清：《和谐论——儒家文明与当代社会》，中国华侨出版社 1998 年版。

万江红：《中国历代社会思想》，社会科学文献出版社 2005 年版。

万明：《晚明社会变迁问题与研究》，商务印书馆 2005 年版。

王国良：《明清时期核心价值的转换》，安徽大学出版社 2002 年版。

王沪宁：《当代中国村落家族文化》，上海人民出版社 1991 年版。

王凯旋、李洪权：《明清生活掠影》，沈阳出版社 2002 年版。

王日根：《明清民间社会的秩序》，岳麓书社 2003 年版。

王日根：《乡土之链：明清会馆与社会变迁》，天津人民出版社 1996 年版。

王书良等：《中国文化精华全集》，中国国际广播出版社 1992 年版。

王文治等：《中国历代商业文选》，中国商业出版社 1992 年版。

王莘耕等：《中国历代经济思想今鉴》，江西高校出版社 2000 年版。

王子今、刘悦斌、常宗虎：《中国社会福利史》，武汉大学出版社 2013 年版。

韦政通：《中国的智慧》，中国和平出版社 1988 年版。

温克勤：《中国伦理思想简史》，社会科学文献出版社 2013 年版。

巫宝三：《中国经济思想史资料选辑（宋、金、元部分）》，中国社会
　科学出版社 1996 年版。

吴承明：《市场·近代化·经济史论》，云南大学出版社 1996 年版。

吴承明：《中国的现代化：市场与社会》，生活·读书·新知三联书
　店 2001 年版。

吴光：《黄宗羲与明清思想》，上海古籍出版社 2006 年版。

吴光等：《从民本走向民主——黄宗羲民本思想国际学术研讨会论文
　集》，浙江古籍出版社 2006 年版。

吴晗、费孝通：《皇权与绅权》，天津人民出版社 1988 年版。

吴松：《中国农商关系思想史纲》，云南大学出版社 2000 年版。

萧公权：《中国政治思想史》，辽宁教育出版社 1998 年版。

萧萐父等：《明清启蒙学术流变》，辽宁教育出版社 1995 年版。

谢国桢：《明代社会经济史料选编》（上、下），福建人民出版社 2004
　年版。

谢国桢：《明末清初的学风》，人民出版社 1982 年版。

谢国桢编：《明代社会经济史料选编》，福建人民出版社 1980 年版。

徐茂明：《江南士绅与江南社会（1368—1911）》，商务印书馆 2004
　年版。

徐扬杰：《中国家族制度史》，武汉大学出版社 2012 年版。

许涤新等：《中国资本主义发展史》第 1 卷《中国资本主义的萌芽》，
　人民出版社 1985 年版。

许纪霖、陈达凯：《中国现代化史》第 1 卷，生活·读书·新知三联
　书店 1995 年版。

杨国安：《国家权力与民间秩序：多元视野下的明清两湖乡村社会史
　研究》，武汉大学出版社 2012 年版。

杨宽：《战国史料编年辑证》，上海人民出版社 2016 年版。

叶世昌：《古代中国经济思想史》，复旦大学出版社 2003 年版。

叶坦：《富国富民论——立足于宋代的考察》，北京出版社 1991 年版。

游唤民：《先秦民本思想》，湖南师范大学出版社 1991 年版。

游子安：《劝化金箴：清代善书研究》，天津人民出版社 1999 年版。

余英时：《儒家伦理与商人精神》，广西师范大学出版社 2004 年版。

余英时：《现代儒学新论》，上海人民出版社 1998 年版。

余英时：《中国近世伦理与商人精神》，安徽教育出版社 2001 年版。

余英时：《中国思想传统的现代诠释》，联经出版事业公司 1987 年版。

元周：《政训实录》，中国戏剧出版社 2001 年版。

张分田：《民本思想与中国古代统治思想》，南开大学出版社 2009 年版。

张分田：《中国帝王观念——社会普遍意识中的"尊君—罪君"文化范式》，中国人民大学出版社 2004 年版。

张分田：《中国古代统治思想研究》，人民出版社 2013 年版。

张光博：《社会学词典》，人民出版社 1989 年版。

张海鹏、张海瀛：《中国十大商帮》，黄山书社 1993 年版。

张海鹏等：《明清徽商资料选编》，黄山书社 1985 年版。

张鸿翼：《儒家经济伦理》，湖南教育出版社 1989 年版。

张建民：《湖北通史》，华中师范大学出版社 1999 年版。

张杰：《清代科举家族》，社会科学文献出版社 2003 年版。

张鸣、丁明：《中华大家名门家训集成》，内蒙古出版社 1999 年版。

张岂之：《中国思想史》，西北大学出版社 1993 年版。

张岂之：《中华人文精神》，人民出版社 2011 年版。

张舜徽：《清人文集别录》，中华书局 1963 年版。

张文科、徐建设：《儒家文化慈善思想研究》，中国社会出版社 2013 年版。

张锡勤：《中国伦理思想史》，高等教育出版社 2015 年版。

张显清：《明代后期社会转型研究》，中国社会科学出版社 2008 年版。

章开沅：《章开沅学术论著选》，华中师范大学出版社 2000 年版。

赵靖：《中国经济思想史述要》，北京大学出版社 1998 年版。

赵靖：《中国经济思想通史》，北京大学出版社 1998 年版。

赵禄祥主编：《治乱警鉴》，北京出版社 2002 年版。

赵秀玲：《中国乡里制度》，社会科学文献出版社 1998 年版。

赵园：《明清之际的思想与言说》，复旦大学出版社 2010 年版。

赵园：《明清之际士大夫研究》，北京大学出版社 2014 年版。

郑昌淦：《明清农村商品经济》，中国人民大学出版社 1989 年版。

郑师渠：《中华民族精神研究》，北京师范大学出版社 2009 年版。

郑天挺：《明清史资料》，天津人民出版社 1981 年版。

郑振满：《明清福建家族组织与社会变迁》，湖南教育出版社 1992
年版。

中国明史学会：《明史研究》第 5 辑《纪念李洵先生 75 诞辰专辑》，
黄山书社 1997 年版。

中国明史学会：《明史研究》第 1 辑，黄山书社 1991 年版。

中国社会科学院历史研究所明史研究室：《明史研究论丛》第 1 辑，
江苏人民出版社 1982 年版。

中国社会科学院历史研究所清史研究室：《清史论丛（2009 年号）》，
中国广播电视出版社 2009 年版。

中国社会科学院历史研究所清史研究室：《清史论丛》第 4 辑，中华
书局 1982 年版。

中国社会科学院历史研究所清史研究室：《清史论丛》第 1 辑，中华
书局 1979 年版。

中国史学会：《中国近代史资料丛刊》，上海人民出版社 2000 年版。

中国史研究编辑部：《中国封建社会经济结构研究》，中国社会科学
出版社 1985 年版。

周荣：《明清社会保障制度与两湖基层社会》，武汉大学出版社 2006
年版。

朱诚如、王天有：《明清论丛》第 4 辑，紫禁城出版社 2003 年版。

朱鸿林：《孔庙从祀与乡约》，生活·读书·新知三联书店 2015 年版。

朱日耀：《中国古代政治思想史》，吉林大学出版社 1988 年版。

朱一玄：《明清小说资料选编》，南开大学出版社 2006 年版。

朱义禄：《逝去的启蒙——明末清初学者的文化心态》，河南人民出版
社 1995 年版。

朱义禄、张劲：《中国近现代政治思潮研究》，上海社会科学院出版社 1998 年版。

朱勇：《清代宗族法研究》，湖南教育出版社 1987 年版。

祝秀侠、袁帅南：《中华文汇·清文汇》，中华丛书编审委员会 1960 年版。

［德］马克思、恩格斯：《马克思恩格斯选集》，人民出版社 1995 年版。

［德］马克斯·韦伯：《儒教与道教》，王容芬译，商务印书馆 1995 年版。

［法］魏丕信：《18 世纪中国的官僚与荒政》，徐建青译，江苏人民出版社 2003 年版。

［加］卜正民：《纵乐的困惑明代的商业与文化》，方骏等译，广西师范大学出版社 2016 年版。

［美］道格拉斯·C. 诺思：《经济史上的结构和变革》，厉以平译，商务印书馆 1992 年版。

［美］E. 弗洛姆：《健全的社会》，孙恺祥译，贵州人民出版社 1994 年版。

［美］费正清：《剑桥中国晚清史》，中国社会科学出版社 1994 年版。

［美］费正清、赖肖尔：《中国：传统与变革》，陈仲丹等译，江苏人民出版社 1996 年版。

［美］贡德·弗兰克：《白银资本——重视经济全球化中的东方》，刘北成译，中央编译出版社 2001 年版。

［美］何炳棣：《明清社会史论》，徐泓译注，联经出版事业股份有限公司 2013 年版。

［美］柯文：《在中国发现历史——中国中心观在美国的兴起》，林同奇译，中华书局 2002 年版。

［美］孔复礼：《中华帝国晚期的叛乱和它的敌人》，谢亮生等译，中国社会科学出版社 2002 年版。

［美］罗威廉：《救世：陈宏谋与十八世纪中国的精英意识》，陈乃宣等译，中国人民大学出版社 2013 年版。

［美］王国斌：《转变的中国——历史变迁与欧洲经验的局限》，李伯

重、连玲玲译，江苏人民出版社 1998 年版。

［美］张仲礼：《中国绅士——关于其在 19 世纪中国社会中作用的研究》，李荣昌译，上海社会科学院出版社 1991 年版。

［美］张仲礼：《中国士绅的收入——〈中国绅士〉续篇》，费成康、王寅通译，上海社会科学院出版社 1991 年版。

［日］沟口雄三：《中国的公与私·公私》，郑静译，生活·读书·新知三联书店 2011 年版。

［日］沟口雄三：《中国的思想》，赵士林译，中国社会科学出版社 1995 年版。

［日］沟口雄三：《中国前近代思想的演变》，索介然、龚颖译，中华书局 2005 年版。

［日］沟口雄三：《中国思想史》，龚颖、赵士林译，生活·读书·新知三联书店 2014 年版。

［意］利玛窦：《利玛窦中国札记》，何高济等译，中华书局 1983 年版。

［英］亚当·斯密：《国民财富的性质和原因的研究》，郭大力、王亚南译，商务印书馆 1972 年版。

《东林书院志》，中华书局 2004 年版。

《徽学研究资料辑刊》，黄山书社 2004 年版。

《蓝田吕氏遗著辑校》，陈俊民辑校，中华书局 1993 年版。

《明清史国际学术讨论会论文集》，天津人民出版社 1993 年版。

《清朝野史大观》，上海书店 1981 年版。

《清代诗文集汇编》，上海古籍出版社 2010 年版。

《日本学者研究中国史论著选译》第 2 卷，高明士等译，中华书局 1993 年版。

《天下水陆路程·天下路程图引·客商一览醒迷》，杨正泰校注，山西人民出版社 1992 年版。

《为政恒言》，章言、李成甲注译，三秦出版社 1998 年版。

《无锡文库》，凤凰出版社 2011 年版。

《云南大学建校八十周年史学论文选》，云南大学出版社 2002 年版。

《中国方略丛书》，成文出版社 1968 年版。

《中国古代地主阶级研究论文集》，广东人民出版社 1988 年版。

《中国史学要籍丛刊》，上海古籍出版社 2015 年版。

《中国野史集成续编：先秦—清末民初》，巴蜀书社 2000 年版。

三 论文

艾新强：《莫将民本当民主》，《宁夏党校学报》1999 年第 5 期。

安云凤：《中国传统经济伦理思想论析》，《首都师范大学学报》（社会科学版）1999 年第 4 期。

白效咏：《先秦"民本"思想检论》，《浙江学刊》2011 年第 1 期。

卞利：《论明中叶至清前期乡里基层组织的变迁》，《天津师范大学学报》2003 年第 1 期。

卞利：《明清时期徽商对灾荒的捐助与赈济》，《光明日报》1998 年 10 月 23 日。

卞利：《明清时期徽州的乡约简论》，《安徽大学学报》（哲学社会科学版）2002 年第 6 期。

卜宪群：《"大一统"和"民惟邦本"》，《学习时报》2019 年 12 月 2 日。

蔡桂如：《泰州学派王艮民本思想述论》，《湖北社会科学》2009 年第 12 期。

曹德本、方妍：《中国传统义利文化研究》，《清华大学学报》2005 年第 1 期。

曹国庆：《明代乡约发展的阶段性考察》，《江西社会科学》1993 年第 8 期。

曹国庆：《明代乡约推行的特点》，《中国文化研究》1997 年第 1 期。

曹国庆：《王守仁的心学思想与南赣乡约的推行》，《中国哲学史》（人大复印资料）1995 年第 2 期。

曹国庆：《王守仁的心学思想与他的乡约模式》，《社会科学战线》1994 年第 6 期。

常建华：《明代徽州的宗族乡约化》，《中国史研究》2003 年第 3 期。

常建华：《日本八十年代以来的明清地域社会研究述评》，《中国社会经济史研究》1998 年第 2 期。

陈宝良：《新名词与新生活——晚明社会生活的"活力"与"多样性"》，《中国文化研究》2004 年第 1 期。

陈宝良：《论晚明的平等观念》，《社会科学辑刊》1992 年第 2 期。

陈宝良：《明代的致富论——兼论儒家伦理与商人精神》，《北京师范大学学报》（社会科学版）2004 年第 6 期。

陈宝良：《明代生员新论》，《史学集刊》2001 年第 3 期。

陈碧芬：《明清社会对"富民"作用的认识》，《云南社会科学》2008 年第 4 期。

陈碧芬：《前近代以来民间社会救助活动的兴盛和影响》，《暨南学报》2015 年第 6 期。

陈碧芬：《试析明清时期的"以民养民"论》，《学术探索》2011 年第 1 期。

陈关龙：《明代荒政简论》，《中州学刊》1990 年第 6 期。

陈国灿：《南宋浙东事功学派学术思想渊源探析》，《孔子研究》1998 年第 2 期。

陈国庆：《儒家义利观论纲》，《西北大学学报》（哲学社会科学版）1998 年第 1 期。

陈寒鸣：《〈颜钧集〉与明代中后叶的平民儒学》，《中州学刊》1997 年第 3 期

陈寒鸣：《论明代中后叶的平民儒学》，《河北学刊》1993 年第 5 期。

陈寒鸣：《明代中后叶的平民儒学与"异端"运动》，《浙江学刊》1993 年第 4 期。

陈寒鸣：《明末清初——中国文化近代化进程的起点》，《河北学刊》1992 年第 1 期。

陈寒鸣：《明末清初文化性质与中国启蒙文化发展道路》，《晋阳学刊》1987 年第 4 期。

陈寒鸣：《王艮、何心隐世俗化的儒学政治思想》，《晋阳学刊》1995 年第 3 期。

陈寒鸣：《中国早期启蒙思潮略论》，《晋阳学刊》1986 年第 3 期。

陈洪娟、王黎明：《传统文化中的民本思想演进》，《重庆社会科学》

2015 年第 11 期。

陈怀仁:《略论朱元璋的民本思想》,《明史研究》1997 年第 5 辑。

陈劲松:《试论民本思想与封建君主专制结合的必然性与冲突性》,《浙江师大学报》(社会科学版)1998 年第 5 期。

陈柯云:《略论明清徽州乡约》,《中国史研究》1990 年第 4 期。

陈柯云:《明清徽州宗族对乡村统治的加强》,《中国史研究》1995 年第 3 期。

陈立旭:《区域精神与文化传统的关系审视——当代讲求实效精神与浙东事功学关系再分析》,《浙江社会科学》2006 年第 1 期。

陈橹:《论明清之际士人群体对西方科技的态度及历史影响》,《河南社会科学》2003 年第 5 期。

陈启智:《儒家经济思想及其特点》,《孔子研究》2000 年第 6 期。

陈启智《儒家义利观新诠》,《东岳论丛》1993 年第 6 期。

陈清:《论明儒的重民观》,《中国文化研究》2001 年第 3 期。

陈瑞:《明清时期徽州宗族的内部救济》,《中国农史》2007 年第 1 期。

陈剩勇:《明代浙江:乡村社会、农家生活和社会教化》,《浙江社会科学》2000 年第 1 期。

陈伟:《传统社会的民间组织与乡村社区的道德教化——以〈泰泉乡礼〉为中心的考察》,《石家庄学院学报》2006 年第 5 期。

陈文、谢振才、黄卫平:《"民本"与"人本"论析》,《社会科学》2005 年第 4 期。

陈延斌:《试论明清家训的发展及其教化实践》,《齐鲁学刊》2003 年第 1 期。

陈永森:《民本与民主辨析》,《广东社会科学》1996 年第 4 期。

陈蕴茜:《论教育对近代中国知识分子群体转型的影响》,《江海学刊》1996 年第 5 期。

程军:《从明初锄强扶弱政策看朱元璋的民本思想》,《青海师范大学学报》(哲学社会科学版)2014 年第 5 期。

程志华:《儒学民本思想的终极视域——卢梭与黄宗羲的"对话"》,

《哲学研究》2004 年第 2 期。

迟汗青：《传统民本思想源流考评》，《北方论丛》1995 年第 3 期。

迟汗青：《关于新民本主义》，《天津社会科学》1997 年第 3 期。

邓辉、左珂：《〈明夷待访录〉政治思想探析——解析重构法下凸显
　出的民本印迹》，《湘潭大学学报》（哲学社会科学版）2012 年第
　1 期。

董倩：《黄宗羲思想评析》，《青海师范大学学报》（社会科学版）
　1997 年第 4 期。

杜鸿林：《重民思想是中国古代人民群众观的核心范畴》，《天津师范
　大学学报》（社会科学版）2014 年第 4 期。

段自成：《明中后期社仓探析》，《中国史研究》1998 年第 2 期。

范金民：《江南重赋原因的探讨》，《中国农史》1994 年第 3 期。

范金民：《明代地域商帮的兴起》，《中国经济史研究》2006 年第
　3 期。

范金民：《明清江南重赋问题述论》，《中国经济史研究》1996 年第
　3 期。

范金民：《清代徽州商帮的慈善设施——以江南为中心》，《中国史研
　究》1999 年第 4 期。

范立舟：《晚明人文精神分析》，《哲学研究》2006 年第 9 期。

范天宇：《民本主义传统回望》，《中共杭州市委党校学报》2004 年第
　6 期。

范忠信：《唐代以后中国法律思想的定型化或僵化》，《湖南省政法管
　理干部学院学报》2000 年第 6 期。

方同义：《刘宗周与黄宗羲政治哲学比较》，《宁波师院学报》（社会
　科学版）1996 年第 4 期。

方行：《论清代前期农民商品生产的发展》，《中国经济史研究》1986
　年第 1 期。

方行：《中国封建社会经济结构与资本主义萌芽》，《历史研究》1981
　年第 4 期。

费久浩：《试论唐甄民本思想的基本内涵与精神实质》，《西南科技大

学学报》（哲学社会科学版）2011 年第 6 期。

冯尔康：《清代宗族制的特点》，《社会科学战线》1990 年第 3 期。

冯天瑜、周积明：《试论中国和欧洲早期启蒙文化的异同》，《中国史研究》1984 年第 2 期。

冯贤亮：《明清江南的富民阶层及其社会影响》，《中国社会经济史研究》2003 年第 1 期。

付开镜：《中国古代君主专制下的有限性民主探论》，《求索》2015 年第 8 期。

傅衣凌：《中国传统社会：多元的结构》，《中国社会经济史研究》1988 年第 3 期。

高寿仙：《晚明民间力量的壮大和活跃》，《中国文化研究》2004 年第 1 期。

高寿仙：《明初徽州族长的经济地位：以休宁县朱胜右为例》，《江淮论坛》1994 年第 4 期。

高翔：《论清前期中国社会的近代化趋势》，《中国社会科学》2000 年第 4 期。

葛荣晋：《关于中国实学历史定位的理论思考》，《学术界》2006 年第 5 期。

葛荣晋：《明清之际"实心实学"的价值观》，《中共宁波市委党校学报》2007 年第 1 期。

葛荣晋：《宋明理学与近代新学之间的桥梁——明清实学》，《文史知识》1986 年第 6 期。

龚汝富：《浅议中国古代社会保障体系》，《光明日报》2001 年 12 月 4 日。

龚书铎、杨共乐：《中国历史上王朝兴衰的几点启示》，《党建研究》2001 年第 5 期。

顾明远：《论中国传统文化对中国教育的影响》，《杭州师范学院学报》（社会科学版）2004 年第 1 期。

郝秉健：《试论绅权》，《清史研究》1997 年第 2 期。

郝秉键：《明清绅士的构成》，《历史教学》1996 年第 5 期。

何平：《论康熙时代的赋各减免》，《中国人民大学学报》2003 年第 6 期。

何兆武：《明末清初西学之再评价》，《学术月刊》1999 年第 1 期。

贺喜：《编户齐民与身份认同——明前期海南里甲制度的推行与地方社会之转变》，《中国社会科学》2006 年第 6 期。

洪璞：《试述明清以来宗族的社会救助功能》，《安徽史学》1998 年第 4 期。

洪书云：《明洪武年间的蠲免与赈恤》，《郑州大学学报》（哲学社会科学版）1987 年第 3 期。

胡波：《20 世纪中国民本思想研究述评》，《学术月刊》2001 年第 5 期。

胡成：《"资本主义萌芽"与本土化研究的思考》，《史学理论研究》1999 年第 2 期。

胡发贵：《"学者以治生为本"——中国古代知识分子人生信念的嬗变》，《江海学刊》1995 年第 5 期。

胡卫伟、刘利平：《明前期民间赈济的初步考察》，《江西师范大学学报》（哲学社会科学版）2003 年第 5 期。

胡兴东：《元明清时期基层社会组织和社会控制研究》，《光明观察》2005 年第 1 月 21 日。

黄长义：《略论晚明经世思潮的兴起》，《江汉论坛》1997 年第 6 期。

黄敏兰：《评农战史专题中的严重失实现象》，《史学理论研究》1995 年第 4 期。

黄宣民：《明代泰州学派的平民儒学特征——王艮与泰州学派序》，《中国社会科学院研究生院学报》1999 年第 1 期。

黄毅：《论中国古代限制君权的思想》，《中国法学》1996 年第 5 期。

黄志繁：《明代赣南的风水、科举与乡村社会的士绅化》，《史学月刊》2005 年第 11 期。

江太新：《三农与市场——以明清经济发展为例》，《中国经济史研究》2005 年第 4 期。

姜广辉、陈寒鸣：《关于明末清初启蒙思想的几个问题》，《中国史研究》1992 年第 1 期。

姜国钧：《略论中国古代教育与科学技术的兴衰波动》，《科学技术与辩证法》1996 年第 2 期。

蒋文玲：《明清士商渗透现象探析》，《江海学刊》1995 年第 1 期。

金仙憓：《从祁门县"谢氏诉讼"看明代中期徽州的诉讼处理和里老》，《上海师范大学学报》（哲学社会科学版）2005 年第 4 期。

康沛林：《清代仓储制度的衰败与饥荒》，《社会科学战线》1996 年第 3 期。

李伯重：《八股之外：明清江南的教育及其对经济的影响》，《清史研究》2004 年第 1 期。

李伯重：《明清江南的出版印刷业》，《中国经济史研究》2001 年第 3 期。

李长莉：《梁启超论新民德与国民生计》，《近代史研究》2004 年第 3 期。

李长泰：《论王船山民本政治价值论的重构——兼考王廷相的民本思想》，《船山学刊》2016 年第 1 期。

李存山：《程朱的"格君心之非"思想》，《中国社会科学院研究生院学报》2006 年第 1 期。

李存山：《从民本走向民主的开端》，《浙江学刊》2005 年第 4 期。

李存山：《儒家的民本与民主》，《博览群书》2006 年第 12 期。

李存山：《中国的民本与民主》，《孔子研究》1997 年第 4 期。

李琳琦：《传统文化与徽商心理变迁》，《学术月刊》1999 年第 10 期。

李琳琦：《从谱牒和商业书看明清徽州的商业教育》，《中国文化研究》1998 年第 3 期。

李琳琦：《从谱牒和商业书看明清徽州的商业教育》，《中国文化研究》1998 年秋卷。

李琳琦：《略论徽商对家乡士子科举的扶持与资助》，《历史档案》2001 年第 2 期。

李琳琦：《明清徽商与儒学教育》，《华东师大学报》（教育科学版）1997 年第 3 期。

李琳琦：《明清徽州宗族与徽州教育发展》，《安徽师范大学学报》（人文社科版）2003 年第 5 期。

李琳琦：《明清商业社会中的教育特色》，《华东师大学报》2003 年第 1 期。

李启欣、马占福：《古典儒家的民本思想及其在东方国家的影响》，《广东社会科学》1997 年第 4 期。

李双华：《明中叶吴中士人心态及其文化意义》，《贵州社会科学》2006 年第 4 期。

李伟波：《颜元的实学思想与书院制度改革》，《零陵学院学报》2004 年第 5 期。

李文治：《明代宗族制的体现形式及其基层政权作用——论封建所有制是宗法宗族制发展变化的最终根源》，《中国经济史研究》1988 年第 1 期。

李向军：《试论中国古代荒政的产生与发展历程》，《中国社会经济史研究》1994 年第 3 期。

李晓路：《明代里甲研究》，《华东师大学报》1983 年第 1 期。

李亚彬：《对我国古代德治的分析》，《哲学研究》2002 年第 4 期。

李振纲：《论王阳明道学革新及其历史地位》，《中国哲学史》1997 年第 3 期。

厉复魁、吕雅范：《中国的民本思想与民主意识》，《长白学刊》1998 年第 5 期。

林枫：《明代中后期商业发展水平的再认识》，《中国社会经济史研究》2003 年第 4 期。

林甘泉：《论中国古代的民本思想及其历史价值》，《光明日报》2003 年 10 月 28 日。

林红：《黄宗羲民本思想的再认识》，《学习论坛》2014 年第 9 期。

林红：《论传统民本的两个面向：德化之道与统治之策》，《江汉学术》2014 年第 5 期。

林红：《民本思想的历史逻辑及其现代价值》，《中国人民大学学报》2017 年第 3 期。

林金树：《明朝的养老政策》，《科学时报》1999 年 2 月 15 日第 3 版。

林金树：《明朝老年政策述论》，《中国史研究》1998 年第 2 期。

林金树：《明代嘉、隆、万时期农村的贫富两极分化》，《江海学刊》
　2005 年第 6 期。

林金树：《明代政治史研究的思考》，《汕头大学学报》（人文科学版）
　1997 年第 6 期。

林文勋：《宋代富民与灾荒救济》，《思想战线》2004 年第 6 期。

林文勋：《中国古代史的主线与体系》，《史学理论研究》2006 年第
　2 期。

刘伯山：《徽州文化的基本概念及历史地位》，《安徽大学学报》（哲
　学社会科学版）2002 年第 6 期。

刘鄂培：《论我国古代民本思想及其特征》，《岳阳大学学报》1990 年
　第 3 期。

刘凤云：《江户时代的町人与明清商人之比较——兼论中日都市文化
　的差异》，《中国人民大学学报》1996 年第 6 期。

刘海霞、石磊：《从〈读通鉴论〉看王夫之史论中的君本与民本思
　想》，《贵州师范学院学报》2017 年第 1 期。

刘华政：《陈宏谋法律思想初探》，《广西教育学院学报》2007 年第
　3 期。

刘伦：《历史视域中的中国民本思想》，《长白学刊》2008 年第 3 期。

刘汶：《新民本——邓小平政治哲学的灵魂》，《广西大学学报》（哲
　学社会科学版）2005 年第 1 期。

刘晓东：《论明代士人的"异业治生"》，《史学月刊》2007 年第 8 期。

刘晓东：《明代士人本业治生论——兼论明代士人之经济人格》，《史
　学集刊》2001 年第 3 期。

刘晓东：《晚明士人生计与士风》，《东北师大学报》（哲学社会科学
　版）2001 年第 1 期。

刘亚中：《汪志伊〈荒政辑要〉所见之荒政思想》，《中国农史》2006
　年第 4 期。

刘泽华：《中国思想与社会互动研究笔谈——传统政治思维的阴阳组

合结构》，《南开学报》（哲学社会科学版）2006 年第 5 期。

刘泽华、张分田：《开展统治思想与民间社会意识互动研究》，《天津社会科学》2004 年第 3 期。

刘宗贤：《试论王阳明心学的圣凡平等观》，《哲学研究》1999 年第 11 期。

龙峥奇、李晗琦：《儒家民本思想探析》，《文教资料》2011 年第 4 期。

卢向国：《民主视角下的中国古代民本思想探析》，《湖北社会科学》2012 年第 7 期。

罗丽馨：《十六、十七世纪的商业书》，（台湾）《中兴大学学报》1997 年第 7 期。

罗弋：《"多元学科视野下的中国社会史研究"学术研讨会综述》，人大复印报刊资料《历史学》2003 年第 12 期。

马国钧：《再论民本是现代民主的初级表现形式》，《学术交流》1998 年第 6 期。

马敏：《研究述评：社会转型与文化变迁国际学术研讨会综述》，《历史研究》1996 年第 3 期。

孟凯：《论"民贵君轻"与"君舟民水"——先秦儒家民本思想研究》，《北京工业大学学报》（社会科学版）2013 年第 4 期。

孟彭兴：《16、17 世纪江南社会之丕变及文人反应》，《史林》1998 年第 2 期。

闵乐晓：《左派王学与儒学的近代转型》，《华南农业大学学报》（社会科学版）2003 年第 2 期。

楠升：《多维视野中的社会转型——"社会转型与文化变迁"国际学术研讨会综述》，《华中师范大学学报》（哲学社会科学版）1996 年第 3 期。

彭华：《民惟邦本，本固邦宁——儒家民本思想述论》，《武汉科技大学学报》（社会科学版）2017 年第 4 期。

祁志祥：《国学中的"民本"论》，《黑龙江社会科学》2013 年第 6 期。

乔凌霄、梁衍东：《明清社会的士商渗透及其影响》，《历史档案》1999 年第 1 期。

秦晖：《从黄宗羲到谭嗣同：民本思想到民主思想的一脉相承》，《浙江学刊》2005 年第 4 期。

秦晖：《中国经济史上的怪圈："抑兼并"与"不抑兼并"》，《战略与管理》1997 年第 4 期。

任健：《王阳明基层社会治理思想之特质及其启示》，《晋中学院学报》2017 年第 2 期。

任乐：《论傅山的社会历史观》，《晋阳学刊》1984 年第 4 期。

商传：《从蠲赈到减赋——明朝灾害政策转变的三个个案》，《史学集刊》2006 年第 4 期。

商传：《明代的社会主导群体》，《东岳论丛》2005 年第 1 期。

邵勤：《析民本——对先秦至西汉民本思想考察》，《历史研究》1985 年第 6 期。

沈善洪：《黄宗羲的真实价值》，《浙江学刊》2005 年第 4 期。

施威、王思明：《晚明学人的科学思想及其历史意义》，《南京农业大学学报》（社会科学版）2006 年第 2 期。

石春艳：《明清民本思想研究》，《长江大学学报》（社会科学版）2012 年第 1 期。

史志宏：《明及清前期保守主义的海外贸易政策形成的原因及历史后果》，《中国经济史研究》2004 年第 4 期。

苏爱萍：《儒家基层治理的当代价值》，《东岳论丛》2015 年第 10 期。

苏志宏：《论中国哲学的前近代启蒙》，《文史哲》2002 年第 1 期。

孙文学：《论邱濬"立政养民"财政思想》，《财经问题研究》2005 年第 7 期。

孙晓春：《明末清初民本思潮初论》，《史学集刊》1994 年第 4 期。

孙延波：《儒家"民本"经济思想及其义利观》，《烟台师范学院学报》（哲学社会科学版）2000 年第 4 期。

唐凯麟：《关于明清伦理思潮社会性质的两个问题》，《湘潭大学学报》（社会科学版）1994 年第 4 期。

唐凯麟：《中国明清时期伦理思潮的早期启蒙性质论纲》，《道德与文明》2000 年第 2 期。

唐力行：《论徽商与封建宗族势力》，《历史研究》1986 年第 2 期。

唐力行、徐茂明：《明清以来徽州与苏州社会保障的比较研究》，《江海学刊》2004 年第 3 期。

唐载阳：《朱元璋与"富民政策"》，《团结报》（京）1984 年 4 月 21 日。

田毅鹏：《西学东渐与近代中国社会福利思想的勃兴》，《吉林大学社会科学学报》2001 年第 4 期。

万斌、诸凤娟：《论民本思想对中国民主进程的影响》，《学术界》2004 年第 3 期。

万明：《明史研究七十年之回眸与再认识》，《学术月刊》2006 年第 10 期。

汪毅夫：《明清乡约制度与闽台乡土社会》，《台湾研究集刊》（厦门）2001 年第 3 期。

汪毅夫：《试论明清时期的闽台乡约》，《中国史研究》2002 年第 1 期。

王成、王彦迪：《方孝孺以民本为主旨的政治思想解析》，《湖南大学学报》（社会科学版）2013 年第 2 期。

王成、王彦迪：《论吕坤以民本为核心的政治思想》，《东岳论丛》2013 年第 5 期。

王春瑜：《明代商业文化初探》，《中国史研究》1992 年第 4 期。

王吉平：《唐甄新民本思想的启蒙意义》，《宜宾学院学报》2009 年第 5 期。

王建军：《中国民间组织的发展及其功能》，《中国民政》2005 年第 5 期。

王杰：《明清之际：思想的冲突、批判与创新》，《理论学刊》2003 年第 3 期。

王杰：《神权政治向伦理政治的转向——西周时期的敬德保民思想》，《理论前沿》2005 年第 23 期。

王君南：《基于救助的社会保障体系——中国古代社会保障体系研究论纲》，《山东大学学报》（哲学社会科学版）2003 年第 5 期。

王来金：《"民主"与"民本"概念辩证》，《社会科学》2000 年第 4 期。

王培华：《明中期以来江南学者的"是非"之论》，《苏州大学学报》（哲学社会科学版）1998 年第 2 期。

王日根：《近年来明清基层社会管理研究的回顾与展望》，《江苏社会科学》2001 年第 3 期。

王日根：《论明清乡约属性与职能的变迁》，《厦门大学学报》（哲学社会科学版）2003 年第 2 期。

王日根：《明清基层社会管理组织系统论纲》，《清史研究》1997 年第 2 期。

王日根：《明清科举制度对民营教育的促进》，《厦门大学学报》（哲学社会科学版）2001 年第 4 期。

王日根：《明清时期社会管理中官民的"自域"与"共域"》，《文史哲》2006 年第 4 期。

王日根：《清代福建义田与乡治》，《中国社会经济史研究》1991 年第 2 期。

王日根：《义田在封建社会中后期之社会功能浅析》，《社会学研究》1992 年第 6 期。

王日根：《中国传统政治文明中的官民相得》，《南通师范学院学报》2002 年第 2 期。

王世光：《清儒治生观念刍议》，《求索》2002 年第 5 期。

王世华：《论徽商的商业道德》，《光明日报》1998 年 2 月 13 日。

王廷元：《论徽州商人的义利观》，《安徽师大学报》1998 年第 4 期。

王卫平：《论中国古代慈善事业的思想基础》，《江苏社会科学》1999 年第 2 期。

王卫平：《唐宋时期慈善事业概说》，《史学月刊》2000 年第 3 期。

王文贵：《中国传统民本思想及其与社会主义民主之异同》，《理论与改革》2000 年第 1 期。

王先明：《论"民权"即"绅权"——中国政治近代化历程的一个侧影》，《社会科学研究》1995 年第 6 期。

王先明：《清代社会结构中绅士阶层的地位与角色》，《中国史研究》

1995 年第 4 期。

王先明、尤永斌：《略论晚清乡村社会教化体系的历史变迁》，《史学月刊》1999 年第 3 期。

王翔：《论明清江南社会的结构性变迁》，《江海学刊》1994 年第 3 期。

王远：《从"民本"到"人本"——以儒学为核心的中国社会保障思想传统与当代变迁》，《社会科学辑刊》2015 年第 5 期。

王泽民：《春秋民本思想述论》，《西北民族学院学报》（哲学社会科学版）1999 年第 2 期。

王泽民、祁明德：《古代商人阶级的形成及其治生之学》，《西北民族学院学报》（哲学社会科学版）1998 年第 2 期。

王子坤、杨兴昌：《中国传统民本思想的历史缺陷与现代超越》，《理论导刊》2011 年第 5 期。

魏金玉：《高峰、发展与落后：清代前期封建经济发展的特点与水平》，《中国经济史研究》2003 年第 2 期。

吴承明：《"传统经济的再评价"笔谈——从传统经济到现代经济的转变》，《中国经济史研究》2003 年第 1 期。

吴承明：《传统经济·市场经济·现代化》，《中国经济史研究》1997 年第 2 期。

吴承明：《现代化与中国十六、十七世纪的现代化因素》，《中国经济史研究》1998 年第 4 期。

吴光：《"以力行为工夫"：黄宗羲新民本思想的哲学基础》，《浙江学刊》2005 年第 4 期。

吴海燕：《明清商人文化素质提高对经商活动的影响》，《河南师范大学学报》1998 年第 5 期。

吴霓：《明清南方地区家族教育考察》，《中国史研究》1997 年第 3 期。

吴仁安：《上海地区明清时期的望族》，《历史研究》1992 年第 1 期。

吴松、黄海涛：《明清实学经济伦理的近代性嬗变》，《贵州财经学院学报》2007 年第 1 期。

吴滔：《明代苏松地区仓储制度初探》，《中国农史》1996 年第 3 期。

吴滔：《明清时期苏松地区的乡村救济事业》，《中国农史》1998 年第
　4 期。

夏维中、崔秀红：《明代乡村地域单位的主要类型及其作用考述》，
　《江苏社会科学》2002 年第 5 期。

夏咸淳：《明代后期文士与商人的关系》，《社会科学》1993 年第 7 期。

衔微：《明代里甲制度》，《历史教学》1963 年第 4 期。

向燕南：《〈大学衍义补〉的撰述特点和思想分析》，《北京社会科学》
　2002 年第 2 期。

萧放：《明清家族共同体组织民俗论》，《湖北民族学院学报》（哲学
　社会科学版）2005 年第 6 期。

谢长法：《乡约及其社会教化》，《史学集刊》1996 年第 3 期。

谢贵安：《明末清初"新民本"思想——"晚明的亮光"之二》，《博
　览群书》2019 年第 11 期。

谢贵安：《试论明末清初"新民本"思想》，《江汉论坛》2003 年第
　10 期。

谢景芳：《理论的崩溃与理想的幻灭——明代中后期的仕风与士风》，
　《学习与探索》1998 年第 1 期。

谢景芳：《专制与"民本"——兼论明清时期〈孟子〉的地位沉浮》，
　《孔子研究》2014 年第 1 期。

谢泳：《灾难时期中的社会力量——我读〈清代江南的瘟疫与社会〉》
　《文汇报》2003 年 5 月 9 日。

修朋月、宁波：《清代乡绅势力对基层社会控制的加强》，《北方论
　丛》2003 年第 1 期。

徐怀东、张茂泽：《评维新派的"民权"说——兼析西方"人权"理
　论在近代中国的命运》，《北京大学学报》（哲学社会科学版）2000
　年第 1 期。

徐林：《明中后期士商交往评析》，《东北师大学报》2005 年第 1 期。

徐茂明：《明清时期江南社会基层组织演变述论》，《社会科学》2003
　年第 4 期。

徐茂明：《明清以来乡绅、绅士与士绅概念辨析》，《苏州大学学报》

2003 年第 1 期。

徐茂明：《同光之际江南士绅与江南社会秩序的重建》,《江海学刊》
    2003 年第 5 期。

徐扬杰：《宋明以来的封建家族制度述论》,《中国社会科学》1980 年
    第 4 期。

徐永斌：《明清时期江南文人治生及其"变异"现象》,《江海学刊》
    2010 年第 4 期。

许苏民：《"内发原生"模式：中国近代史的开端实为明万历九年》,
    《河北学刊》2003 年第 2 期。

许苏民：《中国近代思想史研究亟待实现三大突破》,《天津社会科
    学》2004 年第 6 期。

杨光秋：《儒家民本主义与古代士绅自治》,《湖南师范大学社会科学
    学报》1997 年第 3 期。

杨国强：《儒学的衍变和清代士风》,《史林》1995 年第 1 期。

杨菊芹：《李颙与清初山林儒学》,《中国社会科学院研究生院学报》
    1998 年第 2 期。

杨林香：《试论黄宗羲对"民"的解析》,《社会科学论坛》(学术研
    究卷) 2009 年第 2 期。

杨永泉：《中国古代民本思想、民主思想之考察》,《南京社会科学》
    2012 年第 7 期。

叶汉明：《明代中后期岭南的地方社会与家族文化》,《历史研究》
    2000 年第 3 期。

叶娟丽：《我国历史上宗族组织的政权化倾向》,《学术论坛》2000 年
    第 2 期。

叶世昌：《中国古代没有代表"市民阶级"的启蒙思想》,《上海财经
    大学学报》2005 年第 2 期。

叶坦：《论道德伦理与经济利益——"义利"观念的时代演化与市场
    经济伦理的建构》,《安徽师范大学学报》(人文社科版) 2001 年
    第 4 期。

叶坦：《为富人辩护思想解析》,《浙江学刊》1992 年第 1 期。

叶坦：《中日商品经济思想比较研究——以石门心学和清初实学为中心》（上），《河北学刊》2005 年第 2 期。

叶坦：《中日商品经济思想比较研究——以石门心学和清初实学为中心》（下），《河北学刊》2005 年第 9 期。

叶显恩：《儒家传统文化与徽州商人》，《安徽师大学报》1998 年第 4 期。

叶依能：《明代荒政述论》，《中国农史》1996 年第 4 期。

叶舟：《危机时期的士绅与地方：以休宁金声为例》，《安徽史学》2005 年第 1 期。

于馥颖：《中国古代宗族慈善的伦理解读》，《文教资料》2016 年第 4 期。

余新忠：《清中后期乡绅的社会救济——苏州丰豫义庄研究》，《南开学报》（哲学社会科学版）1997 年第 3 期。

俞荣根：《黄宗羲的"治法"思想再研究》，《重庆社会科学》2006 年第 4 期。

俞荣根：《民权：从民本到民主的接转——兼论儒家法文化的现代化》，《学习与探索》1999 年第 1 期。

允春喜：《近代中国民主进程中对民本传统的再诠释——以黄宗羲思想的近代命运为例》，《河南师范大学学报》（哲学社会科学版）2017 年第 6 期。

允春喜：《明末清初民本思潮探微》，《北京工业大学学报》（社会科学版）2004 年第 4 期。

曾育荣、张其凡：《"民本"思想解析》，《湖北社会科学》2008 年第 5 期。

詹万生：《中国古代思想史上的义利之辩与当代青少年学生的义利观教育》，《吉林教育科学》1995 年第 2 期。

张分田：《从民本思想看帝王观念的文化范式》，《天津师范大学学报》（社会科学版）2004 年第 1 期。

张分田：《关于儒家民本思想历史价值的三个基本判断》，《天津师范大学学报》（社会科学版）2009 年第 5 期。

张分田:《儒家的民本思想与帝制的根本法则》,《文史哲》2008 年第 6 期。

张分田:《思想体系分析法的构成要件及具体运用——以揭示"民贵君轻"专制本质的学术路径为例证》,《天津社会科学》2017 年第 1 期。

张海鹏、唐力行:《论徽商"贾而好儒"的特色》,《中国史研究》1984 年第 4 期。

张和平:《粮长之役与明中前期社会风气的崇俭黜奢》,《中国社会经济史研究》2001 年第 3 期。

张侃:《从宗族到国家:中国共产党早期的基层政权建设——以 1929—1934 年的闽西赣南为中心的考察》,《福建论坛》(人文社会科学版) 2002 年第 5 期。

张可荣、刘奕汝:《中华传统民本思想的时代价值探析》,《长安大学学报》(社会科学版) 2019 年第 5 期。

张扣林:《论中国古代"民本"思想的时代价值》,《湖北社会科学》2004 年第 8 期。

张磊:《试析唐甄的理想国》,《西南大学学报》(社会科学版) 2011 年第 6 期。

张民服:《〈呻吟语〉:吕坤人生感悟及其民本思想的集中体现》,《郑州大学学报》2006 年第 2 期。

张民服:《徽商与明清文化》,《郑州大学学报》1991 年第 5 期。

张明富:《"贾而好儒"并非徽商特色——以明清江浙、山西、广东商人为中心的考察》,《中国社会经济史研究》2002 年第 4 期。

张明富:《论明清商人文化的特点》,《西南师范大学学报》1999 年第 6 期。

张明新:《乡规民约存在形态刍论》,《南京大学学报》(哲学·人文·社会科学) 2004 年第 5 期。

张瑞泉:《略论清代的乡村教化》,《史学集刊》1994 年第 3 期。

张守军:《中国历史上的保富思想》,《东北财经大学学报》2005 年第 3 期。

张涛：《中国传统救灾体系刍议》，《中国社会科学院院报》2006 年 3 月 9 日。

张显清：《晚明社会的时代特点》，《河南师范大学学报》（哲学社会科学版）2005 年第 6 期。

张祥浩：《论中国古代民本思想发展的历史进程》，《东南大学学报》（哲学社会科学版）2002 年第 3 期。

张星久：《帝制中国的两种基本"公""私"观及其制度表现——一个从制度回溯观念的尝试》，《武汉大学学报》（哲学社会科学版）2006 年第 6 期。

张燕华、周晓光：《论道光中叶以后上海在徽茶贸易中的地位》，《历史档案》1997 年第 1 期。

张元、谢艳：《先秦民本思想的治理意蕴与实践逻辑》，《社科纵横》2019 年第 5 期。

张云台：《明末清初西方科技输入中国之管见》，《科学学研究》1995 年第 2 期。

张兆裕：《晚明富民的救荒》，《中国社会科学院院报》2004 年 5 月。

张志斌：《明清敬老制度述略》，《学术从刊》1997 年第 5 期。

张智丽：《明、清两代的民本思想浅谈》，《文学界》（理论版）2012 年第 7 期。

张中秋：《乡约的诸属性及其文化原理认识》，《南京大学学报》（哲学·人文·社会科学）2004 年第 5 期。

章小谦、杜成宪：《中国课程概念从传统到近代的演变》，《华东师范大学学报》（教育科学版）2005 年第 4 期。

赵国洪：《许衡"治生说"与明清士商》，《江西社会科学》2006 年第 5 期。

赵克生：《义民旌表：明代荒政中的奖劝之法》，《史学月刊》2005 年第 3 期。

赵毅、刘晓东、董铁松、于宝航：《16—17 世纪中国社会结构问题笔谈》，《东北师大学报》（哲学社会科学版）1999 年第 1 期。

赵毅、张明富：《传统文化与明清商人的经营之道》，《东北师大学报》1998 年第 1 期。

赵玉、江游：《民法中"民"的诠释》，《当代法学》2012 年第 6 期。

赵园：《原君·原臣——明清之际士人关于君主、君臣的论述》，《中国文化研究》2006 年第 2 期。

郑利华：《士商关系嬗变：明中期社会文化形态变更的一个侧面》，《学术月刊》1994 年第 6 期。

郑颖贞：《试评吕坤的民本思想》，《理论导刊》2009 年第 3 期。

衷海燕：《清代江西的乡绅、望族与地方社会——新城县中田镇的个案研究》，《清史研究》2003 年第 2 期。

衷海燕：《乡绅、地方教育组织与公共事务——以明清江西吉安府为中心》，《江西社会科学》2005 年第 4 期。

仲伟民：《学术界对前近代中国研究的分歧——以彭慕兰、黄宗智的观点为中心》，《河北学刊》2004 年第 2 期。

仲伟民：《资本主义萌芽问题研究的学术史回顾与反思》，《学术界》2003 年第 4 期。

周桂钿：《孔子、董仲舒、司马迁三人论富评议》，《福建论坛》（人文社会科学版）2000 年第 3 期。

周桂钿：《儒家民本观》，《湖南社会科学》2009 年第 1 期。

周桂钿：《中国传统民本观》，《中国社会科学院研究生院学报》2011 年第 3 期。

周宁：《为中华民族的复兴清理文化资源》，《文艺报》2003 年 8 月 19 日。

周荣：《中国传统社会晚期的社会保障体系初探》，《人文论丛》2003 年卷。

周绍泉：《徽州文书所见明末清初的粮长、里长和老人》，《中国史研究》1998 年第 1 期。

周生春、曹建钢、胡倩：《中国历史上的农本工商末思想与政府政策的嬗变》，《浙江大学学报》（人文社科版）2004 年第 2 期。

周致元：《明代徽州官府与宗族的救荒功能》，《安徽大学学报》2006 年第 1 期。

朱义禄：《论明清之际启蒙学者对"家天下"的批判》，《同济大学学报》2003 年第 2 期。

朱英：《近代中国商业发展与消费习俗变迁》，《江苏社会科学》2000 年第 1 期。

诸凤娟：《传统民本思想历史价值刍议》，《社会科学战线》2012 年第 6 期。

宗霖：《研究视阈的更新与民本思想的重构——读张分田教授〈民本思想与中国古代统治思想〉》，《天津社会科学》2010 年第 2 期。

邹进文：《明清商业书中的治生之学》，《北京商学院学报》2000 年第 1 期。

左云鹏：《祠堂族长族权的形成及其作用试说》，《历史研究》1964 年第 5—6 期。

［日］沟口雄三：《中国公私概念的发展》，《国外社会科学》1998 年第 1 期。

［英］科大卫、刘志伟：《宗族与地方社会的国家认同——明清华南地区宗族发展的意识形态基础》，《历史研究》2000 年第 3 期。